Human Resource Management in Financial Enterprises

金融企业人力资源管理

徐兆铭 等◎编著

图书在版编目(CIP)数据

金融企业人力资源管理/徐兆铭等编著. —北京:北京大学出版社,2008.7
(金融企业管理系列教材)
ISBN 978-7-301-12879-4

Ⅰ.金… Ⅱ.徐… Ⅲ.金融-企业-劳动力资源-资源管理-高等学校-教材 Ⅳ.F830.3

中国版本图书馆 CIP 数据核字(2007)第 192231 号

书　　　名:	金融企业人力资源管理
著作责任者:	徐兆铭　等编著
策 划 编 辑:	叶　楠
责 任 编 辑:	张迎新
标 准 书 号:	ISBN 978-7-301-12879-4/F·1742
出 版 发 行:	北京大学出版社
地　　　址:	北京市海淀区成府路 205 号　100871
网　　　址:	http://www.pup.cn
电　　　话:	邮购部 62752015　发行部 62750672　编辑部 62752926　出版部 62754962
电 子 邮 箱:	em@pup.pku.edu.cn
印　　刷　者:	三河市新世纪印务有限公司
经　　销　者:	新华书店
	730 毫米×980 毫米　16 开本　24.5 印张　400 千字
	2008 年 7 月第 1 版　2008 年 7 月第 1 次印刷
定　　　价:	39.00 元

未经许可,不得以任何方式复制或抄袭本书之部分或全部内容。
版权所有,侵权必究
举报电话:010-62752024　电子邮箱:fd@pup.pku.edu.cn

总　　序

金融是社会经济中最为活跃的领域,其变化多端和迅猛发展,导致金融企业这一金融市场微观主体,必须与时俱进不断调整与改变自己,即是说,金融企业的变化源于金融环境的不断变化,特定的金融环境实际上决定了金融企业的形态、管理方式及发展战略。面对金融全球化、金融市场竞争激烈的新环境、金融市场与实体经济的复杂关系,如何加强管理,在激烈的竞争中取胜,是各类金融企业面临的重要课题。

金融全球化

金融全球化是20世纪后期以来世界金融发展的趋势,一般而言,金融全球化就是金融资源在全球范围内的流动以及由此产生的普遍影响。金融全球化并不意味着地区金融之间差异的消失,源于制度、规模等因素的地区差异使金融全球化的内容更加复杂。金融全球化可理解为金融市场的全球化、金融资源的全球化以及金融风险的全球化。

金融市场的全球化包括两个方面:其一是市场范围的全球化,其二是市场规则的全球化。20世纪后半叶,随着全球经济的飞速发展,全球经济总量的增加以及全球生产网络的发展演化使得金融市场的边界不断扩展,突破了国家和地区界限,国际金融往来日趋频繁。实际上,无论从形式还是从实际内容,资本跨国流动以及资本相关业务的跨国运作逐渐成为金融企业的日常工作。伴随资本的国际流动,已经相对成熟的各种金融市场规则普遍被模仿、接受和复制,与此同时,新市场规则的产生则以全球市场为基础。在此基础上,尽管没有统一的中央银行,已经存在的各个国际金融中心正在成为全球金融的发动机。它们吐纳、整合全球金融资源,制定并传播规则,发现并抵消金融风险,以实现金融资源的全球分布。

金融资源包括金融市场的参与者、资本以及各种金融工具。金融资源的全球化是指金融市场参与者在全球范围内参与市场分工以及资本与各种金融工具在全球的流动,在这个过程中,国际金融市场将消除由于文化、制度、习惯所形成的金融资源的差异,由于普通资本的同质性,金融资源全球化的速度要远远快于其他产品。实际上,在当今世界,在相同规模及制度的两个地区金融市场,金融资源的同质化程度是最高的。

金融风险的全球化包括两个方面:其一,对于发展中国家,金融制度还不健全,但是却引入发达金融市场的金融资源,由于应用不当导致市场失衡,形成金融危机。其二,金融风险在国际金融市场进行传递。这种风险的传递机制来源于国际金融市场的不平衡以及带有事后处理机制的市场规则,在缺少中央银行的事前控制之下,风险以资本为渠道在国际金融市场中传播。

金融市场竞争激烈

21世纪,国际金融市场竞争日趋激烈。金融国际化极大地拓展了金融市场,同时金融风险和各国金融管制导致企业成本不断增加,因此,金融创新层出不穷。此外,各国银行通过合并实现多领域的复合经营,而非银行金融机构也在试图进入传统银行业务(例如,投资银行所属共同基金的现金管理账户服务),金融市场的竞争越来越激烈,其结果不仅进一步推进了金融创新,同时促使金融企业将目光从单纯的金融服务创新转变为向产品创新与深化管理、实施营销并重的方向发展。而计算机网络的发展则为金融企业提供了新的创新和竞争工具,实际上,作为渠道存在的计算机网络在缩短企业与消费者之间距离的同时,其带来的变化也导致企业产品之间的差异化更难实现,由此导致金融市场竞争更加激烈。

金融市场与实体经济的复杂关系

金融资源在全球的高速流动并不代表金融市场与实体经济之间关系的减弱,与之相反,金融市场实际上受到实体经济更加强有力、更加剧烈的影响。这种影响体现在,在宽松的金融管制下,一旦金融市场过于脱离实体经济,最终市场机制将强行将其拉近均衡点。在无外力干预的条件下,这种拉力将会损害实体经济,导致整体经济衰退。日本从20世纪80年代后期发展停滞、亚洲金融危机的爆发等皆能证明这一点。当然由于国际经济地位不同,日本本国金融企业外逃使得本国经济发展停滞;而泰国、马来西亚等国,处于全球生产网络的制造环节,投资风险源于美国和欧洲等最终产品市场,所以在亚洲金融危机后能得以迅速恢复。

为了适应以上金融环境,金融企业管理体系应该从以下几方面进行重构:

一是金融企业的战略管理。战略管理的重要性毋庸置疑,金融企业战略管理的特殊性在于金融环境的复杂多变、金融产品的虚拟无形以及总量经济的特殊影响。为此,我们推出《金融企业战略管理》。

二是金融产品生产的运营管理。标准化、规范化的服务流程是降低金融风险的第一步,以成熟的运营理论重塑金融企业产品生产管理是完善金融企业管理的基础。为此,我们推出《金融企业运作管理》。

三是金融企业的人力资源管理。金融企业人力资源的重要性源于其培养的困难性,同时由于金融创新的不断深化,金融企业人员分工更加细化,因此,在金融企业中,对人力资源的组织将更加重要。基于此种理解,我们推出《金融企业人力资源管理》。

四是金融企业的营销管理。面对激烈的竞争,金融企业需要树立全方位的立体营销观念,并以服务营销的成熟理论来指导企业的整体经营活动。为此,我们推出《金融企业营销管理》。

我们集中了中央财经大学富有管理和金融交叉学科领域研究经验的教师,同时发挥中央财经大学与金融领域关系密切的天然优势,基于大量的调查研究,组织编写了这一系列教材,希望以此为金融企业的发展及其竞争力的提升开拓一条新的思路,同时也为管理学科和金融学科的教学创新寻找出一条新的途径。

孙国辉

2008年5月

前　言

这本书是写给那些对金融企业人力资源管理问题十分关心的人士看的教科书。这些人或者正在金融企业从事着人力资源管理工作，或者计划在将来的某一天进入这一行业甚至从事这一职业。无论出于何种目的，这些人的数量在过去十几年的时间里正在急剧增加，而且在未来若干年里这种增加势头似乎也不会有所减缓。为什么会有越来越多的人对金融企业人力资源管理问题产生兴趣呢？以下三组数据，或许可以让我们得到部分启示：

第一，世界著名咨询机构——波士顿咨询集团的研究显示，截至2007年底，中国有三大银行已跻身全球前四大银行行列，其中中国工商银行凭借3 400亿美元的市值成为世界第一大银行。中国建设银行排名第二，中国银行排在汇丰银行之后，位列第四。预计到2015年中国将成为仅次于日本和美国的第三大金融市场。

第二，《中国统计年鉴》显示，1987年—2006年，金融行业在岗职工由154万人增加到299.9万人，2006年金融业实现增加值7 586.6亿元，占整个第三产业的8.95%。金融业在岗职工年人均工资3.9万元，是全国平均水平的1.88倍。

第三，国内金融业上市公司年报显示，2007年中国平安（601318）集团12位高管年薪总额达2.47亿元，占1 200多家上市公司高管年薪总额的5.99%。其中，董事长马明哲年薪达4 616.10万元。其他金融上市公司高管的年薪也高得惊人，深发展（000001）董事长兼CEO法兰克·纽曼年薪为2 285万元，民生银行（600016）董事长董文标年薪为452.89万元，等等。即便如此，中国平安集团新闻发言人盛瑞生依然表示，与国际同等规模的大公司相比，国内高管薪酬水平仍有一定差距。

上述三组数据透露了三个信息：其一，无论是与其他国家的金融业和金融企业相比，还是与我国其他行业或其他类型企业相比，我国金融业和金融企业的发展速度都是很快的。其二，与金融行业的快速发展相伴的是，金融业已成为国内最赚钱的行业之一，金融企业职工是广大普通国人中"最先富裕起来"的人群。其三，在"最先富裕起来"的人群中，金融企业高管已成为"最先暴富起来"的少数人。而且按照国际标准看，这些人的年薪在未来一段时间还会进一步提高。

普通大众也许只会对数据或者数据所涉事件感兴趣，因为这三组数据尤其是后两组数据确实能够有效地触动普通国人敏感的神经。但如果是对人力资源管理问题稍有常识的人，他们会认识到，金融企业高企的工资水平可能与金融行业较高的员工素质有关。因为较高的员工素质一方面使整个行业的业绩水平得以较快提升，另一方面也使员工享受到高业绩增长带来的高工资和高待遇。此外，他们还会进一步认识到，高素质的人才需要配以高水平的人力资源管理，才能最大限度地发挥人才作用和人才优势，提升企业的业绩和竞争力。

我们有理由相信，对上述数据以及数据所涉事件感兴趣的人越多，会促使更多的人讨论或者反思这类事件背后的深层次问题，进而增进人们对金融企业人力资源管理问题的认识，并推动其普及。而这本书显然有助于增进人们对这类问题的认识并推动这类知识的普及。

金融企业人力资源管理是人力资源管理理论、管理手段和管理技术在金融企业的一种运用。它既有一般企业的共性，也有金融企业的特性。从共性角度看，任何一个企业的人力资源管理，都是运用科学的管理理论、方法、工具和技术，通过各种政策、制度和管理实践，对人力资源的生产、开发、配置、使用等各环节所进行的计划、组织、指挥和控制，从而充分开发人力资源潜能、调动人的积极性，提高工作效率，改进工作质量，最终实现企业目标的一系列管理活动。为实现企业目标，任何一个企业的人力资源管理都要承担人力资源规划、工作分析和工作评价、招募、甄选录用、绩效管理、薪酬管理、培训开发、员工关系管理等方面的职能。从特性上看，金融企业是以经营金融资产和负债为主要业务的一类特殊的生产服务企业。其独特的经营特点、生产和管理流程、组织构架决定了其独特的人力资源构成和人力资源管理政策、模式和操作细节。

此外，作为一个快速发展同时所有制和内部管理机制不断变革的行业，我国金融企业人力资源管理又具有与发达国家金融企业人力资源管理不同的特点。一方面，在我国，"金融企业"这一概念还属于比较新的提法。长期以来无论是我国理论界还是实务界，都习惯于用"金融机构"这一概念来统称所有从事金融业务的组织机构，而不刻意地从中进一步区分哪些是金融企业单位（即营利性的金融机构），哪些是金融事业单位（即非营利性的金融机构）。金融企业无论是在原有计划经济还是在今天的市场经济下都受到政府的严格管制。另一方面，与非金融类国有企业相比，国有金融企业的体制改革要相对滞后。国有金融企业的人力资源管理长期停留在传统的行政人事管理的水平。但是金融体制改革和金融市场对外开放不仅迫使国有金融企业的体制改革加速前进，更使得国有金融企业自发产生变革内部管理机制的要求，国有金融企业开始逐步由传统的行政事业人事管理向现代企业人力资源管理转变。

全书共分为十章，其中第一章是导论部分，主要介绍金融企业人力资源管理的基本概念、基本理论，以及我国金融企业人力资源管理的发展趋势。目的是使读者对金融企业人力资源管理能有一个全局性和总览性的了解，为后续的学习打下基础。从第二章到第九章，我们依据金融企业人力资源管理所要承担的职能，分别对金融企业人力资源规划、工作分析和工作评价、招募和甄选录用、绩效管理、薪酬管理、职业生涯管理、培训开发、员工关系管理等问题进行介绍。第十章金融企业国际人力资源管理，是在金融市场开发背景下，综合运用人力资源管理基本理论，对金融企业面对的国际人力资源管理问题以及解决方法进行介绍。

全书每一章开始有学习目标、导入案例，目的是使读者快速了解本章的主要内容和学习重点，同时通过阅读和思考与本章内容有关的案例，让读者带着问题开始本章的学习，提升学习兴趣和学习效率。每章结束后，通过阅读本章小结和解答思考练习题，读者可以进一步加深对所学知识的理解，强化对本章主要知识点的掌握；随后的案例分析，可以使读者通过案例练习，尝试运用本章所学知识解决实际问题，进而提升读者的人力资源管理技能。本书最后附有参考文献，便于读者进一步深入阅读和研究本书中涉及的有关问题。

这本书是集体努力的成果。而构成这一创作集体的成员，是来自北京两所高校的六位青年教师。其中五位来自中央财经大学商学院人力资源管理系，他们是徐兆铭副教授、李永壮副教授、周卫中副教授、王海燕博士和朱飞博士;另外一位是来自北京工商大学经济学院的乔云霞博士。具体分工如下:徐兆铭编写第一、二、六章;李永壮编写第三章;王海燕编写第五章;周卫中编写第十章;朱飞编写第八、九章;乔云霞编写第四、七章。全书由徐兆铭总纂定稿。

  本书在编写过程中,参考和引用了国内外许多学者的研究成果,在此向所有著述者表示衷心的感谢!此外,中央财经大学商学院人力资源管理系原系主任钱振波老师、工商管理系林光老师对于本书的出版曾给予大量无私的帮助,出版社的张迎新编辑和叶楠编辑,不仅为本书的校对和出版付出诸多辛劳,而且对本书的内容提出了很多宝贵的意见,在此一并致以衷心的感谢!当然文责自负,而且由于作者水平有限,疏漏之处在所难免,敬请广大读者批评指正。

编者

2008年5月于北京海淀

目　　录

第一章　金融企业人力资源管理概述 …………………………………… （1）
　【学习目标】 ………………………………………………………… （1）
　【导入案例】人力资源管理者的尴尬 ……………………………… （1）
　第一节　人力资源管理概述 ………………………………………… （3）
　第二节　金融企业与金融企业的人力资源管理 …………………… （12）
　第三节　金融企业人力资源管理的理论基础 ……………………… （20）
　第四节　我国金融企业人力资源管理面临的挑战 ………………… （32）
　【本章小结】 ………………………………………………………… （39）
　【思考练习题】 ……………………………………………………… （40）
　【案例分析】花旗银行的人才发展战略模型——人才库盘点 …… （41）

第二章　金融企业人力资源战略规划 ………………………………… （45）
　【学习目标】 ………………………………………………………… （45）
　【导入案例】联邦快递公司的人事变更 …………………………… （45）
　第一节　金融企业人力资源战略规划概述 ………………………… （46）
　第二节　金融企业人力资源供求预测与平衡 ……………………… （52）
　第三节　金融企业人力资源管理信息系统 ………………………… （63）
　【本章小结】 ………………………………………………………… （69）
　【思考练习题】 ……………………………………………………… （70）
　【案例分析】成长型企业遭遇人才饥荒 …………………………… （71）

第三章　金融企业工作分析 …………………………………………… （73）
　【学习目标】 ………………………………………………………… （73）
　【导入案例】美国银行所推行的新战略 …………………………… （73）
　第一节　金融企业工作分析概述 …………………………………… （74）

第二节　金融企业工作分析的方法 …………………………………(81)
　　第三节　金融企业工作分析的基本流程 ……………………………(98)
　　第四节　编写工作说明书 ……………………………………………(101)
　　【本章小结】……………………………………………………………(105)
　　【思考练习题】…………………………………………………………(106)
　　【案例分析】工作分析不可轻视………………………………………(106)

第四章　金融企业员工招聘 ………………………………………………(108)
　　【学习目标】……………………………………………………………(108)
　　【导入案例】丰田的全面招聘体系……………………………………(108)
　　第一节　金融企业员工招聘概述 ……………………………………(110)
　　第二节　金融企业员工招募管理 ……………………………………(116)
　　第三节　金融企业员工甄选管理 ……………………………………(132)
　　【本章小结】……………………………………………………………(147)
　　【思考练习题】…………………………………………………………(148)
　　【案例分析】……………………………………………………………(148)

第五章　金融企业员工绩效管理 …………………………………………(151)
　　【学习目标】……………………………………………………………(151)
　　【导入案例】平衡计分卡在 FMC 公司的应用………………………(151)
　　第一节　金融企业员工绩效管理概述 ………………………………(154)
　　第二节　金融企业员工绩效管理的程序与方法 ……………………(159)
　　第三节　金融企业员工的绩效沟通 …………………………………(178)
　　【本章小结】……………………………………………………………(182)
　　【思考练习题】…………………………………………………………(183)
　　【案例分析】C 银行实施 360 度绩效管理 …………………………(183)

第六章　金融企业薪酬管理 ………………………………………………(192)
　　【学习目标】……………………………………………………………(192)
　　【导入案例】"雷尼尔效应"…………………………………………(192)
　　第一节　金融企业薪酬管理概述 ……………………………………(193)
　　第二节　金融企业的职位薪酬体系 …………………………………(204)

第三节　金融企业技能薪酬体系 …………………………………………（213）
　　第四节　金融企业绩效薪酬体系 …………………………………………（220）
　　第五节　金融企业福利管理 ………………………………………………（223）
　　【本章小结】………………………………………………………………（226）
　　【思考练习题】……………………………………………………………（227）
　　【案例分析】………………………………………………………………（227）

第七章　金融企业员工职业生涯管理 ……………………………………（232）
　　【学习目标】………………………………………………………………（232）
　　【导入案例】3M公司的员工职业生涯管理体系 ………………………（232）
　　第一节　职业生涯管理概述 ………………………………………………（234）
　　第二节　职业生涯管理的基本理论 ………………………………………（250）
　　第三节　金融企业员工职业生涯管理的一般模式 ………………………（259）
　　【本章小结】………………………………………………………………（266）
　　【思考练习题】……………………………………………………………（267）
　　【案例分析】………………………………………………………………（267）

第八章　金融企业的人力资源培训与开发 ………………………………（271）
　　【学习目标】………………………………………………………………（271）
　　【导入案例】中国工商银行引入E-learning ……………………………（271）
　　第一节　人力资源培训与开发概述 ………………………………………（273）
　　第二节　培训的实施程序、培训成果的转化与培训效果评估 …………（277）
　　第三节　金融企业员工培训与开发的方法 ………………………………（288）
　　【本章小结】………………………………………………………………（293）
　　【思考练习题】……………………………………………………………（294）
　　【案例分析】大通曼哈顿银行如何培训员工 ……………………………（294）

第九章　金融企业劳动关系管理 …………………………………………（299）
　　【学习目标】………………………………………………………………（299）
　　【导入案例】三菱东京日联银行深圳分行员工罢工事件 ………………（299）
　　第一节　劳动关系管理概述 ………………………………………………（301）
　　第二节　劳动关系研究的不同方法和流派 ………………………………（308）

第三节　劳动关系调整和管理 …………………………………… (311)
第四节　劳务派遣 ………………………………………………… (330)
【本章小结】 ………………………………………………………… (334)
【思考练习题】 ……………………………………………………… (335)
【案例分析】中国平安保险公司的员工参与管理 ………………… (335)

第十章　金融企业国际人力资源管理 …………………………… (338)
【学习目标】 ………………………………………………………… (338)
【导入案例】花旗银行的员工哲学 ………………………………… (338)
第一节　金融企业国际人力资源管理概述 ……………………… (340)
第二节　金融企业人力资源管理的国际比较 …………………… (344)
第三节　跨国金融企业人力资源管理 …………………………… (358)
第四节　金融企业跨文化人力资源管理 ………………………… (367)
【本章小结】 ………………………………………………………… (370)
【思考练习题】 ……………………………………………………… (370)
【案例分析】巴林银行的倒闭 ……………………………………… (371)

参考文献 ……………………………………………………………… (377)

第一章　金融企业人力资源管理概述

【学习目标】

学习完本章后,你应该能够:
- 掌握有关人力资源及人力资源管理方面的基础性知识,包括人力资源和人力资源管理的含义,人力资源的一般特征,人力资源管理的目标、功能以及职能,人力资源管理部门与其他部门的职能分工以及人力资源管理人员的素质要求等。
- 掌握金融企业以及金融企业人力资源管理的基础性知识,包括金融企业的特殊性,以及金融企业人力资源与人力资源管理的特殊性。
- 掌握有关金融企业人力资源管理的基本理论,包括人力资源管理实践及理论的发展阶段,以及人性假设理论、人力资本理论、激励理论等。
- 理解影响金融企业人力资源管理的环境因素,以及我国金融企业在人力资源管理方面遇到的挑战和未来的发展趋势。

【导入案例】

人力资源管理者的尴尬

A企业是一家拥有十年经营历史的民营企业,一直秉承先发展后规范的经营管理思想,这两年由于企业快速成长,员工已过千人,在业界也算得上小有规模。而A企业的管理却始终停留在"作坊企业"的层面,对此A企业的孙总深感不安,于是下定决心对企业进行全面改革。

说到改革,A企业的那些"元老"中已无让孙总满意之材,这些"元老"在市场上个个能征善战,但在管理方面却没有一个能担当大任。看来只有"空降"了! 于是孙总决定增设总经理办公室总管公司的人事、行政要务,希望借此来逐步铺开整个公司的改革。

经过半年多的精挑细选,赵经理脱颖而出成为 A 企业总经理办公室经理。赵经理走马上任后着手的第一项改革就是在全公司推行绩效考核。绩效考核是长久以来孙总十分关切同时也寄予厚望的一项改革,所以从赵经理上任的那天起,孙总便与他三日一小谈、五日一大谈保持"必要沟通"。而赵经理则一方面仔细观察了解公司现存的一些问题,另一方面与各部门经理沟通阐述自己对于绩效考核的看法与观点,以便制定出更为有效的绩效考核措施并使之在企业管理中发挥应有的功效。绩效考核改革的消息不胫而走,霎时间公司上下人声鼎沸,总经理办公室成为整个公司的"焦点部门"。然而三个月过去了,赵经理的工作却进展缓慢。阻力主要来自那些"元老"们,他们似乎对改革充满了敌意。得不到"元老"们的拥护,赵经理便开始寻求"新生代"力量的支持,并很快与他们达成了"阵线联盟"。孙总也在随即召开的中高层大会上痛斥那些"绩效落后分子",以强硬的态度力排众议。在孙总和"阵线联盟"的支持下,绩效考核"行"与"否"的问题明朗化,且最终敲定先从最支持绩效考核改革的销售部开始进行。于是,赵经理开始了下一步的工作即设定绩效指标。然而原本支持赵经理进行绩效考核改革的销售部内部此时却产生了预想不到的争执。原来公司销售部门下设三个行业组:A 行业组销售实力普遍较弱,认为应该以考核团队业绩为主,否则就拒绝考核;B 行业组个个是销售好手,认为应该以考核个人业绩为主,否则就是在打击员工的工作积极性;C 行业组销售实力强弱参半,更是意见不一。孙总的态度则模棱两可,一方面积极支持考核团队业绩,另一方面也不反对考核个人业绩。赵经理为了能够平衡各销售组之间的矛盾,随之制定了几套绩效考核方案,但终因无法令大家都满意而无一得以推行。与此同时,形势也发生了戏剧性的转变,由于绩效考核方案迟迟不定,"元老"们纷纷提出诸多质疑,而销售部的两位"新生代"——A 行业组经理与 B 行业组经理由于意见相左几乎反目,更要紧的是原本对推行绩效考核改革鼎力支持的孙总在态度上也开始发生了微妙的变化。半年过去了,面对着众多的指责与非议,面对着即将无功而果的绩效考核,赵经理一时无语……

资料来源:杨灵爽,《分析:沉载职场论 HR 职场潜规则》,《管理@人》2007 年 Z1 期。

第一节 人力资源管理概述

资源是能给人们带来新的使用价值和价值的客观存在物。迄今为止,世界上有四大资源:自然资源、资本资源、人力资源、信息资源。如果进一步概括,这四类资源又可以归为两大类:一类是物质资源,一类是人力资源。

21世纪是充满竞争和机遇的新世纪。随着新世纪钟声的敲响,竞争的焦点已无可置疑地转向科技和知识的竞争。科学技术的进步、产业结构的调整和经济实力的增强,首要的决定因素已经不再是资本的拥有量,而是人力资源的拥有量。由于人力资源是生产力诸因素中最积极、最活跃,并且起着动力性作用的因素,因此人力资源在当代已被称为推动经济增长和社会发展的第一资源。因此,21世纪的国际竞争,归根到底是人力资源的竞争。谁能有效地开发和管理人力资源,谁就能掌握科技、掌握市场、掌握生产力,保持持久旺盛的生命力和活力。

一、人力资源与人力资源管理的基本概念

(一)人力资源的概念与特征

1. 人力资源的概念

人力资源是指一定时期内组织中的人所拥有的能够被企业所用,且对价值创造起贡献作用的体力、智力、知识和技能等的总和。其中,体力包括力量、速度、耐力、柔韧性、灵敏度等人体运动的功能状态,以及对一定劳动负荷的承受能力和消除疲劳的能力;智力是人们认识事物、运用知识、改造客观世界的能力,包括思维能力、记忆力、观察力、想象力、判断力等;知识是人们在实践中所掌握的各种经验和理论;技能是指人们运用知识、经验并经由练习而习惯化了的动作体系,或者说是人们合理化、规范化、系列化、熟练化的一种动作能力。这四个方面的不同配比组合,形成了内容丰富的人力资源。

2. 人力资源的特征

为了研究人力资源,并科学有效地对其进行管理,还必须认识和把握人力资源的特征。人力资源具有以下特性:

（1）生成过程的时代性。人力资源的生成受其生成的社会环境的影响与制约。特定时代的社会环境因素，包括政治、经济、教育、文化的因素，会影响和塑造处于这个时代的个体，形成他们特定的价值观念、道德观和认知方式等，进而体现为他们特定的工作行为和劳动态度。此外，特定的时代背景不仅影响人力资源的生成，而且也限定了人力资源发挥作用的空间。

（2）开发对象的能动性。自然资源在其被开发过程中完全处于被动地位，而人力资源则不然。作为人力资源的载体，人是有意识、有目的、有思想感情的，能够对自身行为作出选择，能主动调节与外部环境的关系，自觉地参与人力资源的开发过程，提高人力资源被开发的程度。

（3）组织过程的社会性。在社会化大生产条件下，个体要通过一定的群体来发挥作用。合理的群体组织结构有助于个体的成长及高效地发挥作用，不合理的群体组织结构则会对个体造成压抑。群体组织结构在很大程度上又取决于社会环境，社会环境构成了人力资源开发的大背景，它通过群体组织直接或间接地影响人力资源开发效率。

（4）开发过程的持续性。现代人力资源管理理论认为，人力资源就像"蓄电池"一样，工作之后，还需要不断学习，继续充实和提高。而且人的身上具有多种潜在的素质，他们在工作中表现出来的往往只是冰山一角，更多的能力由于缺乏适当的环境而被压抑。因此，组织可以通过各种渠道和方式，促使人力资源在使用中被不断地开发出来。而且每经过一次新的开发，劳动者新增的人力资源素质能够在原有素质的基础上累积起来，从而在以后工作中发挥更大的作用。

（5）使用过程的时效性。人力资源的形成和使用受到人的生命周期的限制。人力资源不仅无法长期保存，而且在生命周期的不同时段人力资源的数量和品质也会有差异。如果组织不能选择在劳动者体力、智力、工作经验和综合素质达到顶峰的最佳时段对人力资源加以开发、利用的话，不仅会导致人力资源的浪费，甚至会影响到组织工作的绩效以及发展目标。

（6）闲置过程的消耗性。劳动者既是生产者，又是消费者，具有两重性，因此与一般物质资源不同，即使人力资源处于闲置状态，为维持生命和人力资源的存在，也必须消耗一定数量的物质资源，比如粮食、水、能源，等等。

（7）投入产出的特殊资本性。人力资源一方面完全具备资本的三个基本特征(投资的结果、能带来收益、使用中会出现有形磨损和无形磨损),而另一方面又与一般的物质资本有着重要的区别。一般的物质资本普遍存在着收益递减的规律,而人力资本在现代经济中则呈现了收益递增的特性。

(8)高价值性与高增值性。人力资源是一切资源中最珍贵、最有价值的资源。随着社会的不断发展,一方面人力资源的经济价值和投资收益率总体上在不断提高,另一方面高质量人力资源与低质量人力资源之间的收入差距也在不断地拉大。

(9)依附性与主体性。人力资源是依附于劳动者个体的。而作为人力资源的载体,劳动者个体具有自主去留的权利,即个体拥有人力资源的所有权。因此组织在人力资源的开发、保留和吸引过程中,应充分尊重劳动者个体的权利。

(10)不确定的创造性。人力资源具有潜力巨大的创造性,这种创造性来自于人力资源中包含的丰富多彩的知识智力内容。但是就个体而言,外部因素的作用与内在心理状态的影响决定了人力资源作用的发挥,即人力资源的创造性是一种不确定的创造性。

(二)人力资源管理的概念与含义

1. 人力资源管理的概念

人力资源管理(human resource management,HRM),是指组织运用科学的管理理论、方法、工具和技术,通过各种政策、制度和管理实践,对人力资源的生产、开发、配置、使用等环节所进行的计划、组织、指挥和控制,从而充分开发人力资源潜能、调动人的积极性,提高工作效率,改进工作质量,最终实现组织目标的一系列管理活动。

2. 人力资源管理的含义

(1)人力资源管理的本质在于通过对人与人之间关系的调整,实现人与事的配合。人力资源管理是对社会劳动过程中人与事之间的相互关系进行管理,而不是简单地对人或事进行管理。人力资源管理是通过制度化地调整组织内人与人之间的关系,一方面对人力资源进行合理配置,做到事得其人,人尽其才,谋求社会劳动过程中人与人、人与事、人与组织的相互适应,另一方面充分调动人的积极性,开发人力资源潜能,不断提高工作效率、改进工作质量,进而实现组织目标。

（2）人力资源管理不仅是组织的一种基本的管理职能，而且其本身也是一个管理过程，是各种管理职能的嵌套和整合。法国管理学先驱法约尔将管理活动概括为计划、组织、指挥、协调、控制五个职能。哈罗德·孔茨则把管理的职能划分为：计划、组织、人事、领导和控制。作为一个相对独立的管理职能，人事管理的职能含义是：确定什么样的人才能被录用，招募、甄选员工，确定工作绩效标准，给员工支付报酬，进行工作绩效考评，向员工提供建议，对员工实施培训和技能开发。现代人力资源管理就源于人事管理职能，它是组织在经营战略的框架下对传统人事管理职能的改造和创新。

可以看出，所谓的"管理职能"一方面是研究者对管理过程中各种具有共性的管理行为的合乎逻辑的系统归纳和理论概括，另一方面也是实践中管理活动专业化的体现。管理职能的划分，依据的是管理活动和管理过程的内在逻辑，但是相对独立的管理职能绝不是互不相关、截然不同的。在现实管理活动中，一项相对独立的管理职能不仅离不开其他管理职能的配合，而且其本身也是一个管理过程，也是由各项管理职能相互嵌套构成的。人力资源管理本身也是一个管理过程，是计划、组织、协调、控制、监督等各项管理职能在人力资源管理问题上的相互嵌套和整合。

（3）人力资源管理是适应组织战略和各种环境因素变化的、积极的动态化管理。人力资源管理工作内容涉及对组织人员的招募、录用、选拔、任用、考核、奖惩、晋升、使用、培训、工资、福利、社会保险、劳动关系等多方面的事宜。但是人力资源管理具体的管理原则、管理程序、管理内容、管理重点和管理工具与管理方法必须随着组织战略和各种环境因素的变化不断地进行调整。

此外，人力资源管理并不是消极、被动地适应工作任务的需要，而是要根据每个人的能力特点和水平，把人安置在合适的工作岗位上，为他创造能够自我提高和充分施展才华的条件，而不是限制他的发展。

二、人力资源管理的功能与职能

（一）人力资源管理的功能

人力资源管理的功能是指人力资源管理职责履行的结果。它是人力资源管理活动所应起的作用或者说功用。人力资源管理主要有获取、激励、开发、保持以及整合等五个方面的功能(见图1-1)。

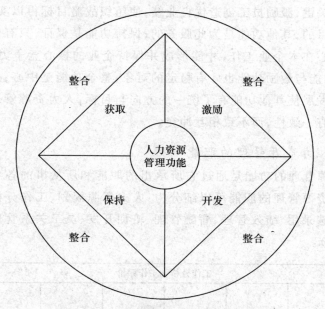

图1-1 人力资源管理的功能

（1）获取功能。获取功能是指为实现企业目标而寻找与开辟人力资源渠道，吸引优秀的人才进入企业，为企业甄选出适合的人员并配置到相应的岗位上。

（2）开发功能。开发功能是指不断培训员工、开发员工潜质，使员工掌握在本企业现在及将来工作所需的知识、能力和技能。

（3）激励功能。激励功能是指引导与改变员工的态度、行为，使其在本职工作岗位上人尽其用，创造出优良业绩，为企业创造更大的价值。

（4）保持功能。保持功能是指使现有员工满意并愿意安心在本企业工作。

（5）整合功能。整合功能则是指为实现组织战略而制定的各种人力资源管理政策在管理实践过程中能够保持一致并彼此协调，同时，也包括人员配置方面的整合及文化、价值等的整合。

在这五种功能中，获取功能是前提，没有人力资源的进入，其他功能就无法实现，但选择不恰当的人进入企业，会给其他功能的发挥带来极大的障碍；

开发功能是手段,没有合适的培训与开发,员工无法掌握相应的知识、能力与技能,就不可能产出较好的产品与较高的绩效,激励功能也无法发挥与实现;激励功能是关键,激励员工创造优良业绩,使组织战略目标得以实现,是企业生存的主要目的,其他功能是为此服务的;保持功能是保证,只有使获取的员工满意并安心在本企业工作,才能形成并保持企业的核心竞争力,降低企业成本,开发功能与激励功能也才有稳定的对象;整合功能是中心,战略性人力资源管理的发展使其他功能有了统一的方向与目标,人力资源管理的政策与实践才能具有一致性,而不致相互冲突。

（二）人力资源管理的职能

人力资源管理的功能是通过它所承担的职能和所从事的各项活动来实现的。人力资源管理的职能可以细分为：人力资源规划、工作分析和工作评价、招募、甄选录用、绩效管理、薪酬管理、培训开发、员工关系管理等八个方面(见图1-2)。

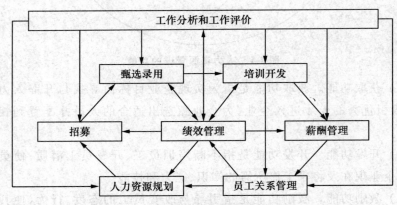

图 1-2　人力资源管理职能及其关系

（1）人力资源规划。这一职能是对组织一定时期内的人力资源需求和供给进行预测,并根据预测结果制订平衡供需的计划等。

（2）工作分析和工作评价。工作分析包括两部分活动,一是对组织内各职位所要从事的工作内容和职责进行清晰的界定,二是确定各职位所要求的任职资格。工作分析的结果体现为职位说明书。工作评价则是对组织内各类职位的相对重要性进行比较,为组织支付员工薪酬提供依据。

（3）招募和甄选录用。这两个职能是紧密关联的。招募是指通过各种途径发布招聘信息,将应聘者吸引过来;甄选录用是指从应聘者中挑选出合格的人,并予以录用。

(4) 绩效管理。这一职能是指组织根据既定的标准对员工的工作业绩作出评价,发现其中的问题并加以改进。

(5) 薪酬管理。这一职能是指在工作评价和薪酬调查的基础上确定薪酬结构和水平,制定福利和其他待遇的发放标准。

(6) 培训开发。这一职能包括建立培训体系,确定培训需求和计划,组织实施培训以及对培训效果进行反馈和总结。

(7) 员工关系管理。这一职能除了要协调劳动关系,进行企业文化建设,构建良好的人力资源环境,还要对员工的职业生涯进行设计和管理。

从图1-2可以看出,首先,工作分析和工作评价是整个人力资源管理职能体系的前提,它和其他所有职能都发生联系,其他职能的展开都需要职位说明书提供的基础信息。其次,绩效管理是整个人力资源管理职能体系的核心,其他职能或多或少都与它发生联系。无论是薪酬管理还是培训开发都需要根据员工的绩效信息开展有针对性的工作,而且几乎所有的人力资源职能都是以提高员工绩效为目的的。最后,人力资源管理其他职能间同样存在密切联系。例如招募和甄选录用职能,是依据人力资源规划确定的进人计划来展开的,而甄选的效果又影响员工培训的开展。招募和甄选的效果好,员工培训的任务就比较容易完成。而培训开发又是薪酬管理的一项重要的补充性激励手段,是一种非薪酬性报酬。

三、人力资源管理的机构与人员

(一) 人力资源管理部门与其他部门管理者的职能分工

在现代企业中,人力资源管理越来越多地被认为是各级各类管理者的主要职责,而不仅仅是人力资源管理部门的事情。首先,高层管理者负有人力资源管理战略决策的制定、领导团队的建设等重大人力资源管理职责。其次,人力资源管理部门和其他部门管理者则承担着大量具体的人力资源管理职责,不过其侧重点有所不同(参见表1-1)。

表1-1 人力资源管理部门与其他部门在人力资源管理方面的职能分工

职能	人力资源管理部门	其他部门管理者
工作分析	根据其他部门提供的信息,编写或修订职位说明书	向人力资源管理部门提供有关职位的信息
人力资源规划	预测公司的人员需求;预测公司的人员供给;制订平衡人员供给与需求的计划;制定人力资本投资规划;建立人力资源管理信息系统	向人力资源管理部门提供需求计划
招募与甄选	发布招募信息;开辟招募渠道;选择各类人员甄选工具量表;初步筛选应聘人员;配合其他部门对应聘者进行面试和其他测试;为新员工办理各种手续	提出人员需求的条件;在人力资源部门的配合下确定最终人选
绩效管理	制定绩效管理体系,确定考核内容、时间、周期、方法及步骤等;指导各部门确定考核标准;培训考核者;组织考核的实施,协助并监督各级主管进行绩效考核;进行绩效考核面谈;处理雇员对考核的申诉;保存考核结果;对考核进行评估总结;根据考核结果作出有关决策	确定本部门考核标准;参加考核培训;对本部门员工实施考核;就绩效考核问题与员工沟通,制订绩效改进计划
薪酬管理	进行市场薪酬调查;确定薪酬结构、薪酬水平、发放方式等;制定薪酬管理体系;制订各种激励、奖励计划;审核各部门奖惩建议;制订福利计划	向人力资源管理部门提出有关奖惩建议等
培训与开发	制定培训管理体系;确定培训需求;制订培训计划;组织实施培训计划,对培训过程进行管理;建设并管理培训开发基地;评估培训效果;制订管理继任者计划;管理者能力评价与潜能开发	向人力资源部门提出培训需求;组织员工参加有关项目的培训;提出改进建议
员工关系与职业生涯管理	根据政府有关人力资源管理方面的法令和政策,制定组织内员工各项权利义务规定;指导其他部门协调好劳资关系;员工适岗率调查;工作轮换与内部流动管理;晋升与离职的管理;员工职业生涯设计指导	遵守并执行政府和组织有关人力资源管理方面的法令、政策和规定,协调好劳资关系;在招募时提供较为现实的未来工作展望;提供一个富有挑战性的最初工作;根据员工的职业目标评价其职业进步情况,确认员工需要在哪方面进行职业开发活动

人力资源部门是组织人力资源管理工作的职能部门,是人力资源政策与制度的制定者、政策与制度执行情况的监控者、相应服务的提供者。换言之,

它不是决策机构而是参谋和执行机构。非人力资源管理部门是人力资源政策和制度的执行者、有关需求的提出者,也是人力资源管理氛围的营造者。此外员工自己也承担着人力资源管理的一定责任。员工对组织的心理期望要与组织对员工的心理期望达成"默契"、参与团队管理、成为学习型人才、进行职业生涯设计与管理、进行跨团队、跨职能的合作,即员工负有自我开发与管理的责任。

(二) 人力资源管理部门的组织结构和人员构成

1. 人力资源管理部门的组织结构

人力资源管理部门的独立化、规模化和专业化,是随着组织本身的规模及其对人力资源管理工作的需要逐渐变化的。一般来说,小型企业几乎不设专职的人力资源管理人员,人力资源管理活动由企业管理者承担;中小型企业要求有独立化的人力资源管理职能,企业一般设有专职的人力资源管理人员;大中型或大型的企业设有专门的人力资源管理部门,且人力资源管理人员之间有职能的分工(见图1-3)。

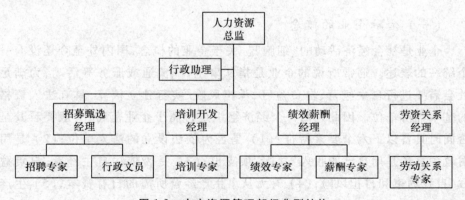

图 1-3 人力资源管理部门典型结构

2. 人力资源管理人员

人力资源管理人员应具备以下一些基本素质:

(1) 知识,包括业务知识与专业知识。业务知识是指企业所处的行业环境、产品、客户、竞争者、供应商和技术等方面的知识。专业知识是指履行人力资源管理职能所必须具备的各种知识,包括政府的有关政策法令、企业的人力资源政策、规章制度、管理流程和管理工具等。

(2) 技能,是指运用人力资源管理工具和技术的能力。

（3）执行能力，是指执行与实施人力资源管理政策与制度，以及开展人力资源管理活动的能力。

（4）沟通能力，是指人力资源管理人员与其他管理者和员工进行人际沟通的能力。

（5）动机与价值观。人力资源管理人员应具备主动工作的冲动和愿望，同时在工作中既要坚守正确的道德规范，又要具有人文主义情怀。

如果是人力资源的高级管理者，除了须具备上述素质外，还应具有战略能力和领导能力。

第二节　金融企业与金融企业的人力资源管理

一、金融企业的特殊性

（一）金融企业的概念

企业是社会经济活动的"细胞"。关于企业的概念，国内外至今还没有一个统一的表述。通常所说的企业是指从事生产、流通或服务等活动，为满足社会需要进行自主经营、自负盈亏、承担风险、实行独立核算，具有法人资格的基本经济单位。因此判断一个经济组织是否属于企业范畴，一般要看其是否同时具备以下六个要素特征：（1）是否为依法设立的法人单位；（2）是用财政预算还是用自己的收入支付各项支出；（3）是否依法自主经营、自负盈亏、自我约束和自担风险；（4）有无从事生产经营所需的自有资本；（5）生产经营目标是否为追求赢利最大化；（6）是否照章纳税。

根据企业经营的内容、特点和作用我们大致可以将现代企业划分为农业企业、制造企业、流通企业、金融企业、建筑企业、房地产企业、交通企业、邮电企业等八大类。而本书探讨的企业人力资源管理活动是围绕金融企业这一特殊的企业类型展开的。

严格来说，金融企业在我国是一个新概念。大多数金融学教科书喜欢用"金融机构"一词。所谓金融机构，是指依法设立的从事金融业务的金融中介机构。金融机构包括银行金融机构和非银行金融机构。其中银行金融机构包括中央银行、商业银行、政策性银行等,非银行金融机构则包括证券公司、保险公司、信托投资公司、财务公司、信用合作社等(见图1-4)。银行与其他非银行金融机构最大的区别在于:非银行金融机构创造信用能力大大低于银行。从业务角度看,非银行金融机构不同于银行之处在于不以吸收存款作为主要资金来源,而是以其他方式吸收资金,并以某种方式运用资金来从中获利。

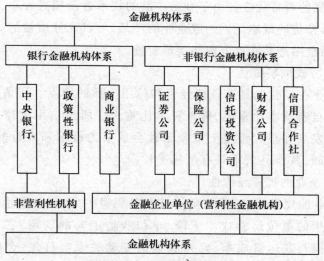

图1-4 金融机构体系图

从上述金融机构的组织构成可以看出,金融机构不仅包括了像商业银行这样的营利性机构,还包含了像中央银行和政策性银行这样的非营利性机构。因此金融机构的概念外延要比金融企业宽得多。而至于金融企业,我们则可以将其定义为从事金融中介服务,自主经营、自负盈亏、承担风险、实行独立核算,具有法人资格的金融机构。

(二) 金融企业的特殊性

金融企业以经营金融资产和负债为主要业务,是一类特殊的生产服务企业。[①] 同消费者服务业相比,生产性服务业是一种高智力、高集聚、高成长、高辐射、高就业的现代服务产业。它具有知识性、创新性、专业性、国际性、协同性等

---

① 根据美国经济学家格鲁伯和沃克在其名著《服务业的增长:原因及影响》(1993)中的分类,金融企业属于生产者服务业。

五个方面的特征。作为一类特殊的生产服务企业,金融企业还具有以下一些特点:

1. 金融产品的特殊性

金融产品具有虚拟性、同质性和互相替代性强的特点。与一般物质产品不同,金融产品都是虚拟的价值符号,这种特性消除了各种类型的金融产品之间因使用价值不同而引起的相互替代障碍,各类金融产品趋于同质化,相互间具有很强的可替代性。由于金融产品的技术含量相对较小,不受专利的保护,因而其模仿的成本低。一般企业的产品,可以区分质量的高低、技术含量的多寡,而金融产品在这方面却很难衡量。

2. 经营方式的特殊性

金融企业在经营上具有负债经营和信用支撑的特点。所谓负债经营是指金融企业自有资本比重小、借入资本比重大。所谓信用支撑是指金融企业的存在和发展在很大程度上依赖于社会成员的授信和央行的信用扶持,失去信用基础,其产品就不具有可接受性。

3. 金融企业的规模经济性

金融企业的规模经济,是指随着其业务规模扩大、人员数量和机构网点的增加而发生的单位运营成本下降、单位收益上升的现象,它反映了金融企业经营规模与其运营成本、经营收益的变动关系。首先,金融企业是信用中介,在一定的经营管理水平下,大企业资本雄厚、信用级别高,有利于通过稳定的市场形象吸引更多的客户;其次,金融企业随着自身所提供的产品或服务的增加,可以有效降低单位产品或服务的成本,提高收益;再次,金融企业的经营,一般需要购置较多先进的技术装备和进行较多的基础设施投资,这些投入在完成之后一定时期内相对稳定,随着金融企业经营资产规模的扩大,在一定规模范围内,单位资产平均固定成本则会相应降低。

4. 金融企业的"网络性"

首先,金融企业总部与分支机构之间、分支机构与分支机构之间具有密切的业务往来和联系。其次,金融企业之间具有密切的业务往来和联系。例如商业银行的票据清算涉及多家商业银行及其与中央银行之间资金的转支付、代支付,保险公司之间也会有相互提供再保险的关系。最后,在充当融资中介方面,金融企业作为联结投资和储蓄的信用中介组织,通过其经营活动将国民经济的各个环节和各个部门联结成为一个有机的整体。因此,金融企业内部、金融企业与金融企业、金融企业与客户、银行与政府相互结合,形成了一个网络,政府、银行、企业、居民就是这个网络上的组织单元。

5. 金融企业的风险性特征

首先,金融产品的可替代性导致各种类型金融产品市场之间具有协同共振效应,金融产品价格波动具有很强的传导性和联动性,因此与一般产品市场相比,金融业更易发生系统性风险。其次,金融企业是典型的高负债经营的企业,在受到外来冲击时,容易陷入流动性危机,同时社会信用问题往往也会给金融企业带来一些潜在的风险。最后,由于金融企业网络特性和融资中介等功能,金融企业之间存在着密切的资金往来关系,一家金融企业的流动性危机可能会导致另一家金融企业的流动性危机,从而使整个金融行业都面临风险。

6. 金融企业的社会性特征

金融产品和服务具有准公共产品性质,因此金融企业是肩负巨大社会责任的特殊企业。金融企业提供的金融产品和服务具有广泛可接受性,其交易对象几乎涵盖了国民经济各个领域的微观主体。金融企业经营效益的好坏、服务能力的高低,不仅关系到自身经营目标的实现,还关系到社会公众资产安全及收益,关系到整个国民经济的资源配置和运行效率,关系到整个社会的交易成本及交易效率,乃至整个社会的稳定,等等。

7. 市场交易信息的不对称性

信息不对称是指在市场经济条件下,市场的买卖主体不可能完全占有对方的信息,这种信息不对称必定导致信息拥有方为谋取自身更大的利益而使另一方的利益受到损害。无论是保险企业还是商业银行,在开展经营活动时都面临着信息不对称问题。比如,有关投保人的身体状况这一类私人信息,保险公司往往处于信息劣势,这种信息不对称,往往会导致道德风险或逆向选择的问题。

8. 金融企业处于高度被监管状态

金融企业因其产品特有的公共产品性质、外部性和信息不对称的原因需要政府加强监管。国家的金融监管不仅对金融企业的经营方式有严格要求,如资本充足率、投资组合与投资项目的限制,市场竞争限制等,而且对金融从业人员,尤其是高管人员提出严格的任职资格和行为规范要求。

二、金融企业人力资源

(一)管理和技术人员及其工作的特性

金融企业员工依据其业务分工可以分为两大类:一类是管理和技术人员,一类是业务操作人员(见图1-5)。其中管理和技术人员一般占金融企业全部员工的三分之一。

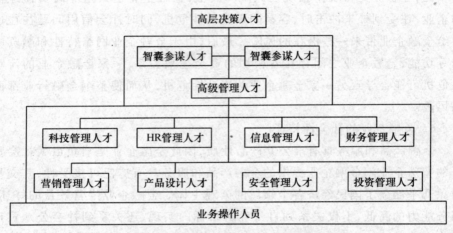

图1-5 金融企业各类人力资源构成

管理和技术人员主要是指金融企业各级经理、主管和技术人才,包括:(1)高层决策人才;(2)智囊参谋人才;(3)高级管理人才;(4)营销管理人才;(5)科技管理人才;(6)信息管理人才;(7)产品设计人才;(8)人力资源(HR)管理人才;(9)财务管理人才;(10)投资管理人才;(11)安全管理人才。[①] 这些人员的素质一般比较高,属于知识性员工的范畴,具有以下一些特点:

(1)由于拥有知识资本,因而在组织中有很强的独立性和自主性。他们希望在工作中拥有更大的自由度和决定权,同时也看重支持。

---

① 孙健、郭少泉在《商业银行人力资源管理》一书中,将商业银行的人才划分为八种类型,本书根据金融企业的内涵,在孙健、郭少泉分类的基础上作了进一步拓展和充实。参见孙健、郭少泉:《商业银行人力资源管理》,经济管理出版社2005年版。

(2) 具有较高的流动意愿,不希望终身在一个组织中工作,由追求终身就业饭碗,转向追求终身就业能力。

(3) 其工作过程难以监控,工作成果难以衡量,这使得价值评价体系的建立变得复杂而不确定。

(4) 其能力和贡献差异大,出现混合交替式的需求模式,如:利润与信息的分享需求、终身就业能力提高的需求、工作变换与流动增值的需求、个人成长与发展的需求,等等。对他们来说,薪酬已不仅仅是一种生理层面的需求,而是个人价值和社会地位的象征,成为一种成就欲望层次上的需求。此外,他们不仅需要获得劳动收入,而且要获得人力资本的资本收入,即需要分享企业的价值创造成果。

(5) 从工作中获得大量的内部满足感,他们的忠诚感更多的是针对自己的专业而不是雇主。

(二) 业务操作人员及其工作的特性

金融企业的业务操作人员包括内勤业务人员和外勤业务人员。内勤业务人员是指金融企业一线的柜员、办公室办事人员及各业务部门的办事人员;外勤业务人员是指金融企业各业务部门负责对外联络、产品推销的业务人员。

内勤业务人员的工作时间比较固定,素质要求低一些。其工作特性的主要表现为:(1) 操作性。现代金融企业正逐步以计算机系统代替传统的手工操作,业务人员以现代技术为基础进行操作,以电子化方式处理日常业务。其工作的相当部分的内容就是把信息输入电脑,通过电脑处理为客户提供金融服务。因此,金融企业对一般操作人员的技能要求是必须能够熟练操作计算机及运行软件,而学历则不必太高。(2) 程序性。为保证金融企业业务的规范性,保证金融企业经营的安全,金融监管机构对各金融企业的各种业务运作都作出了明确的规定。金融企业内部对各种业务操作也都列有详细而具体的规则和程序,对一般业务操作人员工作的要求是按部就班,遵照金融企业的规定做好自己分内的事情。

外勤业务人员的主要工作是寻找客户,与客户直接交流、推销金融产品。这类人员的工作特性是:(1) 只需要掌握基本的产品和行业知识,但对客户知识、沟通技能方面的要求比较高;(2) 心理承受能力较强,喜欢冒风险,工作时间比较自由;(3)只对个人业绩负责,不负责整个团队和部门的经营绩效。

三、金融企业人力资源管理

(一)金融企业人力资源管理的内涵

金融企业的人力资源管理指运用现代企业人力资源管理理论,对金融企业人力资源的获取和激励、开发和保持等方面所进行的计划、组织、指挥和控制,充分开发人力资源潜能,调动人的积极性,提高工作效率,改进工作质量,最终实现金融企业经营目标的一系列管理活动。

金融企业人力资源管理的一个基本主题是承认人才是金融企业最宝贵的财富和资源。它是在兼顾金融企业员工、金融企业以及社会三方利益的基础上,为获得必要数量和质量的人才,并充分发挥其潜能而设计的一整套管理方法和措施。金融企业人力资源管理是人力资源管理理论、政策、实践在金融企业的具体运用,是企业人力资源管理的一个分支。

(二)金融企业人力资源管理的特殊性

金融企业的特点及其人力资源的构成状况、工作特殊性,决定了金融企业人力资源管理具有以下特殊性:

1. 人力资源管理的权变性

金融企业员工因职位不同、学历不同、经济状况不同,其个人需要也各不相同,因此金融企业应当针对不同的员工,制定相应的制度措施来进行激励。一般来说,职位较低的内勤业务操作人员,其主导性需要是生理和安全需要,即以工资和工作安全为第一需要,金融企业的激励应当以合理的工资报酬、对工作业绩的及时肯定,以及期限较长、相对稳定的用工合同为主,使其对金融企业产生归属感和认同感。而对职位较低的外勤业务人员则应以个人绩效工资为主要激励手段。在此基础上,如能在适当的时机给予二者必要的培训和学习机会,进一步提高其对金融企业的承诺度,将能达到理想的激励效果。而对于管理和技术人员尤其是层次较高的管理人员来说,由于他们拥有的人力资本比较雄厚,业务能力较强,属于金融企业需要保留的人才,生存和稳定性对他们来说已经不再是第一位的,这些员工往往对工作的环境、未来的发展前景、个人才能的施展空间和个人成就的实现等方面的要求比较高,他们希望通过在金融企业的工作中实现个人人力资本的增值。对于这部分员工来说,虽然薪酬的高低直接关系到其对工作的投入程度,但是金融企业更应当考虑其成就和成长需要,将眼前的短期激励和未来的长远激励结合起来,建立一套能够满足其需要的激励机制。

2. 管理对象整体素质的高层次性

金融企业作为知识密集型生产服务企业,无论是业务操作人员还是管理技术人员,其整体素质都要高于其他行业的员工。据统计,2005年我国主要金融企业大专及以上学历的员工占全部员工的70%以上,而全社会从业人员中大专及以上学历者所占比例还不到8%。对于素质较高的员工,人力资源管理应当强调员工的自我管理、人本管理和柔性管理,企业应通过建立良好的企业人力资源环境和积极向上的企业文化来影响员工的价值观和工作态度,提高员工的积极性;企业还应通过广泛的职业培训和有针对性的员工职业生涯规划来提升员工素质,发掘员工的职业潜力。

3. 任职资格的规范性

作为肩负巨大社会责任的特殊企业,金融企业经常地处于政府的监管之下。国家监管机构以及行业自律组织对金融业从业人员尤其是高管人员的任职资格和行为规范往往有着特殊的要求。金融企业的人力资源管理部门在制定招聘标准和绩效考核标准时,必须遵守监管机构或者行业自律组织的要求。从这个意义上说,金融企业的人力资源管理部门作为执行国家监管机构或者行业自律组织相关人事制度、承担人事管理和监督责任的企业内部机构,也应具有一定的相对独立性。

4. 绩效考核的复杂性

绩效考核是人力资源管理的一项重要职能,也是一个管理难点。对于金融企业这样一个特殊的生产服务企业来说,绩效考核的设计和管理难度无疑会更大一些。首先,由于金融企业的业务经营具有很强的团队合作性,因此我们很难对团队中每个员工的工作效率和业绩作出客观的评价;其次,对于金融企业大量的管理和技术人员,其个人的工作质量很难进行量化;再次,金融企业的效益和业绩一定程度上还受到企业声誉及其服务网络、营业网点等非人力资源因素的影响;最后,由于金融企业具有较高的经营风险,针对管理员工尤其是高管人员的绩效考核既要避免刺激他们采取过于冒险的投资行为,又要防止他们经营过于保守,不思进取。

5. 薪酬设计的复杂性

多数企业的薪酬体系一般是由职位薪酬、技能薪酬和绩效薪酬体系构成的。其中职位薪酬和技能薪酬属于固定薪酬,而绩效薪酬属于浮动薪酬。员工薪酬收入中,各种薪酬形式的具体权重、固定薪酬和浮动薪酬的比重,应当依据员工的类型和工作的性质不同而有所差异。由于金融企业员工在学历、技能、工作内容方面有很大的差异性,因此整个企业的薪酬管理工作相对比较复杂。比如,普通操作人员的工作内容相对固定,工作分析和职位价值的确定也比较容易,因此其全部收入中职位薪酬或者说固定薪酬的比重应当适当高一些。而对于管理和技术人员来说,由于其工作的灵活性较大,且个人技能对其工作业绩的影响较大,因此技能薪酬和绩效薪酬所占的比重应当高一些。至于高管人员,则应以股权或期权为主要薪酬支付形式。

6. 职业生涯规划的多样性

金融企业的员工职业生涯规划也比较复杂。一部分员工的个人职业生涯是朝着管理者的方向发展的,需要金融企业为其发展提供平台和机会;另一部分员工的个人职业生涯是朝着技术人员的方向发展的,希望金融企业能结合企业发展战略为个人提供条件和可能;还有一些员工是同时朝着管理和技术两个方面发展的。对于不同的员工,金融企业必须根据企业发展战略的要求,及时发现并帮助个人了解自身未来发展方向和个人潜力,加以正确引导和培养,为金融企业未来发展奠定人力资源基础。

第三节 金融企业人力资源管理的理论基础

现代人力资源管理的理论是与企业一般管理的理论相伴而生,并逐步独立出来,不断发展壮大,最后发展为一门独立学科的。这期间科学管理理论、行为科学等理论的兴起对现代人力资源管理理论的发展都产生过重大的影响,因此现代人力资源管理与企业一般管理理论,不仅同源而且在很多具体理论方面也具有共性。

一、人性假设理论

在人力资源管理实践中，管理的对象始终并且只能是人力资源的载体——人，因此在构建人力资源管理政策、制度，运用人力资源管理工具，实施人力资源管理措施之前，必须对人有一个正确的认识。近代关于人性的假设有很多种，每一种不同的假设意味着应当采取相应不同的人力资源管理手段与方法。

1. "经济人"假设

"经济人"（rational-economic man）假设源于享乐主义，这一观点最初由休谟（David Hume）在其《人性论》中提出，后被经济学接受，并被作为基本的人性假设。麦格雷戈（Douglas M. McGregor）在《企业的人性面》中将这种人性假设称为 X 理论。

这种假设认为：（1）多数人十分懒惰，不愿劳动，他们总是想方设法逃避工作；（2）多数人没有雄心壮志，易受人影响，不愿承担任何责任，而心甘情愿接受别人的领导；（3）多数人目标与组织目标相矛盾，必须用强制、惩罚的方法才能迫使他们为组织目标工作；（4）多数人工作是为了满足基本的生理和安全需要，只有金钱才能鼓励他们工作。

根据"经济人"假设，人的一切行为都是为了最大限度地满足自己的利益，工作的动机是为了获得经济报酬，所以组织就需要以权力与控制体系来保护组织、引导员工，以经济报酬来激励人们努力实现企业目标。总之，对于经济人最有效的管理措施就是所谓"胡萝卜加大棒"。"泰勒制"就是这类管理方式的典型代表。

2. "社会人"假设

"社会人"（social man）假设源于 20 世纪 20—30 年代著名的"霍桑实验"。在实验中，心理学家梅奥（George E. Mayo）等人发现，尽管人的一些行为是为了最大限度地实现自己的利益，但是与获得经济上的满足相比，人们更重视社会性的需要。

"社会人"假设认为：（1）人是一种社会动物，工作的动机是出于社会需要，员工只有通过与同事的交往才能满足这种需要；（2）情感对人的影响大于经济奖惩手段对人的影响。

基于"社会人"假设，人力资源管理者不能把目光仅仅局限在完成任务上,仅仅发挥监督、指挥作用,而应当注意对人的关心和尊重,应当建立良好的人际关系,同时尽量满足人们社会的和心理的需要,采用集体奖励培养员工归属感,提高员工的士气和生产效率。

3. "自我实现人"假设

"自我实现人"(self-actualization man)是指人的根本需要是为发挥自己的潜能,是对人类生命的终极意义的发现与体验,而不是个人具体的实际利益。这种人性假设是由麦格雷戈提出的。在《企业的人性面》一书中他将这种人性假设称为Y理论,并与"经济人"假设——X理论相对应。

"自我实现人"假设认为:(1)人们并不天生厌恶工作,劳动与游戏一样,可能也是一种满足;(2)外部监督、控制、惩罚并不是使人们实现组织目标的唯一手段,人们可能更愿意通过自我管理和自我控制来实现组织目标;(3)个人自我实现的要求与组织期望的行为之间没有冲突。有自我实现需求的人会将实现组织目标作为自己最大的满足;(4)人们不仅能够接受任务,而且会主动承担责任;(5)在解决组织难题时,多数人具有较高的聪明才智和创造性。

基于自我实现人假设,人力资源管理者应采取如下方法:(1)改变管理重点。人力资源管理者的管理重点是构建良好的工作环境,使每一个人能够充分发挥其潜能。(2)改变激励方式。变外部激励为内部激励,让工作、责任成为员工的重要激励因素。(3)在管理过程中,要授予下级更多的权力,让其参与管理和决策过程,实行自主管理和自我控制。

4. "复杂人"假设

"复杂人"(complex man)假设认为经济人、社会人和自我实现人只是人性的三种极端的例子,不可适用于所有的人。现实生活中,人性具有复杂性的特点,每个人可能是经济人、社会人和自我实现人的综合体。此外,经济人、社会人和自我实现人这三种人性成分的配比不仅因人而异,而且会因时因地而异,因此,就整个社会而言,最终表现出来的人性是纷繁复杂的。

"复杂人"假设认为:(1)人们有多种需要,因而对组织也有各不相同的期望和要求,但是每个人都追求胜任感;(2)不同的人对管理方式的要求不同;(3)组织目标、工作性质、员工的素质对组织结构和领导方式有很大影响;(4)组织目标实现后,个人的胜任感也会得到满足,并激发员工为实现更高的目标而努力。基于复杂人假设,人力资源管理者应当具体问题具体分析,即必须运用所谓"权变管理"。

二、人力资本理论

1. 舒尔茨的人力资本理论

人力资本这个概念是由美国经济学家舒尔茨(Theodore W. Schultz)在1960年首次提出的。他研究了人力资本形成的方式与途径,对教育投资的收益率及教育对经济增长的贡献作了定量的研究。他因为这些卓越的贡献被人们誉为"人力资本之父"。他的主要观点有以下六点:

(1)资本包括体现在产品上的物质资本和体现在人身上的人力资本。人力资本表现为人的知识、技能、经验和工作熟练程度,表现为人的体力、智力、能力等素质的总和。人力资本这一资本形态在经济发展中起着决定性作用。

(2)并非一切人力资源都是最重要的,只有通过一定方式的投资,掌握了一定知识和技能的人力资源才是一切资源中头等重要的资源。这种资源本质上是财富的转化形态,在财富的再生产中起着举足轻重的作用。

(3)人力资本投资收益率远高于物质资本投资收益率。

(4)人力资本是对人力的投资而形成的资本。从货币形态看,它表现为提高人力的各项开支,主要有学校教育支出、在职培训支出、保健支出、劳动力迁徙的支出等。人力资本投资的核算集中体现在人力资源身上的知识、技能、资历、经验、工作熟练程度等方面。

(5)人力资本投资的核心是提高人口质量,教育投资是人力资本投资的主要部分。

(6)摆脱一国贫困状况的关键是致力于人力资本投资,提高人口质量。

2. 贝克尔的人力资本理论

舒尔茨对人力资本的研究是从教育经济作用的宏观角度进行分析,微观分析则主要是由贝克尔(Gary S. Becker)完成的。

贝克尔将人力资本与时间因素相联系。在他看来,人力资本不仅意味着才干、知识和技能,而且还意味着时间、健康和寿命。这样,人力资本与物质资本一样,也成了一种稀缺的资源。此外,贝克尔还分析了正规教育的成本和收益问题,提出了教育的直接成本和间接成本的概念、家庭时间价值和时间配置的概念以及家庭中市场活动和非市场活动的概念,将人力资本理论与收入分配结合起来。经济学的根本命题由此转变为如何生产和使用这种资源,以求得人的效用最大化。

3. 爱德华·丹尼森的贡献

丹尼森(Edward Denlson)在人力资本数量与实证研究方面作出了较大的贡献,是西方人力资本计量理论的代表人物。丹尼森的最大贡献在于修正了舒尔茨的教育对美国经济增长的贡献率。他将经济增长的余数分解为规模经济效用、资源配置和组织管理改善、知识应用上的延时效应以及资本和劳动力质量本身的提高等,从而论证出1929—1957年间的美国经济增长中23%的份额归属于美国教育,而不是舒尔茨所讲的33%。

三、激励理论

激励理论是对个体动机、行为、激励因素、激励方法的系统认识,是企业进行人力资源管理的重要理论指导。根据研究的侧重点,人力资源管理学中关于激励问题的研究成果大致可以划分为内容型、过程型、行为改造型和综合型四类(见表1-2)。

表1-2 激励理论的分类

激励理论的类型	主要理论	研究的侧重点
内容型	需要层次理论、ERG理论、成就需要理论、双因素理论	需要、激励因素、激励作用
过程型	期望理论、公平理论、目标设置理论	激励过程、激励因素与行为之间的关系、预测和控制行为
行为改造型	归因理论、强化理论、挫折理论	行为结果对激励水平的影响、行为转变
综合型	绩效—手段—期望理论、绩效—满足感理论、激励力量模型、场动力论	综合多家观点,获得更合理的解释

其中,内容型激励理论也称为需要型理论,它是从行为过程或激励过程的起点——人的需要出发,解释是什么因素引起、维持、指引行为去实现目标的。过程型激励理论是从需要的满足过程,来分析和探讨人的行为是如何产生、导向目标并持续下去的。行为改造型理论侧重于对人的行为结果进行分析,主要关注行为结果对激励水平的影响。综合型理论则是将其他几种激励理论进行

整合,以期对激励对象的行为作出更为合理的解释。由于篇幅限制,我们不可能对上述所有理论逐一作全面而翔实的介绍。因此在下文中,我们只选择各类激励理论中比较有代表性的理论,并择其要点作适当介绍,对本书中未涉及的其他理论,有兴趣的读者可以自行查阅有关的管理学书籍。①

1. 需要层次理论

这一理论是由美国社会心理学家马斯洛(Abraham Maslow)提出来的,因而也称为马斯洛需要层次理论。马斯洛的需要层次理论有两个基本论点。一个基本论点是:人是有需要的动物,其需要取决于它已经得到了什么,还缺少什么,只有尚未满足的需要能够影响行为。换言之,已经得到满足的需要不再起激励的作用。另一个基本论点是:人的需要都有层次,某一层次需要得到满足后,另一层次需要才出现。

在这两个论点的基础上,马斯洛认为,在特定的时刻,人的一切需要如果未能得到满足,那么满足最主要的需要就比满足其他需要更迫切。只有前面的需要得到充分的满足后,后面的需要才显示出其激励作用。为此,马斯洛认为,每个人都有五个层次的需要:生理需要、安全需要、社会需要、尊重需要、自我实现需要(见表1-3)。

表1-3 马斯洛的需要层次理论

需要	描述	管理人员如何帮助人们在工作中满足这些需要的例子
自我实现需要	实现作为一个人的所有潜能的需要	使人有最大可能发挥他们的能力和技巧的机会
尊重需要	对自身和自己的能力感觉良好、被其他人尊重,以及获得认同和欣赏的需要	提升和成就的认同
社会需要	对社会交往、友谊和爱的需要	建立好的人际关系以及组织像公司野餐和假期餐会这样的社会活动
安全需要	对安全、稳定和安全环境的需要	提供稳定的工作、足够的医疗福利和安全的工作环境
生理需要	对人生存所必需的诸如食物、水、住所等的需要	提供能保证个体购买食物、衣服和拥有适当住所的一定水平的报酬

---

① 有兴趣的读者可以阅读丹尼尔·A. 雷恩:《管理思想的演变》,中国社会科学出版社1997年版;黑尔里格尔、斯洛克姆、伍德曼:《组织行为学》,中国社会科学出版社2001年版;斯蒂芬·P. 罗宾斯、玛丽·库尔特:《管理学》(第七版),中国人民大学出版社2004年版;芮明杰:《管理学:现代观点》,上海人民出版社1999年版。

马斯洛还将这五种需要划分为高低两级。生理的需要和安全的需要被称为低级需要,而社会需要、尊重需要与自我实现需要称为高级需要。高级需要是从内部使人得到满足,低级需要则主要是从外部使人得到满足。马斯洛需要层次理论会自然得到这样的结论,在物质丰富的条件下,几乎所有员工的低级需要都得到了满足。

马斯洛的理论在实践中得到了人力资源管理者的普遍认可,这主要归功于该理论简单明了、易于理解、具有内在的逻辑性。但是,正是由于这种简捷性,也产生了一些问题:这样的分类方法是否科学?这种需要层次是绝对的高低还是相对的高低?事实上,需要的满足,是一种相对的过程。① 因此,只有在认识到了需要的类型及其特征的基础上,企业的领导者才能根据不同员工的不同需要进行相应的有效激励。马斯洛的需要层次理论为企业激励员工提供了一个参照样本。

2. 双因素理论

这种激励理论也叫"保健—激励理论",是美国心理学家赫兹伯格(Frederic Herzberg)于20世纪50年代后期提出的。赫兹伯格提出,影响人们行为的因素主要有两类:保健因素和激励因素。保健因素是那些与人们的不满情绪有关的因素,如公司的政策、管理和监督、人际关系、工作条件等。保健因素处理不好,会引发对工作不满情绪的产生;处理得好,可以预防或消除这种不满。但这类因素并不能对员工起激励的作用,只能起到保持人的积极性、维持工作现状的作用。所以保健因素又称为"维持因素"。激励因素是指那些与人们的满意情绪有关的因素。与激励因素有关的工作处理得好,能够使人们产生满意情绪;如果处理不当,其不利效果至多只是没有满意情绪,而不会导致不满。他认为,激励因素主要有:工作表现机会和工作带来的愉快、工作上的成就感、由于良好的工作成绩而得到的奖励、对未来发展的期望、职务上的责任感等。

---

① 许多学者认为人类需要实际上具有多样性、层次性、潜在性和可变性等特征。需要的多样性,是指一个人在不同时期可有多种不同的需要,即使在同一时期,也可存在着好几种程度不同、作用不同的需要。需要的层次,应是相对排列,而不是绝对由低到高排列的,需要的层次应该由其迫切性来决定。对于不同的人,在不同时期,感受到最强烈的需要类型是不一样的。因此,有多少种类型的需要,就有多少种层次不同的需要结构。需要的潜在性,是决定需要是否迫切的原因之一。人的一生中可能存在多种需要,而且许多是以潜在的形式存在的。只是到了一定时刻,由于客观环境和主观条件发生了变化,人们才感觉到这些需要。需要的可变性,是指需要的层次结构是可以改变的。

赫兹伯格双因素激励理论的重要意义在于,它把传统的满意—不满意(认为满意的对立面是不满意)的观点进行了拆解,认为传统的观点中存在双重的连续体:满意的对立面是没有满意,而不是不满意;同样,不满意的对立面是没有不满意,而不是满意。这种理论对企业管理的基本启示是:要调动和维持员工的积极性,首先要注意保健因素,以防止不满情绪的产生。但更重要的是要利用激励因素去激发员工的工作热情,促使其努力工作,创造奋发向上的局面,因为只有激励因素才会增加员工的工作满意感。①

3. 公平理论

公平理论由斯达西·亚当斯(J. Stacey Adams)提出,这一理论认为员工会首先考虑自己收入与付出的比率,然后将自己的"收入/付出"比率与相关他人的"收入/付出"比率进行比较(参见表1-4)。如果员工感觉到自己的比率与他人相同,则为公平状态;如果感到二者的比率不相同,则产生不公平感,也就是说,他们会认为自己的收入过低或过高。这种不公平感出现后,员工们就会试图去纠正它。

表1-4 公平理论

觉察到的比率比较	员工的评价
所得 A/付出 A > 所得 B/付出 B	不公平(报酬过低)
所得 A/付出 A = 所得 B/付出 B	公平
所得 A/付出 A < 所得 B/付出 B	不公平(报酬过高)

注:A 代表某员工;B 代表参照对象。

在公平理论中,员工所选择的与自己进行比较的参照对象是一个重要变量,我们可以划分出三种参照类型:"他人"、"制度"和"自我"。特定参照对象的选择,与员工所能得到的有关参照对象的信息,以及他们所感知的自己与参照对象的关系有关。

其中,"他人"包括同一组织中从事相似工作的其他个体,还包括朋友、邻居及同行。员工通过口头、报纸及杂志等渠道获得了有关工资标准、最近的劳工合同等方面的信息,并在此基础上将自己的收入与他人进行比较。"制

---

① 需要指出的是赫兹伯格所列的保健因素和激励因素的具体内容是值得商榷的,这可能与赫兹伯格所选择的调查对象主要是白领有关。另外,即使是保健因素,如工资,但是不同的发放形式可能会有不同的激励效果。所以对双因素理论应把握其主要思想,至于某些具体结论则应当具体问题具体分析。

度"指组织中的薪金政策与程序以及这种制度的运作。对于组织层面上的薪金政策,不仅包括那些明文规定,还包括一些隐含的不成文规定。组织中有关工资分配的惯例是这一范畴中主要的决定因素。"自我"指的是员工自己在工作中付出与所得的比率。它反映了员工个人的过去经历及交往活动,受到员工过去的工作标准及家庭负担程度的影响。

基于公平理论观点,当员工感到不公平时,他们可能会采取以下几种做法:(1)曲解自己或他人的付出或所得;(2)采取某种行为使得他人的付出或所得发生改变;(3)采取某种行为改变自己的付出或所得;(4)选择另外一个参照对象进行比较;(5)辞去他们的工作。

公平理论认为每个人不仅关心由于自己的工作努力所得到的绝对报酬,而且还关心自己的报酬与他人的报酬之间的关系。他们对自己的付出与所得和他人的付出与所得之间的关系作出判断。他们以对工作的付出,如努力程度、工作经验、受教育程度及能力水平等为根据,比较其所得,如薪金、晋升、认可等因素。如果发现自己的付出与所得比和其他人相比不平衡,就会产生紧张感,这种紧张感又会成为他们追求公平和平等的动机基础。

大量研究支持了公平理论的观点:员工的积极性不仅受其绝对收入的影响,而且受其相对收入的影响。一旦员工感知到不公平,他们会采取行动纠正这种情境,其结果可能会降低或提高生产率,降低或改善产出质量,提高或降低缺勤率或自动离职率。

通过以上的讨论,我们发现了公平理论也存在一定的问题,该理论在一些关键问题上并不十分明了。例如,员工如何来界定付出与所得?他们对二者又是怎样衡量的?不过,尽管存在诸多问题,公平理论仍不失为一种颇具影响力的理论,它有助于我们进一步深入研究员工的激励问题。

4. 期望理论

期望理论是由美国心理学家维克多·弗鲁姆(Victor H. Vroom)于20世纪60年代提出的。期望理论认为,只有当人们预期到某一行为能给自己带来既定结果,且这种结果对他们具有吸引力时,才会采取这一特定行为。因此,激励力量的大小取决于两方面的因素:一是目标效价,即个体对所从事工作将要达到的结果的主观价值判断;二是目标实现的期望值,即个体对自己达到目标的可能性的主观判断。激励力量与这两个因素之间的关系可以表示为:

激励力量 ＝ 目标效价 × 目标期望值　　　　　　　　（1-1）

根据期望理论,想要更好地调动人的积极性,应当在激励时正确处理三个关系和采取四个步骤。

三个关系包括：

（1）努力—绩效的联系。个体感觉到通过一定程度的努力而达到工作绩效的可能性。

（2）绩效—奖赏的联系。个体感觉到通过达到一定工作绩效后即可获得理想的奖赏结果的信任程度。

（3）吸引力。如果工作完成,个体所获得的潜在结果或奖赏对个体的重要性程度,与个人的目标和需要有关。

四个步骤包括：

（1）员工感到这份工作能提供什么样的结果？这些结果可以是积极的,如工资、人身安全、同事友谊、信任、额外福利、发挥自身潜能或才干的机会等；也可以是消极的,如疲劳、厌倦、挫折、焦虑、严格的监督与约束、失业威胁等。也许实际情况并非如此,但这里我们强调的是员工感觉到的结果,无论他的感觉是否正确。

（2）这些结果对员工的吸引力有多大？他们的评价是积极的、消极的还是中性的？这显然是一个内部的问题,与员工的态度、个性及需要有关。如果员工发现某一结果对他有特别的吸引力,也就是说,他的评价是积极的,那么他将努力实现它。对于同一工作,有些人则可能对其评价消极,从而放弃这一工作,还有的人看法可能是中性的。

（3）为得到这一结果,员工需采取什么样的行动？只有员工清楚地知道为达到这一结果必须做些什么时,这一结果才会对员工的工作绩效产生影响。比如,员工需要明确了解在绩效评估中"干得出色"是什么意思？组织以什么样的标准来评价他的工作绩效？

（4）员工是怎样看待这次工作机会的？在员工衡量了自己可以控制的决定成功的各项能力后,他认为工作成功的可能性有多大？

激励过程的期望理论对人力资源管理者的启示是,管理人员的责任是帮助员工满足其需要,同时实现组织目标。人力资源管理者必须尽力发现员工在技术和能力方面与工作需求之间的匹配性。为了提高激励,人力资源管理者可以明确员工个体的需要,界定组织提供的结果,并确保每个员工有能力和条件(时间和设备)得到这些结果。企业管理实践中不时有公司在组织内部设置提高员工积极性的激励性条款或措施,如为员工提供担任多种任务角色的机会,激发他们完成工作和提高所得的主观能动性。通常,要达到使工作的分配出现所希望的激励效果,根据期望理论,应使工作的能力要求略高于执行者的实际能力,即执行者的实际能力略低于工作的要求。

5. 强化理论

行为改造型激励理论试图避免涉及人的复杂心理过程,转而只关注人的行为,研究某种行为及其后果对人们日后行为的影响,其代表理论是美国心理学家和行为科学家斯金纳(B. F. Skinner)提出的强化理论。强化理论认为个体行为的诱因主要由各种外部刺激构成。如果这种刺激对他有利,这种行为就会重复出现;若对他不利,则这种行为就会减弱直到消失。因此通过设定和控制外部诱因就可以诱发并影响人的行为,这种人为设定的外部诱因被称为刺激物。这里的所谓"强化",就是指通过对一种行为施加肯定(或否定)的刺激物,从而激发(或者抑制)某种行为的再次发生。

因此强化理论不像其他理论那样重视目标、期望、需要、动机等内在因素,而是关注某种行为能够产生何种外在结果,以及这种外在结果对未来行为会产生何种影响;该理论不研究激励的内容及过程,而是研究行为与结果之间的关系,强调行为是结果的函数,主张对激励对象实施有针对性的刺激(强化)。根据强化的性质和目的,强化可以分为正强化和负强化两种类型。

(1) 正强化。所谓正强化,就是奖励那些符合组织目标的行为,以使这些行为得到进一步加强,从而有利于组织目标的实现。正强化的刺激物不仅包含奖金等物质奖励,还包含表扬、提升、改善工作关系等精神奖励。为了使强化达到预期的效果,还必须注意实施不同的强化方式。有的正强化是连续的、固定的,譬如对每一次符合组织目标的行为都给予强化,或每隔一段时间给予一定数量的强化。尽管这种强化有及时刺激、立竿见影的效果,但久而久之,人们就会对这种正强化有越来越高的期望,或者认为这种正强化是理所应当的。人力资源管理者要不断加强这种正强化的力度,否则其作用会减弱甚至不再起到刺激行为的作用。另一种正强化的方式是间断的,时间和数量都不固定,人力资源管理者根据组织的需要和个人行为在工作中的反映,不定期、不定量地实施强化,使每次强化都能收到较明显的效果。实践证明,后一种正强化更有利于组织目标的实现。

(2) 负强化。所谓负强化,就是惩罚那些不符合组织目标的行为,以使这些行为削弱甚至消失,从而保证组织目标的实现不受干扰。实际上,不进行正强化也是一种负强化,譬如,过去对某种行为进行正强化,现在组织不再需要这种行为,但基于这种行为并不妨碍组织目标的实现,这时就可以取消正强化,使该行为减少或者不再重复出现。同样,负强化也包含着减少奖酬、罚款、批评、降级等。实施负强化的方式与正强化有所差异,应以连续负强化为主,即对每一次不符合组织的行为都应及时予以负强化,消除人们的侥幸心理,减少直至消除这种行为重复出现的可能性。

总之,强化理论的实质是强调行为是其结果的函数,通过适当运用即时的奖惩手段,集中改变或修正员工的工作行为。强化理论的不足之处在于,它忽视了诸如目标、期望、需要等个体要素,而仅仅注意当人们采取某种行动时会带来什么样的后果,但强化并不是员工工作积极性存在差异的唯一解释。

6. 绩效—满足感理论

所谓综合性激励理论是一些现代管理学家通过综合前人提出的各类激励理论,并在此基础上进行相应创新和发展而创立的激励理论。这里我们重点介绍美国行为科学家波特(L. W. Porter)和劳勒(E. E. lawer)提出的绩效—满足感理论(见图1-6)。

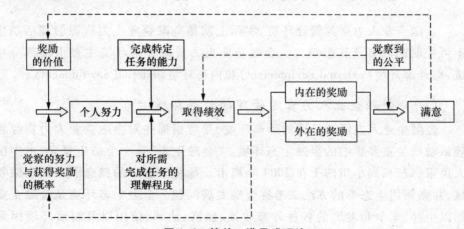

图1-6 绩效—满足感理论

从图1-6可以看出,绩效—满足感理论借鉴了维克多·弗鲁姆的期望理论以及亚当斯的公平理论,即:(1)努力来自于奖励的价值,以及个人认为需要付出的努力和受到奖励的概率;(2)奖励能否产生满意,取决于被激励者认为其所获得的报酬是否公平。而绩效—满足感理论的创新点在于：(1) 波特和劳勒认为觉察到的努力和受到奖励的概率受到过去经验和实际绩效的影响；(2) 工作实绩除取决于个体的努力程度外，还取决于个体完成特定任务的能力以及对所需完成任务的理解程度，即：

$$工作实绩 = 个人努力 \times 个人能力 \times 理解程度 \qquad (1-2)$$

可见，波特和劳勒已不仅仅是在探究激励和行为之间的关系以及激励过程，而是把关注的重点放在企业目标实现的可能性上。他们认为，要完成企业目标，企业除了要对当事人实施有效的、公平的激励，以调动其工作的积极性外，同时还必须对当事人的知识经验以及实际能力进行研究和控制；企业在为员工设定合理的工作目标的同时，必须谨慎地选择合适的人员，并对其施以有效的培训和指导。只有这样，企业目标的实现才是有保障的。

第四节　我国金融企业人力资源管理面临的挑战

一、金融企业人力资源管理环境

金融企业人力资源管理环境，实际上就是金融企业人力资源管理活动中不可控制的因素及其影响力。金融企业人力资源管理环境主要由两部分构成，即外部环境(external environment)和内部环境(internal environment)。

(一) 金融企业人力资源管理的外部环境

金融企业人力资源管理的外部环境，是特指那些对金融企业人力资源管理活动产生重要影响的金融生态环境。"金融生态"是一个仿生概念，由中国人民银行行长周小川博士在2004年提出。他将生态学的概念引申到金融领域，并强调用生态学的方法来考察金融发展问题。金融生态环境是金融企业赖以生存、竞争和发展的各种外部政策、经济、法律、信用以及制度环境因素在相互联系和动态演化中形成的有机整体。

1. 政治、法律环境

"金融生态"的政治环境主要是国家的政局稳定程度以及各种政策及其变化。"金融生态"的法律环境包括三个层面。第一层面是基础性的法律法规。有关财产权利的基本法规和有关人力资源发展的法规。财产权利制度与"金融生态"联系最为直接,金融系统有效运转、金融工具有效转让的实质是财产及财产权利的交易。有关人力资源发展的法规——劳动法等则对金融企业人力资源管理构成直接的影响。第二层面是金融业务法,主要包括金融机构法、银行业务法、证券交易法、保险业务法、票据法、担保法等,这些业务法在金融法律系统中有着重要的地位。第三层面是金融监管,金融监管的根本目的是保证金融系统的安全与稳定,提高金融效率和增强整体竞争力,促进社会经济发展。

2. 经济环境

金融企业的经营状况与国家的经济发展水平和宏观经济形势密切相关。与此同时,经济繁荣与衰退会直接影响劳动力市场的供求状况,进而对金融企业人力资源管理产生重大影响。

3. 劳动力市场

金融企业人力资源管理,不仅要考虑劳动力市场的宏观层面的供求情况,还要关注特定地区的某些专业人才,如金融工程师、资产评估师、行业分析师、市场分析师、保险精算师、国际注册会计师和国际注册审计师等人才的供求情况。

4. 竞争环境

金融企业人力资源管理的外部竞争环境包含两层含义:第一层含义是金融产品市场开放程度、竞争格局和态势以及竞争的激烈程度,第二层含义是金融企业在劳动力市场上的竞争格局和态势以及竞争的激烈程度。作为产品市场的引致需求,金融企业在劳动力市场上的竞争环境最终受到金融产品市场竞争环境的影响。

5. 社会、文化环境

社会环境包括社会结构、社会制度、社会阶层、社会团体、社会组织、社会控制、贫富差距、社会变迁等;文化是指在一定历史条件下通过社会实践所形成的并为全体成员所遵循的共同意识、价值观念、道德和行为规范的总和。社会、文化环境会影响金融企业员工的心理活动和行为。

(二) 金融企业人力资源管理的内部环境

金融企业人力资源管理的内部环境,是指那些在金融企业内部对人力资源管理活动直接产生影响的各种环境因素的总和。金融企业人力资源管理的内部环境包含两个层次:一是组织战略和组织结构;二是开展人力资源管理活动的主体和对象。

金融企业组织战略和组织结构决定了金融企业的管理目标、部门结构、岗位构成、工作流程以及沟通方式。而金融企业的管理者和员工的基本素质、工作方式、工作群体构成方式,则决定了企业各类人员之间的工作关系、管理者的领导风格以及企业文化的基调。金融企业人力资源管理的内部环境对企业的人力资源管理政策以及人力资源管理各职能活动的具体内容和形式产生直接的影响。反过来,金融企业人力资源管理活动也影响着金融企业内部各类人力资源的素质水平和构成,以及组织战略的制定、组织结构的设计等。

二、中国金融企业面临的形势与挑战

1. 开放环境下的金融企业竞争

从1979年外资银行进入中国市场以来,在华外资金融企业的数量已经大大增加。截止到2005年底,外国银行分行已发展到192家,外资银行在华代表处发展到240家,外资保险公司发展到40家。2005年外资保险公司的寿险保费和财产保险保费在全国保费收入中的占比分别为8.9%和1.3%。但是从北京、上海和广东等外资公司相对更为集中的区域看,外资寿险的市场份额分别达到51.86%、19.79%和12.24%。

随着对外资金融企业经营地域和业务种类限制的逐步放开,外资金融企业无论是在数量上还是在种类上以及业务规模上都将出现空前的增长。对于中国金融企业来讲,中国金融市场逐渐与世界金融市场融为一体,中国金融企业面对的是来自整个国际金融市场空前严峻的挑战和惨烈的竞争。

2. 金融生态环境有待进一步改善

首先,金融监管体制仍有待改善。对金融控股公司的监管,有关部门长期难以协调,对事实上已经存在的金融控股机构处于监管真空。委托理财仍然"政出多门",各监管部门出台的政策对投资人投资金额起点、是否保本、可否有固定收益、期限设置、可否转让流通,以及是否可跨地区设立分支机构进行经营等六大基本问题的规定各不相同,金融机构间竞争演变为监管部门间竞争。

其次,不公平的竞争环境有待改善。由于并购融资政策迟迟不能出台,国内企业间并购包括金融企业间并购无法获得融资。但外资企业并购中国企业乃至金融企业,却能充分运用海外的并购融资制度。此外,地区间不同的金融企业税负水平,以及内资和外资金融企业税负水平不同导致了不公平竞争。

最后,债券市场有待统一。中国人民银行管理的银行间债券市场和深沪交易所的企业债券交易市场相互割裂。债券市场管理的相关法规建设滞后,严重影响与制约了中国金融发展中融资结构的改善。

3. 金融人才的供求形势严峻

作为发展中国家和新兴的经济体,人才短缺是我国金融企业普遍面临的问题。目前中国金融业最紧缺的几种人才是:一是熟悉国际金融理论与实务,并熟练掌握金融、贸易专业英语的人才;二是熟练掌握现代计算机与信息技术,同时又熟悉现代银行管理技术的管理人才;三是熟悉国内和国际货币市场与资本市场的金融企业经营策划与金融产品策划人才;四是现代投资银行人才,即资产证券化、资产重组与运作、投资筹资组合及咨询人才;五是金融工程师、资产评估师、行业分析师、市场分析师、保险精算师、国际注册会计师和国际注册审计师;六是熟悉国际经济法和国际惯例的律师;七是能够教授现代金融知识与经营管理技术及方法的师资;等等。这些紧缺人才,也正是跨国金融企业大力争夺的对象。

4. 金融人才市场竞争激烈

外资金融企业自进入中国的第一天起,就发起了金融人才的争夺战。外资金融企业丰富的市场经验、规范的人力资源管理、相对宽松的人文环境、简单和谐的人际关系、良好的企业形象和企业文化、健全的培训体系、优厚的薪酬待遇和激励机制,对于优秀人才确实构成了很强的吸引力。据中国人民银行统计,中国人民银行总行1999—2000年就有60多人辞职,且基本上是硕士、博士,许多人到了外资银行和外资金融机构。从1999年始,四大国有商业银行有4.13万人辞职,其中绝大部分流向外资银行或其他金融机构。某国有银行从2004—2006年累计流失了6 800多人,占到了该行在职员工的3.74%。据悉,这些离开的人几乎都是工作经验丰富、学历较高的人才,他们纷纷进入了新兴的股份制银行和外资银行。

三、中国金融企业在人力资源管理方面存在的问题及任务

（一）中国金融企业在人力资源管理方面存在的问题

1. 人力资源管理观念落后

我国金融企业人力资源管理基本上还处于人事管理阶段。许多管理者尤其是高层管理者，还没有真正从企业发展战略、参与国际市场竞争的高度看待金融人才问题和人员管理问题。虽然许多金融企业已开始推行现代人力资源管理改革，但是多数企业的改革还仅仅停留在机构名称的变化上，尚未实现真正的角色和职能转换，相应规章制度也没有及时更新或健全，在一定程度上仍停留在传统模式上，在管理实践中依然一味地强调"官"和"管"。金融企业的人力资源管理人员并没有认识到传统人事管理与现代人力资源管理的重大差别，仍然坚持传统机关人事管理的做法，忽视对于现代人力资源管理的理论研究和实际运用，缺乏改革金融业的传统人事管理和学习运用现代人力资源管理理论的自觉意识，这导致了目前中国金融企业在人力资源管理方面大大落后于国际竞争者，在人力资源竞争中处于明显的弱势，无法应对日益激烈的国际人才竞争。

2. 组织机构行政化，人力资源管理职能单一化

由于产权关系不清、政企不分，多数金融企业仍然坚持机关事业单位的传统做法，工作人员属于国家干部编制，按照身份和干部等级进行人事管理。多数金融企业尚未进行全面深入的岗位和工作分析，组织结构也没有完全以客户为中心进行设计，业务发展缺乏顺畅有力的组织框架空间。人力资源部门的职能单一、方法简单、专业化水平低、附加值低，与企业发展战略脱节。员工晋升渠道狭窄，"官本位"意识浓厚，员工普遍缺乏提高业务能力、改善工作绩效的积极性。

3. 绩效考核和激励机制落后

虽然许多金融企业非常重视员工的个人业绩，但是在开展绩效考核时，功利性太强。首先，管理者缺乏科学的考核观念，把考核仅仅视为工资发放和晋升的依据，而忽视了通过考核来提高员工个人绩效水平的重要功能；其次，由于缺乏科学的考核标准、考核办法和依据，同时考核结果与奖惩机制挂钩不能落实到位，考核实际上很难起到"奖优罚劣"的激励作用；最后，多数金

融企业的激励措施更多体现于当前的、物质的刺激,尚未实现由"控制约束型"向"指导激励型"的转变,难以获得员工的认同感和归属感。

4. 员工培训任重道远

由于长期实行机关人事管理制度,导致金融企业一方面人才短缺而另一方面又人满为患,优秀的人才留不住,低素质的冗员流动不起来。由于人才结构不合理,因此员工培训的任务比较繁重。一方面需要对低素质的冗员进行通用性的学历培训,另一方面还要对有潜力的员工开展有针对性的专项培训。然而由于金融企业缺乏现代人力资源管理的理念,且长期以来其工资福利比一般国有企业好,自以为"皇帝的儿子不愁娶",所以多数金融企业缺乏完整的培训体系,长期以来对人才重使用、轻培养,人力资源智力投资严重不足,难以适应全球化金融市场竞争和发展的需要。

(二) 中国金融企业在人力资源管理方面的任务

面对国际国内金融市场激烈的竞争,中国的金融企业一方面需要加快产权制度建设,完善企业治理结构;另一方面需要尽快摈弃传统观念,实现由传统人事管理向现代人力资源管理的变革,将人力资源管理与企业战略结合起来,实施战略性人力资源管理,积极适应国际竞争,开展国际化人力资源管理。

1. 树立现代人力资源管理观念,实现由传统人事管理向现代人力资源管理的变革

从企业层面看,要实现从传统人事管理向现代人力资源管理的全方位转变,首先,金融企业高层管理者必须高度重视人力资源管理工作,同时主动接受现代人力资源管理理论的学习和培训;其次,金融企业还应当按照现代企业模式设立人力资源管理部门,赋予其相应的管理职权,并积极引进和配备具有现代人力资源管理观念、知识、技能和管理经验的专门人才。

从人力资源管理部门的层面看,要实现从传统人事管理向现代人力资源管理的全方位转变,首先人力资源经理应转变角色。人力资源经理不再是对员工进行监控的警察,而应该成为企业整体战略制定的主要参与者、企业人力资源战略的主要制定者,以及企业战略的关键执行者。其次,人力资源管理部门应通过结构重组、流程再造、业务外包和信息技术等手段来提升人力资源管理部门的工作效率,将人力资源管理人员从一般事务性

管理工作中真正解放出来。最后,强化人力资源管理部门制度建设、环境改造和服务发展功能。通过建立科学合理的绩效考评和激励机制,以及人才队伍建设和员工培养规划,营造良好的人文环境,提升金融企业人员素质、改善金融企业的人才结构,提高员工的工作积极性,增强金融企业的核心竞争力。

2. 将人力资源管理与企业战略结合起来,实施战略性人力资源管理

舒勒(Randall S. Schuler)将战略性人力资源管理(strategic human resource management)定义为:在员工们努力完成企业战略的过程中,影响他们行为的所有管理活动。

战略性人力资源管理将组织的注意力集中于:(1)优化组织结构和组织文化;(2)提高组织效率和业绩;(3)使组织资源和组织未来的需求、战略目标相适应;(4)组织以及个人特殊能力和潜能的充分开发;(5)管理变革。其中心概念是战略匹配。战略匹配包括外部匹配和内部匹配。外部匹配是指人力资源战略和企业战略完全一致,和企业的发展阶段完全一致,考虑组织的动态性,并与组织的特点相符。外部匹配指的是人力资源战略和企业战略的关系,也可称为"纵向整合"。内部匹配也称"横向整合",它是通过发展和强化人力资源管理的各种政策和实践之间的内在一致性完成的。也就是将几项互补的人力资源活动一起开发和执行,从而使它们保持内部一致性,并达到互相加强的目的。其最终目的是要通过合理的战略性人力资源管理战略使企业目标和员工个人发展目标尽可能相匹配。

金融企业要实行战略性人力资源管理,使企业目标和员工个人发展目标保持匹配,需要对企业自身进行全方位的改造。首先,金融企业需要把自身改造成一个弹性组织。其次,金融企业需要把自身改造成一个学习型组织。最后,金融企业还需要把自身改造成一个激励性组织。

3. 积极适应国际竞争,开展国际化人力资源管理

金融企业国际化人力资源管理包括以下几个方面:

(1)人才招募和培养的国际化。要应对国际竞争,金融企业必须建设一支具有广阔的国际化视野和丰富的国际化经营管理经验的人才队伍。要达到这一目标,途径有两条。其一是,逐步由面向国内劳动力市场招募人才向面向国际性、区域性劳动力市场招募人才转变,逐步提升各类人才队伍的国际化构成,尤其是高层管理者和高级技术人员的国际化构成;其二

是,通过支持各类人才出国学习,到国外子公司挂职锻炼,不断扩展各类人才的国际化视野,丰富其国际化经营管理经验,提升金融企业人才队伍的国际竞争能力。

(2) 绩效评价标准的国际化。绩效管理是整个人力资源管理职能体系的核心,而绩效考核标准又是开展绩效管理活动的基础。企业制定绩效评价标准,需要综合考虑内外环境以及企业战略目标。在激烈的国际市场竞争环境中,中国金融企业需要以管理先进的西方发达国家跨国金融企业的绩效考评标准为管理标杆,根据自身实力,确定符合自身战略目标的部门及员工绩效评价标准,并在此基础上开展绩效管理活动。

(3) 薪酬管理的国际化。不断保持薪酬水平的外部竞争力是企业吸引和保持优秀人才的必要条件。开放竞争的国际金融市场导致了全球性的人才竞争和流动,也促使员工的薪酬水平尤其是高层次人才的薪酬水平日趋一致,同时也要求企业在薪酬管理实践方面不断推陈出新,相互取长补短。

(4) 激励机制的国际化。激励机制植根于企业文化的系统化的激励措施,是企业充分调动员工积极性、实现企业目标的内在动力机制。企业文化是企业经过长期发展逐渐形成的为广大员工所认同的价值观,它是企业各种制度选择的意识基础。就激励机制而言,只有那些为广大员工所认同和接受的激励手段才具有激励作用。随着金融市场的开放,多元化的员工队伍、国际化的绩效管理以及薪酬管理制度和措施,使得以相对单一的母国文化为基础的企业文化,逐步向以相互融合的多元文化为基础的企业文化转变。帮助员工实现自我价值和造福社会成为这种企业文化的核心。企业不仅需要向员工提供为员工所广泛接受的物质激励手段,还必须使员工意识到自己在金融全球化竞争中所处的位置和重要性,产生一种与企业命运相联系的使命感和责任感。

【本章小结】

本章是后续章节的基础,重点是介绍有关金融企业人力资源管理的基础性概念。金融企业人力资源管理是人力资源管理理论、政策、实践在金融企业的具体运用,是企业人力资源管理的一个分支。因此本章从两条线索展开,并在恰当的时候将两条线索结合起来,其一是人力资源管理的基本概念和基本理论,其二是金融企业的特殊性。

人力资源管理的基本概念和基本理论包括:人力资源及人力资源管理的含义、功能与职能,人力资源管理部门的组织结构及其承担的活动、从业人员的素质要求等内容。现代企业的人力资源管理已经越来越多地被认为是各级各类管理者的职责,而不仅仅是人力资源管理部门的事情,因为它对所有的管理者都很重要。人力资源管理职能可以细分为:人力资源规划、工作分析和工作评价、招募、甄选录用、绩效管理、薪酬管理、培训开发、员工关系管理等八个方面。人力资源管理职能履行的结果即人力资源管理的作用被称为人力资源管理功能。人力资源管理功能包括:获取(选人)、激励(用人)、开发(育人)、保持(留人)以及整合五个方面。履行人力资源管理职能要求人力资源管理的专业人员应该具备以下素质:知识、运用 HR 的技能、执行能力、沟通能力、动机与价值观。

金融企业是以经营金融资产和负债为主要业务的特殊企业,属于特殊的生产服务业企业。除了具有生产服务业企业的一般特征外,还具有一些特殊的性质。本章描述了金融企业人力资源和人力资源管理的一些特点。此外,我们还介绍了(金融企业)人力资源管理的基础理论如人性假设理论、人力资本理论、激励理论等。

本章第四节从中国金融企业实际出发,运用人力资源分析方法对中国金融企业作了具体分析。我们首先分析了金融企业所处的环境。其次我们还介绍了在当前特殊的环境条件下,中国金融企业在人力资源管理方面普遍存在的一些问题,以及中国金融企业人力资源管理肩负的任务。应当说这一节的内容是比较贴近实际的,但许多观点也是尝试性的。

【思考练习题】

1. 何谓人力资源?人力资源有什么特征?
2. 如何理解"人力资源管理"这一概念的含义?
3. 人力资源管理的基本功能是什么?
4. 人力资源管理的基本职能是什么?
5. 与一般企业相比,金融企业有哪些特殊性?
6. 金融企业的人力资源管理有哪些特殊性?
7. 人力资本理论的基本思想是什么?它对我们全面认识人力资源的作

用有什么启示？

8. 人性的假设与人力资源管理理念有什么内在联系？

9. 激励理论有哪几种类型？

10. 访问一家金融企业，结合本章有关内容，分析一下该金融企业人力资源管理存在哪些问题？需要如何改进？

【案例分析】

花旗银行的人才发展战略模型——人才库盘点

"做世界金融领域的领导者！"这是花旗集团的战略定位。这个全球首屈一指的国际金融服务机构，为100多个国家的1.2亿个人客户、企业、政府部门及机构提供多元化的产品和服务，包括零售银行及信贷、企业及投资银行、保险、证券经纪及资产管理。

为了有效地实施公司战略，实现公司理想的未来，花旗集团旗下的品牌公司花旗银行推行了一种独特的人才发展战略模型——人才库盘点。这种人才发展战略模型由两个部分构成：一部分是由一连串"十字路口"模型构成的职位晋升阶梯，另一部分是九方格图。

1. "十字路口"模型

十字路口模型实际上是花旗银行每一个员工的职业发展模型，它的基本思想是用以往的绩效来判断员工的潜能。花旗银行的每一个员工或经理人刚进入企业时是管理自己，从管理自己到管理他人是他职业发展中的第一个"十字路口"；获得一定经验后，他可能会成为一个职能经理，管理一个部门，这是他遇到的第二个"十字路口"；从职能经理到业务经理，再到区域经理、大区经理、企业经理，员工可能会遇到很多"十字路口"。每个"十字路口"对应不同的绩效标准，对员工有不同的要求。公司针对不同的"十字路口"为员工设计内容各异的培训，安排不同的锻炼机会。

2. 九方格图

九方格图由两个维度构成，每一维度有三个等级，相应地组合成为9个方格（见图1A-1）。

	潜能		
	转变	成长	熟练
优秀	I	II	IV
绩效 达标	III	V	VII
贡献	VI	VIII	IX

图 1A-1　人才库盘点工具——九方格图

(1) 第一维度：绩效维度

花旗银行的人力资源部根据员工三年内的九个关键要素，即对整体结果的贡献、对客户的效率、个人业务和技术熟练程度、执行程度、领导力、对内关系、对外关系、全球效力和社会责任等对员工作出综合绩效评估。评估结果分为三个等级：优秀的绩效、完全达标的绩效和起贡献作用的绩效。优秀的绩效，表示工作的所有方面都已完全达标，甚至还有一些超标；完全达标的绩效，表示工作的所有方面都已完全达标；起贡献作用的绩效，表示有些工作达标了，有些工作没有达标。每一个绩效等级在操作、技术、专业、领导力、工作关系等方面都有不同的界定，不同绩效等级的员工在这些方面会有不同的表现。

(2) 第二维度：潜能维度

潜能考核结果也有三个级别：① 转变的潜能，即具有调动到十字路口模型中另外一个不同层级的工作岗位上工作的能力和意愿，比如从部门经理到分行行长。具备转变潜能的员工通常具有广泛而高超的操作和专业技能，具有在下一个较高级别岗位工作所需要的执行能力和领导技能，能活学活用新的技能和知识，渴望获得较大的挑战和更多的机会，具有超前的商业眼光，朝着整体业务目标努力，而不是只关心自己管理范围内的业务是否成功。② 成长的潜能，即具有调动到十字路口模型中同一层级更具复杂性的工作岗位上工作的能力和意愿，如从培训经理到人力资源经理。具备成长潜能的员工在操作、技术以及专业上的技能都高于现在的级别所需，执行和领导技能超出现在的级别所需，常常学习和运用新的技能和知识，渴望在同一级别上接受更大的挑战，有承担更多工作的愿望，具有超前的商业眼光，在关注整体业务目标的前提下关注自己业务的成功。③ 熟练的潜能,即能够符合不断变化的工作的要求,能够不断积累经验和专业知识。但是不会沿着该十字路口模型移动或者到一个更高的层次,也就是说永远在这个岗位上做下去。具备熟练潜能的员工具有现在级别所需的专业技能,以及执行和领导技能,常常学习和运用新的技能,对目前工作中的成长感到满意,希望能够在目前的工作岗位上做得更出色,具有目前的工作岗位所需的商业眼光,在关注整体业务目标的前提下关注自己业务的成功。总之,潜能被视为以下几点的结合:以往三年中表现出来的能力;具有成功到达新的"十字路口"所要求的绩效的驱动力;乐于追求其所期望的职业发展方向。

(3) 各方格内容

人力资源部门在分别考核每一个员工的绩效和潜能之后,根据相应的考核结果,将员工置于九方格图中相应的方格内。九方格图各个方格的含义如下:

方格Ⅰ,绩效优秀,潜能属于转变型的员工。表示该员工当前具备转变到更高层次的能力,通常会在六个月内被提升到高一级职位。

方格Ⅱ,绩效优秀,潜能属于成长型的员工。表示有能力在目前的层级承担更多的工作职责。

方格Ⅲ,绩效完全达标,具备转变潜能的员工。表示该员工将来有能力进行转变,应该在目前的工作岗位上做得更加出色,这类员工有可能向方格Ⅰ转移。

方格Ⅳ,绩效优秀,潜能属于熟练型的员工。表示有能力在同一层级的相似工作岗位上高效地工作,工作老练,同时具有掌握新技能的能力,有可能会被安排到别的岗位做其他方面的工作。

方格Ⅴ,绩效完全达标,潜能属于成长型的员工。有可能在目前的层级承担更多的职责,但是应该努力达到优秀的绩效,在上一年度轮流到新的工作岗位,并且在以前被评在方格Ⅰ或方格Ⅱ内的员工通常也会被放入此格。

方格Ⅵ,绩效属于贡献,潜能属于转变型的员工。上一年度轮流到新的工作岗位,并且在以前被放在方格Ⅰ或方格Ⅱ内的员工也被暂时放在此格,因为他们在新的岗位上还没表现出其应该表现的绩效,具备转变的可能。

方格Ⅶ,绩效完全达标,潜能属于熟练型的员工。表示需要往更优秀的绩效努力。

方格Ⅷ,绩效属于贡献,潜能属于成长型的员工。他们可能在某些工作方面表现良好,其他方面表现不佳或很差,应该努力在当前的层级达到完全达标的级别。

方格Ⅸ,绩效属于贡献,潜能属于熟练型的员工。一般情况下,在未来的三到六个月内他会被换一个地方工作或被淘汰。

这种人才发展战略模型不仅对公司有益,对管理者和员工个人也是益处多多:对公司而言,可以更有效地促进人才流动,并找出今后的领导人,使人才管理成为公司的战略重点之一;对管理者而言,可以帮助他找到理想的人才,在人才招聘方面作出正确决策,管好和发展他的员工;对员工而言,他从中可得到更有效的反馈,并在此基础上主动规划他的职业未来。

资料来源:杨利宏、孙开屏,《人才在"九方格"间行走》,《现代商业银行》2005 年第 8 期。

案例讨论题

1. "千里马常有,而伯乐不常有",请你结合本案例谈谈你对这句话的理解,或者结合这句话来谈谈花旗银行人才库盘点模型的运用范围和可能的功效。

2. 在人才识别活动中,应当更重视当前实绩还是潜力?谈谈你的看法。

3. 请你自己动手,对本案例人才库盘点模型的具体维度指标作一些修正,然后对你班上的同学进行考核,建立一个班干部人才库。在这一实践活动结束后,你再对上述第 1 题和第 2 题重新作一番思考,看看你有哪些新的体会。

第二章　金融企业人力资源战略规划

【学习目标】

学习完本章后,你应该能够:
1. 掌握金融企业人力资源战略规划的基本概念及基本内容。
2. 了解影响金融企业人力资源需求的因素。
3. 理解金融企业内部劳动力市场和外部劳动力市场的区别。
4. 掌握和运用人力资源供需平衡措施,了解各项措施的实施效果。
5. 了解金融企业人力资源管理信息系统的重要性及其构建原理和步骤。

【导入案例】

联邦快递公司的人事变更

1993 年 6 月 3 日,空运业龙头联邦快递公司(Federal Express Corporation)的两位高层主管突然宣布辞职。一位是全球客户事业部副总裁 Thomas Oliver,辞职生效日期是 1993 年 6 月 21 日,他转任 Voices.Com 系统公司的总裁兼执行长。另一位是负责营销公司通信的资源副总裁 Carole A. Presley,辞职生效日期是 1993 年 9 月 1 日,她计划迁居佛罗里达州,从事写作并开始兼营咨询顾问业务。她的辞职是出于自愿的,但实在是突然。

联邦快递公司任命 William Razzouk 接任 Oliver 的职位,此前他是销售与客户服务部的资深副总裁,Presley 小姐的空缺和 Razzouk 先生升任后所遗留的职务空缺都没有人继任。

这两起较重要的辞职事件,都是在联邦快递公司预报亏损及公司营业收入减少时发生的。据说Oliver之前已经对全球客户事业部进行改革,但该事业部目前仍未获利。

在两起辞职事件发生后,联邦快递公司的股价下跌,一家证券经纪公司将联邦快递的股票从建议购买的名单中剔除,另外一家证券公司则将该公司的评价从"建议购买"改为"略具吸引力",这些都是市场对两位高层主管辞职事件的反应。6月3日星期四股市收盘时,公司股价为每股45.50美元,下跌4.375美元,当日公司股票在纽约证券交易所的交易量为764 100股,而平常的平均日交易量则为165 000股。Lehman Brothers公司的一位分析师表示她对该公司一直折损管理人才感到忧心,摩根·斯坦利公司的另外一位分析师则认为人事的变更不是好现象。

资料来源:张岩松等,《人力资源管理案例精选精析》,经济管理出版社2004年版。

第一节 金融企业人力资源战略规划概述

一、金融企业人力资源战略规划的含义

金融企业人力资源管理战略规划,是根据金融企业的发展战略、目标以及金融企业内外环境变化,对金融企业人员的供需状况进行预测,并制定相应的管理政策与措施,为金融企业提供符合质量和数量要求的人力资源,以保证金融企业目标顺利实现的管理过程。准确理解人力资源战略规划的含义,需要把握下列四个核心思想:

1. 金融企业进行人力资源战略规划的必要性

任何企业的长期成功最终都依赖于在恰当的时间有恰当的人员在恰当的职位上,但是当企业需要某个人员来填补某个职位的时候,却常常发现它很难在一夜之间找到如此恰当的人选。因此具有前瞻性的人力资源规划可以保证金融企业有足够数量的合格人员在恰当的时间进入恰当的岗位。

2. 金融企业人力资源战略规划与金融企业经营发展战略

金融企业的人力资源战略规划是企业经营发展战略的有机组成部分,因此它必须以金融企业的长期计划和运营计划为基础,从全局和长期角度来考

虑金融企业在人力资源方面的发展和要求,为金融企业长期经营发展提供人力支撑。

3. 人力资源战略规划制定的部门分工

作为金融企业经营发展战略的有机组成部分,人力资源战略规划绝不仅仅是人力资源管理部门的工作。金融企业中所有的管理者,尤其是直线管理者(业务部门的管理者)都应该将人力资源战略规划看作是本部门最重要的工作之一。而人力资源管理部门的任务是协助直线管理者开发其各自的人力资源计划,并将这些部门计划整合成企业的人力资源计划。因此金融企业人力资源战略规划过程需要直线管理者和人力资源管理部门共同努力,由人力资源管理部门提供规划编制的原则和要求,以及必要的工作协助,而直线管理者则必须积极参与,并提供构建计划的基本数据。

在图2-1中,我们对金融企业人力资源战略规划与经营发展战略的关系,以及人力资源部门与业务部门在构建人力资源战略规划过程中的关系作了一个简单的概括。

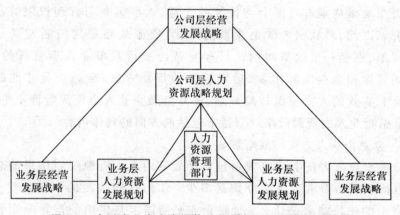

图 2-1　金融企业人力资源战略规划与组织经营发展战略

4. 金融企业人力资源战略规划既是一个过程也是一个结果

金融企业人力资源战略规划既是一个过程,也是一个结果。由于金融企业的外部环境变化比较快,所以人力资源战略规划的过程比结果更重要。

在构建人力资源战略规划过程中,金融企业的所有管理者都必须对人力资源问题作一番系统的梳理和思考。因而人力资源战略规划过程就是一个"系统的"思考过程,或者说"系统的"思维整理过程。这里的"系统"包含两层意思:第一,必须包含人力资源管理的所有问题;第二,人力资源管理问题要与其他管理问题联系起来。

这种思考过程使得管理者不仅能够将人力资源管理摆在一个恰当的位置上,而且可以准确及时地发现人力资源管理中存在的问题。而在多次思考基础上发展形成的这样一种思考方式和思维习惯,可以使管理者突破条条框框的限制,创造性地进行人力资源管理。

二、金融企业人力资源战略规划的内容

人力资源战略规划是金融企业人力资源管理各项工作的前导。在由计划经济向市场经济过渡的过程中,作为市场微观主体,金融企业基于自身经营发展战略而制定的人力资源管理战略规划,是企业主动适应市场竞争,谋求自身发展的标志性管理举措,对于金融企业由传统的行政事业人事管理向现代人力资源管理转变具有举足轻重的意义。在转变过程中,金融企业可能会遇到外部传统的行政事业人事管理体制和制度限制,企业的人力资源战略规划有可能会与传统的干部、人事编制与管理权限等制度产生冲突。因此,对我国金融企业来说,人力资源战略规划的制定既是一个管理问题,也是一个改革问题。只有突破传统行政事业人事管理的束缚,从市场规律和企业实际出发,运用科学的规划方法,金融企业才能制定出真正富有实效的人力资源战略规划,提升金融企业人力资源管理水平。

金融企业人力资源战略规划通常包括两方面的具体内容。

1. 金融企业人力资源战略规划

金融企业人力资源战略规划是对计划期内人力资源规划结果的总体描述,包括预测的需求和供给分别是多少,作出这些预测的依据是什么,供给和需求的比较结果是什么,金融企业平衡需求与供给的指导原则和总体政策是什么,等等。其中最主要的是供求的比较结果,也可以称为净需求。这项指标既是预测的重要结论也是制定人力资源政策和措施的重要依据。

金融企业人力资源战略规划具体包括三个方面的内容,分别是人力资源数量规划、人力资源素质规划和人力资源结构规划(见图2-2)。

(1) 金融企业人力资源数量规划

金融企业人力资源数量规划是依据金融企业未来业务模式、业务流

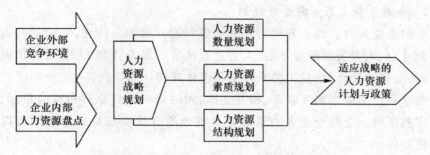

图 2-2 金融企业人力资源战略规划的内容

程、组织结构等因素确定未来金融企业各部门人力资源编制以及各类职位人员配比关系,并在此基础上制订金融企业未来人力资源需求计划和供给计划。

工作分析是确定人力资源数量需求计划的重要基础,但是工作分析不仅是对目前现有职位的人力资源需求状况进行评价,更要对金融企业未来不同发展阶段的业务流程和职位变化以及由此引起的人力资源需求数量变化进行预测。工作分析的关键是把握关键职位和重点职位,以及影响这些职位人员数量变化的关键因素。

(2) 金融企业人力资源素质规划

金融企业人力资源素质规划是依据金融企业战略、业务模式、业务流程和金融企业对员工的行为要求确定的各类人员的任职资格、素质要求、行为能力要求以及标准等。人力资源素质规划是金融企业选人、用人、育人和留人活动的基础和前提。

金融企业人力资源素质规划包括:人员的基本素质要求、人员基本素质提升计划以及关键人才招聘、培养和激励计划等。

(3) 金融企业人力资源结构规划

金融企业人力资源结构规划是依据金融行业发展特点和变化趋势、金融企业规模、未来发展战略重点发展的业务及业务模式,对人力资源进行分层分类,同时设计和定义职位种类和职位责权界限等,从而理顺各层次、各种类职位上的人员在金融企业发展中的地位、作用和相互关系。

人力资源结构规划的目的在于打破部门壁垒,依据企业整体的业务流程变化进行人力资源管理,同时也为建立和修订金融企业人力资源管理系统(如任职资格体系、薪酬体系、培训体系等)打下基础。

2. 金融企业人力资源业务规划

金融企业人力资源业务规划是总体规划的分解和具体化,它包括人力资源补充计划、人力资源配置计划、人力资源接替和提升计划、人力资源培训开发计划、工资激励计划、员工关系计划和退休解聘计划等内容(见表2-1)。这些业务计划之间应当相互联系、相互支撑,同时每项计划都有相应的目标、任务和实施步骤。金融企业人力资源业务规划的有效实施是总体规划得以实现的重要保证。

表 2-1 金融企业人力资源业务规划内容

规划名称	目标	政策	预算
人员补充计划	类型、数量、层次、人员素质结构改善	人员资格标准、人员来源范围、人员起点待遇	招聘选拔费用
人员配置计划	部门编制、人力资源结构优化、职位匹配、职位轮换	任职条件、职位轮换的范围和时间	按使用规模、类别和人员状况决定薪酬预算
人员接替和提升计划	后备人员数量保持、人员结构改善	选拔标准、提升比例、未提升人员安置	职位变动引起的工资变动
培训开发计划	培训的数量和类型、提供内部的供给、提高工作效率	培训计划的安排、培训时间和效果的保证	培训开发总成本
工资激励计划	劳动力供给增加、士气提高、绩效改善	工资政策、激励政策、激励方式	增加工资奖金的数额
员工关系计划	提高工作效率、员工关系改善、离职率降低	民主管理、加强沟通	法律诉讼费用
退休解聘计划	劳动力成本降低、生产率提高	退休政策及解聘程序	安置费用

三、金融企业人力资源战略规划的过程

为实现预期目的,金融企业人力资源规划应按照一定的程序来进行(见图2-3)。

由图2-3可以看出,金融企业人力资源战略规划过程一般包括以下四个阶段:准备阶段、预测阶段、制定规划阶段、实施和控制阶段。下面我们按照这四个阶段对金融企业人力资源战略规划过程进行简要说明。

1. 准备阶段

任何一项规划或者计划想要做好,都必须获得尽可能充分的信息,人力

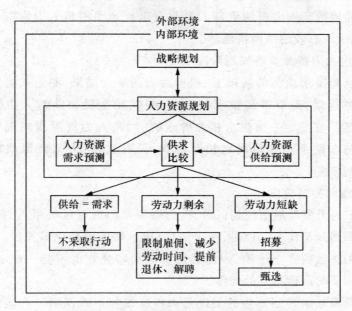

图 2-3 金融企业人力资源战略规划过程

资源战略规划也不例外。影响金融企业人力资源战略规划的信息主要包括以下两类：

（1）外部环境信息。这类信息又包括两种：一是宏观经营环境信息，如社会、法律、政治、经济、文化等。由于人力资源战略规划同金融企业的经营活动密切联系，因此这些影响金融企业经营的环境因素也会对人力资源的供给和需求产生重大影响。二是直接影响人力资源供求的环境信息，如外部劳动力市场的供求状况，政府的职业培训政策、教育政策，以及竞争对手的人力资源管理政策等。

（2）内部环境信息。这类信息也有两种：一是金融企业环境信息，如金融企业发展战略、经营规划、业务流程、管理技术、产品结构等；二是人力资源管理环境信息，如金融企业的组织结构、企业文化、管理风格、管理层次和跨度以及人力资源管理政策，这些因素都决定着人力资源的供给与需求。

2．预测阶段

这一阶段的主要任务就是在充分掌握信息的基础上，选择使用有效的预测方法，对金融企业在未来某一时期的人力资源供给和需求作出预测。这是人力资源战略规划过程中最为关键也是难度最大的一个阶段，它直接决定着整个规划的成败。人力资源管理人员只有准确地预测出人力资源的需求与供给,才能采取有效的平衡措施。

3. 制定人力资源战略规划阶段

在供给和需求预测的基础上,根据两者的平衡结果,制定人力资源战略规划和业务规划,采取平衡供求的有效措施,使金融企业对人力资源的需求得到满足。在制定平衡供求相关措施的时候,人力资源战略规划和业务规划需要与金融企业其他规划相互协调,只有这样,人力资源战略规划才能得以顺利实施。

4. 实施和控制阶段

制定了人力资源战略规划以后,人力资源部门就可以按照人力资源规划的具体要求展开工作了。但是,由于信息、技术和环境变化等原因,人力资源预测通常无法做到完全准确,因此人力资源战略规划也不能一成不变,而需要根据实际情况进行相应的调整。

人力资源战略规划调整的关键是积极反馈和正确评估。在实施人力资源战略规划之前,人力资源管理人员应当积极收集金融企业内各部门对人力资源战略规划的意见,认真检查规划的预测方法和预测结果,评价人力资源规划措施的可行性。在实施人力资源战略规划过程中,人力资源管理人员应当合理掌握实施进度,及时发现实施中出现的各种偏差,积极分析引起偏差的原因,及时纠正实施过程中的各种问题。在人力资源战略规划实施一个阶段后,人力资源管理人员应当积极评价人力资源战略规划实施效果,对人力资源战略规划进行调整和修正。

第二节　金融企业人力资源供求预测与平衡

一、金融企业人力资源需求预测

(一) 金融企业人力资源需求分析

金融企业人力资源需求预测是指对金融企业未来某一特定时期内所需人力资源的数量、质量以及结构进行估计。金融企业的人力资源需求是一种引致需求,它最终取决于市场对金融企业产品和服务的需求。因此在进行人力资源需求预测之前,先要预测金融企业产品或服务的需求,然后再在一定技术和管理条件下,将这一预测转换为满足产品或服务需求所需的员工数量和质量预测。因此人力资源需求预测需要对下列一些因素进行分析。

1. 产品和服务市场需求的预测

通常是从行业和企业两个层次对金融企业产品和服务的市场需求进行预测。从行业角度看,随着我国国民经济的发展以及金融深化,未来较长一段时间金融业会有一个持续的增长。从企业角度看,产品和服务的市场需求变化不仅取决于整个行业市场需求水平的变化,而且取决于企业在整个行业市场需求中所占份额的变化。金融企业市场份额则取决于金融企业与竞争对手在产品质量、成本价格、品牌信誉、促销努力等多个方面的差异。

一般地,在生产技术和管理水平不变的条件下,金融企业产品需求与人力资源需求呈正相关关系,当金融企业产品和服务需求增加时,金融企业内设置的职位和聘用的人数也会相应地增加。

2. 金融企业的发展战略和经营规划

金融企业的发展战略和经营规划一方面取决于金融企业外部市场环境,尤其是金融企业产品和服务的需求状况,另一方面也取决于金融企业对外部市场环境的应对能力和独特的目标要求。金融企业的发展战略和经营规划直接决定了金融企业内部的职位设置情况以及人员需求数量与结构。当金融企业决定实行扩张战略时,未来的职位数和人员数肯定会有所增加,如果金融企业对原有经营领域进行调整,职位结构和人员构成也会相应地进行调整。

3. 业务技术和管理水平的变化

不同的业务和管理技术在很大程度上决定了金融企业内部的业务流程和组织方式,进而决定了金融企业内职位设置的数量和结构。因此,当金融企业的业务和管理技术发生重大变化时,金融企业内的职位和人员情况也会发生巨大的变化。当金融企业采用效率更高的技术时,同样数量的市场需求可能只需要很少的人员就可以满足,同时新的技术可能还要求金融企业用能够掌握新技能的员工来替换原有员工。但是新的技术也可能会增加金融企业对某类员工的需求。

影响金融企业人力资源需求的因素有很多,而且即使是同一种影响因素,它对人力资源需求的实际影响也有所差异,因此金融企业人力资源需求预测需要根据金融企业的具体情况,分析和筛选出对金融企业人力资源需求最为关键的影响因素,并确定这些因素对人力资源需求的实际影响,然后根据这些因素的变化对金融企业人力资源需求状况进行预测。

(二) 金融企业人力资源需求预测方法

对金融企业人力资源需求进行预测的方法很多,但不外乎两大类:第一类是定性方法,包括主观判断法、微观集成法、工作研究法和德尔菲法等;第二类是定量方法,包括回归分析法、趋势预测法、生产函数法和比率预测法(见图2-4)。需要指出的是,在实际预测中,不可能只用一种方法,而应当把多种方法结合起来,这样预测的结果会比较准确。

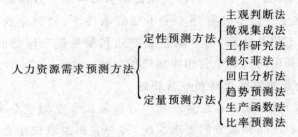

图 2-4 人力资源需求预测方法

1. 定性方法

(1) 主观判断法

这是一种最为简单的预测方法。它是由管理人员根据自己以往的经验,以及对人力资源影响因素的未来变化趋势的主观判断,对人力资源需求情况进行预测。在实际操作中,一般先由各个部门的负责人根据本部门未来一定时期内的工作量情况,预测本部门的人力资源需求,然后再汇总到金融企业最高层管理者那里进行平衡,以确定金融企业的最终需求。这种方法完全凭借经验,因此要求管理人员具有丰富的管理经验。

(2) 微观集成法

微观集成法可以分为"自上而下"和"自下而上"两种方式。

"自上而下"是指由金融企业的高层管理者先拟订金融企业的总体用人计划和目标,然后逐级下达到各具体职能部门,开展讨论和进行修改,再将有关意见汇总后反馈给高层管理者,由高层管理者据此对总的预测和计划作出修改后,予以公布。

"自下而上"是指金融企业中的各个部门根据本部门的发展需要预测未来某种人员的需求量,然后再由人力资源部门进行横向和纵向汇总,最后根据金融企业经营战略形成总的预测方案。

(3) 工作研究法

工作研究法是在分析和确定金融企业未来任务和工作流程的基础上,首先确定金融企业的职位设置情况,然后根据职位职责,计算每个职位的工作量及相应的人员数量。工作研究法的关键是工作量的计算和分解,因而必须制定明确的岗位用人标准以及职位说明书。

(4) 德尔菲法

德尔菲法是邀请某一领域的一些专家或有经验的管理人员对某一问题进行预测,经过多轮反馈并最终达成一致意见的结构化方法(见图2-5)。在实施德尔菲法时应注意:第一,专家组的人数应根据问题重要性和复杂性确定,人数越多,片面性越小;第二,专家发表意见时,采取匿名方式,即所谓"背靠背"方式,以避免从众行为,因此需要一个协调者在专家之间进行信息传递、归纳和反馈;第三,要给专家提供充分的资料和信息,使他们能够进行判断和预测;第四,问卷设计应当清晰明白,保证专家从同一个角度去理解问题,避免造成误解和歧义。

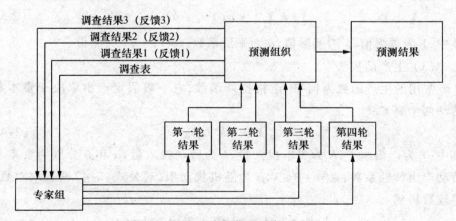

图2-5 德尔菲法示意图

2. 定量方法

(1) 回归分析法

由于人力资源需求总是受到某些因素的影响,回归分析法就是要找出那些与人力资源需求关系密切的因素,并依据过去的数据资料确定出它们之间的数量关系,建立回归方程,然后再根据这些因素的变化来预测未来人力资源需求。

$$Y = \alpha_0 + \alpha_1 X_1 + \alpha_2 X_2 + \cdots + \alpha_{n-1} X_{n-1} + \alpha_n X_n + \varepsilon \qquad (2\text{-}1)$$

公式(2-1)中,Y是因变量,X是自变量,α为回归参数,$n = 1, \cdots, N$为自变量的个数,如果$n = 1$,则为一元回归方程,如果$n > 1$则为多元回归方程,ε为随机扰动项。

带入Y和X的观测值,运用最小二乘法,得到α预测值$\hat{\alpha}$,以及预测方程:

$$\hat{Y} = \hat{\alpha}_0 + \hat{\alpha}_1 X_1 + \hat{\alpha}_2 X_2 + \cdots + \hat{\alpha}_{n-1} X_{n-1} + \hat{\alpha}_n X_n \qquad (2\text{-}2)$$

根据预测方程(2-2)可以预测未来人力资源需求。

(2)趋势预测法

趋势预测是根据金融企业过去若干年份的人员数量和变化趋势,来预测金融企业在未来某一时期的人力资源需求量。获得时间序列数据趋势的具体方法很多,包括:直观图示法、移动平均法、指数平滑法以及时间序列法等。

指数平滑数学模型为

$$\hat{Y}_t = \hat{Y}_{t-1} + \alpha(Y_{t-1} - \hat{Y}_{t-1}) \qquad (2\text{-}3)$$

其中,$\hat{Y}$为预测值,Y为实际值,α为平滑系数,$t = 1, \cdots, T$为年份。

(3)生产函数法

常用的生产函数为柯布-道格拉斯函数,它一般假定产出取决于资本和劳动两个要素:

$$Y = AK^{\alpha}L^{\beta}\mu \qquad (2\text{-}4)$$

其中,Y为产出水平,K为资本投入量,L为劳动投入量,α和β分别为资本和劳动产出弹性系数,且$\alpha + \beta \leq 1$,μ为随机扰动项,对公式(2-4)两边取对数,整理后得到

$$\begin{aligned} \text{Lg}Y &= \text{Lg}A + \alpha \text{Lg}K + \beta \text{Lg}L + \text{Lg}\mu \\ \text{Lg}L &= \theta_0 + \theta_1 \text{Lg}Y + \theta_2 \text{Lg}K + \varepsilon \end{aligned} \qquad (2\text{-}5)$$

其中,$\theta_0 = \dfrac{-1}{\beta}\text{Lg}A$;$\theta_1 = \dfrac{1}{\beta}$;$\theta_2 = \dfrac{-\alpha}{\beta}$;$\varepsilon = \dfrac{-1}{\beta}\text{Lg}\mu$

可以运用回归方法对人力资源需求量进行预测。

(4) 比率预测法

比率预测法是基于对员工个人生产效率的分析来进行预测的一种方法,进行预测时,首先要计算出人均生产效率,其次再根据金融企业未来业务量预测出对人力资源的需求,即

$$所需人力资源 = \frac{未来业务量}{目前人均生产效率(1 + 生产效率的变化率)} \quad (2-6)$$

使用这种方法进行预测时,需要对未来业务量、人均生产效率及其变化作出准确的估计,这样对人力资源的预测才会比较符合实际。

二、金融企业人力资源供给预测

(一) 金融企业人力资源供给分析

对金融企业来说,人力资源的供给预测就是对在未来某一特定时期内能够提供给金融企业的人力资源的数量、质量以及结构进行估计。一般来说,人力资源的供给包括外部供给和内部供给。其中,内部供给是指内部劳动力市场提供的人力资源,外部供给则是外部劳动力市场提供的人力资源。与此相对应,人力资源供给预测也应当从这两个方面来入手。

1. 金融企业人力资源外部供给分析和预测

一般来说,金融企业对外部劳动力市场是无法控制的,因此对外部供给的分析主要是对影响供给的因素进行分析,进而对外部供给的有效性和变化趋势作出预测。

外部劳动力市场供给主体和分析单位是家庭。影响家庭人力资源供给决策的因素不仅包括市场工资水平而且还包括家庭对于闲暇的偏好。这些因素的共同作用会形成总的劳动力供给态势,当劳动力供给大于或等于劳动力需求时,金融企业的外部劳动力需求会得以满足。当然对于某个具体金融企业而言,家庭对于行业和金融企业的偏好也会影响这个金融企业所面临的实际供给状况。金融企业本身是否比竞争者更有吸引力,可能对金融企业的人力资源供给状况具有更直接的影响。

2. 金融企业人力资源内部供给分析

(1) 金融企业人力资源数量的内部供给分析

金融企业人力资源数量的内部供给状况主要取决于现有人力资源数量和人员流动状况。员工的性别、年龄和身体状况构成会对现有人力资源数量

的变化产生影响。金融企业人员流出,如辞职、辞退等会造成金融企业人力资源内部供给数量的减少。而金融企业人员内部流动,如晋升和轮换则影响具体的部门和职位层的人员供给状况。

(2) 金融企业人力资源素质的内部供给分析

在人力资源数量的内部供给保持不变的条件下,人员素质的变化会影响金融企业人力资源实际的供给水平。金融企业人员素质的变化体现在两个方面:高素质员工的比例变化以及员工整体素质的变化。无论是高素质员工数量的增加还是员工整体素质的提升,最终都会引发金融企业生产效率的提高,从而相对增加金融企业内部劳动力市场人力资源的供给。影响员工素质的因素很多,工资水平增加、激励工资(包括、绩效工资、奖金、利润和股权分享计划)的实施,以及金融企业各类培训投入的增加都可能有助于提升员工的素质。因此在进行内部劳动力市场劳动者素质分析时,必须对这些因素的变化和影响给予高度的关注。

(二) 金融企业人力资源供给预测方法

金融企业人力资源供给预测的方法很多,这里我们简要介绍几种有代表性的方法。

1. 技能清单法

技能清单是将金融企业中的人力资源信息合成一体,以最简单的形式提供员工的基本信息,包括员工的姓名、特征和技能的清单。表2-2是技能清单的一个例子(见表2-2)。

表2-2 技能清单示例

姓名:		职位:		部门:	
出生年月:		婚姻状况:		到职日期:	
教育背景	类别	学校		毕业日期	主修科目
	大学				
	研究生				
技能	技能种类			所获证书	
训练背景	训练主题		训练机构		训练时间

（续表）

志向	是否愿意从事其他类型的工作？	是	否
	是否愿意到其他部门工作？	是	否
	是否愿意接受工作轮换以丰富工作经验？	是	否
	你最喜欢从事哪种工作？	是	否
你认为自己需要接受何种训练	改善目前技能和绩效的训练		
	晋升所需的经验和技能训练		
你认为自己可以接受何种工作			

资料来源：董克用、叶向峰，《人力资源管理概论》，中国人民大学出版社 2003 年版。

一般来说，技能清单应包括七大类信息：(1) 个人数据：年龄、性别、婚姻状况；(2) 技能：教育经历、工作经验、培训；(3) 特殊资格：专业团体成员、特殊成就；(4) 薪酬和工作历史：现在和过去的薪酬水平、加薪日期、承担的各种工作；(5) 公司数据：福利计划数据、退休信息、资历；(6) 个人能力：在心理或其他测试中的测试成绩、健康信息；(7) 个人特殊爱好：地理位置、工作类型。

技能清单的主要优点是它提供了一种迅速和准确地估计金融企业内可用技能的工具，尤其是随着计算机和网络技术的广泛使用，技能清单的制作和使用都越来越便利。除了为晋升和调动决策提供帮助之外，技能清单还可以用于规划未来培训甚至员工招聘工作。技能清单可以用于所有的员工，也可以仅包括部分员工，当然不同类型员工的技能清单，其具体项目可以根据需求进行修改和调整，以反映该类型员工的主要特征。例如，管理人员技能清单除了上述七类主要信息外，还应包括管理者过去的绩效、优缺点和提升潜力评估等信息。

2. 替换单法

这种方法是对现有员工的状况作出评价，然后对他们晋升或调动的可能性作出判断，以预测金融企业潜在的内部供给。同时也可以通过及时发现可能出现空缺的职位，预测金融企业的员工需求。

图 2-6 是金融企业某部门的人员替换单示意图。该部门有甲、乙、丙、丁、戊五个员工，分别占据 A1、A2、B1、A3、B2 等五个职位。图 2-6 职位框后还有两个方框，下面方框记录该员工可以轮换和平调的职位及需要适应的时间，上面阴影方框记录该员工可以晋升的职位和需要适应的时间。例如乙目前的职位是 A2，可以轮换和平调的职位是 B1，需要适应的时间是 0.5 年；可以晋升的职位是 A1，需要适应的时间是 1 年。由多张人员替换单可以推出部门乃至整个金融企业的人员接替模型（见图 2-7）。

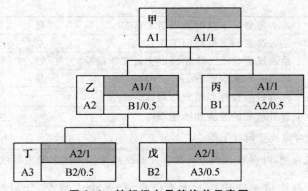

图 2-6　某部门人员替换单示意图

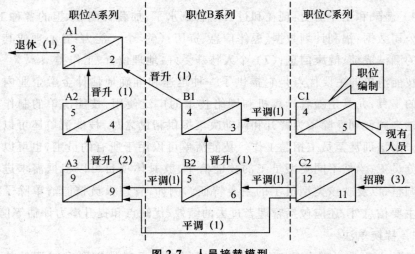

图 2-7　人员接替模型

从图 2-7 可以看出，职位 A1 的编制为 3 人，现有 2 人，需退休 1 人，因此需求量为 2 人，可从企业内提升 2 人补缺，一名来自 A2，另一名来自 B1。同时这两个职位的空缺由下级晋升或由同级平调弥补。最后将空缺转化为最底层的职位 C2 的空缺，再通过招聘加以弥补。

3．转移矩阵法

转移矩阵与人员接替模型类似，它的基本思想是通过过去各职位人力资源的流动比例，来预测未来供给情况，表 2-3 为各职位人员转移比例矩阵的一个示例。

表 2-3　各职位人员转移比例矩阵示例

	A	B	C	D	离职率合计
A	0.8	—	—	—	0.20
B	0.1	0.80	—	—	0.10
C	—	0.16	0.7	0.1	0.04
D	—	—	0.2	0.6	0.20

表 2-3 假定金融企业有 A、B、C、D 四个职位类型。矩阵的第一列为转出职位，第一行为转入职位。矩阵中的数值为由转出职位转移到转入职位的人员比例。例如，A 职位有 80% 的人员保留，20% 的人员离职；B 职位有 10% 的人员晋升到 A 职位，80% 的人员保留，10% 的人员离职。给定各职位的转移率和期初人数，就可以计算出各职位供给人数（见表 2-4）。

表 2-4　各职位人员转移数量矩阵示例

	期初人数	A	B	C	D	离职率合计
A	40	32	—	—	—	8
B	80	8	64	—	—	8
C	100	—	16	70	10	4
D	150	—	—	30	90	30
预期供给	—	40	80	100	100	50

表 2-4 是各职位人员转移数量矩阵的一个示例。矩阵的第二列是各职位的期初人数，根据表 2-3 给出的转移率，得到各职位相应的转移人数，然后将各行的供给人数纵向相加，得到各职位总的供给人数。例如，职位 A 的供给人数为 40 人，与期初人数相当；而 D 职位的供给人数仅为 100 人，少于期初人数。

三、金融企业人力资源供需平衡

一旦对劳动力的供给和需求都预测完毕，人力资源管理人员就可以对供求数据进行比较，从而确定每一职位或者每一技能类型的人员过剩或者短缺情况，并决定采取何种措施来解决这些潜在的问题，即按照图 2-3 给出的程序进行工作。

金融企业人力资源供给和需求预测比较，可以有几个可能的结果：(1) 供给和需求在数量、素质以及结构等方面都平衡；(2) 供给和需求在数量上平衡，但结构不匹配；(3) 供给和需求在数量方面不平衡，包括供给大于需求和供给小于需求。

在现实中,供求完全平衡的情况很少出现。当供给和需求在数量上平衡但结构不匹配时,金融企业需要对现有人力资源进行结构调整,如将一部分人员从某些供过于求的职位转移到某些供小于求的职位,其办法包括提升、平调甚至降职。另外也可以针对某些人员进行专门培训,同时辅之以招聘和辞退,以保证人员结构的平衡。

当供求数量不平衡时,金融企业也可以采取相应的措施加以调节。例如当供给大于需求,形成人员供给过剩时,金融企业可以采取裁员、减薪、降级、工作分享、职位轮换、提前退休、自然减员、再培训等措施。当供给小于需求,形成人员供给过剩时,金融企业可以采取加班、增加临时雇员、外包、加速转岗、减少流动、增加新员工、采用节约劳动的新技术等措施。

不同的平衡措施,其实施效果差别很大,而且对金融企业和员工常常具有不同的含义。例如在解决供给过剩问题方面,裁员要比自然减员速度快得多,因而对金融企业更有利,但对员工来说,裁员所带来的经济和心理方面的损害要比自然减员严重得多,因而可能会遭到员工的强烈反对。在表2-5中,我们对各种平衡措施的效果进行了比较。

表 2-5 供需平衡比较方法

	方法	解决问题的速度	员工受伤害的程度
供给大于需求	裁员	快	大
	减薪	快	大
	降级	快	大
	工作分享或职位轮换	快	中等
	提前退休或自然减员	慢	小
	再培训	慢	小

	方法	解决问题的速度	可以撤回的程度
供给小于需求	加班	快	高
	增加临时雇员	快	高
	外包	快	高
	加速转岗	慢	高
	减少流动	慢	中等
	增加新员工	慢	低
	采用节约劳动的新技术	慢	低

资料来源:〔美〕雷蒙德·A.诺伊等著,《人力资源管理:赢得竞争优势》(第三版),中国人民大学出版社 2001 年版。

第三节 金融企业人力资源管理信息系统

一、金融企业人力资源管理信息系统概述

(一) 金融企业人力资源管理信息系统的发展

企业人力资源信息系统(human resource information system,HRIS)是企业最初采用的功能相对比较单一的信息处理工具,它是从企业目标出发,对与职位和员工有关的工作信息进行收集、保存、分析和报告的整体工作过程。

人力资源信息系统最初只是用来代替手工记录的各种人事表单,或者打印工资单而已。随着个人电脑(PC)的发展,终端用户可以访问企业中央数据库,同时各类电脑软件的信息处理功能也愈来愈强大,人力资源信息系统的功能已逐渐超出了纯粹的数据储存,它已可以帮助人力资源管理人员进行各种管理工作。这样人力资源管理信息系统就应运而生了。

人力资源管理信息系统(human resource management system,HRMS)是将人力资源管理的新思想,如"客户导向"、"全面人力资源管理"、"战略人力资源管理"、"利润中心"、"战略伙伴"等融入信息技术中,使信息真正成为管理者的助手。

人力资源管理信息系统可以帮助金融企业人力资源管理部门实现数据的集中管理和共享,优化业务流程及人力资源管理过程,为人力资源管理部门进一步提高日常工作效率、提升部门整体业务水平提供有力的支持。同时有效利用人力资源管理系统中提供的统计分析、决策支持等工具,将逐步对金融企业中长期人力资源战略规划形成积极影响。

随着互联网和信息技术的日益成熟,人力资源管理信息系统开始突破封闭模式,而逐步延伸到企业内外各个角落,这就是所谓 e-HR。e-HR 是人力资源管理信息化的全面解决方案,它由原有的人力资源管理信息系统(HRMS)和基于 Internet/Intranet 开发的、面向企业不同角色的网络自助服务(self-service)系统两部分构成。

e-HR 不仅是对 HRMS 在技术上的延伸,更是在理念上的突破。通过 e-

HR,金融企业内的各级管理者、人力资源管理人员、普通员工都能参与到人力资源管理活动中来,真正体现了全面人力资源管理的核心内涵。通过 e-HR,跨国和跨地区公司突破了人力资源管理的地域限制,使得跨地区互动的、面向全体员工的培训活动、绩效评价活动等成为可能。① 此外,e-HR 还使得金融企业人力资源管理部门与社会公众建立了联系。通过网络招聘,人力资源供需双方可以更有效地节约招聘费用。最后,e-HR 还为金融企业的人力资源外包活动建立了基本平台,通过与人力资源专业咨询公司或者外包服务专家进行网络和数据对接,金融企业可以将获得更多专业化的人力资源管理建议和解决方案,从而节约人力资源管理成本。

中国加入 WTO 以后,金融企业面临更强的竞争和更大的挑战。人才已经成为金融企业的战略资源,人力资源管理的核心地位也逐步凸显。我国金融企业的人力资源管理信息系统尽管起步较晚,但发展很迅速。到 2007 年为止,全国从事人力资源管理软件产品开发的企业已经多达上百家,国外的一些著名人力资源管理软件公司也纷纷抢滩中国市场。这从一个侧面反映了我国人力资源管理信息系统的发展态势。

(二)金融企业人力资源管理信息系统的基本功能

典型的人力资源管理信息系统解决方案主要包含两个方面的功能。第一个是面向人力资源管理者的信息收集、处理、决策功能。另一个是面向其他管理者以及普通员工的信息服务和互动决策功能。

1. 面向人力资源管理者的功能

人力资源管理信息系统中面向人力资源管理者的功能具体包括:人力资源规划(HR planning)、招聘管理(recruitment)、人事信息管理(personnel information management)、合同管理(contract management)、考勤管理(attendance management)、休假管理(holiday management)、绩效评估(performance appraisal)、培训与发展管理(training)、薪资与福利管理(payroll/benefits)、离职管理(leave management)等。

2. 面向其他管理者及一般员工的功能

人力资源管理信息系统 HRMS 中面向其他管理者及一般员工的功能具

---

① 据 Hewitt 咨询公司的数据,Dell 公司在 2000 年上半年即通过互联网处理了价值 300 万美元的人力资源管理的操作业务。Hewitt 咨询公司,"e-HR of Hewitt",2002 人力资源管理高峰论坛。

体包括：总经理自助服务（GM self-service）、直线经理自助服务（line-manager self-service）、员工自助服务（employee self-service）等。图2-8是典型人力资源管理系统的功能结构图。

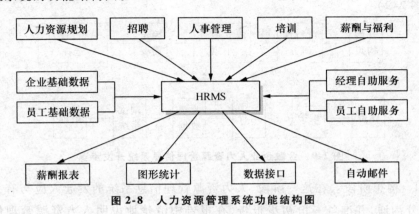

图2-8　人力资源管理系统功能结构图

二、金融企业人力资源管理信息系统实施步骤

（一）金融企业人力资源管理信息系统开发过程中遇到的问题

尽管从理论上讲，人力资源管理信息系统能够有效地提升人力资源管理效率，但在开发过程中，常常会遇到一些问题，反而影响了金融企业人力资源管理信息系统的实际使用效果。

1．灵活性和操作便利性。有的金融企业人力资源管理模式的变化较快，管理软件的后续开发跟不上管理模式的变化，反而使人力资源管理工作陷入困境。有的软件虽然很灵活，但操作复杂，使用起来很不方便。

2．缺少规划，各自为政，数据源不一致，难以辅助决策。一些金融企业的总部和地区分部之间，分部与分部之间，甚至人力资源部门内部各处室之间，在开发和使用管理信息系统时，缺少统一规划，各自使用不同的软件，结果数据口径不一致，难以共享，更难以进行有效的管理决策。

3．不顾现实情况，追求一步到位。人力资源管理信息化的过程应循序渐进、分步实施，过分地追求信息化集中管理的一步到位，反而会使金融企业由于基础不牢，而不得不将已经建立的系统推倒重来。

(二) 金融企业人力资源管理信息系统开发的步骤

为保证人力资源管理信息系统的有效性,在开发过程中应遵循以下步骤(见图2-9):

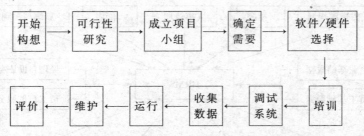

图2-9 金融企业人力资源管理信息系统开发步骤

1. 构想阶段。在这一阶段,人力资源管理信息系统的发起人应与有关各方充分沟通,并准备一份初步报告,在报告中清楚地说明人力资源管理信息系统的基本功能和实施步骤。一般来说,人力资源管理信息系统的实施应分三步走:第一步是提高人力资源管理的工作效率,包括行政事务管理、组织机构管理、薪酬福利管理等的效率;第二步应着手规范人力资源管理的业务流程,包括招聘管理、绩效管理、培训管理、晋升和接替管理等;第三步实施战略性人力资源开发,包括员工发展和职业生涯规划、人力资源成本评估、人力资源战略决策。

2. 可行性研究阶段。在这一阶段,应组织有关方面的专家对开发人力资源管理信息系统的计划和实施步骤、具体措施进行可行性研究,对人力资源管理信息系统进行项目开发预算,并对实施后的可能效果进行估计。

3. 成立项目小组。在通过可行性研究以后,金融企业应当建立专门的项目委员会或者项目小组,负责人力资源管理信息系统开发的具体实施工作。项目小组的工作必须取得高层管理者和各级部门管理者的支持。

4. 确定需要阶段。项目小组需要与高层管理者、各级部门管理者和人力资源管理人员进行充分沟通,并了解他们希望通过人力资源管理信息系统解决的问题,以确保人力资源管理信息系统的功能与管理人员对它的需要相互匹配。

5. 软件/硬件选择阶段。人力资源管理信息系统的软件和硬件要相互匹配。系统开发可以委托专业公司,也可以自行组织。在作出选择之前,应进行成本—收益分析,确保人力资源管理信息系统经济、适用。

6. 培训阶段。在选择了系统之后,针对人力资源管理人员和其他管理者的培训就应该开始进行了。首先,要培训项目组成员和人力资源管理人员如何使用人力资源管理信息系统,在系统开发接近尾声时,人力资源管理人员应对其他部门的管理者进行培训,使他们掌握如何向人力资源管理信息系统提交信息以及如何从中获取信息。

7. 调试系统阶段。在系统开发完毕之后,项目组成员应组织有关人员对人力资源管理信息系统进行试运行,针对试运行中发现的问题,积极进行修改和完善。

8. 收集信息阶段。在系统调试完成并正式投入使用前,项目组成员必须组织人力资源管理人员以及有关管理部门将以往手工作业的信息逐步输入系统。

9. 正式启动阶段。当所有基本数据和指令都输入系统并完成报告之后,就可以启动系统。至此,人力资源管理信息系统开发项目组的工作就基本结束,人力资源管理工作可以由人力资源管理部门根据系统要求具体实施了。

10. 维护和评价阶段。金融企业应当有专门的系统维护人员保证系统的平稳运行。此外,在人力资源管理信息系统运行一段时间后,还应该对它进行跟踪评价,以不断提高人力资源管理信息系统的信息质量和管理效果。

三、金融企业人力资源管理信息与信息安全

(一) 金融企业人力资源管理信息

人力资源管理依靠的是人力资源信息的及时更新与反馈,没有准确、客观、即时的信息和数据的支持,再完美的系统也只能成为一件"漂亮的摆设"。一般来说,人力资源管理信息系统至少应提供以下一些信息(详见表2-6):(1)人员基础信息;(2)本单位工作经历信息;(3)薪酬福利信息;(4)培训和教育信息;(5)工作和绩效评价信息;(6)离职信息;(7)招聘信息;(8)外部劳动力市场信息;(9)其他信息。

表 2-6　人力资源管理基本信息示例

人员基础信息	薪酬与福利	招聘信息
姓名	薪酬项目与当前薪酬水平	招聘信息公布日期
性别	以前的薪酬水平及持续时间	招聘主要负责人、监督人员
出生日期	未来薪酬增加计划	空缺职位和招聘名额
身体状况	养老金计划	工作职责
婚姻状况	医疗、人身、失业保险	要求的受教育程度
家属信息	伤害、疾病记录	要求的经验
参加社团信息	补偿要求	可能的薪酬范围
联系方式	培训和教育	面谈日期
工作经历	当前学历、证书	面谈得分
职务或工作名称、编号	以往教育背景资料	候选人名单和公布日期
就职日期	参加培训的时间、类型、成绩	候选人拒绝就职的时限
过去工作信息	由企业赞助的特殊课程学习	适合就职的工作
工作变动日期、原因	工作和绩效评价	以前的雇主信息
生产线经验和管理经验	个人兴趣、工作偏好	以前的雇用情况
业务素质	理想职位	外部劳动力市场
可胜任的工作以及潜能	绩效评价记录	该地区人员供给量分析
奖励或处分类型、原因	工作表现和提升潜力	不同技能、职业、年龄、性别人员的失业率
绩效记录	离职	
缺勤记录	离职日期、原因	未来人力资源需求预测
雇员态度和士气	新雇主信息	未来薪酬水平
提供的合理化建议记录	在新雇主处的职位和薪酬	判定短缺或过剩
与其他员工的合作经历	再次雇用的条件	其他信息

（二）金融企业人力资源管理信息安全

信息安全是信息时代的一个重要问题。对金融企业来说，人力资源管理信息系统的信息安全，其重要性更是不言而喻。一般来说，人力资源管理信息安全包括两个方面：

1. 数据库和系统安全

数据破坏和系统瘫痪会给金融企业带来巨大损失，因此人力资源管理部门必须树立数据安全意识。此外，成功的信息安全保护取决于完善的硬件和软件保护及维护，还取决于科学合理的工作程序以及各类管理人员对工作程序和工作制度的严格遵守。以下是一些关于信息安全保护的具体建议：

（1）评估员工信息安全意识；（2）制定安全规范，并确认员工完全理解并且严格遵守;(3)对新员工进行背景调查;(4)及时发布安全警告;(5)定期举办信息安全教育、安全知识培训;(6)关键数据加密、备份、访问权限限制,并要求接触机密数据的员工作出不泄密承诺;(7)使用密码锁、签名和碎纸机等基本安全技术;(8)安全举报和安全检查。

2. 隐私和法律问题

由于人力资源信息涉及过去、现有和未来员工的很多私人信息,同时信息技术的发展使得人力资源管理人员可以很方便地得到和保留这些信息。某些私人信息一旦泄漏,可能会给当事人带来一些不良影响,同时引发不必要的法律纠纷。因此人力资源部门必须确定:(1)员工必须提供哪些私人信息;(2)在何种范围内公布、使用和保存这些信息;(3)员工信息授权和协议;(4)谁有权访问、调阅、录入、修改和删除这些信息,以及相应要承担的法律责任。

尊重员工对私人信息的各项权利,不仅是金融企业履行国家法律的要求,更是金融企业实行人本管理的重要体现。

【本章小结】

金融企业人力资源管理战略规划,是根据金融企业的发展战略、目标以及金融企业内外环境变化,对金融企业人员的供需状况进行预测,并制定相应的管理政策与措施,为金融企业提供符合质量和数量要求的人力资源,以保证金融企业目标顺利实现的管理过程。

金融企业人力资源战略规划既是一个过程,也是一个结果。人力资源战略规划的结果就是人力资源规划内容,它通常包括人力资源战略规划和人力资源业务规划。人力资源规划过程一般包括:准备阶段、预测阶段、制定规划阶段、实施和控制阶段四个阶段。

金融企业人力资源预测包括人力资源需求预测和人力资源供给预测。人力资源需求预测是指对金融企业未来某一特定时期内所需人力资源的数量、质量以及结构进行估计。人力资源需求预测的方法很多,但不外乎两大类:第一类是定性方法,包括主观判断法、微观集成法、工作研究法和德尔菲法等;第二类是定量方法,包括回归分析法、趋势预测法、生产函数法和比率预测法。

金融企业人力资源的供给预测就是对在未来某一特定时期内能够提供

给金融企业的人力资源的数量、质量以及结构进行估计。包括人力资源的外部供给预测和内部供给预测。人力资源供给预测方法主要包括:技能清单法、替换单法和转移矩阵法。

一旦对劳动力的供给和需求都预测完毕,人力资源管理人员就可以对供求数据进行比较,从而确定每一职位或者每一技能类型的人员过剩或者短缺情况,并决定采取何种措施来解决这些潜在的问题。

在现实中,供求完全平衡的情况很少出现。当供给大于需求,形成人员供给过剩时,金融企业可以采取裁员、减薪、降级、工作分享、职位轮换、提前退休、自然减员、再培训等措施。当供给小于需求,形成人员供给过剩时,金融企业可以采取加班、增加临时雇员、外包、加速转岗、减少流动、增加新员工、采用节约劳动的新技术等措施。不同的平衡措施,其实施效果差别很大,而且对金融企业和员工常常具有不同的含义。

金融企业人力资源管理信息系统是在企业人力资源信息系统的基础上发展起来的,它将人力资源管理的新思想融入信息技术中,使信息真正成为管理者的助手。

典型的人力资源管理信息系统解决方案主要包含两个方面的功能。一个是面向人力资源管理者的信息收集、处理、决策功能,另一个是面向其他管理者以及普通员工的信息服务和互动决策功能。

人力资源管理依靠的是人力资源信息的及时更新与反馈,但是快捷、便利的人力资源管理信息系统也引发了信息安全问题,包括数据、系统安全和私人信息的法律问题。

【思考练习题】

1. 什么是金融企业人力资源战略规划?其核心思想是什么?
2. 金融企业人力资源战略规划的内容是什么?
3. 影响金融企业人力资源需求的因素有哪些?
4. 金融企业人力资源供需平衡措施有哪些,在实施效果方面有什么差别?
5. 什么是金融企业人力资源管理信息系统?

【案例分析】

成长型企业遭遇人才饥荒

"我觉得公司肯定有问题,但不是很清楚问题出在哪儿?"让天成公司的总经理伍先生焦虑的是,对于自己一手创建、已成一定规模的企业,现在却越来越力不从心。

天成公司如今已是东北地区一家规模较大的民营房地产企业,而在1996年创建天成的时候仅有50万元资金和5个员工。八年的摸爬滚打,天成形成了一定规模,目前拥有员工150多人,资产规模一亿多元。但随着企业的"长大",问题越来越多,内部的人力管理、外部的市场、业务,等等,伍先生作为总经理开始觉得自己对公司的管理、驾驭越来越吃力。

提到创业时刚起步的天成公司,伍先生掩饰不住自豪。八年前,原在机关任职的伍先生凭着敏锐的商业意识,毅然离开机关,东拼西凑筹集了50万元,带领几个亲戚朋友成立了天成公司,经营房地产项目。五个公司成员分别负责公司的财务、项目前期、工程管理、行政等事务。其中财务的负责人刘女士是伍的小姨,仅有基础的会计常识。负责项目前期开拓的江先生是他多年的好友,曾经是一餐馆的老板,仅接受过初中教育。

天成的飞跃式发展在1998年,当时,伍先生凭着对市场的敏感性果断决定投资征地,而那时天成所在的地区房地产才刚刚起步,准确的判断、广阔的市场、成功的运作给天成公司带来了较高的回报和巨大的动力,他开始加大力度进行商品房的开发。随后的几年,伍先生开发的几个楼盘项目都有较好的销售业绩。

随着公司规模的迅速扩大,过去原有的五个部门也增加为十个,人员也由过去的几个人发展到现在的150多人。随着人员的增加,诸多的管理问题也频频出现。伍先生觉察到,虽然公司提出了明确的战略规划,但却总不能落实,"追究责任的时候,好像大家都有责任,每次都是大伙一块自我批评一顿后,下次的规划依然不能落实"。回忆公司初创的那两年,他感到大家特别团结,事实上,天成在发展初期的很多困难就是依靠员工间的团结和凝聚力克服的。但是现在,员工内部已经出现小利益团体,各部门甚至同部门的管理人员都经常各自为政,意见不一。让他颇感郁闷的还有,一方面公司觉得员工的整体素质较低,一方面员工对薪酬不满,抱怨没有公平的考核体系。

"公司在若干资源中最为稀缺的是人力资源。我们市仅有两所普通高校,较高素质的人力资源相对匮乏,外部人力资源的提供是一个困难。"伍先生自己也意识到,不解决人力资源的问题,公司的发展必然受阻。

近几年来,随着该地区房地产市场化运作的加速,万科、香港汇达等数十家实力雄厚的企业纷纷进入该地区。与这些公司相比,天成公司的竞争优势在于低成本的土地开发,但是在管理、销售以及人力资源方面都存在着明显的缺陷。另外,随着竞争对手的进入,该市的房地产开发迅速升温,众多的楼盘都在较短的时间内推出,销售价格也在逐渐降低,这直接影响到天成公司固守的价格优势防线。

目前天成公司手中仍有面积约120万平方米的待开发土地,伍先生犯难的是,别的当家愁的是无米下锅,而他愁的是要不要下锅,怎么下锅?企业目前的状况已经让他忙得焦头烂额。

市场较大的供给差、欠缺的人力资源管理能力、越来越多的管理问题等,都在考验着伍先生和他的天成房地产公司。

资料来源:尤红梅,《成长型企业遭遇人才饥荒》,《中国经营报》2004年2月16日。

案例讨论题

1. 请你概括一下天成公司目前存在的主要问题,并给出相应的解决方案。

2. 许多金融企业的规模都比较大,这些企业会不会也遇到像天成公司一样的问题,为什么?

第三章 金融企业工作分析

【学习目标】

学习完本章后,你应该能够:
- 理解工作分析的内涵、意义及原则。
- 了解工作分析的历史沿革。
- 掌握工作分析的基本方法。
- 了解工作分析的基本程序。
- 了解编写工作说明书时存在的问题及编写准则。

【导入案例】

美国银行所推行的新战略

鉴于许多大客户注销账户并到竞争对手那里开户,最近美国银行(U.S Bank)重新调整了竞争战略。现在它强调鉴别并迅速排除导致其客户离去的客户服务问题。但是新客户服务与维护经理托德·伯克利发现,本银行专注于客户服务的竞争战略对银行的各个方面都产生了巨大的影响。现在,雇员必须完成许多新的任务。在与准备关闭其账户的客户会谈时,客户代表必须努力了解客户离去的原因,还要保留经常性投诉问题的详尽记录。该银行正在安装投诉识别装置,调查和分析所有分支机构的电话中心以及网站所收到的投诉。在客户开立新账户的时候,销售人员必须收集更多有关客户意向的信息。整个银行的雇员必须学习如何使用该银行新的投诉监控软件。该银行设计了受理客户投诉电话的新职位,并且正在建立一个新的客户保证单位,其负责在重要客户账户有关闭迹象时采取适当的挽留行为。

所有这些说明托德·伯克利及其同事必须对银行中的各种职位(上至副总裁下至出纳及保安人员)重新进行工作分析;在现有的工作职能中增加上述新的工作职责和任务;创建几个新的职位(例如客户保证经理)。也就是说,托德和他的同事们发现,如果没有透彻理解工作分析,他们就不能贯彻本银行的新战略。那么下一步工作的重点是着手进行工作分析,编写工作说明书。

但是如何透彻理解本银行的工作分析并编写工作说明书呢?什么是工作分析,工作分析的方法有哪些?工作分析的流程具体又是怎样的呢?这些都是本章要解决的问题。

资料来源:〔美〕加里·德斯勒著,《人力资源管理》(第六版),刘昕译,中国人民大学出版社 2004 年版,第 84 页。

第一节 金融企业工作分析概述

一、工作分析的基本术语

在工作分析中,我们常常用到一些术语,这些术语的含义经常被我们所混淆,因此,准确理解并掌握这些术语对我们进行科学有效的工作分析是十分必要的。

1. 工作要素

工作要素是指工作中不能继续分解的最小动作单元。例如速记人员速记时,正确书写各种速记符号;木工锯木前,从工具箱中拿出的一把锯子。

2. 任务

任务是需要做的事情,是为了达到某一特定目标而进行的一系列相关的活动或者要素。如打字员为了将一份文件打印成正规的文件,需要打开电脑、输入文字、排版、从打印机输出文件,打字员完成这一系列活动后就可以完成任务要求。对于企业而言,任务就是企业需要做的事情,或者说应该从事的各项活动,如生产、销售、财务和人事管理都是企业需要做的事情,这些事情就构成了企业的任务。

3. 职责

职责是由一名员工所承担的各项任务组成的工作活动。如市场调研员的职责是对调查表的设计、发放、解释说明、回收、分析、整理、撰写调查报告等多项任务。如接待员处理信件是职责之一,回答日常询问也是任务之一。

4. 岗位

岗位是在一定的时间内,企业中由特定人员所承担的一项或多项职责的集合。一般岗位与工作人员一一对应。

5. 工作与工作族

工作(职位)是一组主要职责相近的岗位的集合。一般若干个员工从事同一项工作。性质相似的工作称为工作族。

6. 职业

职业是指某种具有相似特征的、人们赖以为生的工作类型。如教师是一种职业,大学教师是从事大学教育的教师,小学教师是从事小学教育的教师。一般地,职业作为一种广泛的工作分类,并不作为工作分析和描述的对象。

7. 职系

职系是指工作性质充分相似,但职责繁简、轻重、大小以及所需的资格条件不同的所有职位的集合。对于企业而言,职系就是企业需要做的不同种类的工作。如一个生产型企业应当从事生产、技术、销售和财务管理等活动,这些活动就构成了不同的职系,不同职系的任务将由不同的组织机构完成,如生产部门负责生产管理、人力资源部门负责人力资源管理。

二、金融企业工作分析的内涵

(一)金融企业工作分析的概念

工作分析是指将金融企业中所有的工作,按其性质(如任务的繁简难易程度、责任大小、所需的资格条件等)进行比较,制定出工作说明书等人事管理文件,并根据一定的标准和程序进行归类,以作为招聘、考核、培训、晋升、确定报酬的基本依据的过程。或者说工作分析是指全面了解、获取与工作有关的详细信息的过程,具体来说,就是对金融企业中某个特定的职位的工作内容和职位规范的描述和研究过程,即制定工作描述和工作规范的系统过程。

工作分析涉及两方面的工作。一是工作本身,即工作岗位的研究。要研究每一个工作岗位的目的,该岗位所承担的工作职责与工作任务,以及它与其他岗位之间的关系等。二是人员特征,即任职资格的研究。研究胜任该项工作、达成目标情况下,任职者必须具备的条件与资格,比如工作经验、学历、知识、能力特征等。

(二) 金融企业工作分析的内容

金融企业工作分析的内容是金融企业各类岗位的工作范围、职责、所需技能、工作强度、环境、工作心理及岗位在组织中的关系。在工作分析的诸多对象中,我们主要的分析内容包括:工作职责分析、工作流程分析、工作权限分析、工作关系分析、工作环境条件分析、任职资格条件分析等。

金融企业工作分析从 6W1H 展开,即 who(责任者)、what(工作内容)、when(工作时间)、where(工作岗位)、whom(为了谁)、why(为什么这样做)、how(如何操作)。工作分析形成的结果是工作说明(工作描述)和工作规范(任职资格说明)。

1. 工作职责分析

工作职责分析不仅包括工作任务范围的分析,还包括对工作职责重要程度的分析。分析的内容有:资金、设备、仪器、工具、材料的使用与保管;完成任务的数量、质量;市场开发、产品设计;监督管理他人以及被监督管理等。

2. 工作流程分析

工作流程是指企业中的成员为了完成某一特定任务,需要做的一系列相关的工作。金融企业人力资源管理人员必须明确各工作岗位完成其工作任务的流程,因为清晰的流程有助于管理者清楚地认识到工作是如何完成的、为了达到所设定的目标需要完成哪些任务,以及如何提高企业或部门的工作效率。

3. 工作权限分析

工作权限分析是指根据工作所需完成的任务,依据权责对等的原则,对工作任职者的权限进行分析。若权大于责,可能造成滥用职权;若权小于责,则可能无法顺利指挥。应尽量避免这两种情况的发生。

4. 工作关系分析

金融企业中各个岗位都具有其独特的职责和功能，但各个工作岗位彼此间存在一种不可分割的联系，因此必须明确各个岗位之间的协作关系，通过工作关系分析可以了解到本岗位在企业中的地位以及在运作流程中所发挥的作用。

5. 工作环境条件分析

工作环境条件是指员工从事劳动生产的外部环境条件。对工作环境的分析主要考虑工作环境中对劳动者的劳动生产率和身心健康有影响的因素。通过对工作环境各种有害因素的测定和分级，可以确定岗位工作环境条件对劳动者的劳动生产率和健康的影响程度。

6. 任职资格条件分析

对任职者的资格条件分析一般主要包括：经验、技能、教育、培训、心理及生理因素等。因社会发展越来越快，分工越来越细，致使人们所掌握的知识、技能越来越受到工作经验的局限，工作经验越来越受重视。因此在任职资格分析中除了受教育程度外对工作经验的分析也是非常重要的一部分。

三、金融企业开展工作分析的意义

工作分析是金融企业人力资源管理工作的基础，金融企业人力资源管理的其他职能和活动都依赖于工作分析的顺利开展。金融企业开展工作分析的意义主要体现在以下几个方面。

1. 使工作职责更为明确

工作分析可以让金融企业的管理者和员工清晰地了解到工作岗位的职责范围以及需要完成的工作任务及评价标准等。它还可以对金融企业的工作流程和工作方法进行界定，对完成岗位工作需要接触的人员及接触的目的、频率进行界定，有助于金融企业的管理者和员工对工作形成全面的认识。通过工作分析能够确保金融企业的多种工作之间的相互协调和配合，共同完成金融企业的工作任务和工作目标。

2. 增强金融企业人力资源规划的准确性和有效性

任何一个组织在发展过程中必然会遇到因为环境变化、组织目标改变而引起的业务、组织结构或者人员数量的变化。这一点金融企业也不例外。在所有这些变化中，为了保证金融企业在适当的时候有足够且合适的员工来完成组织的任务,就必须通过有组织、有计划的人力资源规划来预测金融企业在未来某一时间点上所需要的人员数量、种类和资格要求。而工作分析则可以增强金融企业人力资源规划的准确性和有效性。

3. 使金融企业的工作设计更为合理

理想的工作设计既要保证较高的工作效率,也要调动员工的工作积极性。为了增强金融企业员工对工作的兴趣及满意度,应该根据员工或工作岗位的需要对金融企业的工作设计进行改进与完善。主要的方法包括:工作扩大化、工作丰富化、工作轮换、弹性工作制、工作专业化、工作团队、压缩工作周、工作分享制、应急工制度和远程工作等。在金融企业的工作设计过程中,需要对金融企业工作岗位的相互联系方式、各岗位所需的工作技能以及金融企业工作流程等多方面的因素进行分析和比对,以期寻找其内在的联系与运行规律,在提高金融企业员工工作积极性和满意度的同时,有效提高工作效率。

4. 为金融企业招聘活动提供有效的工作信息

金融企业在开展招聘活动时需要对拟招聘岗位的职责和内容进行准确界定,也需要明确任职资格和要求。金融企业应该为应聘者提供有关工作职责、工作环境、工作要求的真实信息,而应聘者也可以根据明确的岗位职责和工作任务的要求选择最有利于自己发展的工作岗位应聘,从而节约了招聘成本。

5. 为金融企业绩效管理提供客观的评价标准

工作分析通过对金融企业在不同时期、不同背景下的情况进行分析,确定了金融企业各个工作岗位的应有标准,为员工绩效管理提供了业绩评定标准,为金融企业员工工作指明了方向,有利于金融企业绩效管理的公平、公正、公开。

6. 使金融企业员工培训更为有效

为了实现员工培训的有效性和低成本要求,金融企业员工培训工作的内容、方法必须与工作任务的内容、岗位所需要的工作能力和操作技能相关。通过工作分析,金融企业可以对员工培训需求进行准确的分析,对培训成本进行有效的控制。

7. 使金融企业的薪酬体系更富有激励性

薪酬在人的工作动机中起着重要作用。薪酬的内部公平性是通过员工所在的岗位与其他工作岗位所承担的工作和所需要的投入进行比较而确定的。通过工作分析,能从工作责任、所需技能等几个方面对工作岗位的相对价值进行界定,确定工作岗位在组织中的相对价值,使组织的薪酬水平有明确的、可解释的基础,有助于保证薪酬的内部公平性。

工作分析的结果可以运用在金融企业人力资源管理各个方面,这些都证实了工作分析是金融企业人力资源管理的基础和起点。

四、金融企业工作分析的基本原则

1. 信息收集的客观公正性

信息收集的客观公正性是指金融企业在进行工作分析的初期,必须公正地进行信息收集,必须保证信息的完整准确。在信息收集过程中,金融企业的人力资源管理者必须进行深入细致的调查研究,而不能凭空想象。

2. 方法处理的高效科学性

金融企业的人力资源管理者要依据科学的原则和采用科学的方法进行工作分析,要抓住事物的本质特征,还要讲求一定的效率。

3. 实际运用的方便实用性

进行工作分析的最终目的是要将分析结果应用于人力资源管理中的各个方面,因此其实用性非常重要。这就要求金融企业的人力资源管理者在制订工作分析计划时要根据实际运用的需要,来确定工作步骤、程序及处理方式。

4. 信息完善跟踪的动态性

由于内外环境的变化,一次工作分析的结果不可能永远应用下去,这就要求金融企业的人力资源管理者在进行分析时一是要考虑到岗位潜在的发展变化,二是要在适当的时机对分析结果予以及时调整。要不断跟踪各种因素的变化(如时间因素、情景因素、技术因素和组织因素等),从而不断完善工作信息及要求。

五、工作分析的历史沿革与发展

1. 工作分析思想的渊源

西方工作分析的思想最早可以追溯到古希腊时期。公元前 5 世纪著名思想家苏格拉底在对理想社会的设想中提出社会的需求是多种多样的,每个人只能通过社会分工的方法,从事自己力所能及的工作,才能为社会作出较大的贡献。他认为个体是存在差异的,不同岗位具有其特殊的要求,让每个人从事最适合的工作,才能取得最高的效率。

2500年前的苏格拉底的思想为后来的工作分析奠定了坚实的基础。了解各种不同的工作及工作对人的要求,以让适合的人从事适合的工作成为日后工作分析乃至整个人力资源管理关注的基本问题。

2. 工作分析的早期发展

18世纪一位百科全书的撰写人狄德罗(Denis Diderot)策划了第一次大规模的工作分析。1747年在编纂百科全书的过程中,他发现很多资料并不充分,所以决定亲自调查。通过调查他绘制了大量图片,详细了解了工作的各种信息,简化了工作流程中的许多环节,同时将收集到的信息系统化。他发现信息的精确程度与操作流程及目的有关。资料的全面、系统和翔实为以后百科全书的编写奠定了坚实的基础。

19世纪出现了根据研究目的、工作需要收集有关工作实际情况的调查研究。美国林肯总统时期,为了改变政府办事效率低下的状况,美国政府开始对政府职位进行调查研究。调查的主要目的在于明确职位任职者所应具备的技能。调查者主要通过观察、面谈、问卷等方式收集信息,来研究哪些技能与职位的关系最为密切。这项调查最终取得了很好的效果。

20世纪初随着工业革命的蓬勃发展,对组织进行科学管理变得越来越重要。由于生产规模的迅速扩大,一些生产中的问题逐渐暴露出来,如生产标准的缺乏,对人关注的不够等等。在此时期,科学管理之父泰勒进行了大量的研究,并在1903年出版了《工厂管理》(Shop Management)一书,该书详细介绍了由于把工作分成若干部分并进行计时而提高了劳动效率的事实。1911年有出版了《科学管理原理》(The Principle of Scientific Management),泰勒认为要对组织进行科学的管理,就必须对组织中的每项工作进行研究,从而科学地挑选和培训工人。科学管理理论在当时已经成为工作分析的一个巨大推动力量。

一次大战前期美国在大规模征兵过程中利用工作分析为人员测评及选拔服务,也促进了工作分析的发展。同期工业心理学之父雨果·闵斯特伯格(Hugo Munsterberg)等人进行了首次工作要求与甄选的系统研究。甄选中对特质的研究大大推进了一战前夕美国海军面对大量人员征兵时的人员动员和有效使用等工作。

二战期间工业心理学,特别是其在人员选拔、配置等方面的应用得到了长足的发展。同时工作分析研究也得到了空前的繁荣。主要的成果有:编制了《职业大辞典》(Dictionary of Occupational Titles);对"职业"、"工作"、"职责"、"任务"等基本工作概念作了明确定义;研究与应用"人员配置表"(manning tables of staffing lists),人员配置表可以反映某一工作所需的技能和经验以及工作所需的职位数量等,为人员安置和工作设计提供了方便。

3. 工作分析的近期发展

二战以后,工作分析的理论和方法日趋成熟与完善,工作分析作为人力资源管理基础的地位逐步确立。特别是到了 20 世纪 70 年代,工作分析已经被西方发达国家作为人力资源管理现代化的标志之一。这段时间各种工作分析系统纷纷建立,工作分析方法逐渐呈现了结构化、定量化、多样化和系统化的趋势。其中著名的有人员倾向性的职位分析问卷(PAQ)、职位倾向性的职能工作分析法(FJA)等。同时也出现了如关键事件法、功能性工作分析、工作要素分析等许多新的方法。西方国家还通过公平就业等方面的法律法规对工作分析的某些方面作出规定。

现在越来越多的企业认识到工作分析对于企业的作用和意义。从最初的仅仅是为了人员招聘和工艺流程的改善到后来应用工作分析的结果来进行绩效管理、培训、薪酬管理以及工作设计、岗位评价等工作,工作分析日益受到企业的重视与欢迎。

第二节 金融企业工作分析的方法

科学的工作分析方法是工作分析成败的关键因素,对工作分析结果的科学性、规范性和有效性有着重要影响。工作分析的内容取决于工作分析的目的和用途,不同组织进行的工作分析时调查的侧重点会有所不同。因此在工作分析内容确定以后选择恰当的工作分析方法就显得尤为重要。金融企业工作分析的方法,依照不同的标准有不同的划分。依功用划分,有基本方法和非基本方法;依分析内容划分,有结构性分析和非结构性分析方法;依对象划分,有任务分析、人员分析与方法分析;依基本方式划分,有观察法、写实法与调查法等。本节主要介绍常用的几种定性方法和定量方法。

一、定性方法

(一) 观察法

观察法是指工作分析人员直接到工作现场，针对特定对象的工作过程、行为、内容、特点、性质、采用的工具和工作环境进行观察，收集、记录有关工作信息，并进行分析和归纳总结的方法。

使用这种方法时，工作分析者观察正在工作的一个或者几个人，并且对工作描述进行记录。收集到的信息包括做了什么、怎么做的、用了多长时间、工作环境如何和使用了哪些工具等内容。动作研究和时间研究是经常使用的观察方法。

动作研究(motion study)，有时也叫方法研究，是确定完成一项工作(任务)所必需的动作，然后设计出使这些动作结合到一起的最有效的方法。时间研究(time study)是通过分析工作(任务)，确定完成这些工作所需要的工作要素、这些要素发生的先后顺序以及有效地完成它们所需要的时间，其目的是确定处于平均水平之上的人员完成所研究工作应该花费多长时间。

观察法是一种使用相对简单明了的方法，能收集到大量相关信息。这种方法通常用于分析存在大量重复的体力操作，而且操作重复期较短的工作。观察法的缺点一是观察者必须经过认真的培训，才能知道该观察什么和记录什么，所以观察法通常是由受过专业训练的工作分析者来完成的，并且工作分析者还要对观察资料进行分析研究。二是观察法的应用存在局限性，主要适用于短期和重复循环的工作。如可用来分析银行柜员，这些职业通常对抽象思维和逻辑推理能力的要求不高，其行为的直接影响十分显著。但很多工作都没有完整的、易观察到的职责或完整的工作周期，如金融产品分析师、投资风险控制人员等，该方法就不适用。同样，如果重要的工作活动或者任务在执行时没有时间和空间上的规律性，那么，由于观察困难，也不适于采用这种方法。

需要特别指出的是，使用观察法应注意工作样本选择的代表性；观察者进行观察时，不要干扰员工的正常活动，并尽量不使其分心或者起疑，以免导致观察结果的不准确；观察者进行观察前要有详细的观察提纲和行为标准。

（二）访谈法

访谈法是指通过与岗位任职者进行面对面的交谈来收集工作信息的一种方法。因为有些工作不可能去观察（如飞行员的工作），或者不可能去现场或难以观察到（如理财规划师的工作）。在这种情况下要了解他们的工作内容、工作环境等情况可以采用访谈法。访谈法用标准化记录来收集信息，在很大程度上依赖于现有员工（或管理者/下属）向工作分析者提供有关某一工作岗位的相关行为和个人特征的信息。

访谈法根据访谈对象的不同分为：（1）个别访谈，即与工作承担者本人单独交流；（2）集体访谈，即与若干从事相同工作（但工作活动不必完全一致）的员工一起进行讨论并收集资料；（3）管理人员会议，即与工作任职者的上级交谈以获得该员工的工作资料；（4）讨论会，即在工作分析者安排下，邀请若干对于某一工作有深入了解的专家、培训者、管理者和资深员工，一起探讨所要分析的工作内容和职责等，收集该工作相关资料。访谈前，工作分析者应准备好访谈提纲，以作为发问和访谈的基本依据。表3-1是访谈提纲的一个示例。

表3-1　访谈提纲示例

你的工作岗位＿＿＿＿＿＿＿＿＿　　　　代号＿＿＿＿＿　日期＿＿＿＿＿
等级＿＿＿＿＿＿＿＿＿　　　　　　　　部门＿＿＿＿＿＿＿＿＿
你的姓名＿＿＿＿＿＿＿＿＿　　　　　　使用设备＿＿＿＿＿＿＿＿＿
主管的岗位＿＿＿＿＿＿＿＿＿　　　　　编表人＿＿＿＿＿＿＿＿＿
主管的姓名＿＿＿＿＿＿＿＿＿　　　　　你的工作时间＿＿＿＿＿＿＿＿＿

1. 你的工作一般性目的是什么？
2. 你以前的工作是什么？请写出以前公司的名称。
3. 你希望自己担任怎样的工作？
4. 如果你有下属的话，请列出他们的名字及岗位名称。
5. 如果你有下属的话，下列哪些活动是你工作中的一部分：
   ＿＿任用　　　　＿＿教导　　　　＿＿晋升
   ＿＿引导　　　　＿＿辅导　　　　＿＿奖励
   ＿＿训练　　　　＿＿编列预算　　＿＿惩罚
   ＿＿排定工作进度　＿＿指挥　　　　＿＿解雇
   ＿＿培养　　　　＿＿评估绩效　　＿＿其他
6. 你的工作怎样才算是做得成功？
7. 工作职责——请简略描述你所做的工作，以及如何做这些工作，并请指出其中最重要以及最困难的部分。
   （1）每天的职责——
   （2）定期性职责——（请说明是每星期、每月、每季等）

(续表)

(3) 不定期职责——
(4) 你承担这些职责多长时间了？
(5) 你目前是否承担了一些不必要的职责？如果是,请描述。
(6) 你目前应该承担一些并不属于你工作的职责吗？如果是,请说明。

8. 教育程度——请勾选该工作应具备的学历水平（并非指你的学历水平）：
   (1) ＿＿不需正规学历　　　　　(2) ＿＿高中以下
   (3) ＿＿高中毕业或同等学力　　(4) ＿＿大专
   (5) ＿＿大学本科　　　　　　　(6) ＿＿大学本科以上或拥有职业资格证书
   请指出何种学历或何种职业资格证书。请说明你当初开始担任该工作时的学历。

9. 经验——请勾选需要多长时间的经验才能担任你目前的工作：
   (1) ＿＿不需要　　　　(2) ＿＿1个月以下　　(3) ＿＿1—6个月
   (4) ＿＿6个月—1年　　(5) ＿＿1—3年　　　　(6) ＿＿3—5年
   (7) ＿＿5—10年　　　 (8) ＿＿10年以上
   请说明你当初开始担任该工作时具备了多久的工作经验。

10. 技能——请列举该工作所需要的所有技能（例如准确性、专心的程度、方法等）：请说明你当初开始担任该工作时具备了哪些技能。

11. 设备——你的工作需要使用到设备吗？是＿＿否＿＿
    如果是,请列举设备名称及使用的程度。

设备	很少	有时	经常
(1) _____			
(2) _____			
(3) _____			
(4) _____			

12. 生理条件——请指出该工作要求任职者需具备哪些特殊的生理条件,及其要求的程度：

	很少	有时	经常
(1) ＿＿举重物			
(2) ＿＿不良工作姿势			
(3) ＿＿过快的工作速度			
(4) ＿＿超凡的感官要求（看、听、摸、闻、说）			
(5) ＿＿震动性设备			
(6) ＿＿其他＿＿＿＿＿			

13. 情绪条件——请指出该工作要求任职者需具备哪些特殊的情绪条件,及其要求的程度：

	很少	有时	经常
(1) ＿＿与社会大众接触			
(2) ＿＿与客户接触			
(3) ＿＿密切监督			
(4) ＿＿赶工压力			
(5) ＿＿不规律的工作进度			
(6) ＿＿单独工作			
(7) ＿＿长途出差			
(8) ＿＿其他＿＿＿＿＿			

（续表）

14. 工作场所——请指出该工作有哪些舒适及不舒适的工作场所：

           舒适   不舒适

 (1) ____ 室外   ____   ____
 (2) ____ 室内   ____   ____
 (3) ____ 地面   ____   ____
 (4) ____ 地下室   ____   ____
 (5) ____ 台架   ____   ____
 (6) ____ 其他_____

15. 工作环境——请说明你工作的环境条件之优劣：

         差   好   极好

 (1) ____ 采光   ____ ____ ____
 (2) ____ 通风   ____ ____ ____
 (3) ____ 温度变化 ____ ____ ____
 (4) ____ 震动   ____ ____ ____
 (5) ____ 设备   ____ ____ ____
 (6) ____ 其他_____

16. 环境条件——请指出你的工作需要在下列哪些条件下完成，及其经常性程度：

        很少 有时 经常

 (1) ____ 灰尘   ____ ____ ____
 (2) ____ 泥土   ____ ____ ____
 (3) ____ 热   ____ ____ ____
 (4) ____ 冷   ____ ____ ____
 (5) ____ 烟雾   ____ ____ ____
 (6) ____ 臭味   ____ ____ ____
 (7) ____ 噪音   ____ ____ ____
 (8) ____ 雨天   ____ ____ ____
 (9) ____ 湿度   ____ ____ ____
 (10) ____ 其他_____

17. 卫生与安全——请指出你的工作需要在下列哪些卫生与安全因素下完成，及其要求的程度：

        很少 有时 经常

 (1) ____ 高空作业 ____ ____ ____
 (2) ____ 辐射   ____ ____ ____
 (3) ____ 机械危害 ____ ____ ____
 (4) ____ 搬运物品 ____ ____ ____
 (5) ____ 炸药   ____ ____ ____
 (6) ____ 电力危害 ____ ____ ____
 (7) ____ 火灾   ____ ____ ____
 (8) ____ 其他_____

主 管 评 语

  你的下属对于工作条件与职责的描述是否正确？____是____否。如果否的话，请加以说明及补充。

日期_____   职务_____   姓名_____

访谈法具有以下一些优点:(1)可以对工作者的工作态度与工作动机等较深层次的内容有比较详细的了解;(2)能够迅速收集丰富的具体资料;(3)可以使工作分析人员了解到短期内直接观察不易发现的情况,有助于管理者发现问题;(4)有助于与员工沟通,解释工作分析的重要性并缓解其工作压力。访谈法同时也有一些缺点:(1)访谈法要求访谈者具有专门的技巧,故访谈需要由受过专门训练的工作分析人员来进行;(2)比较耗费精力和时间,工作成本较高;(3)收集到的信息往往由于被访谈者的夸大或扭曲而失真。

(三)工作日志法

工作日志法又称工作写实法,是指要求任职者按照时间顺序详细记录在一段时间(一天、一个月或者一个工作周期)内所从事的各项工作内容及工作过程,然后经过归纳、分析,实现工作分析目的的一种方法。工作日志的形式不定,由员工自行填写,有时候为了保持同一水准或者节省填写者时间,也会提供统一格式。航海日志、维修记录、特殊活动的纪录片等都可归到此类。

这种方法的优点是每天在任务或活动完成后即时记录,可以避免遗漏而且记录翔实。但是由于是工作任职者自行填写,信息失真的可能性较大,加之又需要任职者全面配合,所以,在用于工作分析时,很少作为唯一的主要信息收集方法,常常和其他方法配合使用。在实际工作中,许多工作分析者以组织现有的工作日志作为拟订问卷、计划访谈或对某一工作作初步了解的参考资料来源。表3-2是有关工作日志的一个示例。

表3-2　投资部业务经理的工作日志

工作日志填写说明
(在填写工作日志之前,请仔细阅读下面的说明)
1. 填写工作日志的目的是为了清楚地了解您的工作任务与职责,以便改进工作流程,提高工作效率。关注的焦点是工作本身,绝对不涉及对您工作表现的评估。
2. 关于工作日志中时间的填写方法
　　开始时间:一项工作活动开始的时间(以分钟为单位)
　　结束时间:一项工作活动结束的时间(以分钟为单位)
　　所耗时间:从事一项工作活动总共所耗费的时间(以分钟为单位)
　　当一项活动是延续一段时间的活动时,可以记下开始时间、结束时间和所耗时间(中间如果插入其他活动,另外记下时间);当活动持续的时间非常短暂,但是在一段时间内反复出现时,可以不记录每次的开始时间和结束时间,而记下该活动在一段时间内发生的次数和总共耗费的时间。

(续表)

3. 请您在每天的工作开始之前将工作日志放在手边,按工作活动发生的顺序及时填写,切勿在一天工作结束之后一并填写。
4. 对工作活动内容的描述要尽可能具体化,判断工作内容是否具体的标准就是没有亲自观察过您工作过程的人也可以据您的描述比较清晰地想象出您的工作活动。
5. 不要遗漏那些细小的工作活动,以保证信息的完整性。
6. 在对活动的描述中用职务代替人名,不要使看工作日志的人感到费解。
7. 如因工作需要外出办事,应在归来后立即补充记录。
8. 请您提供真实信息,以免损害您的利益。
9. 请您注意保管,以防丢失。

6月9日　　星期二

开始时间	结束时间	所用时间（分钟）	工作活动
8:30	9:00	30	回复几个与业务有关的 E-mail
9:00	9:30	30	向投资部部长汇报投资项目进展情况,以及项目合作洽谈会的准备情况。
9:30	12:00	150	陪同投资部部长,与某投资公司代表洽谈项目合作事宜。
12:00	13:30	90	陪同领导出席招待投资公司代表午宴
13:30	14:30	60	陪同投资部部长向董事长汇报项目合作洽谈情况
14:30	17:30	180	同下属开会,进一步修订项目合作协议

6月10日　　星期三

开始时间	结束时间	所用时间（分钟）	工作活动
8:30	9:00	30	回复几个与业务有关的 E-mail
9:00	9:30	30	向投资部部长提交项目合作协议修改稿,并汇报相关情况
9:30	11:30	120	阅读项目可行性分析报告
11:30	12:00	30	与咨询公司的财务专家通电话,讨论目标公司有关问题
13:30	16:30	180	同下属开会研讨项目可行性分析报告
16:30	17:30	60	签署有关文件

6月11日　　星期四

开始时间	结束时间	所用时间（分钟）	工作活动
8:30	9:00	30	回复几个与业务有关的 E-mail
9:00	10:00	60	向投资部部长汇报项目可行性分析报告
10:00	11:30	90	陪同投资部部长出席董事会议,汇报投资项目
11:30	12:00	30	向下属反馈董事会决议
13:30	17:30	270	参加理论学习

（续表）

6月12日			星期五
开始时间	结束时间	所用时间（分钟）	工作活动
8:30	9:00	30	回复几个与业务有关的 E-mail
9:00	10:00	60	陪同领导参加项目合作签字仪式
10:00	12:00	120	陪同投资部部长同主要目标公司代表谈判
12:00	13:30	90	陪同领导出席午宴
13:30	14:30	60	与部门员工一起开会,对部门本周的工作进行总结,提出下周的主要工作安排
14:30	17:30	180	撰写本周工作总结和下周工作计划

（四）问卷法

问卷法也是应用非常普遍的工作分析方法之一。它是一种一般由任职者或相关人员以书面形式填写回答有关工作岗位问题的工作分析方法。其基本过程是根据现有工作设计问卷,然后分发问卷给选定员工要求他们在一定时间内(有时是当场)填写,然后收回问卷以获取相关信息,最后,再将问卷简易归纳分析并作好详细记录,据此写出工作描述,在征求任职者意见的基础上进行补充和完善。

该方法成败的关键取决于以下三个方面:(1) 问卷的设计能否包括工作分析所需要的一切问题?(2) 每个问题是否恰当?能否使回答者正确地、在要求的范围内给出相当准确的答案?(3) 如果问卷无强制性,问卷的回收率如何得到保证?如果要分析的工作是组织的新工作,问卷一般要交给将担任这项新工作的员工的主管人员;如果要分析的工作其岗位是空缺的,但是这项工作与该组织中的某一项工作完全相同,问卷就由这项相同工作的任职者来填写,之后交给其主管人员检查后交给工作分析者。

问卷设计一般可分为三大类:开放式、封闭式、混合式。

1. 开放式问卷是一种只有问题而没有给出备选答案,需要由被调查者根据自己的判断来填写问卷的问卷。这类问卷以开放性问题为主,请问卷填写者全面地描述其工作,其方法比较简单,但收集到的工作信息无规律性、多种多样,事后的整理分析比较困难(参见表3-3)。

表 3-3 开放式问卷示例

| 工作部门 | | 职位名称 | |

一、职责内容
1. 概述：
2. 所任工作：

工作项目	处理方式及程序	每日所占工作时数

二、工作特征
1. 工作复杂性：
2. 所受监督：
3. 所循规章：
4. 对工作结果的负责程度：
5. 影响范围：
6. 监督对象与范围：

对上述内容的确认		填表人	（签名盖章）
所属部门 上一级主管	（签名盖章）	所属部门 直接主管	（签名盖章）

2. 封闭式问卷是一种在问卷中给出问题的各种备选答案，要求被调查者根据实际情况进行选择的问卷方式。任职者要从选择答案中选择其中选择最合适的答案。这种问卷前期问卷编制难度比较大，但是一旦编制完成，所搜集到的工作信息便于整理、分析（参见表3-4）。

表 3-4 封闭式问卷示例

姓名		职称		责任职务		工龄	
性别		部门		直接上级		进入公司时间	
年龄		学历		月均收入		从事本工作时间	
工作的时间要求		1. 正常的工作时间每日自（ ）时开始至（ ）时结束。 2. 每周平均加班时间为（ ）小时。 3. 所从事的工作是否忙闲不均。（是，否） 4. 若工作忙闲不均，则最忙时常发生在哪段时间： 5. 外地出差情况每月平均几次，每次平均需要（ ）天。 6. 本地外出情况平均每周（ ）次，每次平均需要（ ）天。 7. 出差时所使用的交通工具按使用频率排序： 8. 其他需要补充说明的问题：					
工作目标		主要目标			其他目标		
	1. 2.						

（续表）

工作概要	用简练的语言描述一下您所从事的工作：					
工作活动程序	名称	程度		依据		
工作活动内容	名称	结果	占全部工作时间的百分比	权限		
				承办	报审	全权负责
失误的影响	若您的工作出现失误，会发生下列哪种情况？ 1. 不影响其他人工作的正常进行。 2. 只影响本部门内少数人。 3. 影响整个部门。 4. 影响其他几个部门。 5. 影响整个公司。			说明 如出现多种情况，请按影响度由高到低依次填写在下面括号中。（　　）		
	公司形象损害					
	经营管理损害			1　　2　　3　　4　　5 轻　较轻　一般　重　较重		
	其他损害经济损失					
接触	内部					
	外部					
监督	1. 直接和间接监督人员数量。（　　） 2. 被监督的管理人员数量。（　　） 3. 直接监督人员层次：一般职工、基层领导、中层领导、高层领导。					
工作的基本特征	责任性	1. 只对自己负责。 2. 对职工有监督指导的责任。 3. 对职工有分配工作、监督指导的责任。 4. 对职工有分配工作、监督指导和考核的责任。				
	决定性	1. 在工作中时常做些小的决定，一般不影响其他人。 2. 在工作中时常做些决定，对有关人员有些影响。 3. 在工作中时常做些决定，对整个部门有影响，但一般不影响其他部门。 4. 在工作中时常做些大的决定，对自己部门和相关部门有影响，但一般不影响其他部门。 5. 在工作中要做重大决定，对整个公司有重大影响。				
	权限	1. 有关工作的程序和方法均由上级详细规定，遇到问题时可随时请示上级解决，工作结果须报上级审核。 2. 分配工作时上级仅指示要点，工作中上级并不时常指导，但遇困难时仍可直接或间接请示上级，工作结果仅受上级要点审核。 3. 分配任务时上级只说明要达成的任务或目标，工作的方法和程序均由自己决定，工作结果仅受上级原则审核。				

（续表）

工作的基本特征	完成本职工作的方法和步骤： （1）完全相同；（2）大部相同；（3）有一半相同； （4）大部不同；（5）完全不同。	
	在工作中您所接触的信息经常为： 1. 原始、未经加工处理的信息。 2. 经过初步加工的信息。 3. 经过高度综合的信息。	说明 如出现多种情况,请按"经常"的程度由高到低依次填写在下面括号中。（　　　）
	在您做决定时常根据以下哪种资料？ 1. 事实资料。 2. 资料、模糊的相关资料。 3. 难以确定是否相关的资料。	说明 如出现多种情况,请按"依据"的程度由高到低依次填写在下面括号中。（　　　）
	在工作中,您需要做计划的程度： 1. 在工作中无需计划。 2. 在工作中需要做一些小的计划。 3. 在工作中需要做部门计划。 4. 在工作中需要做公司整体计划。	说明 如出现多种情况,请按"做计划"的程度由高到低依次填写在下面括号中。（　　　）
	在您的工作中接触资料的公开性程度： 1. 在工作中所接触的资料均属公开性资料。 2. 在工作中所接触的资料属于不可向外公开的资料。 3. 在工作中所接触的资料属于机密资料,仅对中层以上领导公开。 4. 在工作中所接触的资料属于公司高度机密,仅对少数高层领导公开。	说明 如出现多种情况,请按"公开"的程度由高到低依次填写在下面括号中。（　　　）
任职资格要求	您常起草或撰写的文字资料有哪些？ （1）通知、便条、备忘录　（6）公司文件 （2）简报　　　　　　　　（7）研究报告 （3）信函　　　　　　　　（8）法律文件 （4）汇报文件或报告　　　（9）合同 （5）总结　　　　　　　　（10）其他	等级　　频率 1 极少 2 偶尔 3 不太经常 4 经常 5 非常经常
	学历要求：□高中　□职专　□大专　□大本　□硕士　□博士	
	为顺利履行工作职责,应进行哪些方面的培训,需要多少时间？ 培训科目　　　　　培训内容　　　　　最低培训时间（月）	
	一个刚刚开始您所从事工作的人,要多长时间才能基本胜任工作？	
	为了顺利履行您所从事的工作,需具备哪些方面的其他工作经历,多少年？ 工作经历要求：　　　　　最低时间要求：	
	在工作中您觉得最困难的事情是什么？你通常是怎样处理的？ 困难的事情：　　　　　　处理方法：	
	您所从事的工作有何体力方面的要求？ 1 轻　2 较轻　3 一般　4 较重　5 重	

(续表)

任职资格要求	专业技能的要求(如计算机等)		等级	需要程度
	其他能力要求： （1）指导能力　　（6）资源分配能力 （2）激励能力　　（7）管理技能 （3）授权能力　　（8）时间管理 （4）创新能力　　（9）倾听敏感性 （5）计划能力　　（10）人际关系 其他			
考核	对于您所从事的工作,您认为从哪些角度进行考核,基准是什么？			
	考核角度		考核基准	
建议	您认为您从事的工作有哪些不合理的地方,应如何改善？			
	不合理处		改进建议	
备注	您还有哪些需要说明的问题？			
	直接上级确认符合事实后,签字：			

3. 混合式问卷则是开放式与封闭式问卷的混合。在实践中,多采用混合式问卷来进行工作分析。即先利用开放式问卷初步了解工作信息,然后利用封闭式问卷定向搜集有关的工作信息,然后进行综合、比较和归纳等分析工作。

问卷法具有如下一些优缺点。其优点是：(1) 可以在短时间内收集到大量的详细信息；(2) 可在工作时间外填写,不会影响任职者的正常工作；(3) 调查范围广泛,可以用于多种目的和用途；(4) 相对而言,更适合收集管理岗位的工作信息。其缺点为：(1) 问卷编制技术要求高,设计难度较大,成本费用较高；(2) 不同任职者因对问卷文字的表达理解不同有可能曲解信息而导致信息资料的偏差；(3) 问卷回收率通常偏低；(4) 只适用于有一定文字理解能力和书面表达能力的人群。

在实践中,问卷法的一种常见改变形式是在得到直接上级许可的前提下,由被分析工作的任职者首先写出一份实际的工作描述,根据描述进行问卷设计。因为任职者常常是最了解所担任工作的人,而且这种方法有助于识别工作任职者和管理者对工作理解的差别。

除了以上介绍的方法之外,还有几种经常用到的方法如主管人员分析法、关键事件法、参与法等。主管人员分析法是由主管人员通过日常管理记录进行分析的方法,此法与员工自我记录法结合会更有效。该方法信息准确、水分少,但较易受主观局限性影响导致缺漏。关键事件法是由岗位分析人员、岗位任职者或有关员工大量收集、记录劳动过程中的"关键事件"的信息,继而分析岗位特征和要求。这里所说的"关键事件",是指给岗位工作任务造成显著影响的事件,如赢利与亏损、高效与低产等。参与法是指工作分析人员通过直接参与某项工作,细致深入地体验、了解、分析工作的特点和要求。该方法可以克服一些有经验的员工对自己完成任务的方式并不十分了解的缺点,也可以克服有些员工不善表述的不足,并可了解到一些用观察法观察不到的内容。但因为现代企业中的许多工作高度专业化,工作分析人员往往不具备从事某项工作的专业知识和技能,因此就无法使用这种方法。此法适用于一些比较简单工作的工作分析,或与其他方法结合运用。

二、定量方法

(一) 功能性工作分析法

功能性工作分析法(functional job analysis,FJA)是由美国劳工部的就业和培训服务中心开发并常用于企业人事管理的一种工作分析方法。它以员工需发挥的功能和应尽的职责为核心,列出了需要加以收集和分析的信息类别,规定了工作分析的内容。功能性工作分析法包括工作特点分析与员工特点分析。

1. 工作特点分析。工作特点包括员工的职能、工作的种类以及材料、产品、知识范畴几部分。员工的职能是指员工在工作过程中与人、事、数据打交道的过程。任何工作都离不开人、事、数据三个基本要素,而每一要素所包括的各种基本活动又可按复杂程度分为不同的等级:数值越小,代表的等级越高;数值越大,代表的等级越低。员工的基本职能如表3-5所示。工作种类是指某项工作所属的工种,如电工、车工等,工作特点分析要在工种确定后,对此工种的特点及其所涉及的设备与工具加以描述。材料、产品、知识范畴是指此项工作中用于加工的原材料、最终产品以及涉及的自然科学和社会科学知识范畴等。

表 3-5　员工的基本职能

	数据		人		事	
基本活动	0	综合	0	指导	0	筹建
	1	协调	1	谈判	1	精密工作
	2	分析	2	教育	2	运营与控制
	3	编辑	3	监督	3	驾驶运行
	4	计算	4	安抚	4	操纵
	5	复制	5	说服	5	看管
	6	比较	6	表达信号	6	育饲
			7	服务	7	操作
			8	受命		

2. 员工特点分析。员工特点包括正确完成工作所必备的培训、能力、个性、身体状况等方面的特点。

运用功能性工作分析法可以有针对性地收集信息并按以上各项对所收集的信息加以比较、分类和组织，最后形成详细的工作说明及工作规范，最终形成工作说明书。

（二）职位分析问卷法

职位分析问卷法（the position analysis questionnaire，简称 PAQ）是由美国普度大学的麦考密克（E. J. McCormick）教授于 1972 年提出的一种适用性很强的工作分析方法，该问卷要求由工作分析人员来填写，这就要求他们对被分析的职位要相当熟悉。

职位分析问卷中包括 194 个项目，其中 187 个用来分析完成工作过程中员工活动的特征，另外 7 个涉及薪酬问题。职位分析问卷法从信息来源、脑力过程、体力过程、与其他人的关系、工作环境、其他工作特征等六个层面对工作的主要因素进行分析（参见表 3-6）。

表 3-6　职位分析问卷法涉及的工作主要因素

主要因素	解释	次级因素
信息来源	工作者从哪里及如何获得信息	工作信息的来源 目视与感知活动
脑力过程	推理、决策、计划及信息加工过程	决策与分析 信息处理 对所收集信息的使用
体力过程	体力活动,使用的工具和设备	对设备的使用 综合的体力劳动 操纵/协调活动
与他人的关系	工作是同他人建立的关系	沟通 人际关系 个人联系 监督与协调
工作环境	所处自然和社会环境	物质方面的工作条件 生理和社会方面的条件
其他工作特征	同工作有关的其他活动、条件、特征	工作安排、薪酬支付方式、着装要求 工作要求 工作责任

　　用 PAQ 法对某工作进行分析时,工作分析者首先要确定问卷的每一个问项是否适用于被分析的工作,然后,根据六个维度(即应用范围、时间长短、对工作的重要性、发生的可能性、适用性和特殊识别符号)对这些问项进行评价。最后,将评价结果提交到职位分析问卷总部,分析汇总后形成一份报告,说明某工作在六个维度上的得分情况,以便进行量化,评定等级。表 3-7 是节选的职位分析问卷法示例。

　　在实际运用中,PAQ 法的问卷一般由工作分析者或者被分析任职者的直接上级填写,有时也会让管理人员或者员工来完成。由于 PAQ 问卷填写难度较大,一般需要大学以上文化程度的人员才能清楚地了解问卷中各个问项的要求,因此,该方法推广有一定的难度。但 PAQ 法为工作分析提供了不同的角度,使工作内容的表达标准化,并在一定程度上运用了量化指标,因此,工作之间的比较能有具体而相对客观的标准,工作说明书的写作也能因而得到改善。但是 PAQ 法不能提供对特定工作内容的完整描述,即某工作究竟包括了哪些工作活动。在这一方面,PAQ 法只能起辅助作用。

表 3-7　职位分析问卷法示例(节选)

信息来源
1. 信息来源:
   1.1 工作信息来源:(请于下列诸项工作信息来源,依其应用频度,评其等次:0—不使用;1—很少使用;2—偶尔使用;3—比较经常地使用;4—经常使用)
      1.1.1 肉眼可见的工作信息来源:
         a. _____书面资料(书、报告、笔记、短文、工作指令等)。
         b. _____数量性资料(所有涉及数量或金额的资料,包括图、会计科目、规格、数字表等)。
         c. _____图片资料(例如草图、蓝图、地图、照片及 X 光胶片、电视图片等)。
         d. _____铸模及有关的工具(模板、型板、铸具等,大凡必得依样使用者皆可为资料来源,但不包括上面第三项所得的资料)。
         e. _____指示器(拨号盘、度规、信号灯、雷达、计速器等)。
         f. _____测度计(尺、弯脚规等,用来收集实体之测度资料,但并不含第 5 项所示的器具)。
         g. _____机具(工具、设备、机械及其他在作业时用及的机械性器具)。
         h. _____在制原料(零件、原料等,凡是可经修饰、加工处理者皆可作为资料来源,例如面团、经车床加工的元件、裁切过的线、待加鞋底的鞋)。
         i. _____非在制原料(未加入转化或增饰的过程之原料、零件。凡正受检验、处理、包装、配售、选品的原料,亦可充作资料来源之一。包括在存储中的原料项或置于配售管道的货品等)。
         j. _____自然的特征(风景、原野、地质、植物、气候等可以观察到的自然征象皆可作为资料来源)。
         k. _____人为的环境特征(房屋建筑、水坝、公路、桥梁、船坞、铁道及其他人工或刻意改造的户内外措施,但并不包含第七项所述之设备、机器等单独用于制造上者)。

(三) 管理职位描述问卷法

管理职位描述问卷法(management position description questionnaire,MPDQ)是托纳(W. W. Tornow)和平托(P. H. Pinto)于 1976 年专门为管理职位而设计的一种结构化的工作分析方法。托纳和平托发现,在分析管理者的工作时需要注意以下两个特殊问题:一是管理者经常试图使他们工作的内容适应自己的管理风格,而不是使自己去适应所承担的本职工作的需要。在使用面谈法时,他们总是描述自己实际做的,而忘了自己应该做的;二是管理工作具有非程序化的特点,经常随着时间的变化而变化,因此需要考察的时间比较长。因此他们提出在分析管理人员的工作时所使用的调查问卷,应该包括从行为的角度进行分析的管理行为调查问卷和从任务的角度进行分析的管理任务调查问卷。

管理职位描述问卷法与PAQ法相近,含有与管理责任、约束、要求和其他多方面职位特征有关的208个项目,这208个项目被划分为13种类别(参见表3-8)。和PAQ法一样,管理职位描述问卷法要求工作分析者检查每一问项是否适合被分析的工作。

表3-8 管理职位描述问卷中的项目类别

项目	内容
1. 产品、市场和财务战略计划	指的是思考并制订计划以实现业务的长期增长和企业的稳定。
2. 与组织中其他单位和员工之间的关系协调	指的是管理人员对自己没有直接控制权的员工个人和团队活动的协调。
3. 内部事务控制	指的是检查与控制公司的财务、人事和其他资源。
4. 产品和服务责任	指的是控制产品和服务的技术方面以保证其生产的及时性并保证质量。
5. 公众和顾客关系	指的是主要通过与人们直接接触的办法来维护公司在用户和公众中间的声誉。
6. 高级咨询	指的是运用专业技能来解决企业出现的特殊问题。
7. 行动自主权	指的是在几乎没有直接监督的情况下开展工作活动。
8. 财务承诺许可	指的是批准企业大额的财务投入。
9. 员工服务	指的是提供诸如寻找事实和为上级保持记录这样的雇员服务。
10. 监督	指的是通过与下属员工面对面的交流来计划、组织和控制这些人的工作。
11. 复杂性与压力	指的是在很大的压力下工作以期在规定的时间内完成所要求的工作任务。
12. 高级财务责任	指的是制定对公司的绩效构成直接影响的大规模的财务投资决策和其他财务决策。
13. 广义的人力资源责任	指的是从事公司中对人力资源管理和影响员工的其他政策具有重大责任的活动。

资料来源:〔美〕劳埃德·拜厄斯、莱斯利·鲁著,《人力资源管理》(第7版)(双语教学版),李亚昆等译注,人民邮电出版社2005年版,第70页。

MPDQ通常用于分析和评价新管理岗位的工作内容和工作条件,以决定该工作的薪酬水平以及在组织薪酬结构中的地位。这种方法对于选拔管理人员,发现和建立合理的晋升制度,安排有关培训项目,以及按工作要求建立薪酬等级等方面的工作十分有效。此外,该方法还可以用来对工作进行归类。表 3-9 是 MPDQ 在实际中运用的示例。

表 3-9　MPDQ 问卷示例

工作任务/行为：

在多数情况下能作出最终决策；

工作要求运用会计记录分析财务信息；

决定企业未来的经营方向和经营领域；

剔除、中止企业不赢利产品/服务的生产；

开发高水平的管理技能；

在作出主要决策前必须向其他有关人员进行广泛的咨询。

评价：

0——不构成工作中的一部分，未应用于工作中；

1——在异常情况下构成工作中的一小部分；

2——工作中的一小部分内容；

3——工作中的重要内容；

4——工作中的主要内容；

5——工作中的最主要的组成部分。

资料来源：朱舟，《人力资源管理教程》，上海财经大学出版社 2001 年版，第 116 页。

在上述的多种工作分析方法中，每一种方法都各有所长，在实际工作分析中，金融企业人力资源管理者可根据工作分析目的、现有和所需要信息以及环境条件等具体情况来确定，究竟要采用哪种工作分析方法或者哪些方法的组合。例如，可以先通过问卷法让被研究工作岗位的现任任职者填写有关的工作信息，以求了解工作岗位的概况；其次通过面谈法深入了解有关信息；最后，用 MPDQ 或 FJA 让任职者和其主管进一步明确并核实所收集到的工作信息。

第三节　金融企业工作分析的基本流程

金融企业工作分析的基本流程主要包括准备阶段、实施阶段和结果形成阶段、应用修订阶段。其中准备阶段又可以细分为确定工作分析目标和侧重点、制定总体实施方案、收集和分析有关的背景资料、确定欲收集信息及收集信息的方法、组织及人员方面的准备；实施阶段又可以细分为与有关人员的沟通、制订实施计划、实际收集和分析工作信息；结果形成阶段还可细分为与有关人员审查和确认信息、形成工作说明书;应用修订阶段还可以细分为工作说明书的培训与使用、工作说明书的反馈与修订。

一、工作分析的准备阶段

(一)确定工作分析的目标和侧重点

要想工作分析顺利进行,首先必须明确进行此次工作分析的目的,也就是进行工作分析所要解决的问题是什么,获取的工作分析信息的用途是什么?工作分析的目的之所以如此重要是因为工作分析的目的不同决定了收集信息时的侧重点不同。如果分析的目的是解决空缺职位的招聘问题,那么工作分析的重点就是该职位的工作职责和任职者的规范要求等;如果工作分析的目的是确定绩效管理的考核标准,那么其侧重点就应该是衡量每一项工作的任务标准,并在完成每一项工作任务的时间、数量、质量、效率等方面予以明确。

(二)制定总体实施方案

在工作分析的目标确定以后就要制定总体实施方案。一般的总体实施方案包括以下内容:工作分析的目的及意义;工作分析需要收集的信息内容;工作分析所提供的结果;工作分析项目的组织形式及实施者;工作分析实施的过程与步骤;工作分析实施的时间和活动安排;所需要的背景资料及配合工作等。

(三)收集和分析有关的背景资料

在工作分析当中,有些资料的收集是非常必要的,如国家职业分类标准或国际职业分类标准,所研究组织的组织机构图、工作流程图、部门职能说明等。

(四)确定欲收集的信息及收集信息的方法

到本阶段我们已经收集到了关于工作的一些基本信息,但至于更为详细的信息就需要我们实地去收集。在收集信息过程中一般要注意以下几个方面:根据工作分析的目的,来确定收集哪些信息;根据对现有资料的掌握,找出需要重点调研的信息;按照6W1H的内容来考虑,确定在哪一方面需要收集信息。至于收集方法的选择没有一个统一的标准,因为每一种工作信息收集方法都有其独特之处,也都有其优点和缺点,各自适应的环境及条件也各不相同,因此不存在一种普遍适用的方法。在工作分析时必须根据具体的分析目的、具体的企业情况选择一种或几种方法,才能取得比较良好的效果。

（五）组织及人员方面的准备

在组织及人员准备方面主要是两方面的工作。一方面是成立工作分析的专门组织——工作分析小组。工作分析小组的成员主要包括公司的高层管理者、人力资源部经理、专业咨询顾问、主要的部门经理等。另一方面就是要注意获取高层管理者的支持。没有高层管理者的大力支持,往往无法有效地完成工作分析的既定目标。

二、工作分析的实施阶段

（一）与有关人员的沟通

因为工作分析涉及每一个具体的岗位,因此这项工作进行中要同大量的工作任职者发生关系,因此得到他们的理解与支持是非常重要的。通过沟通可以让有关人员充分了解工作分析的目的及意义;让参与工作分析的人员了解工作分析所需要的时间及进度,以及可能用到的工作分析方法等。

（二）制订实施计划

在工作准备阶段粗略实施计划的基础上,细化出具体的时间表,并明确在每一个时间段内每个参与人的具体职责及所要完成的具体任务等。

（三）实际收集和分析工作信息

这一阶段是整个工作分析过程的核心阶段。在这一阶段主要是按照事先确定的工作分析计划及工作信息分析、信息收集方法,根据既定的操作程序收集与工作有关的信息,并对信息进行描述、分类、整理、转换和组织,最终做成包含工作描述和工作规范的工作说明书。

三、工作分析的结果形成阶段

工作分析的结果通常形成每个职位的工作说明书。在结果形成阶段,需要对收集上来的信息作进一步的审查与核实。

（一）与有关人员审查和确认信息

通过各种方法收集上来的工作的信息,必须经工作任职者、任职者上级主管进行审查、核实及确认。这样,一方面可以修正收集来的初步信息的不妥之处,从而使信息更加完善;另一方面,由于工作任职者和其上级主管是主要的今后工作分析结果的使用者,请他们来审查信息有助于其对分析结果的理解与认可。

(二) 形成工作说明书

工作说明书是对工作目的、职责、任务、权限、任职者等基本条件的书面描述。工作说明书的形成,首先要从书面材料、现场观察以及与基层管理者及任职人员的谈话中获得信息,然后对这些信息进行分析、归类,最终写出综合性的工作说明和工作规范。这一阶段的工作相当繁杂,需要大量的时间对材料进行分析和研究,必要时,还需要用到适当的分析工具与手段;职务分析者在遇到问题时,还需随时得到基层管理者的帮助。

四、工作分析的应用修订阶段

(一) 工作说明书的培训与使用

工作说明书完成以后,还需要对使用工作说明书的人进行使用上的培训。一方面要让工作说明书使用者了解工作说明书的意义,理解各个部分的内容;另一方面还要让使用者了解如何使用工作说明书。

(二) 工作说明书的反馈与修订

工作说明书使用时并不是一劳永逸的,因为随着组织环境条件的变化,一些任务会消失,同时也可能会产生一些新的任务,工作的流程、性质、内涵和外延都有可能发生变化。因此针对这种情况,要经常对工作说明书进行反馈与修订,使之不断完善,以适应组织的需要。

第四节 编写工作说明书

工作说明书具有明确工作职责与工作权限、工作任务、工作特点、任职人员的资格要求等作用,并为人力资源管理中的招聘、培训、薪酬、职业生涯规划等功能提供重要的指导。尽管许多企业已经意识到工作分析的重要性,但在工作分析实践过程特别是编写过程中仍然有一些问题需要我们特别注意。

一、工作说明书编写过程中易存在的问题及原因

（一）工作说明书编写过程中易存在的问题

有些企业在工作分析中，由于管理不到位，致使工作说明书编写过程中常存在相当多的问题。其中比较典型的问题有：

1．工作说明书的编写存在很大的随意性和盲目性。
2．对工作说明书的整体结构认识不清。
3．工作说明书的内容比较零乱、不成体系。
4．对有些工作职责界定不清。

（二）产生问题的原因

企业在编写工作说明书过程中之所以会出现上述问题，根本原因在于管理不到位，具体来说：

1．工作说明书编写过程中没有专业人员指导，缺乏专业的技术与培训，存在描述不规范，用语不准确的情况，笼统使用"负责"、"管理"等词，使工作说明书千篇一律。

2．沟通不到位，不少企业管理者事前没有就工作说明书的编制过程与员工进行有效沟通，充分交流，甚至在工作说明书形成以后，也没有仔细听取员工的反馈意见，由此得不到广大员工的理解与支持。

3．工作说明书的管理不到位。一些企业一旦编制完工作说明书即束之高阁，没有随着企业的发展而适时调整其内容，这使得原有的工作说明书逐渐失去应有的价值。

二、编写工作说明书应遵守的准则

工作说明书的编写是工作分析过程中非常关键的一部分，基于此我们在编写过程中一定要遵守一些基本的准则，这样才能使我们少走弯路：

1．高层的支持和认可。编写工作说明书之前，人力资源部经理及相关参与人员一定要和高层领导进行讨论，明确工作说明书编制的意义和重要性，并确定比较清晰的工作分析流程及完成时间表，以取得领导的信任与支持。

2．员工的参与与支持。企业在编写工作说明书时人力资源部应及时

作好各种准备,应向各部门主管及员工宣传工作说明书编制的意义,并及时进行编写技术培训和指导。

3. 工作说明书的内容要依据工作分析的目标加以调整,内容可繁可简。

4. 在编写工作说明书时尽量选用最专业的词汇来描述。比如分析、收集、监督、分解。

5. 各部门在填写工作说明书时应运用规范的文字表达,字迹要清晰。

6. 工作说明书最好采用统一格式,注意整体的协调,做到美观大方。

7. 建立动态管理机制。

工作说明书的管理非常重要,由于市场环境以及行业的不断发展变化,人力资源部在企业编写工作说明书后应建立工作说明书的动态管理机制,由专人负责不断及时更新。表 3-10 是某证券公司投资部经理工作说明书的范例。

表 3-10 投资部经理工作说明书

一、基本信息			
岗位名称	投资部经理	所属部门	投资部
职务等级	3级	薪酬等级	3级
直接上级	投资部部长	直接下级	项目经理/投资分析师
岗位定员	1人	辖员人数	3人
职位编号	TZB-062	说明书编号	SHMSH-004
编写人	×××	审批人	×××
批准日期	×××	任职者签名	×××
二、职位概要			
负责制订公司对外投资计划,建立项目融资体系,对项目投资可行性进行分析,同国内外投资机构进行投资项目合作。			
三、工作内容及绩效标准			

编号	工作内容	工作依据	文件、表单处理		考核基准	占用时间
			名称	报送单位		
1	根据公司发展战略的要求,确定公司对外投资原则、策略,制订公司对外投资计划	公司发展战略	《公司对外投资计划》	● 公司董事会 ● 董事长 ● 投资部部长	● 计划完成进度 ● 计划可行性	10%
2	制订部门年度工作计划,编制投资预算、部门费用预算,配合财务部做好部门预算执行工作,撰写工作总结	● 公司投资计划 ● 上一年度本部门费用	《投资预算书》 《部门费用预算书》	● 投资部部长 ● 财务部部长	● 计划的详尽性 ● 预算的详尽性	10%

（续表）

编号	工作内容	工作依据	文件、表单处理 名称	文件、表单处理 报送单位	考核基准	占用时间
3	建立并完善投资管理体系、项目融资体系	• 公司目前的投资管理体系 • 公司目前的融资体系	《完善投资管理体系的意见》	• 董事长 • 投资部部长	• 建设性 • 完善程度 • 系统性	10%
4	完成部门工作目标，指导并监控项目投资的全过程	• 工作计划 • 项目投资计划 • 项目进度计划	•《投资项目管理计划》 •《投资项目执行情况报告》	• 董事长 • 投资部部长	• 目标完成情况 • 项目进展及问题处理	15%
5	对正在实施的投资项目进行监控、分析、评估、管理	• 项目投资计划 • 项目进度计划 • 项目实际进展情况	《投资项目进展状况汇总表》	• 投资部部长 • 财务部部长	• 执行情况 • 监控及时 • 无重大问题发生	15%
6	监督和培训下属人员，开展投融资法律、政策研究，组织部门成员学习投融资、财税、法律知识	下属的工作能力	《培训计划表》	• 投资部部长 • 人力资源管理部	知识与实务操作技能的统一性	10%
7	协调本部门内部、与公司内部其他职能部门以及与其他公司之间的关系	工作的相关性			• 内部工作效率 • 沟通水平	10%
8	联系国内外投融资机构，积极开展合作交流项目	公司投资战略			投资项目达成率	10%
9	指导部门成员对目标企业（项目）进行资料收集、市场调查、市场预测、投资可行性研究	目标企业的现状 目标企业的隐性资料	•《目标企业调查报告》 •《项目可行性分析报告》	• 董事长 • 投资部部长 • 财务部部长	• 调查资料的详尽性 • 预测手段的科学性 • 分析结果的可靠性	5%
10	指导项目经理对项目可行性研究报告进行审查	报告的内容和关键点	《对项目可行性报告分析的几点意见》	• 董事长 • 投资部部长 • 财务部部长	• 质疑依据性 • 对报告的补充性 • 总体的完善程度	5%

(续表)

四、任职资格				
学历与专业	最佳学历	硕士	最低学历	本科
	专业要求	投资经济、金融学、企业管理、财务管理		
	证书要求	学历证书和投资分析师或资产评估师等证书		
	年龄要求	35—45岁		
个人素质		热爱工作,工作细心,勇于承担责任,关心他人		
必要的知识	专业知识	投资学、金融学、财务管理学、企业管理、项目管理		
	外语知识	国家公共英语四级以上		
	计算机知识	熟练掌握办公软件、各种统计分析软件以及网络软件		
必要的技能	专业技能	具备较强的投资分析专业分析技能;具备较强的行业预测能力;具备较强的跨领域、宽知识面信息综合能力;具备一定的商业敏感度;具备一定的创新意识		
	管理技能	具备较强的判断、决策能力;具备较强的规划能力;具备较强的部门协调、组织、管理能力;具备较强的谈判能力		
	其他技能	具备较强的适应能力和学习能力		
必要的工作经验	本职工作适应期	1年		
	所需工作经历	大型企业相关岗位3年以上		
	所需培训时间	6—12月		

资料来源:孙宗虎,《工作岗位说明书》,中国言实出版社2004年版。

【本章小结】

工作分析是组织人力资源管理活动的基础,是对工作内容和相关信息进行系统、全面的描述和研究的过程。工作分析是指将企业中所有的工作,按其性质(如任务的繁简难易程度、责任大小、所需人员的任职资格条件等)进行比较,制定出工作说明书等人事管理文件,并根据一定的标准和程序进行归类,以作为招聘、考核、培训、晋升、确定报酬的基本依据的过程。工作分析是一项调查研究工作,是以组织中特定的工作岗位为研究对象,收集有关工作职责、工作任务、任职资格要求、工作流程和工作环境等信息,进行整理、分析,进而确定该工作岗位特性、所要执行的工作任务及执行该工作人员所必须具备的资格条件。工作分析的对象和范围是组织中需要员工承担的工作岗位。基本内容是对工作本身的描述和该工作对任职者的要求。工作分析的负责人是人力资源部门的专业人士或者外请的专家,一般情况下的参加者有分析工作的任职者、其直接上级以及部门经理。工作分析方法很多,常用的定性的方法主要有观察法、访谈法、工作日志法和问卷法、主管人员分析法、关键事件法、参与法等;定量的方法主要有FJA、PAQ、MPDQ等。工作分析是一个细致而全面的分析过程,由准备阶段、实施阶段、结果形成阶段和应用修订阶段组成。工作说明书和工作规范是工作分析的最终成果。一般来说,二者都没有什么标准格式,根据工作性质和工作分析结果的最终用途而定。在编写工作说明书时还要注意编写过程中易存在的问题及原因以及编写应遵守的准则。

【思考练习题】

1. 工作分析的内涵是什么？它的内容有哪些？

3. 讨论收集工作分析信息的各种不同方法,通过比较指出它们的优缺点。

2. 简述工作分析的流程。

4. 如何表达工作分析的最终结果？

5. 就一项你所熟悉的工作,定义其工作内容、工作环境和从业者必须具备的条件。

6. 请为某公司人力资源部的人力资源经理编写一份工作说明书和工作规范。

【案例分析】

工作分析不可轻视

在2000年夏天,一场台风袭击了某海滨城市,破坏了许多民宅,其中就包括一些AAA除尘器公司员工的家。因为要重建家园,不少质量检测员离职。为了不影响生产,"AAA除尘器公司"不得不招募了20名新的质量检测员。但是,新检测员上任不久后,发现他们很难胜任工作,而且常常是无从下手。问题原因在于:AAA除尘器公司是家规模较小的公司,原来的质量检测员工作纯熟,因而,忽视了编写工作说明书这一环节。眼下新手无所适从,老的检测员又摆架子,不热心指点,于是出现了质量检测方面的危机。更大的危机在于由于质量检测环节的脱钩,公司将面临无法按时交货而受罚的危险。

公司人力资源副总建议马上进行工作分析,制定工作说明书,自称"亡羊补牢,为时未晚"。但人力资源副总在使用问卷法进行工作分析时,发现8名仅存的老质量检测员过分夸大质量检测的重要性,而当人力资源副总指出这一点的时候,8名老质量检测员感到受了伤害,不愿意继续合作,人力资源副总向CEO告急。

CEO情急之下,邀请了B大学工商管理学院人力资源管理教授C先生帮忙。C先生经过考察发现AAA除尘器公司现有的8名老质量检测员是问题解决的关键。经过周密考虑,C先生设计了一套标本兼治的行动方案。

资料来源:钱振波,《人力资源管理:理论·政策·实践》,清华大学出版社2004年版。

案例讨论题

1. 常用的工作分析方法有哪些?你认为人力资源副总的做法妥当吗?为什么?
2. 假如您是C先生,标本兼治的方案是什么?
3. 请为AAA除尘器公司的质量检测员设计一份工作说明书模板。

第四章　金融企业员工招聘

【学习目标】

学习完本章后，你应该能够：
- 了解招募与甄选在人力资源管理中的地位。
- 识别组织政策与招募的关系。
- 明确人员招募的渠道和方法。
- 了解招募的基本流程。
- 掌握甄选方法应遵循的标准。
- 掌握员工甄选的基本方法与技术。

【导入案例】

丰田的全面招聘体系

丰田公司著名的"看板管理"和"全面质量管理"体系名扬天下，但是其同样行之有效的"全面招聘体系"却鲜为人知，正如许多日本公司一样，丰田公司花费大量的人力物力寻求企业需要的人才，其招聘人员用精挑细选来形容一点也不过分。

丰田公司全面招聘体系的目的就是招聘最优秀的、有责任感的员工，为此公司付出了极大的努力。丰田公司全面招聘体系大体上可以分成六大阶段，前五个阶段招聘大约要持续5—6天。

第一阶段丰田公司通常会委托专业的职业招聘机构，进行初步的甄选。应聘人员一般会观看丰田公司的工作环境和工作内容的录像资料，同时了解丰田公司的全面招聘体系，随后填写工作申请表。1个小时的录像可以使应聘人员对丰田公司的具体工作情况有个概括了解，初步感受工作岗位的要求，同时也是应聘人员自我评估和选择的过程，许多应聘人员知难而退。专业招聘机构也会根据应聘人员的工作申请表和具体的能力、经验作初步筛选。

　　第二阶段是评估应聘人员的技术知识和工作潜能。通常会要求应聘人员进行基本能力和职业态度心理测试，评估应聘人员解决问题的能力、学习能力和潜能以及职业兴趣爱好。如果是技术岗位工作的应聘人员，还需要进行6个小时的现场实际机器和工具操作测试。通过第一和第二阶段的应聘者的有关资料转入了丰田公司。

　　第三阶段由丰田公司接手有关的招聘工作。本阶段主要是评价员工的人际关系能力和决策能力。应聘人员在公司的评估中心参加一个4小时的小组讨论，讨论的过程由丰田公司的招聘专家即时观察评估，比较典型的小组讨论是由应聘人员组成一个小组，讨论未来几年汽车的主要特征是什么。实地问题的解决可以考察应聘者的洞察力、灵活性和创造力。同样在第三阶段应聘人员需要参加5个小时的实际汽车生产线的模拟操作。在模拟过程中，应聘人员需要组成项目小组，负担起计划和管理的职能，比如如何生产一种零配件，其中需要考虑人员分工、材料采购、资金运用、计划管理、生产过程等多个方面的有效安排。

　　第四阶段应聘人员需要参加一个1小时的集体面试，分别向丰田的招聘专家谈论自己取得过的成就，这样可以使丰田的招聘专家更加全面地了解应聘人员的兴趣和爱好，例如他们以什么为荣？什么样的事业才能使他们兴奋？从而更好地作出工作岗位安排和职业生涯计划。在此阶段丰田的招聘专家也可以进一步了解应聘人员的小组互动能力。

　　能够通过以上四个阶段的应聘人员基本上可以被丰田公司录用，但是他们还需要通过第五阶段——全面身体检查，包括身体一般状况和特别的情况，如酗酒、药物滥用的问题。

　　最后在第六阶段，被录用应聘人员需要接受6个月的工作表现和发展潜能评估，他们会接受监控、观察、督导等方面严密的关注和培训。

　　资料来源：杨益，《丰田的全面招聘体系》，《中国人才》2003年第3期。

第一节 金融企业员工招聘概述

人力资源管理的一项重要功能就是要为企业获取合格的人力资源,尤其是在人才竞争日趋激烈的今天,能否吸纳并选拔到优秀的人才已成为金融企业生存和发展的关键。人力资源的吸纳功能是通过招聘职能实现的。作为人力资源管理的一项基本职能,招聘活动是人力资源进入金融企业具体职位的重要入口,它的有效实施不仅是金融企业后续的人力资源管理活动正常开展的前提,而且是整个金融企业运转的重要保证。

一、金融企业员工招聘的含义

(一)员工招聘的内涵

在人们的习惯思维中,招聘是一项活动。但是从人力资源管理角度看,招聘是一个管理过程,它是由招募、甄选、录用、评估这样几个阶段构成的。招募阶段包括招聘计划的制订与审批、招募渠道的选择及招聘信息的发布、应聘者申请等活动,目的是吸引足够数量的高质量候选人来应聘;甄选是挑选出对某一职位最合适的申请人的过程,包括各种资料的核实、测试、面试等环节;录用即最后确定应聘者的录取名单和岗前培训等;招聘评估是对招聘活动的过程和结果进行评价,检查是否达到预期的目的。其中招募和甄选是整个招聘过程中最重要的两个环节,因此在本章中我们将重点对这两个环节的管理活动进行介绍。

员工招聘的顺利开展是建立在两项工作基础之上的:一是组织的人力资源战略规划,二是工作分析。人力资源规划确定了组织招聘职位的类型和数量,而工作分析则使管理者了解什么样的人应该被招聘进来填补这些空缺。这两项工作是开展员工招聘的前提,在这两项工作的基础上,人力资源部门就可以依次开展招募——甄选——录用——评估等工作。对招聘工作的评估包括对招募、甄选以及录用工作等各个环节管理活动的评估。评估可以从成本收益、节约的时间、工作效率、招聘人员的数量和质量等多个角度进行。评估的结果既可以用于改进招聘工作本身,也可以用于完善工作分析和人力资源战略规划（见图 4-1）。

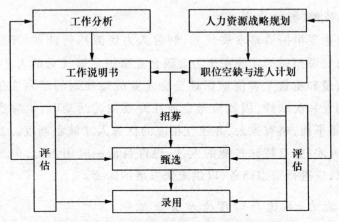

图 4-1　招聘的流程以及招聘与其他职能的关系

（二）金融企业员工招聘的意义

从人力资源管理的角度来看，员工招聘工作是金融企业人力资源管理工作的基础，它直接关系到金融企业人力资源的形成。金融企业人力资源管理中的各个环节，如绩效考评、培训、薪酬管理、员工关系、奖惩、激励等工作，在一定程度上都以招聘工作为基础。如果招聘不到合适的人员，金融企业人力资源管理后续各个环节管理活动的难度都会增加，相应地管理效果也会大打折扣。

从金融企业整体的角度来讲，做好招聘工作还有更重要的意义：首先，经常进行的员工招聘能够确保金融企业获得高质量的人力资源、弥补金融企业内人力资源供给不足。其次，金融企业从外部招聘的人员能给企业带来新的管理思想和方法，为金融企业增添新的活力。再次，吸引愿与金融企业共同发展的员工加入，可以优化金融企业的员工队伍结构。金融企业的人力资源资源管理部门还可以在与应聘者的交流中不断获取反馈信息，调整金融企业人力资源管理目标，提升管理水平。最后，经常进行的招聘活动能提升金融企业知名度，扩大金融企业在社会中的影响力。

二、金融企业员工招聘的原则

由于员工招聘对金融企业的生存和发展至关重要，因此在员工招聘活动中金融企业应遵守以下一些原则：

(一) 战略导向原则

金融企业要根据战略发展规划，制订人力资源招聘计划，开展员工招聘活动。人力资源招聘的功能在于为金融企业吸纳足够优秀的人才，从而在人力资源的数量和质量上都能够保证金融企业战略规划的顺利实施。企业战略具有长期性和前瞻性，因此金融企业在开展招聘活动时，也应当从长远出发，做到供需平衡，略有盈余，并建立相应的优秀人才储备制度。对于稀缺人才、高科技人才、拥有特殊技能的人才，也许目前一时用不上，但为金融企业的未来着想，应进行适当储备，以供未来发展的需要。

(二) 能力、品德与心理素质并重原则

金融企业的工作性质要求员工在技能、知识、心理、身体以及思想品德等方面具有较高的素质。一方面，开放的环境、激烈的竞争、持续的金融创新，要求金融企业不断引进大量具有较高学历，熟悉国际市场环境和各类金融业务的专业人才。另一方面作为特殊的产业，金融企业对员工的个人品德非常关注。金融无小事，而能否抗拒诱惑和洁身自好是金融企业从业人员良好品德的关键。此外，由于金融行业知识的更新速度比较快、经营环境不确定性比较强，因此要求金融企业员工必须具有较强的心理承受能力。

(三) 人职相配原则

人职相配包含两个方面的含义：一是指个人能力完全胜任岗位要求，二是岗位为个人能力的发挥提供了比较充分的空间。对金融企业来说，人职相配有静态匹配和动态匹配两种情形。从静态角度来看，企业是先设置好岗位，后开展招聘，招聘的原则是以岗定员。在这种条件下，人职相配就意味着，对某一特定岗位来说，所招聘的人员不是越优秀越好。从动态角度来看，金融企业需要根据内外环境尤其是人力资源结构和水平的变化，进行组织变革和岗位设置调整。通过组织变革和岗位设置调整，金融企业一方面为优秀的人才提供足够的发展空间，另一方面也使金融企业"从里到外"彻底地脱胎换骨，实现跨越式的发展。从这个意义上来说，金融企业内现有岗位能否与市场上最优秀的人才相匹配，是检验金融企业是否具有核心竞争能力的一个重要标志。

(四) 机会均等、公平竞争原则

金融企业进行员工招聘应本着"公开、公平、公正"原则，为每一位应聘者提供均等的机会，公平竞争，择优录取。金融企业要把需要招募的职位名称、数量、任职资格等相关信息向有可能应聘的人群或社会公众公布，广而告之。在甄选过程中，金融企业应一视同仁，不人为制造各种不平等的限制条件或各种不平等的优先优惠政策。要依据《劳动法》提供公平就业的机会。金融企业应正视法律中关于劳动者权利的各项规定，否则不仅可能会给金融企业带来诉讼官司的困扰，而且会影响金融企业的社会形象，引发信任危机。

(五) 经济高效原则

招聘工作也是一个投入产出过程，它要求用尽量少的招聘费用、时间，录用足够数量的高素质的员工。效率与效果显然是一对矛盾，因为要想招到好的员工，常常需要扩大招聘的范围，采用更多的招聘渠道和更复杂的甄选方法，因而要投入更多的时间和资源。反过来，一味地节约成本，有可能会因为渠道单一、方法粗糙而难以保证招聘到最合适的员工。所以，在招聘过程中，金融企业需要选择适当的范围、运用科学的招聘方法，在保证质量的同时来尽力降低招聘成本，在这对矛盾中寻求最佳的平衡。

三、金融企业员工招聘的组织者与参与者

(一) 直线管理人员与人力资源部门的分工

从某种意义上来说，所有的管理者都是人力资源管理者，只不过在人力资源管理活动中直线管理人员和人力资源部门各有分工罢了，这一点我们在第一章中已经作了详细的解释。

表4-1是关于直线管理人员和人力资源部门在员工招聘问题上职责划分的一个例子。当然不同的企业，由于内外环境、经营战略、业务类型以及组织机构不同，具体的职责分工会有所不同。但是不容置疑的一点是，任何企业，作为事实上的用人单位，直线部门的经理人员对招聘的具体人选拥有最后的决定权，而作为人力资源管理的职能机构以及招聘工作的组织者，人力资源管理部门对招聘的程序和方法具有决定权。

表 4-1　直线管理人员和人力资源部门在员工招聘问题上的职责划分

直线管理人员的工作	人力资源管理部门的工作
• 根据部门发展规划,向人力资源管理部门汇报职位空缺,或提出岗位新增计划,以及相应岗位的进人计划。 • 列出特定工作职位的职责要求,以便协助人力资源部门进行工作分析。 • 向人力资源管理人员解释对未来员工的要求以及所要聘用的人员类型。 • 描述出所要聘用的人员素质要求以便人力资源管理部门能够设计出合适的甄选测试方案。 • 同应聘人员面谈,并作出最后的录用决策。	• 根据企业战略发展规划以及各部门实际情况,对各部门提出的岗位新增计划、进人计划进行审核,并提出相应建议,报总经理批准。根据总经理批示,制定并执行具体的人力资源继替和招聘规划。 • 在直线管理人员所提供的资料的基础上编写职位说明书。 • 发掘潜在的合格应聘者并开展招募活动,力争为企业聚集适当数量的应聘者。 • 对应聘者进行初步面试、筛选,然后将合格者推荐给直线管理人员。

(二) 招聘者与应聘者

招聘是招聘者和应聘者参与的一个博弈过程。招聘者总是力图吸引并说服大量优秀潜在应聘者来申请职位,让所有的应聘者对金融企业有一个好印象,而应聘者则尽可能搜寻足够多的企业和职位信息,并从中找到最令他满意的一份的工作。运行良好的招聘过程能够使双方需求都尽可能得到满足。

1. 招聘者

招聘者是代表金融企业实施招聘管理活动的人员。一般来说,招聘者除了由金融企业的人力资源部门代表构成外,还包括直线部门管理者以及其他工作人员。作为金融企业的代表,招聘者是金融企业中最早和应聘者进行直接接触的人员,也是应聘者获取金融企业内部信息的最初的信息源之一。因此,招聘者的素质、形象、态度和表现直接影响着应聘者对金融企业以及自己在金融企业中未来职业生涯的主观判断。

(1) 招聘人员的素质

首先,招聘者必须具备广阔的知识面。广阔的知识面可以帮助招聘者更好地认识和把握应聘人员的素质。其次,招聘者必须具备诚实、热情、公正、认真和尽职的个人品质。最后,招聘者应该具备表达能力、观察能力、交际能力和协调能力等多方面的能力。

第四章 金融企业员工招聘

（2）招聘人员的表现

招聘人员在招聘过程中的表现会直接影响应聘者的求职意愿。温和、热情、礼貌、敏捷、专注、干练的招聘人员会给应聘者留下深刻印象，让应聘者对金融企业产生好感，坚定他们的求职意愿。

（3）客观地介绍和展示金融企业

招聘人员应当利用宣介会和面试的机会，向应聘者客观地介绍和展示金融企业，让应聘人员尽快地了解和熟悉金融企业以及相关职位。有关金融企业信息包括：金融企业的宗旨、目标、愿景、地位、特点、规模、组织结构、历史；有关的职位信息包括职位的职责、环境、工作时间、技能要求、薪酬支付等。招聘人员不应故意渲染金融企业和职位的积极面，而掩盖其消极面。因为一旦应聘者发现招聘人员说辞与事实不符，他们会对金融企业产生不信任，甚至放弃应聘。

2．应聘者

作为招聘活动的主体之一，应聘者的行为对金融企业招聘工作的成败具有重要影响。因此，金融企业招聘者有必要深入地了解应聘者的认知和行为规律，做到"知己知彼"，才能对招聘过程实施有效的管理。

（1）应聘者的决策类型

根据应聘者在选择工作时的决策标准，可以将应聘者分为三种类型：第一种是依据最大化标准进行决策的应聘者。这种人从不放弃任何一次求职的机会，他们尽量多地获得不同企业提供的职位，然后再根据自己的价值评价体系从中选择令自己最满意的职位。第二种是依据满意标准进行决策的应聘者。这种人会先设定一个令其满意的工作的标准，一旦找到这样的工作就停止寻找，而不计较是否还有更好的工作在等着他。第三种是依据有效标准进行决策的应聘者。这种人介于前两者之间，他们首先抓住一个比较中意的职位，然后再继续选择新的工作，并不断地在两者之间进行比较，从中选择其中比较满意的一个。

不同决策类型的应聘者在首次就业过程中，对职业的搜寻范围、在搜寻中所耗费的成本以及等待就业的时间是不一样的。第一种人的搜寻范围最大、在搜寻中所耗费成本最高，以及等待就业的时间也最长。第二种人次之，第三种人再次之。此外，不同决策类型的应聘者在就职以后，职业稳定也会有所差别，前两种人都比较稳定，第三种人的变动性较大。因此，虽然第三种人在初次就业时的搜寻成本较低,但是其在整个职业生涯中所耗费的搜寻成本并不低,而且由于不断更换工作,因此其职业转换成本会很高。

(2) 应聘者决策的价值评估体系

应聘者对工作的选择,主要取决于两类因素,第一类是工作价值因素,另一类是应聘者本人的职业目标。工作价值因素又可以进一步分为组织价值因素和职位价值因素。其中组织价值因素主要包括:报酬、晋升与发展机会、地理位置、组织声誉;职位价值因素包括:工作性质、工作时间、工作中的人际关系、管理者的品质特征等四个因素。应聘者本人的职业目标能够影响工作价值因素的权重,并最终影响价值评估的结果。而应聘者本人的职业目标又受到心理、经济、社会等多方面因素的影响。应聘者决策的价值评估体系可以用以下公式简要地描述出来:

$$D = \Theta \times P' = \sum_{i,j=1}^{n} \theta_i \times p_j$$

其中 $\Theta = (\theta_1, \theta_2, \cdots, \theta_n); \quad P = (p_1, p_2, \cdots, p_n)$ （公式4-1）

在上面的公式中,D 代表决策结果,Θ 和 P 为 $1 \times n$ 阶矩阵,其中 P 代表工作价值因素,Θ 代表应聘者本人的职业目标,也是价值因素的权重。

(3) 应聘者获取工作信息的渠道

据国外学者研究发现,大多数应聘者是通过朋友和亲戚等非正式途径获得职位信息的;而广告则是获取职位信息的第二渠道。不过,不同的职位类型以及不同的应聘者类型,获取职位信息的渠道可能会有所不同的,因此金融企业招聘者需要开展有针对性的研究,才能运用最佳的渠道,将职位信息送达企业最想获取的应聘者。

第二节 金融企业员工招募管理

一、金融企业员工招募的含义

1. 金融企业员工招募的概念和内容

金融企业员工招募是指在金融企业总体发展战略规划的指导下,制订相应的职位空缺计划,并采取多种措施吸引候选人来填补金融企业职位空缺的过程。其实质就是让潜在的合格人员获知本企业的相关职位空缺信息,并对这些职位空缺产生兴趣,然后积极前来应聘这些职位。具体来说,招募包括如下内容:(1)根据金融企业人力资源需求,制定相应的招募政策;(2)有针对性地吸引符合金融企业要求的候选人;(3)保证金融企业招募活动的合法性;(4)确保招募工作在公开、公平、公正的前提下进行;(5)明确具体的招募方式。

2. 金融企业员工招募的目标

金融企业员工招募的目的是为金融企业特定的工作岗位吸引尽可能多的工作候选人,并形成一个工作候选人的蓄水池,以保证金融企业能够以最低的成本从中选择最适合这一职位的员工。组织良好的员工招募活动应达到6R目标:

(1)恰当的时间(right time),就是要在适当的时间完成招募工作,及时补充企业所需的人员,这也是对招募活动最基本的要求。

(2)恰当的来源(right source),就是要通过适当的渠道来寻求目标人员,不同的职位对人员的要求不同,因此需要针对相应的目标群体展开招募活动。

(3)适当的成本(right cost),就是要在保证招聘质量的前提下,以最低的成本完成招募工作。

(4)恰当的人选(right people),就是要把最合适的人员吸引过来,参与金融企业的招聘活动。这包括数量和质量方面的要求。

(5)恰当的范围(right area),就是要在恰当的空间范围内进行招募活动。

(6)恰当的信息(right information),就是要对空缺职位的职责要求、任职资格以及企业相关信息作出全面而准确的描述,使应聘者能够充分了解有关信息,以便应聘者可以据此对企业的应聘活动作出正确的判断。

二、金融企业员工招募的程序

如图4-2所示,金融企业员工招募活动可以划分为确定职位空缺、选择招募渠道、制订招募计划、选择招募对象来源、回收应聘资料、评估招聘效果等六个步骤。

(一)确定职位空缺

确定职位空缺是开展招募工作的起点。职位空缺包括数量和质量两个

图 4-2 招募活动的程序

方面,确定职位空缺的依据是人力资源规划和工作分析。

(二) 选择招募渠道

对于某个特定的职位空缺,金融企业可以通过内部招募和外部招募两个渠道来加以填补。但是这两个渠道各有利弊,因此金融企业需要根据具体情况,在权衡利弊、综合考虑的基础上选择最佳的招募渠道(参见表4-2)。在实际工作中,多数企业选择通过外部招募渠道来填补基层职位空缺,而对于高层或关键职位空缺,则选择通过内部招募渠道来填补。

表 4-2 内部招募与外部招募的利弊比较

	优势	劣势
内部招募	• 被聘者可以迅速展开工作 • 可提高被聘者的士气 • 有利于保证选拔的正确性 • 可降低招募的风险和成本 • 有利于激励其他员工士气、调动其工作积极性 • 充分利用内部资源 • 成功的概率高 • 有利于维系员工对企业的忠诚	• 易出现思维和行为定势,缺乏创新性,从而使金融企业丧失活力 • 易造成"近亲繁殖" • 招致落选者的不满 • 易引起内部争斗 • 选择范围有限,组织中最适合的未必是职位的最佳人选
外部招募	• 为企业注入新鲜血液 • 有助于突破企业原有的思维定式、利于组织创新 • 人际关系单纯 • 有利于缓和内部竞争者之间的紧张关系 • 方便快捷,培训费用少	• 被聘者需较长的"调整适应期" • 对内部员工造成打击 • 被聘者可能会对组织文化不适应 • 被聘者的实际工作能力与选聘时的评估能力可能存在较大差距

(三) 制订招募计划

员工招募计划包括招募的规模、范围、时间、预算等内容。

第四章 金融企业员工招聘

1. 招募规模

招募规模是指企业计划通过招募活动吸引多少数量的应聘者。招募是整个招聘过程的起点,从招募到最终录用,应聘者需要通过层层筛选。在这一过程中,应聘者的数量会按照一定比例逐步减少。因此,为了保证在最终的录用环节有足够数量的合格的可雇对象,金融企业就必须在最初的招募环节设法吸引到足够数量的应聘者。图4-3提供了一个计算招募规模的基本模型。

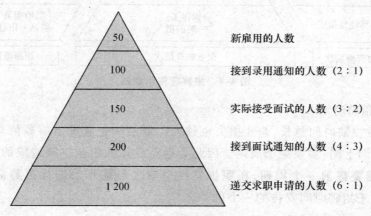

图4-3 招募筛选金字塔

资料来源:〔美〕加里·德斯勒著:《人力资源管理》(第六版),刘昕译,中国人民大学出版社2002年版。

如图4-3所示,收到录用通知的人数与新雇用的人数之比为2:1;实际接受面试的人数与通过面试并收到录用通知的人数之比为3:2;接到面试通知的人数与实际接受面试的人数之比为4:3;递交求职申请的人数与接到面试通知的人数之比为6:1。因此,如果企业计划录用50人的话,那么在最初招募环节,企业就必须吸引到1 200名应聘者。

2. 招募范围

招募范围是指企业要在多大地域范围内开展招募活动。从招募的效果上看,范围越大,效果会越好,但是相应地,企业的招募成本也会增加。在范围的选择上,金融企业应综合考虑两方面的因素。一是特定职位的类型。一般地,层次高或比较特殊的职位,需要在更大范围内招募。二是当地劳动力市场的供求状况。同一类型的职位,如果当地劳动力市场的供给比较紧张,就需要在更大的范围内开展招募活动(见图4-4)。

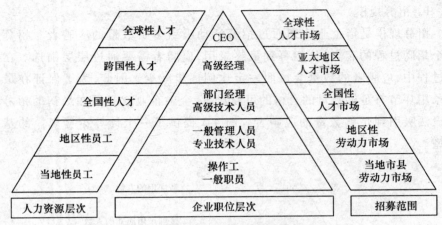

图 4-4　招募范围示意图

3. 招聘时间

职位空缺时间越长,企业损失也越大。但是从企业发出招募信息到最终录用、培训上岗,需要一个周期。因此为避免或降低职业空缺造成的损失,金融企业需要提前一个周期,在职位发生空缺之前就开始进行招募活动。图 4-5 是关于招聘时间安排的一个例子。

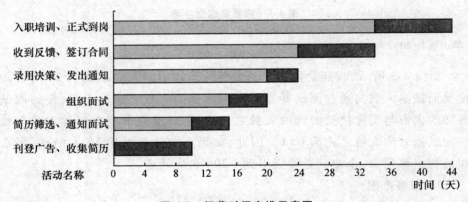

图 4-5　招募时间安排示意图

从图 4-5 可以看出,针对某一职位空缺,从企业刊登广告到收到足够的求职简历需要 10 天;从应聘者简历中筛选出面试人选,并发出面试通知需要 5 天;组织面试活动需要 5 天;根据面试结果确定录用人选,并发出录用通知需要 4 天;应聘者收到录用通知、接受企业聘用并签订合同需要 10 天;新员工接受入职培训并最终正式到岗需要 10 天。全部时间共计 44 天。因此,当企业预计某一职位将发生空缺时,它至少应提前 44 天开始进行招募活动。在实际工作中,企业还需要考虑到因招募、甄选环节增减以及各种随机事件对招募时间造成的影响,相应调整招募时间安排。

4. 招募预算

在开展招募活动时,金融企业需要对招募活动可能发生的费用作出估计,并进行相应的预算控制。招募的成本包括:(1)人工费,如招募人员的工资、福利、差旅费、加班费、劳务费等;(2)业务费,如通讯费、咨询费、广告费、资料费、印刷费、办公用品费等;(3)其他费用。

(四)选择招募对象来源和招募方法

招募对象的来源是指潜在应聘者所属的目标人群。招募方法是指让潜在应聘者获知金融企业职位信息的方式和途径。对于不同的招募渠道,招募对象的来源和招募方法也会有所区别。这里,我们重点介绍招募对象来源,至于招募的方法我们随后将专门加以介绍。

1. 内部招募对象的来源

内部招募的对象有三个来源:一是下级职位的人员,主要通过内部晋升方式填补空缺职位;二是同级职位的人员,主要通过岗位轮换或调动方式填补职位空缺;三是上级职位的人员,主要通过降职的方式填补职位空缺;

2. 外部招募对象的来源

相比内部招募,外部招募对象的来源相对较多,主要包括:

(1)即将毕业的在校学生。即将毕业的在校学生是金融企业招聘初级岗位员工的重要来源。从中学和职业学校可以招募办事员和其他初级操作性员工,从大学可以招聘潜在专业人员、技术人员和管理人员。

(2)竞争者和其他公司的员工。从竞争者和其他公司的现有员工中吸引部分员工来企业就职,一方面可以免去金融企业大量的培训费用,另一方面也可以达到打击竞争者的目的。

(3)失业者。现在我国的城市中存在大量的失业下岗人员,他们具有工作经验,而且由于经历了失业痛苦,会比较珍视就业机会,其他成为重要的劳动力资源。

(4)退休人员。金融企业可以返聘或招募退休人员,来补充职位空缺。

退休人员虽然体力不济,但经验丰富,工作积极性高,而且对待遇要求比较低。随着老龄化时代的来临,退休人员将成为金融企业招募对象的一个重要来源。

(5)转业军人。军人纪律性强,身体健康,具有较高的职业素质,是金融企业招募对象的一个重要来源。

(6)自我雇佣者。自我雇佣人员一般具有比较特殊的管理才能和专业技术,能够补充金融企业某些特殊岗位的空缺。

(五)回收应聘资料

在金融企业发布招聘信息之后,会有应聘者提交自己的求职简历。人力资源管理部门应积极回收、整理应聘资料,以备下一步甄选之用。在收集资料的过程中,人力资源部门应当对应聘资料作初步筛选,剔除出那些明显不合要求的人员,从而减少下一步甄选的工作量。

(六)评估招募效果

评估招募效果是招募的最后一步。通过招募评估,找出招募中存在的问题,对招募计划和招募方法进行优化,可以提高以后招募工作的效率、改善招募工作的效果。招募评估应从以下几个方面来展开:

1. 招募的时间。人力资源管理人员应对招募各个步骤的时间安排进行评估,进而提高各阶段的工作效率,优化步骤衔接和工作方法。

2. 招募的成本。成本评估,一是将实际发生的费用与预算费用进行比较,以便于未来更准确地制定预算;二是计算各种招募方法的成本,找到最优的招募方法。

3. 应聘比率。这是对招募效果数量方面的评估。应聘比率=(实际应聘人数/计划招募人数)×100%。其他条件相同时,应聘比率越高说明招募效果越好。

4. 录用比率。这是对招募效果质量方面的评估。录用比率=(实际录用人数/实际应聘人数)×100%。其他条件相同时,录用比率越高说明招募效果越好。

三、金融企业员工招募的方法

(一)内部招募方法

在进行内部招募时,一般是先列出空缺职位,以及各职位所需要资格条件,然后在企业内部公告所出现的职位空缺,由愿意填补空缺职位的内部人员通过公开竞争的方式来进行竞聘。

1. 工作职位公告

职位公告,即把职位空缺公之于众,并列出工作的特性,如资格要求、职位要求、薪资等级等。职位公告是企业内部招募人员的常用方法。金融企业可以在布告栏,或在金融企业的内部报刊、局域网上发布工作岗位空缺的信息(参见表4-3)。

表4-3 职位公告表

职 位 公 告

编号:_____

公告日期:_____
结束日期:_____
　　在_____部门中有一全日制职位_____可供申请。此职位对/不对外部候选人开放。
　　➢ 薪资支付水平:
　　　　　　　　最低　　　中间点　　　最高

　　➢ 所要求的技术或能力:
　　(候选人必须具备此职位所要求的所有技术和能力,否则不予考虑)
　　1. 在现在/过去的工作岗位上表现出良好的工作绩效,其中包括:
　　● 有能力完整、准确地完成任务;
　　● 能够及时地完成工作并能够坚持到底;
　　● 有同其他人合作共事的良好能力;
　　● 能进行有效的沟通;
　　● 可信、良好的出勤率;
　　● 较强的组织能力;
　　● 解决问题的态度与方法;
　　● 积极的工作态度:热心、自信、开放、乐于助人和献身精神。
　　2. 可优先考虑的技术和能力
　　(这些技术和能力将使候选人更具有竞争力)

　　➢ 员工申请程序如下:
　　1. 电话申请可打号码_____,每天下午3:00之前,_____除外。
　　2. 确保在同一天将已经写好的内部工作申请表连同截至目前的履历表一同寄至_____。对于所有的申请人将首先根据上面的资格要求进行初步审查。
　　甄选工作由_____负责。
　　机会对每个人来说都是平等的!

资料来源:〔美〕加里·德斯勒著,《人力资源管理》(第六版),刘昕译,中国人民大学出版社2002年版。

职位公告的内容包括职位的责任、义务、必需的任职资格、工资水平等相关信息,以及公告日期和截止申请日期、申请程序、联系电话、联系地点和时间、该职位是否同时也在企业外部进行招聘、在面谈过程中应聘者是否需要演示他们的技能等信息。符合任职资格的员工,可以提交正式的申请或者在职位投标单上签名,参加该职位的竞争。在职位公告与职位投标中,必须坚持公平、公正、公开的原则,要保证空缺职位的公告信息能够被传达到金融企业中的每一位员工,保证所有的正式员工都有资格利用职位公告向人力资源管理部门提出申请并参加竞聘。

2. 利用计算机化的人力资源信息系统或者人员信息记录卡

如果金融企业采用了人力资源信息系统,那么在金融企业的人力资源信息系统中就会详细记录工作的信息以及在该工作岗位上的员工信息。这些信息是经常更新的,能够全面及时地反映所有员工的技能状况,如果金融企业出现职位空缺,通过人力资源信息系统可以搜寻技能文件,及时提供所有具备所需技能的员工名单。

如果金融企业没有人力资源信息系统,也可以采用纸质的人员信息记录卡或者较详细的职工档案。人员信息记录卡包括了诸如员工的资格、技能、智力、经历、健康状况、教育背景和培训方面的信息。这些信息不仅能够帮助决策者获得职位申请者的相关信息,而且还可以帮助企业及时发现那些具备相应资格,但由于种种原因没有进行申请的员工。

人力资源信息系统和人员信息记录卡的优点是可以在整个金融企业内部发掘合适的候选人。它的缺点在于通常只包含一些"硬"指标信息,如受教育程度、资格证书、所掌握的语言、所接受的培训等;而一些关于诸如人际关系技能、判断力、品德、创新能力等的"软"指标信息往往被排除在外。而这些"软"指标,对于许多工作恰恰是至关重要的。

3. 主管推荐法

在金融企业内部招募中,主管推荐法的应用也相当普遍。各部门主管对于本部门内的人员比较熟悉,可以较好地辨别内部候选人,所以他们推荐的人选一般具有较强的工作能力。

在实际工作中,这种方法很受主管们的欢迎,因为这种方法使他们在挑选下级时,具有完全的决定权,而且主管一般比较了解候选人的能力。当然这种方法的缺点也很明显。主管的推荐常常很主观,易受偏见和歧视的影响,这会让一些合格的员工受到不公正的忽视。

(二) 外部招募方法

1. 员工举荐

员工举荐是常见的招募方式,同时也是很有效的一种招募方式。其主要优点是:(1)员工在举荐候选人时,对组织的要求和候选人的条件都有一定了解,会先在自己心目中进行一次筛选;(2)被举荐者通过举荐者可以对金融企业的基本情况、企业文化等有一个基本了解。而举荐者通常会认为被举荐者的素质与自己有关,只有在他们认为被举荐者不会给他带来不好的影响时,才会主动举荐他人。员工举荐存在的主要问题是:(1)易在组织内形成"小团体",不利于管理;(2)选用人员的面较窄。

向组织举荐新员工并不局限于金融企业现有的内部人员。金融企业的关系单位、上级部门、所在社区或同行业协会都可作为举荐人。这种方式的优点是相互间比较了解。

2. 随机求职

直接到办公室来求职的人,也是金融企业重要的招募对象来源。不管这些求职者是否符合金融企业的要求,都必须礼貌对待,妥善处理,因为这不仅是尊重求职者的问题,而且关系到金融企业在社会上的声誉。

3. 广告招募

广告招募是最常见、最普遍的一种招募方式,是指通过广播、报纸、电视和行业出版物等媒介向公众传递金融企业的人员需求信息。借助广告进行招募,金融企业必须要考虑两个关键问题:一是广告媒体的选择,二是广告内容的设计。

(1) 广告媒体的选择

金融企业在选择广告媒体时,首先要考虑媒体类型的信息传播能力,即各类传播媒体的优缺点和适用范围。表4-4是各种广告媒体优缺点和适用范围的比较。

表 4-4 各类广告媒体优缺点和适用范围的比较

类型	优点	缺点	适用范围
报纸	标题短小精悍。广告版面大小可灵活选择。发行集中于某一特定的地域。各种栏目分类编排,便于积极的求职者查找。	容易被未来可能的求职者所忽视。集中的招募广告容易导致招募竞争的出现。发行对象无特定性,企业不得不为大量非求职者付费。广告的印刷质量一般也较差。	当你想将招募限定于某一地区时;当可能的求职者大量集中于某一地区时;当有大量的求职者在翻看报纸,并且希望被雇用时。
杂志	专业杂志会到达特定的专业人士群体手中。广告版面大小富有灵活性。广告的印刷质量较高。有较高的编辑声誉。时限较长,求职者可能会将杂志保存起来再次翻看。	发行的地域太广,故在希望将招募限定在某一特定区域时通常不能使用。广告的预约期较长。	当时间和地区限制不是最重要的时候;当与正在进行的其他招募计划有关联时。
广播电视	不容易被观众忽视。能够比报纸和杂志更好地让那些不是很积极的求职者了解到招募信息。可以将求职者来源限定在某一特定区域。极富灵活性。比印刷广告能更有效地渲染雇佣气氛。较少因广告集中而引起招募竞争。	只能传递简短的、不是很复杂的信息。缺乏持久性,需要不断地重复播出才能给人留下印象。设计和制作(尤其是电视)不仅耗时而且成本很高;缺乏特定的兴趣选择;为无求职意愿的广告接受者付费。	当处于竞争的情况下,没有足够的求职者看印刷广告时;当职位空缺有许多种,而在某一特定地区又有足够求职者的时候;当需要迅速扩大影响的时候;当在两周或更短的时间内足以对某一地区展开"闪电轰炸"的时候;当用以引起求职者对印刷广告注意的时候。
现场散发宣传资料	在求职者可能采取某种立即行动的时候,引起他们对企业雇佣的兴趣。极富灵活性。	作用有限。要使此种措施见效,首先必须保证求职者能到招募现场来。	在一些特殊场合,如为劳动者提供就业机会的交流会、公开招聘会、定期举行的就业服务会上布置的海报、标语、旗帜、视听设备等;当求职者访问组织的某一工作地时,向他们散发招募宣传材料。

资料来源:〔美〕加里·德斯勒著,《人力资源管理》(第六版),刘昕译,中国人民大学出版社,第 127 页。

在确定了媒体类型后,应进一步选择刊登招募广告的具体媒体单位。主要考虑:第一,媒体的定位。各种具体的传播载体都有其特定的消费群体定位,因此金融企业应根据招募人员的媒体消费特征选择其最可能接触的媒体。第二,媒体的相关内容集中度。求职者在搜寻职位时,往往关注传播职位招募信息量较大的媒体,便于选择比较。因此,金融企业在选择媒体时,应选择招募信息相对集中的媒体,尤其是在业界具有一定影响力的媒体。第三,多种媒体并用。金融企业在进行大规模的人员招募时或是人员招募难度较大时,可以采用多种招募方式,力求尽可能地覆盖目标人群。

(2)广告内容的设计

好的广告能吸引大量的求职者,同时广告制作也是一次绝好的宣传金融企业形象的机会,有利于金融企业树立公共形象,对外宣传组织文化,使求职者产生对金融企业的认同感。在设计、制作广告时要遵循 AIDA 原则。A——attention,即广告要引人注意,善于利用各种技巧,如报纸的分类广告中,有意留白或为重要的职位进行单独的广告;I——interest,即引起应聘者对职位的兴趣,这种兴趣可以从职位本身去发掘,如未来的发展空间、收入、地理位置等;D——desire,让求职者对空缺职位产生认同感和欲望;A——action,即广告能让人马上采取行动。表 4-5 是有关北京某银行校园招募广告词的一个示例。

表 4-5　某银行校园招募广告词示例

2002 年北京某银行在招募应届毕业生时,向他们发放了一份用四张薄纸装订成的银行简介,这份简介在广大毕业生中引起了极大的反响。这份简介的封面上以醒目的文字写道:"年轻人,别假装你什么都知道!"这是一句很能打动毕业生的话。

不仅是封面,在简介中令人动心、颇具震撼力的话还有很多,例如:"别认为工作简单就可以掉以轻心;如果不认真做,还是没法了解其实质!""别失望太早,也别希望过高。""半途而废的人不会成功,只有意志坚定的人才能成功。""我们是以成果论英雄的,无论你开始多么努力,如果没有成果的话,一切都是枉然!"

这份与众不同的银行简介,表明了该银行在招募员工之际,就要毕业生们自我衡量一下。它一方面告诉毕业生们不是银行不需要人,而是需要有能力又能吃苦的人才,另一方面它也善意地提醒毕业生要适当降低其对工作的期望值。

资料来源:孙健、郭少泉编著,《商业银行人力资源管理》,经济管理出版社 2005 年版。

除了使人过目不忘的广告词外,一份好的招募广告还要说明招募的岗位、人数、所需的任职资格条件等内容。有的美国学者曾通过对报纸读者的调查,了解招募广告中各种信息的必要性,如表 4-6 所示。

表 4-6　招聘广告的必要内容及其必要性

必要内容	必要性(%)	必要内容	必要性(%)
任职资格	65	责任	47
工作地点	69	组织前景	40
职务	57	相关经历	40
工资	57	个人素质	32
补贴	18	工作前景	8
个人福利	16		

资料来源：Terry L. Leap and Michael D. Crino, *Personnel*, *Human Resource Management*, Macmillan, 1989.

此外，金融企业还可以利用广告媒体发布"遮蔽广告(blind advertisements)"。所谓遮蔽广告是指在广告中不说明招募企业的名称，求职者需将申请和个人简历寄到广告中指定信箱、杂志或报社，通过中介将这些简历转到招募企业。金融企业使用遮蔽广告大致有如下原因：首先可以避免数不清的电话或者登门访问和查询，避免因为求职者未被录用而给金融企业带来社会和公共关系方面的麻烦；其次，有时金融企业不想让竞争对手发现自己开始在某一个地区招募人力资源，从而过早暴露自己的业务区域扩展计划；最后，有的金融企业不愿意让现有员工发现企业正在试图准备以外部人员来填补金融企业的某些职位空缺。

4．人才招聘会

人才招聘会是一种比较传统的招募方式，也是目前国内企业通常采用的一种方式。但是人才招聘会的有效性相对比较低。虽然每次招聘会都会引来众多的应聘者，但是真正符合企业需要的人才却不多。事实上，如果企业能够解决好以下一些问题，还是能够在招聘会上获取满意人才的：

（1）选择合适的招聘会。首先要明确本企业需要招募的是什么类型的人才，然后据此来决定是否参加某种类型的招聘会。在决定之前必须了解招聘会的档次如何，要选择与自己企业身份相符、与所要招募人才档次相符的招聘会。同时在参会前还要了解主办单位的情况，看它是否在媒体上进行了广泛宣传，是否有其他同类招聘会同时进行。

（2）参加招聘会前要做好相应的准备。选择一个有吸引力的展位，准备好相关的宣传品和登记表格，并做好和有关协作方的沟通联系。

(3)选派合适的招募人员。招募人员代表着企业形象,他们有可能直接决定企业能否吸引到高层次人才,因此金融企业一定要高度重视,最好选派有经验或经过培训的人员进行这项工作。

5. 职业介绍所

随着劳动力市场的逐渐完善,我国的就业服务机构也出现了分化,目前我国的就业服务机构可分为两类:一类是私人机构即私人职业介绍机构,一类是公共机构即公共就业服务机构。公共就业服务机构又分为劳动力市场和人才市场。

(1)私人职业介绍机构。我国的私人职业介绍机构产生得比较晚,在经营上还存在许多不规范的问题,发展受到一定的限制。通常企业只是在招募临时员工时才会利用私人职业介绍机构。

(2)公共就业服务机构。公共就业服务机构相对私人职业介绍机构来说要发达得多。由于在计划经济体制下我国就存在劳动局和人事局的传统分割,因此现在的公共就业服务机构也分化为劳动力市场和人才市场,企业一般在劳动力市场上招募"蓝领"工人,在人才市场上招募"白领"员工。公共就业服务机构作为一种专业的中介机构,掌握着丰富的人力资源信息,而且招募甄选的方法也比较科学,效率较高,可以为金融企业节省时间。同时公共就业服务机构作为第三方,能够坚持公事公办,公开考核,择优录用,公正公共地为企业选择人才。但另一方面,也正因为公共就业服务机构不是企业本身,不能清楚地了解企业对人才的要求,有时会选择不合格的人。而且企业必须支付中介费,这将增加企业的招募成本。

6. 猎头机构

猎头机构主要是指专门为企业寻找高级管理人才和专业技术人才的服务机构。它们掌握着业界高级人才的资料;能够对企业的名称保守秘密;可以为企业招聘高层管理人员节约时间;能够帮助企业一开始就接触到高素质的应聘者。但是这类机构的费用通常也不菲,一般是职位年薪的30%—40%。且无论招聘成功与否,招聘费用都由客户企业支付。但由于高水平的管理人员和技术人员稀缺,因此许多跨国公司大都通过猎头机构来寻找高级人才。

7. 校园招募

校园招募是金融企业获得潜在管理人员以及专业技术人员的一条重要

途径。金融企业中许多有晋升潜力的新员工就是从大学中直接招募来的。大学校园是高素质人员相对比较集中的地方。年轻的大学毕业生朝气蓬勃、富有工作热情,可塑性强。金融企业能够在校园招聘中找到相当数量的具有较高素质的合格申请者。同时,校园招募也为金融企业和大学毕业生搭建了一个对话的平台,有利于金融企业宣传自己的企业形象。当然,校园招募也有明显不足:优秀的毕业生往往都有多种应聘准备;学生刚踏入社会,缺乏实际的工作经历,工作上手慢,容易对职位产生不切实际的期许;学生由学校到社会的角色转换需要一个较长的磨合期,需要大量的培训;这些大学毕业生一旦积累了一定经验又容易跳槽,工作稳定性较差。表4-7是某银行××分行校园招聘方案的一个示例。

表4-7 ××银行××分行校园招聘方案(节选)

一、校园招聘流程

调研
- 银行战略
- 人力资源规划
- 人力资源需求计划
- 校园招聘目标任务

⇒

准备
- 校园招聘原则
- 确定高校及日程
- 确定参加人员
- 制作宣传资料

⇒

实施
- 联络校方
- 召开高校宣讲会
- 建立毕业生测评体系
- 确定最终名单

⇒

反馈
- 内部人员总结
- 校方反馈结果

二、校园招聘日程安排

时间	主要工作内容	负责人	配合单位
第一年10月	拟订需求计划(讨论稿)	招聘主管	各部门、各支行
	制作宣传手册(讨论稿)	招聘主管	分行办公室
	确定毕业生薪酬待遇	人力资源部部长	薪酬主管
第一年11月上旬	宣传手册定稿、印刷	人力资源部部长	招聘主管
	准备招聘培训手册	招聘主管	—
	确定招聘组成员名单、进行相关培训	人力资源部部长	招聘主管
	在高校发布信息(网站、BBS、校园海报)	招聘主管	
第一年11月中旬—12月	赴高校召开宣讲会	招聘组、人力资源部	
	确认录用名单		
	体检、签协议		
第一年12月下旬	其他后续工作	招聘主管	各用人单位
第二年2月下旬	校园招聘总结	招聘主管	招聘组、人力资源部
	根据需要调整招聘计划	招聘主管	各用人单位
	确认招聘补充计划	人力资源部部长	—
第二年3—5月	按补充计划联系高校、补缺	招聘主管	招聘组、人力资源部

(续表)

三、校园招聘经费预算

项目	内容	金额(万元)
广告费	包括宣传材料设计费、印刷费	1
招聘活动经费	包括会议室租用、发布会场地费、体检费、电话费、公关费等招聘过程中发生的费用	4
差旅及住宿费	包括招聘工作组和来分行面试的外地学生差旅、住宿费	9
备选学校费用预留		1
总计		15

四、校园招聘宣讲会工作流程及日程安排

流程	主要工作内容	时间安排	负责人
1. 场地联络及选择	挑选可容纳 300 人左右的多功能厅	宣讲会前 1 周	招聘主管
2. 场地布置	1. 会场主席台放置招聘组成员名签 2. 会场入口处放置宣传册和招聘工作人员名片 3. 会场四周张贴宣传海报和招聘流程图示 4. 调试音响设备和放映设备	宣讲会前 1 天	招聘主管
3. 会前准备	调试笔记本电脑和音响、放映设备的连接。	宣讲会前 1 小时	招聘主管
4. 招聘工作组入场	招聘工作组成员准备资料	宣讲会前半小时	招聘工作组组长
5. 正式宣讲	1. 分行基本情况介绍(录像) 2. 分行人力资源管理制度介绍,包括人员需求情况、薪酬待遇、职业发展等(PPT)	宣讲会中 1 小时	招聘工作组组长
6. 现场答疑	回答毕业生自由提问	宣讲会中 2 小时	招聘工作组成员

资料来源:陈锦艳,《S 企业大学毕业生校园招聘解决方案》,南京理工大学 2006 年硕士论文。

8. 网络招募

网络招募是随着互联网发展起来的一种新兴的招募方式。网络招募打破了原有招募形式的地域界限,具有便捷、迅速的特点。网上招募员工已经成为大公司普遍使用的一种手段,越来越多的求职者喜欢到网上去搜寻工作机会。金融企业通常建有自己专门的企业网站,在自己网站发布招募信息十分便利。此外,国内一些著名人才招聘机构也建有专门的招聘网站,为招募企业和求职者提供各种形式的网上招募服务(参见表 4-8)。

表4-8 国内比较著名的招聘网站

前程无忧	http://www.51job.com
人才信息库	http://www.ciecco.com.cn
中华英才网	http://www.china-hr.com
中国国家人才网	http://www.newjobs.com.cn
中国人才热线	http://www.cjol.com
北京人才网	http://www.bjrc.com

9．海外招募

高级管理人才或一些掌握技术的专门人才需要在全球范围内搜寻，特别是当金融企业经营业务向海外拓展时，能否获得足够数量的海外尖端人才就成为企业跨国经营成功与否的关键。海外招募可以在世界范围内进行人才的选择，在候选人的数量和质量方面，国内招募与其都不可同日而语。但是海外招募也有很多困难，比如对候选人的资格、背景审查就非常困难。而且雇用外国人在手续上也比较烦琐。

10．租赁试用

员工租赁始于20世纪80年代。目前仅在美国有人应用这种形式，拟租赁的员工一般都是高级管理者或高级技术人员，很多人拥有硕士、博士等头衔。一些用人单位通过租赁的方法从租赁公司选择拟租赁员工予以试用，试用一段时间以后，再从中挑选中意者正式雇用。

第三节　金融企业员工甄选管理

一、金融企业员工甄选的含义

1．金融企业员工甄选的概念

金融企业员工甄选是指在法律许可的范围内，运用一定的工具和手段对已经招募到的求职者进行鉴别和考查，区分他们的人格特点与知识技能水平、预测他们的未来工作绩效，从而最终挑选出金融企业所需要的、恰当的人选填补企业职位空缺。要准确理解甄选的含义，需要把握以下几个要点。

（1）甄选包括两个方面的工作：一是评价应聘者的知识、能力和个性；二是预测应聘者未来在企业里的工作绩效。前者是后者的基础，后者则是前者的最终目的。因为只有甄选出那些能够提升金融企业绩效，为金融企业创造价值的员工，甄选工作才是有意义的。为完成上述任务，金融企业应采取合适的甄选技术；这里的"合适"有两层含义：一是评价结果准确有效，二是成本节约。要用最少的花费，取得最佳的甄选结果。

（2）甄选工作要以空缺职位所要求的任职资格为依据，确保空缺职位与最终被录用的应聘者达到最佳匹配。换言之，只有那些合乎职位要求的应聘者才是金融企业所需要的。

（3）甄选工作需由人力资源部门和直线部门共同完成，最终的录用决策要由直线部门作出。

（4）甄选工作要合法，不能有法律不允许的歧视行为，不能采用带有歧视性的工具和评价标准。

2．金融企业开展员工甄选的意义

招募是将分散在社会各个角落的潜在应聘者吸引到一起，统一纳入金融企业的视野中，而甄选则是从这些人中筛选出金融企业真正需要的人才。甄选工作的技术性强、难度大，是招聘工作中最为关键的环节。对金融企业来说，甄选工作的重要性体现在以下几个方面：

（1）员工的工作绩效直接决定着金融企业的业绩。如果所招聘的人员没有熟练的技能、不积极工作或经常制造麻烦，其生产效率必然是低下的。而且由于国内企业普遍存在"招聘不易，解聘更难"的尴尬，因此，金融企业有必要把好入口关，一定要及时、正确地鉴别出不合适的人选，及早将他们排除在企业门外，而不是进来以后再调整或解聘。

（2）招募和甄选员工都需要相当高的成本，而且越是关键职位或高层职位，甄选费用越高。据一位美国专家估计，考虑到寻找费用、面谈时间、推荐审核和差旅费用，聘用一名年薪为6万美元的经理，全部成本大约为4.7万美元；近年来我国金融企业各类人才争夺越来越激烈，各类人才的年薪增长很快，相应地甄选费用也不断攀升。如果金融企业花费大量的甄选费用却没有招聘到合格的人才，无疑是一个极大的浪费。因此，金融企业有必要下大力气提升甄选工作的管理水平，以降低甄选成本的浪费。

（3）有效的甄选能减少培训成本。如果金融企业聘用了不合格的人员，为了弥补他们所缺乏的某些工作知识和技能,企业将不得不对这些人进行有针对性的培训。反过来,如果金融企业能够在甄选过程中及时识别并剔除那些不合格的应聘者,那么就能够最大限度地减少不必要的培训支出。

(4) 甄选不仅能够帮助金融企业作出聘用的决策,也能够帮助金融企业改善晋升和调动决策。因为从人力资源管理的角度看,甄选决策与晋升、调动决策在性质上是一样的,都是要根据不完全的信息作出决策,二者之间的差别仅在于据以作出晋升或调动决策的信息要相对充分一些,因为毕竟员工已经在金融企业中服务了一个时期,企业对他们的了解要多一些。因此如果金融企业能够有效地改善甄选决策的效果,并在晋升或调动决策中加以借鉴,那么基于更加充分信息基础上的晋升或调动决策无疑会更科学一些。

二、金融企业员工甄选的程序

(一) 甄选程序的设计原则

对于那些计划提升甄选活动管理水平的金融企业来说,关注的重点应放在两个方面:一是甄选程序的设计,二是甄选工具和方法的选择、运用及评价。一个设计良好的甄选程序可以提升金融企业对甄选过程的控制力,进而不断提升甄选工作的效率,降低人力资源管理活动的损耗和浪费。甄选工具和方法的选择、运用和评价,更多的是一项技术层面的工作。关于这个问题,我们将在下文专门加以介绍。一个设计良好的甄选程序,应具有以下特点:

1. 甄选程序的标准化

金融企业应尽可能让应聘同类职位的每一个应聘者都经历同样数量和类型的测试。因为只有这样,应聘者的测试结果才是公平和可比的。对金融企业来说,只有测试结果具有可比性,最终的录用决策才是客观的;同时,只有保证测试面前人人平等,金融企业才不会因为涉嫌就业歧视而引发法律纠纷。

2. 甄选程序要有明确的决策点

决策点是那些能够明确地作出淘汰或保留决策的时点,如笔试成绩、体检结果等。应聘者的知识、能力、素质和技能对企业空缺职位的重要性和必要性是不一样的,有些可能是必需的,有些则属于是"锦上添花"。决策点就是对应聘者必需的知识、能力、素质和技能的考核点。在每个决策点上,企业应有明确的筛选标准或者淘汰比例。这样每经过一个决策点,不合格人选就会明确地被淘汰,从而使后续决策点和考查环节的工作量大幅减少,保证企业精力集中于最有可能被录用的应聘者。

3．甄选程序的各环节应合理安排

整个甄选过程是由一系列决策点和环节构成,每经过一个环节,总要有一些应聘者会被淘汰出局。因此,越是到后面的环节,剩余的应聘者人数会越少,被最终录用的几率也越高。但是对企业来说,每一环节的人均甄选费用是不同的。例如,需要企业高层管理者出席的面试显然要比仅仅由基层管理者出席的面试活动,人均成本高得多。因此,将甄选过程各个环节按照人均甄选费用由低到高排序,让最昂贵的环节用于最有可能被录用的应聘者,可以提升甄选的效率、降低总的甄选成本。

4．甄选程序中应根据信息的重要性合理配置资源

不同类型的信息对于决策的影响是不一样的。金融企业在进行甄选活动时,应对重点信息投入较多资源,重点收集。

5．通过甄选程序应能充分获知应聘者信息

不同环节所能获知的有关的信息量是不一样的,基于不同信息所作出的决策也会有所差别。因此,甄选程序不仅要保证不遗漏空缺职位必需的各项要求,而且要保证能够从应聘者那里收集到与决策有关的充足信息。

6．甄选程序中应避免在收集信息时出现交叉重叠或遗漏

在收集应聘者信息时,金融企业招聘人员应各司其职,责任到人、分工明确,不应出现不同招聘人员对同一信息进行重复收集,或某一信息无人收集的现象。

7．甄选程序中应避免在发布信息时出现交叉重叠、遗漏或扭曲

甄选过程是一个双向的信息交流过程。一方面企业通过甄选收集到大量的应聘者个人信息,另一方面企业也向应聘者释放大量有关企业、工作以及应聘者的信息。因此同收集信息的过程一样,在释放信息的过程中,金融企业招聘人员也应各司其职,责任到人、分工明确,不应出现不同招聘人员对同一信息进行重复释放,或某一信息无人释放的现象。此外,在释放信息时,还应避免口径不一,或误导扭曲的现象,防止应聘人员在错误信息的诱导下作

出错误的选择,或进一步反馈错误信息。

(二)甄选活动的一般程序

由于不同企业的内外环境存在差异,因此在设计甄选程序时,金融企业应根据实际情况,灵活运用前述七项原则,设计出符合企业实践需要的程序。图4-6是甄选程序的一个示例。

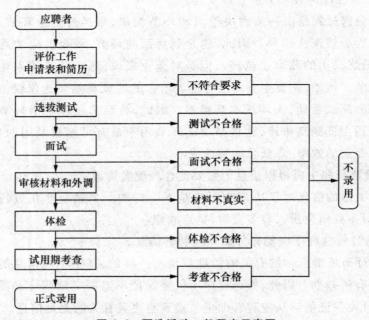

图4-6 甄选活动一般程序示意图

从图4-6可以看出,整个甄选程序由六个步骤组成。它们分别是评价工作申请表和简历、选拔测试、面试、审核材料和外调、体检以及试用期考查。每一个步骤都是一个决策点,应聘者如果达不到该决策点的要求就要被淘汰,只有通过该决策点的应聘者才能参加下一环节的甄选。至于每一个决策点的标准,则完全取决于企业自身的实际情况。但总的原则是以空缺职位的任职资格条件为依据。另外,每一个环节都需要采取一些必要的甄选工具和方法,限于篇幅我们将主要介绍选拔测试和面试环节的甄选方法。

三、关键环节的甄选方法

（一）选拔测试技术与方法

1. 知识测试

知识测试主要是测试求职者的基本知识、专业知识、管理知识以及综合分析能力、文字表达能力等方面的差异。虽然具备职位所要求的知识与取得良好实际工作绩效之间并不存在必然的因果关系，但是对于大多数职位来说，具备某些知识可能是取得良好实际工作绩效的必要条件，因此知识测试是使用频率非常高的一种人才选拔方法。

知识测试主要通过笔试完成，优点是客观、省时、成本低、效率高，对求职者知识、技术、能力的考查信度和效度较高。不足之处是知识测试不能全面考查求职者的工作态度、品德修养和其他一些隐性能力，所以许多企业只是把它作为应聘者进入面试阶段的第一道关口，在后续测试中，企业还会运用其他甄选方法来弥补知识测试的不足。

2. 认知能力测验

认知能力测验是对人的智力能力的测试。认知能力测验可以衡量求职者的推理能力、记忆力、口头表达能力和数字能力等，帮助判断求职者的知识面，衡量一个人学习和完成工作的能力或潜能。认知能力测验包括智力测验和特殊认知能力测验。智力测验指一般智力能力测验。智力测验要测量求职者的综合能力，如记忆、词汇、表达流畅性和数字能力等。但是国外的公平就业机会法案对智力测验持反对意见，认为这种测验中的一些问题与是否能成功完成工作无关。特殊认知能力测验是对具体智力能力的测验，这些具体智力能力包括归纳和演绎推理、语言理解、记忆、数字能力，这种测验的结果能够反映求职者的工作能力倾向。

3. 个性和兴趣测验

个性测验测量求职者的个性特点及倾向。有些工作可能更适合由具有某种个性特征的人来承担，而组建团队时更需要考查团队成员的个性特点。个性测验的效度比较低，而且目前个性测验工具繁多，难以选择，测验结果需要经过主观判断和职业心理学家的分析。

个性测验工具大致可以分为两类：一是个性自陈量表法（问卷测试法），

二是投射法。两类工具各有所长,结合起来使用效果更好。常用的个性自陈量表有明尼苏达多相人格问卷、卡特尔16种个性因素问卷、爱德华个人偏好量表、艾森克人格问卷、YG性格检查、梅尔斯-布里吉斯类型指示器、加州心理量表、DISC个性测验、大五人格理论及NEO人格调查表等。投射法种类很多,最著名的是罗夏墨迹测验和主题统觉测验。

兴趣测验把求职者的个人兴趣与那些在特定工作中成功的员工的兴趣进行比较,希望从中判断出一个人最感兴趣并最可能从中得到满足的工作是什么。职业兴趣测验基于一种假设:一个人从事他感兴趣的工作更可能获得成功。这种测验主要用于职业生涯规划,也用于员工甄选。

4. 工作样本法

工作样本法可以测量申请者在完成实际工作的某些基本任务时的表现。这种方法的优点很明显,由于工作样本与实际工作的相关度很高,因此能够比较准确地测量出求职者的工作能力。而且工作样本的内容(个体必须执行的实际任务)不探究候选人的个性,不会侵犯候选人的隐私。设计良好的工作样本的效度也很高。

工作样本法的基本程序包括:选择几项与空缺职位有关的关键任务,然后就每一项被选任务对候选人施测,由一位观察者对候选人的表现进行监测,并在清单上记录候选人执行该任务的表现。

5. 评价中心技术

评价中心技术是识别有才能的管理者的最有效的工具,它是通过把候选人置于一系列模拟工作情景中,以团队作业的方式,同时采用多种测评技术和方法,观察和分析候选人在模拟的各种情景压力下的心理、行为、表现以及工作绩效,以测量候选人的管理技术、管理能力和潜能等的一个综合、全面的测评系统。通过运用评价中心可达到两方面的目的:一是为金融企业发展选择和储备所需的管理人才;二是对个人的潜在能力及培训和发展需要作出早期诊断。评价中心(assessment center)所采用的测评技术和方法包括无领导小组讨论、公文筐测验、演讲、角色扮演,以及辩论、小组问题解决、管理游戏、案例分析等。下面仅就其中几种作以介绍。

(1) 无领导小组讨论

无领导小组讨论是指把一组求职者(一般5—8人)集中在一起就某一给定问题展开讨论,事先不指定主持人,评价者在一旁观察评价求职者的行为表现,看谁会从中脱颖而出,成为自发的领导者。无领导小组讨论的目的主要是考查求职者的组织协调能力、领导能力、人际交往能力与技巧、想象能力、对资料的利用能力、辩论说服能力以及非语言的沟通能力等,同时也可以考查求职者的自信心、进取心、责任感、灵活性以及团队精神等个性方面的特点及风格。有关研究表明,无领导小组讨论对于评价求职者的管理者集体领导技能非常有效。无领导小组讨论的优点在于:充分暴露求职者的真实特点;能依据求职者的行为特征来对其进行更加全面、合理的评价;能使其在相对无意识中展示自己多方面的特点;能在同一时间对竞争同一岗位的求职者的表现进行横向比较;应用范围广。无领导小组讨论的题目类型通常有以下四种:意见求同型题目;资源争夺型题目;团队作品型题目;两难式题目。在实施无领导小组讨论时,需要注意的问题是:准确界定测评的内容;确立统一的评定标准,要具体、有可操作性;适当控制小组的人数,一般以5—8人为宜;保持整洁、安静、轻松而不失测评气氛的环境,就座以圆桌会议式为最佳方式,不要让求职者明显感觉到自己处于被观察、被评价的地位。

(2)公文筐测验

公文筐测验是评价中心最常用、最核心的技术之一。该测验主要考查求职者对各类文书,如备忘录、信件、电报、电话记录、报告等的处理和反应能力以及对他人的敏感性。它是在假定的情景下实施,一般让求职者扮演金融企业中某一重要角色(需要选拔的岗位)。工作人员把事先准备好的资料交给求职者,这些资料是该金融企业所发生的实际业务和管理环境信息,包括财务、人事、市场信息、政府的法令公文、客户关系等材料,要求在规定时间内对各种材料进行处理,作出决策,形成公文处理报告。通过求职者在规定条件下处理过程中的行为表现和书面报告,评估其计划、预测、决策和沟通的能力。该测验的优点在于:非常适合对管理人员、行政人员进行评价;操作简便,具有灵活性,可以根据需要设计问题;公文筐中的成绩与实际工作表现有很大的相关性,对求职者的未来工作绩效有很好的预测能力;每个求职者在平等的条件和机会下接受测试;多维度评价个体。该测验的缺点在于:费时较长,一般需2—3小时;编制公文筐的成本很高;评分主观性强;求职者单独作答,很难看到他们与他人交往的能力。

（3）演讲

演讲是求职者按照给定的材料组织并表达自己观点和理由的过程。通常，求职者拿到演讲题目后稍作准备，然后进行大约5—10分钟的正式演讲，演讲完毕后主考官还会针对演讲内容进行提问。这种方法着重考查求职者思维的敏捷性、系统性、条理性、创造性、说服能力以及自信心等。这种方法操作简单，成本较低，但由于仅仅通过演讲反映出个人特质具有一定局限性，往往和其他形式结合使用。

（4）角色扮演

角色扮演是一种比较复杂的测评方法，它模拟一个管理场景，多个求职者分别扮演一定的角色，模拟实际工作中的一系列活动。比如在某个管理决策活动中，有人扮演总经理，有人扮演销售部经理，有人扮演技术部经理，大家在一起分工合作。通过这种模拟，能够有效考查求职者的实际工作能力、团队合作能力、创造性、组织协调能力等，并且效度较高。

（二）面试的程序、方法与技巧

面试是最常见的甄选工具之一。在面试过程中，招聘人员可以与应聘者面对面进行交流，这样可以使金融企业有机会对应聘者的性格和智力作出判断，并能评价应聘者的面部表情、仪表、紧张程度等。在进行人才选拔的过程中，通过面试法对应聘者的综合素质进行较为全面的测评，已日益受到普遍的重视。

1. 面试的基本程序

面试要按照一定的程序有步骤地进行，这有助于提高面试的科学性和有效性。面试的基本程序如图4-7所示。

（1）预备阶段

在面试的预备阶段，面试工作的组织者需要做大量细致的工作。首先，要确定面试考官的组成人员名单以及他们每个人的分工；其次，组织者还必须确定有资格参加面试的应聘者人选；再次，组织者需要确定具体的面试时间和地点，并及时通知所有考官和参加面试的应聘者；最后，面试工作的组织者还需要准备面试所需的各种材料，并将材料转给考官，让考官尽快熟悉材料的内容。面试所需的材料包括面试评价表、面试提纲以及应聘者基本信息等材料。

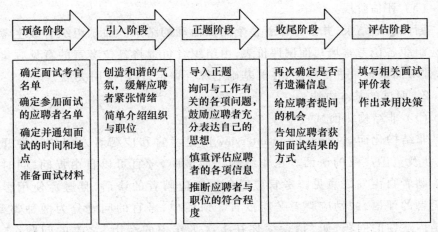

图 4-7 面试的基本程序示意图

（2）引入阶段

引入阶段是面试谈话的正式开始。这一阶段，面试组织者或主考官应当向应聘者简单介绍一下面试的程序和要求，以及有关企业和职位的一些基本信息，在介绍过程中，面试组织者或主考官应尽可能创造一个和谐、宽松的氛围，消除应聘者的紧张情绪。

（3）正题阶段

在这一阶段，面试组织者将把面试现场的控制权正式交到面试考官的手上，由面试考官来对应聘者进行提问和考评。提问应主要围绕应聘者所必备的各种能力。在提问过程中，考官应鼓励应聘者充分表达个人的观点。考官通过聆听应聘者的观点、观察应聘者的表现来判断应聘者与职位的符合程度。考官提问的方式分为开放式提问和封闭式提问。开放式提问允许应聘者自由发挥，而对于封闭式提问，应聘者只需回答"是"还是"否"就可以了。在提问过程中，面试组织者应控制好时间，并及时提示考官和应聘者，保证面试顺利进行。

（4）收尾阶段

收尾阶段是面试谈话的最后一步。在收尾阶段，组织者或者主考官应检查是否有信息遗漏，征询各位考官是否还有问题要问。此外，组织者或者主考官还可以让应聘者提一些他们自己感兴趣的问题。

（5）评估阶段

面试谈话结束，并不意味着整个面试活动的结束。面试组织者或主考官还应组织各位考官填写面试评价表，由组织者负责将各位考官的意见收集汇总，并对面试记录进行整理，在此基础上综合评定，作出录用决策。

2．面试的基本方法

（1）非结构化面试

非结构化面试（non-direct interview），是考官和应聘者之间的一种开放式、涉及范围广泛的谈话。在非结构化面试中，考官可以自由提问，同时允许应聘者自由发表意见。考官应避免打断应聘者的谈话，且避免使用影响应聘者的评语，鼓励应聘者畅所欲言。谈话中，考官的问题分为两种类型：一是描述性的问题，如"请谈谈你在上次工作中的经历"之类的问题；二是预见性的问题，考官提出一些假设性的问题，要求应聘者就这些问题作出回答。

非结构化面试的是一种灵活性很强的面试，不仅给予应聘者很大的自由，而且可以让考官就某一感兴趣的话题深入询问，将应聘者的信息、态度、情感呈现在考官面前。当然非结构化面试的缺点也很明显，面试过程缺少标准的程序，随意性强，考官不易对不同应聘者作横向比较，而且面试效果的好坏与考官的经验和技术水平密切相关。因此，非结构化面试的可靠性和有效性被认为是最低的，一般只是作为其他甄选方式的前奏或是补充，发挥"补漏"的作用。

（2）结构化面试

结构化面试（direct interview）是指考官严格按照事先设计好的问题和提问的顺序对每个应聘者进行相同内容的面试。结构化面试避免了非结构化面试的随意性和主观性，提高了面试的可靠性、可比性和准确性。

（3）情景面试

情景面试（situational interview）是结构化面试的一种特殊形式，它的面试题目主要由一系列假设的情景构成，通过评价应聘者在这些情景下的反应情况，对应聘者进行评价。情景面试中的问题是在工作分析的基础上设计的问题，由一组主管人员确定问题的可接受答案，并对回答进行评定。

（4）以行为为基础的面试

以行为为基础的面试（behavior based interview）是先给出一种既定的情

况，要求应聘者举出特定的例子来说明在他们过去的工作经历中是如何处理此类问题的。例如，"当你的下级员工违反纪律时，你是如何处理的？""你为什么会选择那种方法？""你的上级是如何反应的？""事情最后是如何解决的？"这种面试避免了对应聘者的个性作出评价，避免了假设的和自我评价的问题，并可以根据应聘者的行为形成问题，有效性较高，缺点是问题答案可能不尽公正、客观和全面。

（5）系列面试

系列面试(serialized or sequential interview)，是指由一组考官采用一对一、单循环的方式，对候选人逐一进行的面试。每一位考官从自己的角度观察应聘者，提出不同的问题，并形成对应聘者的独立评价意见。在系列面试中，每位考官依据标准评价表对候选人进行评定，然后对每位考官的评定结果进行综合比较分析，最后作出录用决策。

（6）小组面试

小组面试(panel interview)指由一组考官采用多对一的方式，对候选人逐一进行的面试。小组面试强调每位考官从不同侧面提出问题，要求应聘者回答，类似于记者在新闻发布会上的提问，因而可以避免普通的面试中可能出现的重复提问同样问题的现象，但同时也会给应聘者带来额外的压力。

（7）压力面试

压力面试(stress interview)是指考官通过提出一系列生硬的、不礼貌的问题，有意制造紧张气氛，故意使应聘者感到不舒服，以此考查应聘者对工作上承受的压力作何反应。通常考官会针对某一事项提出一系列的问题，并从中寻找应聘者在回答问题时的破绽，一旦发现破绽就抓住不放，打破砂锅问到底，希望借此使应聘者镇定，以确定应聘者对压力的承受能力、在压力面前的应变能力和人际关系能力。一方面，压力面试是界定高度敏感和可能对温和的批评作出过度反应的应聘者的良好方法；另一方面，使用压力面试的考官应当确信应付压力的能力是工作所必需的。同时，考官还必须具备控制面试局面的技能。压力面试对于大多数情况是不合适的，但它特别适用于对高级管理人员的测试。

3. 常见的面试错误

限于考官本身的素质与能力，在面试中经常会出现一些影响面试有效性的错误,对此作一了解可以帮助我们避免这些错误。

（1）轻易判断

有时应聘者在开始时不经意的一个动作或一句话,可能会给考官留下不好的"第一印象",使得考官在面试开始的几分钟就对应聘者作出判断。而应聘者随后的良好表现也很难改变考官的最初判断。

（2）过分强调负面信息

来自应聘者的负面信息对考官的影响远大于其正面信息的影响。在实际的面试中,考官往往倾向于去寻找应聘者的负面信息,用苛刻的条件去要求应聘者。这往往使许多应聘者把面试看成一种沉重的负担。

（3）不熟悉拟招聘职位

由于考官来自不同的部门,可能并不十分清楚拟招聘职位的工作内容及具体要求,不清楚什么类型的应聘者最适合该职位,因此无法用正确的标准来考核应聘者,会凭个人的喜好来评估应聘者,导致无法实现人岗匹配。所以,了解工作内容及职位的具体要求是保证面试有效性的前提。

（4）雇用压力

当金融企业需要雇用较多的员工,而应聘者又相对不足时,考官会不自觉地放低面试标准。而如果职位的竞争者较多,则考官对同一个应聘者的评价会相对较低。

（5）对比效应

在实际的面试中,经常会发现这样的问题,如果刚开始面试的几位应聘者不适合职位要求,而后出现一个"表现一般"的应聘者时,考官对他的评价往往比他实际应得的评价要好。所以,应聘者次序的安排也会影响其面试结果。

（6）强调与工作无关的个人因素

考官经常会受到应聘者与工作本身无关的一些因素的影响,如一些非言语行为、着装、仪表等。考官往往会对那些富有个人吸引力的应聘者作出更好的评价。而实际情况表明,一位能力相对较差的应聘者接受培训后,在面试中正确地表现,通常会获得比一位能力更强但缺乏恰当的非言语面试技能的应聘者更高的评价。

四、对甄选活动的评价

甄选的目标是决定哪些人可以加入金融企业,哪些人不能到金融企业中供职。判断一个甄选过程是否科学有效,可以参考信度、效度等指标。

(一) 信度

信度(reliability)是指测试的一致性程度,又叫可靠性,是用相同的或等值的测试对同一个人重复施测所得到的分数的一致性程度。一个信度高的甄选工具,其多次测试的结果应保持一致,否则就不可信。假如某人在周一的智力测试中得90分;在周二的重复测试中得130分,那这个测试的信度就很低,不能被接受。对于任何一个甄选手段而言,信度是必须满足的基本条件。评价测验信度的指标和方法主要有再测信度、复本信度和分半信度。

1. 再测信度

再测信度指采用同一测试工具对同一被试群体先进行测验,一段时间后再重复施测,两次结果之间的相关度即为再测信度。这种方法很有效,但两次试题的重复量不能太大。

2. 复本信度

复本信度指采用两个同质性测试工具(一个为另一个的复本)对同一被试群体施测,即对同一被试群体先后进行两次内容相当的测试,计算其相关度,以确定测试的信度。

3. 分半信度

分半信度是指将同一测试按一定规则分成相等的两半,对同一被试群体进行测试,计算两部分结果的相关度。

(二) 效度

效度(validity)又称为有效性或正确性。对于雇员甄选的测试,效度通常是指正式测试结果与未来工作绩效相关的程度,也就是说,有效的测试结果应该能够准确地预测应聘者未来的工作绩效,即甄选结果与以后的工作绩效考评得分是密切相关的,两者之间相关度越高,说明测试越有效。在员工甄选过程中,评价测试效度的指标和方法主要有内容效度、结构效度和效标关联效度。

1. 内容效度

内容效度（content validity）通常是指一项测试是否代表了工作内容的某些重要因素。其基本程序是，从对工作绩效有关键影响的工作行为角度界定工作内容，然后随机挑选一些任务和工作行为作为测试中的行为样本。例如，对于甄选打字员而言，打字测试就是内容效度较高的测试工具（打字测试中的题目广泛代表了打字员日常工作的内容），而打字测试对于甄选推销员效度就很低。

2. 结构效度

所谓结构（construct）是指心理学或社会学上的一种理论构想或特质。它本身无法被观察到，也无法直接测量，但学术理论假设它是存在的，以便能够解释和预测个人或团体的行为表现。结构效度（construct validity）是指测验能够测量到的理论上所定义的某一心理结构或特质的程度。例如，有的管理理论认为员工团队协作对于完成部门工作任务有重大影响。因此，测试可能会被用来衡量应聘者的团队协作能力、领导能力、计划或组织能力等特质。

3. 效标关联效度

所谓效标（validity criterion）即效度标准，是指外在的、客观的标准。如员工的实际工作绩效就是员工能力测试的效标。效标关联效度（criterion-related validity）就是指测试得分与效标的相关程度。在甄选员工的测试中，效标关联效度要证明的是那些在测试中得分高的应聘者，是否在工作中的绩效考核得分也高。如果情况属实，则测验有效。效标关联效度在很大程度上是依靠对测试结果与工作绩效考核得分的统计分析来确定的。当进行数量上的测量比较困难或者效标数据不易取得时，就需要使用内容效度。根据效标的不同，效标关联效度又分为同步效度和预测效度。

（1）同步效度（concurrent validity）是指测试分数和效标数据的取得是在同一时间内完成的。这种效度主要用于诊断现状。例如，用某种测试方法对现有员工进行测试，然后将测试结果和这些员工的实际工作绩效进行比较，两者的相关程度越高，这种测试方法的效度就越高。或者还可以通过比较某种测试工具的测试得分与另一种已知效度较高的测试工具的测试得分之间的关系，来判断该测试工具的效度。这种测试效度的特点是省时，可以尽快检验某测试的效度。

（2）预测效度（predictive validity）是指在取得测试分数一段时间以后，才获得效标数据。这种效度主要用于预测被试者的未来行为。例如,对所有应聘者都进行某种测试,但并不按照测试结果作出甄选决策,而是通过其他甄选技术和方法来决定录用人员。被雇用人员工作一段时间后,考核其实际工作绩效,将之与被雇用之前的测试分数进行比较,两者的相关程度越高,说明测试方法的效度越高。如用这种方法检验出的效度高,则可将其作为未来员工选拔的方法。

【本章小结】

招聘是人力资源管理的一项基本职能,它对于金融企业人力资源的合理形成、管理与开发具有非常重要的作用。招聘是一个管理过程,它是由招募、甄选、录用、评估这样几个阶段构成。在员工招聘活动中,金融企业应遵守以下原则:战略导向原则;能力、品德与心理素质并重原则;人职相配原则;机会均等、公平竞争原则;以及经济高效原则。从某种意义上说,所有的管理者都是人力资源管理者,只不过在人力资源管理活动中直线管理人员和人力资源部门各有分工。直线部门的经理人员对招聘的具体人选拥有最后的决定权,而人力资源管理部门则对招聘的程序和方法具有决定权。招聘活动的参与者包括招聘者与应聘者。招聘者的素质、形象、态度和表现直接影响着应聘者对金融企业以及自己在金融企业中未来职业生涯的主观判断。企业招聘者有必要深入地了解应聘者的认知和行为规律,做到"知己知彼",对招聘过程实施有效的管理。

金融企业员工招募是指在金融企业总体发展战略规划的指导下,制订相应的职位空缺计划,并采取多种措施吸引候选人来填补金融企业职位空缺的过程。组织良好的员工招募活动应达到 6R 目标。员工招募活动可以划分为确定职位空缺、选择招募渠道、制订招募计划、选择招募对象来源和招募方法、回收应聘资料、评估招聘效果等六个步骤。金融企业获取人力资源有两种基本渠道:内部招募与外部招募。内部招募的对象来源主要有内部晋升、岗位轮换和降职。外部招募的对象来源主要有即将毕业的在校学生、竞争者和其他公司的员工、失业者、退休人员、转业军人、自我雇佣者等。内部选拔的方法有:工作职位公告、利用计算机化的人力资源信息系统或者人员信息记录卡、主管推荐法等;外部招募的方法主要有员工举荐、随机求职、广告招募、人才招聘会、职业介绍所、猎头机构、校园招募、网络招募、海外招募、租赁试用等。

两种招募方法各具特色,金融企业应根据自身的具体情况选择使用。

金融企业员工甄选是指在法律许可的范围内,运用一定的工具和手段对已经招募到的求职者进行鉴别和考查,区分他们的人格特点与知识技能水平、预测他们的未来工作绩效,从而最终挑选出金融企业所需要的、恰当的人选填补企业职位空缺。甄选管理的重点,一是甄选程序的设计,二是甄选工具和方法的选择、运用及评价。整个甄选程序一般由六个步骤组成。它们分别是评价工作申请表和简历、选拔测试、面试、审核材料和外调、体检以及试用期考查。员工甄选的基本技术和方法有知识测试、认知能力测验、个性和兴趣测验、工作样本法、评价中心技术以及面试。科学的甄选方法是成功甄选的基本前提。信度和效度是衡量测试是否科学的主要指标。信度是指测试的一致性程度,又叫可靠性。评价测验信度的指标和方法主要有再测信度、复本信度和分半信度;效度又称为有效性或正确性,评价其的指标和方法主要有内容效度、结构效度和效标关联效度等。

【思考练习题】

1. 什么是招聘,对于金融企业而言,员工招聘管理有什么意义?
2. 招聘由哪几个阶段构成,各阶段的内容是什么?
3. 招聘者应具备哪些素质?
4. 应聘者包括哪几种类型?
5. 组织良好的员工招募活动应达到的目标是什么?
6. 对比不同的人力资源招募渠道和方法,它们各有什么优缺点?
7. 员工甄选的基本方法和技术有哪些?试比较它们的优缺点。
8. 甄选方法的科学性标准有哪些?

【案例分析】

海天机电公司是一家中型国营企业,由于经营困难,最近被效益较好的德士鑫集团公司兼并。兼并以后,德士鑫集团公司保留了海天公司主要的管理人员,同时调配了一些年轻的管理人员来协助海天公司的工作。

海天公司的人力资源部原有7名工作人员,经理由罗植林担任。老罗年近50,为人正直,工作勤勤恳恳、兢兢业业,20多岁时从部队转业来海天公司,一晃快30年了。其间,老罗从人事干事一步一步做到人力资源部经理,

第四章 金融企业员工招聘

工资管理、人事档案都干过,所以对公司每个人的情况都很清楚。海天公司被兼并以后,德士鑫集团公司领导安排梁培刚担任罗植林的副手,协助罗植林处理海天公司的人力资源管理工作。梁培刚今年28岁,企业管理硕士毕业。三年前进入德士鑫集团公司人力资源部。三年来,梁培刚不仅工作努力,而且脑子活、点子多,给集团提了不少合理化建议,很受集团领导的重视。在来海天公司的人力资源部之前,集团曾派他到国外接受过三个月的人力资源高级经理培训。这次派他到老罗身边,一方面是帮助老罗工作,另一方面也是锻炼和考查他独当一面的能力,希望将来老罗退下来以后,他能够及时顶上来。

老罗在原海天公司当人力资源部经理已经快10年了,虽然业余时间也不断学习,但是有关人力资源管理的理论知识还是比较欠缺。最近几年,人力资源管理在企业中的重要性得到广泛认同,人力资源部也不断增加新的工作内容,对此老罗有些力不从心。这次能有小梁这样一个得力骨干帮衬着,他心里也很高兴,认为公司的人力资源管理工作一定会更上一层楼。但是事情似乎并不那么简单,尤其是在员工招聘问题上,老罗与小梁闹得很不开心。

原来海天公司被兼并以后,新企业的管理层决定淘汰一些已经过时的产品,新增设两条产品线。为此,公司需要招聘一些员工和基层的管理人员。老罗认为普通员工可以从外部招聘,首要的筛选标准无疑是技术能力。关于这一点,小梁也同意。但是在招聘基层管理人员时,老罗认为应该从企业内部挑选。因为从企业内部挑选,一方面对这些候选人比较了解,另一方面也可以调动现有员工的工作积极性。至于筛选的标准,老罗认为学历并不重要,重要的是候选人过去的工作业绩、政治态度、工作经历及工作热情等。而小梁则坚持认为应从内部和外部两个方面来招聘基层管理人员,因为外部新鲜血液的补充,将会提高现有管理团队的活力。筛选的标准应该是学历和能力并重,而且出于对企业长远发展和员工职业发展的考虑,基层管理者的学历也不应太低,至少应限制在大专以上。

在招聘方法上,老罗认为由人力资源部的人员出面找候选人单独谈谈,然后就可以准备材料报上级部门审核批准。但是,小梁则认为应该采用新的甄选方法,整套方案包括个人访谈、心理测试、情景模拟等。此外,还须借助外部专家为这些候选人打出最后的考核分数。为了让人力资源部的人员了解如何使用这些方法,小梁还找出自己在国外培训的资料,在人力资源部全体会议上作了详细的解释和演示。小梁宣称运用这些方法能准确地预测那些候选人潜在的管理能力。但是老罗对此深表怀疑。人力资源部的其他工作人员,有的很感兴趣,而有的则半信半疑。

资料来源:根据张岩松的《黄河公司如何招聘》一文改编,参见张岩松,《人力资源管理案例精选精析》,经济管理出版社2005年版,第71—73页。

案例讨论题

1. 根据本案例,你认为应采用什么方法招聘基层管理人员?
2. 在招聘工作中,如何避免发生类似老罗与小梁之间的这种分歧?
3. 请针对此次海天公司的招聘目标,设计一个招聘方案。

第五章 金融企业员工绩效管理

【学习目标】

学习完本章后,你应该能够:
- 明确绩效管理的概念及其在金融企业人力资源管理中的地位。
- 了解绩效管理和绩效评价的区别。
- 掌握绩效管理流程和各阶段的主要内容。
- 了解绩效评价及其多种方法。
- 了解员工沟通的有关方法。

【导入案例】

平衡计分卡在 FMC 公司的应用

FMC 公司是美国业务最多样化的公司之一,其 27 个分部在工业化学制品、日用化学制品、贵金属、防卫系统、机械设备 5 个业务领域中生产 300 多种产品。在过去很长一段时间里,FMC 公司像多数公司一样,每月检查各个业务部的财务绩效,每年年底,对实现了预期财务绩效的分部经理进行奖励,这使得各分部取得了连续的短期财务业绩。

进入 20 世纪 90 年代后,FMC 高层管理者意识到为了获取短期财务业绩,公司放弃了一些长期成长的机会。公司未来究竟应该如何发展,应当从哪里寻求突破,如何进入新领域,这些变得越来越不清晰了,FMC 成了一家投资回报率很高但发展潜力小的公司。公司过分关注费用支出和预算的偏差,导致工作重心集中在短期和内部经营活动上。因此,公司决定改变现有的绩效管理体系,以便公司管理能和公司长远发展战略保持一致。

1992年初,FMC组织了一个工作组,研究新的绩效管理评价体系,引导各个分部经理们超越内部目标,在全球市场上寻求突破。新的绩效管理评价体系关注对客户服务、市场地位,以及能够为企业创造长期价值的新产品的评价。该工作组把平衡计分卡作为讨论核心。

公司选定了财务、客户、内部、创新四个评价维度,选择了6位分部经理,让他们在明确公司战略基础上提出平衡计分卡中的15至20个评价指标,要求这些指标具有该组织特色,能够清楚表明短期评价指标与达成长期战略目标相一致,并且要求评价指标是客观和可量化的。

对于防卫系统业务而言,提前交货不会产生什么额外收益。因此,通过这种方式减少存货或缩短循环周期不会带来任何收益。只有通过降低生产复杂性使实际生产成本减少才会带来收益增加。因此,这个部门的绩效战略目标就应该是实际现金节余额,而不应是存货减少或者循环周期缩短。

对于农业机械业务,缩短生产周期成为关键战略指标。因为农业机械业务订单是在很短的一段时间内集中收到的。目前制造周期长于订货期,因此,公司要根据销售预测生产各种机械设备,这样根据预测进行生产就造成了大量存货,其数量是其他业务存货水平的两倍以上。如果一部分或全部生产计划的制造周期都能缩减至短于订货集中的那段时间,就会有突破性的进展。该分部可以按订单拟订生产计划,从而消除按照预测进行生产造成的供应过剩。

在锂厂,设计平衡计分卡时从客户角度出发,将及时交货率作为一个关键的战略目标。锂厂的及时交货率在过去两年里达到了60%到70%的水平。但是当使用了平衡计分卡,并将这个指标纳入其中时,立刻发现有很多可改进的地方。比如说早一天挑选订单,就能将及时交货率从70%提高到80%甚至90%。

在实施平衡计分卡以前,公司就已经将"及时交货率"和"客户投诉率"作为关键评价指标。但最初只在市场部门使用,并没有与公司其他部门相联系。而作为生产环节,恰恰是最影响及时交货的地方,因此现在,公司从生产过程着手进行整个公司的及时交货管理。不能及时交货的部门将被张贴在整个部门的公告板上,部门业绩不再仅仅以销售额作为评价标准。

过去,FMC公司有两个部门负责监督业务单位的绩效:公司的发展部负责制定战略，财务部保存历史记录、编制预算和评价短期绩效。发展战略部制订出五年和十年计划，财务部制定一年的预算方案，并进行短期预测，两个群体之间不存在什么联系。而现在，平衡计分卡在二者之间架起了一座桥梁。财务指标是在由财务部执行的传统职能的基础上建立起来的，其他三个维度的指标使发展部的长期战略目标具有可评价性。战略开发和财务控制的强有力结合，为经理们提供了有效的业绩衡量工具。

整个公司管理层正在开发一个新的评价系统，该系统能够在短期财务绩效和长期发展机会之间取得平衡。

FMC 公司完成平衡计分卡的过程花费了几个月的时间。这一过程使涉入其中的每位成员都清晰地了解了公司的远景目标，并掌握了实现这一目标的方法。由于试点成功，FMC 已在所有的 27 个分部中实行了平衡计分卡。

根据我国在加入 WTO 时所作出的承诺，从 2007 年开始外资银行将获准在中国金融市场上经营人民币零售业务，地域限制和客户限制都将取消。外资银行进入中国金融市场后必然会以先进的管理和技术以及差异化服务与中资银行展开全方位的竞争，以银行业为代表的中国金融业将面临巨大的挑战，为了在竞争中把握机遇、寻求发展，中国金融企业借助所拥有的人力、财力、物力资源分别在业务、技术和管理上与对手展开了白热化的竞争。所有的竞争归根到底是资源的争夺、重新组织和利用。在知识经济时代，在众多资源中，人们越来越认识到人力资源是实现中国金融企业发展战略的关键因素。如何为中国金融企业寻找合适的人才，留住人才，发展人才，为组织保持强劲的生命力和竞争力已成为备受关注的焦点。由于高水平的人力资源管理产生的人与市场机会、人与企业其他资源的整合效应使企业价值链得到全方位优化，企业竞争力增强，并使企业获得可持续发展的内在动力，因此，人力资源管理作为一种新型的管理学科及管理思想，已被越来越多的金融企业接受并应用于企业改革与管理的实践中，并且提到战略的高度，从管理的"后台"走向了管理的"前台"，在企业管理中发挥着日益重要的作用。而绩效管理作为人力资源管理的重要组成部分，已成为提高金融企业绩效、提高其竞争力的重要手段。

本章导入案例 FMC 公司在发展过程中采用了绩效管理的新方法——平衡计分卡，给公司发展带来了勃勃生机。那么对于知识型、生产服务型的金融企业来说，又如何进行绩效管理呢？什么样的绩效管理方法对金融企业发展最为适用呢？

153

第一节 金融企业员工绩效管理概述

一、金融企业绩效管理的基本概念

（一）绩效的基本概念

绩效是一个多义的概念，而且随着人力资源管理实践深度和广度的不断增加，人们对绩效概念和内涵的认识也在不断加深。通过对诸多绩效概念的研究，可将其基本概括为以下几种：

(1) 绩效就是完成工作任务；
(2) 绩效就是工作结果或者产出；
(3) 绩效就是行为；
(4) 绩效就是结果与过程的统一体；
(5) 绩效就是实际收益（做了什么）和预期收益（能做什么）之和。

我们认为绩效指的是那些经过评价的工作行为、方式和结果，也就是说绩效包括了工作行为、方式和工作行为的结果。此外，根据绩效评价对象不同，绩效可分为员工绩效和组织绩效。员工绩效是指员工在某一时期内的工作结果、工作行为和工作态度的总和。组织绩效是指组织在某一时期内组织任务完成的数量、质量、效率和赢利状况。

员工绩效是组织绩效的基础。因此，如何管理员工绩效就成为管理者非常关心的问题。本章以研究员工绩效管理为主，若无特别说明，所提到的绩效管理均是指员工的绩效管理。

（二）金融企业绩效管理的概念

绩效管理是对绩效实现过程各要素的管理，是基于企业战略之上的一种管理活动。金融企业绩效管理通过对金融企业战略目标构建、战略目标分解、绩效评价，并将绩效管理结果应用于企业管理活动之中，以激励员工业绩持续改进并最终实现组织战略和个人目标，它是为了实现一系列中长期的组织目标而对员工的绩效进行的管理活动。

在 20 世纪 80 年代后半期和 90 年代早期，随着人们对人力资源管理理论和实践研究的逐步重视,绩效管理逐渐成为人力资源管理的一项重要职能。但是由于绩效含义的丰富性和人们认识理解事物的角度不同,在绩效管理思想发展的过程中,对绩效管理的认识也存在一定分歧,主要形成了以下三种具有代表性的观点:

(1) 绩效管理是对组织绩效进行管理的系统。这种观点将20世纪80年代和90年代出现的许多管理思想、观念和实践等结合在一起,认为绩效管理的核心是决定组织战略,并通过组织结构、技术系统和管理程序等来实施。它看起来更像战略或计划,而个体因素即员工虽然受到组织结构、技术和作业系统等变革的影响,但在这种观点看来,员工并不是绩效管理所要考虑的主要对象。英国学者罗杰斯(S. Rogers, 1990)和布瑞得鲁普(H. Bredrup, 1995)是这种观点的代表。

(2) 绩效管理是对员工绩效进行管理的系统。这种观点将绩效管理看成是组织对一个人基于其工作成绩以及发展潜力所作的评价和奖惩。奎恩(Robert Quinn, 1987)通常将绩效管理视为一个周期。

(3) 绩效管理系统是对组织和员工绩效进行管理的综合系统。这种观点将绩效管理看成是管理组织和员工绩效的综合体系。代表人物是考斯泰勒(1994)等人。

本章主要讨论如何运用绩效管理来保证员工绩效的持续提升,因此倾向于第二种观点,即将绩效管理主要看成是对员工绩效的管理。

需要指出的是,绩效管理不应简单地被看成仅仅是一个测量和评价的过程,而应该是管理者和员工之间互相理解的途径。在绩效管理过程中,员工和管理者应该明确:组织要求的任务是什么?这项任务应该由谁去完成?到什么程度才算完成……而且,绩效管理系统还应该鼓励员工提高自身绩效,促进员工自我激励,并通过管理者和员工之间开放式的沟通建立起绩效合作伙伴关系。

(三) 金融企业进行绩效管理的目的

在人力资源管理发展的早期阶段,对于大多数组织而言,绩效管理首先体现为绩效评价。随着人们对人力资源管理尤其是绩效管理认识的不断深化,绩效管理的内涵及其功能都发生了本质变化,已远远超出了绩效评价原本狭小的范畴,而且考虑到金融企业内外环境的特殊性,可以将绩效管理的目的概括为以下三个方面：

（1）战略目的。金融企业通过绩效管理将员工的工作活动和组织的战略目标联系起来，提高员工个人业绩，进而提高组织的整体绩效，实现组织目标。

（2）管理目的。金融企业各项决策都依赖于准确的员工绩效信息，而员工绩效信息的获得途径就是绩效评价。通过有效地开展绩效评价活动，并根据评价结果，组织就可以相应地进行薪酬决策、晋升决策、奖惩决策、保留/解雇/临时解雇决策等重要的人力资源管理决策。

（3）可持续发展目的。通过绩效管理活动，金融企业不仅可以知道员工绩效的差异，而且还可以进一步对造成员工绩效差异的原因进行分析，找出导致员工绩效不佳的真正原因之所在，并及时给予针对性培训，有效提高员工的知识、技能和素质，持续改进员工工作绩效，有效地完成工作任务，实现组织绩效目标，同时也促进员工个人不断发展。

因此，一个完整而有效的绩效管理系统应将员工目标和组织目标紧密结合，并为组织作出员工管理决策提供有效的信息，同时向员工提供准确适用的绩效反馈以实现员工和组织的可持续发展目的。

二、绩效管理和绩效评价的区别

在日常工作中，许多人往往只知道绩效评价而不知道绩效管理，或将绩效管理等同于绩效评价。而事实上，绩效管理与绩效评价有着本质的区别。

绩效管理是现代人力资源管理体系中的核心内容，而绩效评价则仅仅是绩效管理整个系统过程中的一个环节。绩效管理是一个完整的管理过程，它侧重于信息沟通和绩效的持续提高，强调事先沟通与承诺，贯穿于管理活动的全过程。而绩效评价则是管理过程的局部环节和手段，侧重于判断和评价，强调事后评价，而且仅在特定时期内出现。在表 5-1 中，我们对绩效管理和绩效评价的区别作了详细的介绍。

表 5-1 绩效管理和绩效评价的比较

	过程完整性	侧重点	出现阶段
绩效管理	一个完整的管理过程	侧重于信息沟通和绩效提高，强调实现沟通与承诺	人力资源管理的核心内容，贯穿始终
绩效评价	绩效管理过程中的局部环节和手段	侧重于判断和评价，强调事后的评价	绩效管理的关键环节，只出现在特定时期

从表 5-1 可以看出：

（1）绩效管理是一个完整的系统，绩效评价仅仅是这个系统的一个环节。

（2）绩效管理是一个过程，注重整个过程的管理，而绩效评价仅仅是阶段性的总结。

（3）绩效管理具有前瞻性。它能帮助组织和管理者前瞻性地看待问题，有效规划组织和员工的未来发展，而绩效评价具有滞后性，它是对组织过去某一个阶段成果的回顾和分析。

（4）绩效管理注重能力的培养，而绩效评价只是提取绩效信息的一种手段。

（5）绩效管理能建立起管理者和员工之间的绩效合作伙伴关系，而绩效评价可能会引起管理者和员工之间的冲突，使得双方关系紧张。

不过需要指出的是，我们强调绩效管理与绩效评价的区别，绝不是否认绩效评价的重要性。事实上，绩效评价是绩效管理的一个重要环节。通过绩效评价，组织可以获得有关员工绩效的基本信息，这些信息不仅可以运用于后续的绩效管理环节，而且可以运用于人力资源管理的其他方面，如薪酬发放、员工培训等。而且，如果从人力资源管理理论和实践的发展渊源来看，绩效管理是源于绩效评价的。金融企业早期的有关员工绩效的人力资源管理活动，就是局限于员工或者部门的绩效评价或测评活动，或者围绕绩效评价或测评活动展开的。只是发展到现代人力资源管理阶段以后，绩效管理职能才逐步丰富起来，成为以促进员工绩效、实现组织战略为核心的一个人力资源管理过程，而不仅仅局限于绩效评价这一个环节。因此，从现代人力资源管理的观点看，一些企业在实际工作中只重视绩效评价而忽视绩效管理的其他环节，任意地曲解绩效管理的系统过程，是非常错误的。从某种意义上说，企业管理者对绩效管理内涵的理解全面与否，从一个侧面反映了这个企业管理者在人力资源管理方面正处在什么样的水平和阶段。

三、绩效管理在金融企业人力资源管理系统中的定位

人力资源管理是金融企业获取竞争优势的有力工具，那么它是如何提升金融企业的生产力和价值，从而增强其竞争优势的？而绩效管理又在整个人力资源管理系统中占有一个什么样的地位呢？

1. 绩效管理与人力资源规划

绩效管理活动是在金融企业战略规划下有目的、有步骤地展开的,因为企业进行绩效管理的目的是实现组织目标。绩效管理的一项重要工作是将组织目标分解为部门绩效目标和员工绩效标准。在分解过程中,企业可以检查组织目标的建立是否科学、是否可行,同时,还可以根据组织绩效目标与员工绩效标准等信息,调整和确定组织人力资源供求规划。

2. 绩效管理与工作分析

工作分析是绩效管理的重要基础。通过工作分析确定某个职位的工作职责以及最终绩效目标,绩效管理在此基础上进一步制定对这个职位进行绩效评价的一系列关键绩效指标,而这些关键绩效指标就作为评价该职位任职者的绩效指标和标准。因此,工作分析一方面为金融企业开展绩效管理提供了基本依据。另一方面,通过绩效管理,可以找到造成员工绩效不佳的原因,为今后的工作分析提供经验数据,进而使工作分析得到的岗位任职资格要求与工作绩效之间密切联系。

3. 绩效管理和薪酬管理

员工绩效完成情况是企业支付员工薪酬的一个重要依据。企业不仅可以在职位薪酬的基础上,根据员工绩效指标的完成情况,相应地调整员工工资等级或给予奖惩,还可以将员工的收入与绩效直接挂钩,即采用绩效薪酬体系。反过来,作为员工绩效优劣的直接结果,薪酬也是企业激励员工提高绩效水平的一个重要手段,有效的薪酬设计和管理工作可以放大绩效管理的效果,更好地实现组织目标。

4. 绩效管理和培训开发

由于绩效管理的主要目的是通过分析员工绩效不佳的原因所在,不断改善和提升员工绩效,因此,从现代人力资源管理观点看,培训开发是与绩效管理联系最为密切的一项人力资源管理职能。一方面绩效管理为员工培训提供了基本的事实参考依据,另一方面只有通过开展有针对性的员工培训活动,才能实现持续提升员工技能和员工绩效的目的。

5. 绩效管理与员工关系管理

现代人力资源理论认为绩效管理是要帮助员工提升绩效,最终实现组织和员工目标,因此依据绩效管理理念所建立的企业与员工之间的关系是良性的、和谐的,而不是恶性的、对立的。从某种意义上说,这也正是绩效管理区别于单纯的绩效评价的关键。单纯绩效评价往往与简单的经济奖惩联系在一起,进行绩效评价时,员工与企业往往是对立的。而绩效管理的目的在于帮助员工提升绩效,并用相应的物质和精神手段来对员工的绩效提升给予奖励,换言之,绩效管理实际上是在有效地帮助员工获得更多的物质和精神上的满足,因而能够有效地改善企业和员工之间的关系。

从上述分析可以看出,绩效管理在组织人力资源管理系统中占据着核心地位,发挥着重要作用,通过绩效管理,人力资源管理系统中的其他模块实现了很好的对接。此外,从绩效管理与其他人力资源管理职能之间的关系也可以看出,绩效管理能够提升组织绩效的原因有以下几点:第一,绩效管理使得组织和员工对于各自的绩效目标有了更加明确的认识,规划更加合理。第二,绩效管理为工作分析添加了绩效提升功能,一方面使得组织绩效目标到岗位绩效目标的分解更加清晰、明确,并通过岗位绩效目标的连接,使员工绩效标准与组织绩效目标结合得更加紧密;另一方面使得完成绩效目标所需的任职条件更加明确,并通过进一步完善员工甄选手段,使员工与工作之间更加匹配。第三,绩效管理使得激励手段的绩效导向更加明确,进而提升激励手段(如员工成本)的投资效率。第四,绩效管理可以使员工培训计划有的放矢,提升员工培训对组织的贡献。第五,绩效管理帮助企业建立目标一致、良性和谐的员工管理和企业文化环境,保证企业能够持续地改善员工和组织绩效。

第二节 金融企业员工绩效管理的程序与方法

一、金融企业员工绩效管理的程序

(一) 绩效管理的基本程序和主要环节

绩效管理的一般流程可用图 5-1 表示,图中清晰地显示了该流程中不同环节之间的关系。绩效管理的过程通常被看成是一个循环,这个循环周期一般分为绩效计划制订、绩效计划实施、绩效评价和绩效反馈四个阶段。

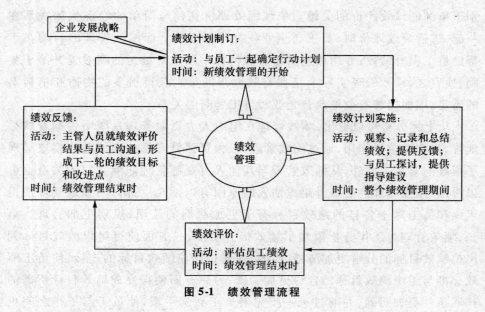

图 5-1 绩效管理流程

1. 绩效计划制订阶段

绩效计划制订是绩效管理中的第一个环节,也是绩效管理过程的起点。该阶段的主要工作是:首先,制订绩效计划,其主要依据是工作目标和工作职责;其次,管理者和员工共同讨论明确员工将要做什么、需要做到什么程度、为什么要做这项工作、何时应该做完以及员工所拥有的权力大小和决策权限等。在这个阶段,管理者和员工的共同投入和参与是绩效管理的基础。一般绩效计划都是一年期的,可在年中修订。绩效计划制订是绩效管理的起点,是确定组织对员工的绩效期望并得到员工认可的过程。绩效计划必须明确说明期望员工达到的结果以及为达到该结果所期望员工表现出来的技能和行为。

(1)绩效计划的参与者

通常,绩效计划需要人力资源管理专业人员、员工的直接主管(或部门负责人)和员工本人三方面共同来制订。人力资源管理部门在绩效计划阶段主要承担监督和协调责任;各部门负责人具体负责本部门员工的绩效计划制订工作的组织、领导、指挥和控制。他们需要与本部门员工进行积极沟通,对其绩效目标的制定工作提供必要的帮助和指导。此外,绩效计划的制订必须要有员工本人参与,这样员工才会更容易接受绩效计划并产生满意感。

制订绩效计划是一个双向沟通的过程,在制订过程中,员工和直接主管共同参与,并将个人目标、部门与组织目标紧密结合起来。这是绩效管理至关重要的环节。

(2) 绩效目标的确定

绩效目标的设立过程,既是组织、部门、员工的目标、期望和职责要求逐级向下分解的过程,同时也是员工、部门、组织的目标、努力方向逐级向上汇总、凝聚和统一的过程。通过绩效目标的牵引可以使组织、部门和员工朝一个方向努力,共同完成组织战略目标。

首先,绩效目标来源于金融企业的战略目标/部门目标。员工的绩效目标大多数直接来源于部门的绩效目标,而部门绩效目标又是根据组织目标分解而来的,这样,就可保证每个员工按照组织要求的方向去努力,从而确保组织的战略目标得以实现。其次,绩效目标来源于金融企业的工作岗位职责。工作岗位职责是描述一个工作岗位在组织中所扮演的角色,即这个岗位对组织有什么样的贡献或产出。岗位职责依附于岗位,相对比较稳定,除非该岗位本身从根本上发生变化。而绩效目标是对一定条件下、一定时间范围内所要达到的结果的描述,也就是说绩效目标是有一定的时间性和阶段性的。再次,绩效目标是根据金融企业内外部客户的需求确定的。组织的产出是通过流程而产生的,而流程的目标和手段是由组织的内部和外部客户的需求驱动产生的。因此,设定员工绩效目标后,一定要兼顾组织内外部客户的需求。

绩效计划的形成过程是一个管理者和员工的双向沟通过程。而所谓的双向沟通也就意味着在这个过程中管理者和被管理者双方都负有责任。设定绩效计划既不仅是管理者向员工提出工作要求,也不仅是员工自发地设定工作目标,而是需要双方的互动与沟通。如果通过共同参与和相互沟通,所有管理者和员工能对绩效计划达成一致意见形成契约,组织整体目标就会与全体员工努力方向取得一致,这样才能在全体员工的一致努力下共同实现组织战略目标。表5-2是某银行大客户部经理和自己的直接主管共同制订的绩效计划表。

表 5-2　绩效计划示例：某银行大客户部经理的绩效计划表

受约人：	×××		职位：		大客户部经理	
直接主管	市场部总经理					
绩效期间	2007年2月1日至2007年6月30日					
工作目标	主要产出	完成期限	衡量标准		评估来源	权重
完善《大客户管理规范》	修订后的《大客户管理规范》	3月1日	大客户管理责任明确 大客户管理流程清晰 大客户需求得以明确		主管评估	20%
调整部门内部组织结构	新的团队组织结构	4月15日	能够以小组形式面对大客户 团队成员优势能互补和发挥		主管评估 下属评估	10%
完成对大客户销售目标	大客户数量 销售额 客户保持率	5月30日	大客户数达到30个 销售额达到2.5亿元 客户保持率不低于80%		销售记录	50%
建立大客户数据库	大客户数据库	6月15日	准确反映大客户信息 确保数据库和公司整个信息管理系统的互联互通 保证数据安全 便于数据统计分析		主管评估	20%
				受约人签字：×××		
				主管签字：×××		
				签字时间：2007年1月28日		

备注：本绩效计划在实施过程中如果发生改变，应该填写绩效计划变更表，最终的绩效评价以变更后的绩效计划为准。

2. 绩效计划实施阶段

制订绩效计划后，员工就开始按照计划开展工作。在工作过程中，管理者要对员工工作进行指导和监督，及时解决所发现的问题，并根据实际情况对绩效计划进行适当调整。在整个绩效管理期间，管理者都要与员工进行持续的绩效沟通，不断地对员工进行指导和反馈。通过持续的绩效沟通，管理者与员工一起追踪计划进展情况，找到影响绩效实现的原因和解决方案。

绩效计划实施在整个绩效管理过程中处于中间阶段，是绩效管理循环中耗时最长的关键环节，也是集中体现管理者和员工之间通力合作、共同完成绩效目标的阶段。这个过程的顺利与否直接影响着企业绩效管理的成败。绩效管理强调员工与管理者的共同参与，强调员工与管理者之间形成绩效伙伴关系，共同完成绩效目标。这种员工的参与和绩效伙伴关系在绩效计划实施阶段主要表现为持续不断的双向沟通。

持续的绩效沟通是指管理者和员工共同工作，以分享有关信息的过程。

这些信息包括工作进展情况、潜在的障碍和问题、可能的解决措施以及管理者如何才能给予员工帮助。绩效计划实施是联结绩效计划制订和绩效评价的中间环节。

绩效信息的收集和记录旨在为下一阶段公正地评价员工的绩效水平提供依据。绩效信息的收集和分析是一个有关员工工作活动和绩效相关信息的系统工程。通过对绩效信息不断的记录、收集、整理和积累,企业可以建立与员工绩效结果相关的各类关键事件和信息的完整的数据库,然后,企业可以运用各种方法从知识、技能、态度和外部障碍等四方面,对数据库存储的绩效信息进行因素分析,从而对员工绩效进行诊断,找出潜在问题所在。

绩效信息的收集对象是组织中的全体员工和与之相关的客户。这些信息有员工自身的汇报和总结,有同事的观察与交流,有上级的检查和记录,有下级的反映和评价,还有相关客户的评价。如果组织中所有的员工都具备了绩效信息反馈的意识,就能给绩效管理带来极大的帮助与支持,各种信息渠道畅通,信息来源全面,便于作出更真实客观的绩效评价,使组织的绩效管理更加有效。值得指出的是,在整个绩效计划实施过程中必须注意收集信息的目的要明确,要让员工参与信息收集,要把事实和推测区分开来。

绩效管理是一项长期复杂的工作,对作为评估基础的数据收集工作要求很高。为了保证评价的正确性,管理者必须注重数据的收集工作,随时收集员工绩效的相关数据,使数据收集工作形成一种制度。

3. 绩效评价阶段

在绩效管理进行到后期时,企业应根据绩效计划,对员工的绩效目标实际完成情况进行评价。绩效评价的依据就是在绩效计划制订阶段由管理者和员工共同制定的关键绩效指标,还有在绩效计划实施阶段所收集到的能够说明被评价者绩效表现的事实和数据。

员工绩效评价的基本内容为工作能力评价、工作业绩评价和工作态度评价。

(1) 工作能力。工作能力是指个体完成工作业绩的基础和潜在条件,没有工作能力就不可能创造好的工作业绩。工作能力包括体能、知识、智能和技能等内容。

（2）工作业绩。工作业绩是指员工的工作成果和效率。工作业绩评价就是对员工职务行为的直接结果进行评价的过程。这个评价过程不仅可以说明各级员工的工作完成情况，更重要的是通过这些评价可以推动员工有计划地改进工作，以达到组织发展的要求。一般说来，可以从数量、质量和效率等方面对员工业绩进行评价。

（3）工作态度。工作态度是指影响员工工作能力发挥的个性因素，主要包括员工的纪律性、协作性、积极性、服从、归属、敬业和团队精神等。[①] 在绩效评价中对员工工作态度进行评价，就是要鼓励员工充分发挥现有的工作能力，最大限度地创造优异的工作业绩。

一般来说，员工绩效评价的内容和方法需要根据工作的具体性质和复杂程度来选择。对于高层管理者而言，评价的内容主要是针对战略目标实施的关键绩效指标和管理状况，通常采用述职报告的形式。对于中基层管理者来说，评价的内容主要是基于企业关键绩效指标分解的部门工作目标的完成情况。同时，由于他们承担着上传下达的职能，因而在大部分组织中通常也采用述职报告形式。对于业务人员来说，评价内容主要包括工作计划的完成情况、工作职责的履行情况以及执行任务过程中的态度等，因此，在实践中多采取评价表格的形式，按照预定目标进行评价。对于操作类人员而言，评价相对比较简单，因为大多数其工作绩效都是可计量的，评价内容以时间、数量、质量和成本为依据，评价形式更多的是采用过程登记表。

4．绩效反馈阶段

绩效评价结束后，管理者还需要与员工进行一次甚至多次面对面的交谈。通过绩效反馈面谈，可以使员工了解管理者对自己的期望，了解自己的绩效，认识到自身有待改进之处。而且，在面谈中，员工也可以提出自己在完成绩效目标中遇到的困难，请求上级的指导或帮助。在员工和管理者对绩效评价结果和改进点达成一致后，他们就需要确定下一个绩效管理周期的绩效目标和改进点，从而开始新一轮的绩效管理。

以上四个环节构成了绩效管理的一个完整循环。其中，绩效计划制订和绩效计划实施是绩效评价的准备和保障，绩效反馈将绩效评价结果在管理者

[①] 除工作态度外，外部条件也是影响员工工作能力发挥的重要的限制条件。不过，与工作态度不同的是，外部条件是员工不可控的因素。

和员工之间传递,这样可以及时发现员工的工作优势、遇到的困难和工作技能方面的欠缺,为员工提供有针对性的培训,使得员工的工作业绩和工作技能得到提高,进而实现组织目标。这样,绩效评价就不再是一个单纯的结果,而成为组织绩效和员工绩效提升的工具。绩效管理将原有的绩效评价进一步系统化、完整化,使得绩效评价不再流于形式。

(二)绩效管理的具体操作流程

为了保证绩效管理的顺利实施,金融企业有必要在前述绩效管理基本程序的基础上,进一步建立清晰明确的绩效管理操作流程。其主要流程见图5-2。

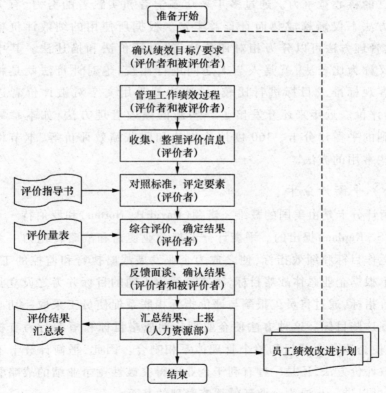

图 5-2 绩效管理的操作流程

(三)员工申诉流程

一轮绩效管理结束后,被评价者有权了解自己的评价结果,评价者有向被评价者通知说明评价结果的责任。被评价者如果对评价结果有异议,应首先通过沟通方式解决,如果解决不了,有权向更高一级——二级评价者申诉;如果被评价者对二级评价者的评价结果仍有异议,可以向人力资源管理部门提出申诉。人力资源管理部门经过调查和协商,在十日内向申诉者答复最终结果。

二、金融企业员工绩效管理的基本方法

一个优秀员工总是希望自己的努力和工作能够被承认,得到组织的认可和重用。一个好的绩效管理系统可以支持企业绩效的持续提升,培养其拥有自己的核心竞争力。通过多年来众多学者和实践者的努力,有关绩效管理的方法不仅渐趋成熟而且日益丰富。根据所使用的绩效评价标准不同,绩效管理方法可以分为相对评价法、绝对评价法和描述法。其中相对评价法又称为比较法,就是人与人之间进行比较;绝对评价法就是将评价对象和客观标准或目标进行比较;描述法就是用文字对被评价者进行描述,作出评价。近年来还开发出了一些新的绩效管理方法,如本章导入案例中提到的平衡计分卡、360度评价方法和团队绩效评价等,本节将介绍其中一些常用的方法。

(一) 平衡计分卡

平衡计分卡是由美国的戴维·诺顿(David P. Norton)和罗伯特·卡普兰(Robert S. Kaplan)提出的。平衡计分卡把企业使命和战略转化为一系列全方位的运作目标和绩效指标,使之成为企业发展战略执行和监控的工具;平衡计分卡根据企业总体战略目标,将其分解为不同的目标并为之设立具体的绩效评价指标,通过将员工报酬与评价指标相联系促使员工采取一切必要行动去实现这些目标。这种方法使企业把长期战略目标和短期行为有机地结合起来,使企业各个部门和整个管理体系相吻合。因此,平衡计分卡不仅是一种绩效评价方法,还是一种有利于企业取得突破性竞争业绩的战略管理工具,并且可以进一步成为企业新的战略管理的基石。

根据 Gartner Group 的调查,到 2000 年为止,在《财富》杂志公布的世界前 1 000 位公司中有 40% 的公司采用了平衡计分卡系统。William M. Mercer 公司在对 214 个公司的调查中发现,88% 的公司认为平衡计分卡对于员工报酬

方案的设计与实施是有帮助的,并且平衡计分卡所揭示的非财务评价方法在这些公司中被广泛运用于员工奖金计划的设计与实施中。

平衡计分卡不仅重视财务指标,而且兼顾促进财务指标实现的驱动因素,并且从财务、客户、内部运营、学习与创新四个角度衡量组织绩效。平衡计分卡创始人认为它表明了企业员工需要什么样的知识、技能和系统(学习与创新角度),才能创新和建立适当的战略优势和效率(内部运营角度),使公司能够把特定的价值带给市场(客户角度),从而最终实现更高的股东价值(财务角度)。

平衡计分卡的分析框架如图5-3所示。

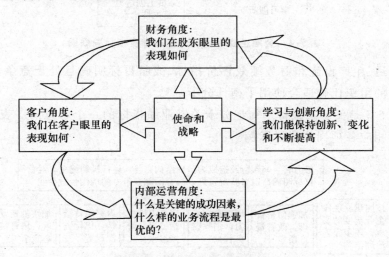

图5-3 平衡计分卡分析框架

虽然平衡计分卡是从财务、客户、内部运营和学习与创新这四个相对独立的角度,系统地对金融企业的经营业绩进行评价,但这四个方面在逻辑上是紧密联系、不可分割的,且具有一定的因果关系,组织战略则依据这种因果关系逐步得到传递和落实。

从图5-4可以看出,由于关注提升员工技能,使得金融企业提供服务的质量和周期得到保证;由于内部运营的高效,从而使得金融产品能够按时按质按量完成,顾客满意度和忠诚度不断提高,最终在财务指标——资本回报率上得到了较好的反映。

平衡计分卡并不适用于所有类型的组织。一般说来,有自己的客户群、

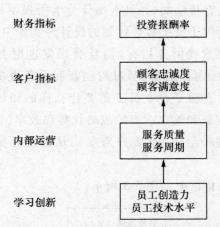

图 5-4　金融企业平衡计分卡四维度指标关联图

销售渠道、生产设施和财务绩效评价指标,战略目标明确且处于竞争激烈的市场中的组织比较适合使用平衡计分卡。

图 5-5 是关于某银行平衡记分卡关键业绩指标的一个示意图。表 5-3 是该银行相应各项岗位指标示例。

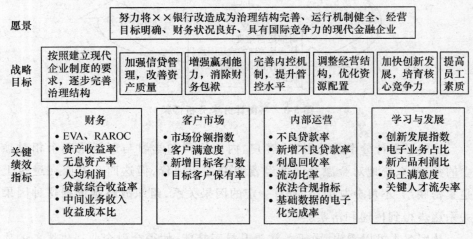

图 5-5　××银行平衡记分卡关键绩效指标示意图

资料来源:中国工商银行人力资源部课题组,《中国工商银行人力资源管理体制改革研究》,《金融论坛》2006 年第 12 期。

表 5-3　××银行各类岗位关键绩效指标示例

岗位类别	岗位名称	绩效指标	指标权重	岗位类别	岗位名称	绩效指标	指标权重
业务营销类	对公业务客户经理岗	新增法人优质客户数	10%	产品支持类	电子银行管理岗	新增个人网银普通版客户数	10%
		新增对公存款	15%			新增个人网银证书版客户数	20%
		对公存款存量维护	10%			新增企业网银普通版客户数	10%
		发放法人客户贷款	25%			新增企业网银证书版客户数	20%
		不良贷款率	20%			新增手机银行客户数	5%
		内控工作	10%			网上交易额	5%
		团队协作能力	5%			产品开发与创新	10%
		学习与创新能力	5%			内控工作	10%
	个人客户经理岗	新增个人优质客户数	10%			团队协作能力	5%
		新增储蓄存款	15%			学习与创新能力	5%
		储蓄存款存量维护	10%		银行卡管理岗	信用卡国际卡发卡数	20%
		发放个人客户贷款	25%			信用卡普通卡发卡数	15%
		不良贷款率	20%			储蓄卡发卡数	5%
		内控工作	10%			透支户催收	5%
		团队协作能力	5%			POS机安装台数	5%
		学习与创新能力	5%			银行卡中间业务收入	20%
风险控制类	法律事务岗	诉讼案件胜诉率	25%			产品开发与创新	10%
		胜诉案件执行率	25%			内控工作	10%
		法律审查文件数	10%			团队协作能力	5%
		接受法律咨询数	10%			学习与创新能力	5%
		揭示法律风险点数	10%		信贷管理岗	贷款发放额	30%
		内控工作	10%			评级授信企业数	10%
		团队协作能力	5%			不良贷款率	20%
		学习与创新能力	5%			贷款收息率	20%
	内控合规岗	案件发生率	40%			内控工作	10%
		违规操作数	5%			团队协作能力	5%
		内控等级	30%			学习与创新能力	5%
		内控制度建设	5%		国际业务管理岗	外汇存款	30%
		内控检查频率	5%			进出口信用证	20%
		揭示操作风险点	5%			代客外汇买卖额	10%
		团队协作能力	5%			国际业务结算量	10%
		学习与创新能力	5%			产品开发与创新	10%
营业网点类	操作柜员岗	业务量	30%			内控工作	10%
		存款增量	30%			团队协作能力	5%
		业务差错率	5%			学习与创新能力	5%
		营销产品数	5%	业务支持类	会计结算管理岗	对公账户开立数	10%
		服务投诉率	10%			会计专业中间业务收入	30%
		内控工作	10%			网点库存现金余额	10%
		团队协作能力	5%			临柜业务事后监督差错率	15%
		学习与创新能力	5%			清算差错率	15%

（续表）

岗位类别	岗位名称	绩效指标	指标权重	岗位类别	岗位名称	绩效指标	指标权重
营业网点类	大堂经理岗	服务投诉率	10%	业务支持类		内控工作	10%
		营销产品数	30%			团队协作能力	5%
		网点环境整洁度	20%			学习与创新能力	5%
		网点秩序	20%		信息科技管理岗	业务运行系统故障率	25%
		内控工作	10%			计算机及业务终端故障率	25%
		团队协作能力	5%			系统程序开发软件数	30%
		学习与创新能力	5%			内控工作	10%
	营业经理岗	网点业务差错率	10%			团队协作能力	5%
		网点员工规章制度执行率	30%			学习与创新能力	5%
		网点案件发生率	50%	资源保障类	办公室管理岗	信息发送量	10%
		团队协作能力	5%			办文数量及质量	30%
		学习与创新能力	5%			办会数量及质量	30%
中高层管理岗	中层管理岗	所在部门经营指标	40%			办公物品到位率	5%
		所在部门绩效考核平均水平	30%			文书档案等级	5%
		内部风险控制	10%			内控工作	10%
		员工培训情况	5%			团队协作能力	5%
		组织协调能力	5%			学习与创新能力	5%
		学习与创新能力	5%		财务管理岗	财务报表及数据准确率	20%
		团队协作能力	5%			经营费用控制数	40%
	高层管理岗（副）	所在单位绩效考核指标	35%			经营分析及建议	20%
		分管部门绩效考核平均水平	35%			内控工作	10%
		决策能力	15%			团队协作能力	5%
		领导能力	10%			学习与创新能力	5%
		学习与创新能力	5%		人力资源管理岗	招聘员工数	5%
	高层管理岗（正）	所在单位绩效考核指标	70%			员工培训次数	5%
		决策能力	15%			分流员工数	5%
		领导能力	10%			人力费用控制数	15%
		学习与创新能力	5%			员工绩效管理	20%
						员工薪酬分配	20%
						企业文化建设	5%
						营业网点调整数	5%
						内控工作	10%
						团队协作能力	5%
						学习与创新能力	5%

资料来源：郑治军，《个人绩效管理分析——以工行四川分行为例》，西南财经大学 2007 年硕士论文。

（二）目标管理法

目标管理法是一种综合的以人为中心的系统管理方法。目标管理是一种程序或者方法，它使得组织中上级和下级一起协商，根据组织使命确定一定时期内组织的总目标，进而决定上下级的责任和分目标，并把这些目标作为组织绩效评价和评价每个部门与个人绩效产出对组织贡献的标准。

应用目标管理法评价员工绩效时，关注的重点是工作业绩和工作结果；要求员工参与组织计划目标的确定，并参与讨论部门的目标，确立员工个人目标。通过这种方法，员工能够了解努力工作和业绩之间，以及业绩和奖励之间的关系。这样可以增强员工的责任感，部分地实现"自我管理"。在绩效管理中使用目标管理时，管理者必须和每位员工共同制定一套便于衡量的工作目标，并定期与员工讨论目标完成情况。

目标管理用于绩效评价的优点主要有：有助于改进组织结构的职责分工；对可量化指标实行目标管理会带来良好的绩效；可强调员工的积极参与，能提高士气；目标管理使用限制条件少而且开发费用不高；目标管理较为公平，能促进员工和管理者之间的沟通。但是也要注意到，目标管理用于绩效评价也存在着不足，如目标难以制定，目标商定过程可能会增加管理成本；对员工工作动机作了比较乐观的假设；缺乏必要的行为指导，易倾向于短期目标等。目标管理应用于绩效管理时要特别注意克服这些不足。

表 5-4　某证券交易所人力资源管理部门目标管理实例

第三季度绩效目标	第三季度绩效结果
• 到 7 月 28 日，人力资源管理部门张路将完成一份关于员工对于新的绩效评价制度的反应的综合书面报告	• 7 月 30 日，张路完成书面报告
• 准备对新的绩效管理制度进行口头宣讲，每次 10 到 15 人为一组进行宣讲，8 月底完成	• 有关新的绩效管理制度的口头宣讲，在 8 月 30 前全部完成
• 员工对宣讲的评价在 5 分制的评分尺度中必须达到 3 分以上	• 员工对此次宣讲的评价分数为 3.4 分，超过了最低期望值
……	……

（三）360 度绩效评价

工作是多方面的，工作业绩也是多维度的，不同个体对同一工作的印象是不同的。正是根据此原理，人们在实际工作过程中开发出了 360 度反馈系统。该系统通过不同的考核者（直属主管、同事、下属、自我和顾客等），从不同的角度全方位地考核员工的工作业绩。

360度反馈(360-degree feedback)指的是多角度或全方位的评价系统,它是和过去的单向评价相比较而得名的。单向评估指的是由主管或员工自己单方面来评估员工个人的绩效表现,而360度绩效评价的评估人除了部门的主管及被评估人外,还增加了部门的同级、下级及其他人(包括跨部门的同事、小组成员及外部客户等)。此外,360度评价还是一种把评估结果反馈给本人的一种新型的绩效管理方法,如图5-6所示。

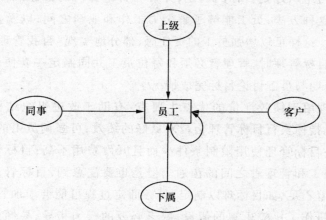

图5-6　360度绩效评价

1. 直属主管评估

直属主管最有可能拥有最佳机会观察员工的实际绩效。通过主管评估,员工可以了解自身所在工作部门以及工作的重要性。不过如果直属主管的下属过多,会导致其观察员工实际表现的机会较少,则主管可能无法真正评估出员工的实际绩效。

2. 同事评估

同事评估是指员工个人的绩效由其同事进行评估。同事是指员工在同一工作团队或单位的同事,或是同一组织中彼此职位或级别相仿的其他员工。就某些工作而言,工作绩效一般很难由上司来加以正确地评估,而同事由于与被评估者之间有较为密切的互动关系,应能够比较了解彼此的工作性质与工作绩效,所以同事的评估可以以较为适当而确切的观点及评价角度对员工的绩效作出评估。

3. 下属评估

下属评估是指员工个人的工作表现,由其下属来加以考评的一种评估角度。因为下属经常直接观察到主管的管理行为,所以他可以将主管的管理行为反馈给主管作为参考。此外,有些领导行为只发生在下属与管理者之间,那么下属的评估就显得格外重要,所以向上评估对于个人与组织发展的作用越来越受到重视。

4. 自我评估

自我评估是指员工对于自己的工作表现进行评估。由于自我评估能够降低员工对绩效评估的抗拒心理,并缩小员工和上司对于员工工作在认知上的差距,且在自我评估的过程中,最不易产生晕轮效应的偏误,因此自我评估可作为衡量员工实际绩效的评估角度之一。

5. 顾客评估

顾客评估是指企业顾客对员工绩效进行评估。由于顾客是企业产品或服务的消费者,员工的工作态度与工作成果如何,顾客最有发言权。通过顾客评估可以判断顾客的需求是否被满足,并可衡量顾客的满意程度。顾客评估作为其他评估角度的有力补充,往往能达到意想不到的效果。

与传统的绩效管理方法相比,360度绩效评价方法从多个角度来反映员工的工作,使结果更加客观、全面和可靠,特别是由于其对反馈过程的重视,使绩效评价起到"镜子"的作用,并为广大员工提供了相互交流和学习的机会。

通过这种新型的绩效管理方法,企业可以全方位了解雇员的绩效,包括沟通技巧、人际关系、领导能力、行政能力等;被评估人也可以从多角度的绩效反馈中清楚地知道自己的长处、不足与发展需求,便于其改进绩效,从而有利于公司和员工的发展。

由于360度反馈系统能够全方位、多角度地反映组织成员的工作绩效,在一定程度上满足了企业发展的需要,因而逐步得到完善和广泛的应用。从20世纪90年代开始,每年都有大量的企业在绩效管理中增加360度绩效评价反馈。美国William M. Mercerw人力资源咨询公司的调查表明:1995年有40%的美国公司运用了360度绩效反馈系统,而到2000年,运用该系统的美国公司已达65%。

不过需要指出的是,该方法对企业人力资源管理工作者的能力也相应地提出了更高的要求：一是收集和整理的信息数量将大大增加，二是管理人员特别是人力资源管理人员的反馈能力直接关系到绩效评价反馈系统的效能，三是绩效评价的内容和形式设计要复杂得多。

（四）比较法

1. 排序比较法

排序比较法是对同一部门内的员工进行排序，这是一种古老而简单的绩效管理方法，也是最常用的方法。

排序比较法分为简单排序法和交替排序法。简单排序法要求管理者将本部门所有员工按照绩效成绩从高到低（从最差者到最好者）进行排序。交替排序法是根据某些工作绩效评价指标将员工们分别从绩效最好的和绩效最差的选起，直到所有员工全部排序完毕。由于从员工中挑选出最好的和最差的比将全体员工排序要容易得多，因此交替排序法是一种应用非常普遍的工作绩效评价方法。表5-5是关于排序比较法的一个示例。

表 5-5　运用交替排序法进行绩效评价

评价时所依据的要素：
针对你所要评价的每一要素，将所有员工姓名都列出。将工作绩效评价最好的员工姓名列在第一行的位置上，将工作绩效评价最低的员工姓名列在第20行的位置上；然后再将工作绩效评价次好的员工姓名列在第二行的位置上，将工作绩效评价次差的员工姓名列在第19行的位置上。这样一直将这个交替排序继续下去，直到所要评价的员工都被列出来。

1. _____	11. _____
2. _____	12. _____
3. _____	13. _____
4. _____	14. _____
5. _____	15. _____
6. _____	16. _____
7. _____	17. _____
8. _____	18. _____
9. _____	19. _____
10. _____	20. _____

排序法最大的优点是简单实用，评价结果也一目了然；缺点就是不适合被评价人数较多时使用，另外这种方法容易给员工造成心理压力。

2. 配对比较法

配对比较法使得排序型的绩效评价法变得更加有效。其基本做法是将每一位员工按照所有的评价要素(工作质量、工作数量等)与所有其他员工进行比较,根据配对比较的结果,排列出他们的绩效名次,而不是把各被评价者笼统排序。表 5-6 是关于配对比较法的一个示例。

表 5-6　运用配对比较法评价员工工作绩效

就工作质量要素所作的评价						就创造性要素所作的评价					
被考核员工姓名						被考核员工姓名					
比较对象	王杰	李丽	徐明	严波	刘琼	比较对象	王杰	李丽	徐明	严波	刘琼
王杰		+	+	-	+	王杰		-	-	-	-
李丽	-		-	-	-	李丽	+		-	+	+
徐明	-	+		+	-	徐明	+	+		-	+
严波	+	+	-		+	严波	+	-	+		-
刘琼	+	-	-	+		刘琼	+	-	-	+	
	2 +	4 +	2 +	1 +	2 +		4 +	1 +	1 +	2 +	2 +

如表 5-6 所示,需要运用配对比较法对 5 位员工进行工作绩效评价。首先应该列出一张类似表 5-6 那样的表格,其中标明所有需要考核的员工的姓名以及需要考核的所有工作要素。然后将所有员工根据某一类要素进行配对比较,然后,用"+"(好)和"-"(差)标明谁好一些,谁差一些。最后将每一位员工得到"+"的次数相加,得到"+"最多的为优胜者。在表 5-6 中,员工李丽的工作质量是最好的,而王杰的创造力却是最强的。

配对比较法的优点是直观明确,使用方便。缺点是一旦参加评价的人数过多(多于 5 人),这种方法就会显得很复杂、很麻烦、很费时间,因而其一般用于不超过 10 人的绩效评价。而且这种方法只能评比出名次,不能反映出被考核者之间的差距大小,也不能反映出他们工作能力和品质的特点。

(五) 强制分布法

此法是按事物"两头小,中间大"的正态分布规律,先确定好各等级在总数中所占比例,然后按照其绩效的相对优劣程度,每个人强制列入其中的一定等级。如表 5-7,参加绩效评价的员工人数为 40 人,其中 5% 的人为优秀,如果某员工绩效评价排名为第二名,则被列入优秀等级。

表 5-7　用强制分布法进行绩效评价

等级	比例	人数
优秀	5%	2
良好	15%	6
合格	60%	24
不合格	15%	6
差	5%	2

不少的跨国公司都在使用这种方法,如通用电气公司的活力曲线,如图 5-7 所示。这种方法适用于工作绩效难以通过数量来衡量的工作,使用时特别要注意各个职位的区别,不能将比例统一划定。这种方法的优点是有利于管理控制,特别是在引入员工淘汰机制的企业中,它能明确筛选出淘汰对象,具有强制激励和鞭策功能,它还能避免考核过程中考核标准过分宽松或过分严格的情况发生。当然,它也有缺点,如果整个部门员工都很优秀,运用强制正态分布法划分等级可能会因为缺乏公正性而引起员工的不满。

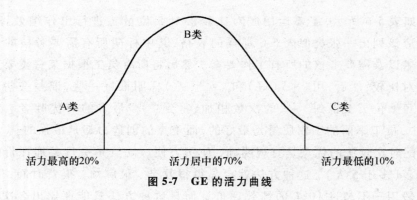

图 5-7　GE 的活力曲线

（六）行为锚定等级评价法

行为锚定等级评价法是美国学者史密斯(P. C. Smith)和肯德尔(L. Kendall)于 1963 年研究提出的。该方法利用特定的行为锚定量表来描述员工的行为和绩效,是传统的图示评定法与关键事件法的结合。该方法一般要先明确定义每一个评价项目,确定关键事件,初步建立绩效评价指标,然后重新分配关键事件,并确定相应的绩效评价指标,再确定各个关键事件的评价等级,最终才能建立起行为锚定评分表。

行为锚定等级评价法的优点是使有关工作绩效的计量更为精确,绩效评价标准更为明确,它具有良好的反馈功能,各种评价要素之间有着较强的相互独立性,而且连贯性较好。其最大的优点在于它的指导和监控行为的能力。主要缺点是其设计和实施成本高,不仅需要多次测试和修改,还要花费大量时间和资金。图5-8是关于某连锁服装店售货员处理顾客投诉的态度与技巧的一份行为锚定评分表。

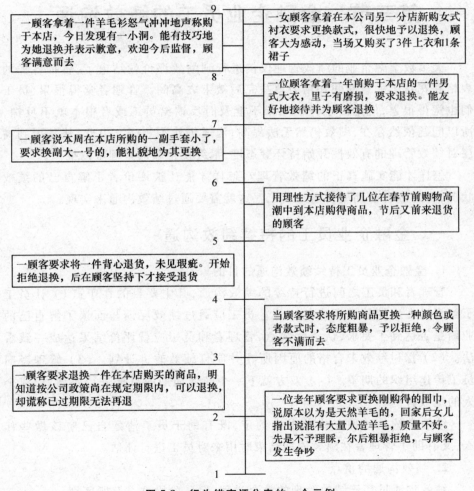

图 5-8　行为锚定评分表的一个示例

绩效管理的方法很多,不能盲目照搬国外以及其他行业所使用的方法,作为金融企业要根据自身特性以及员工特征,选用适当的绩效管理方法。一般说来,确定组织应该选择哪种绩效管理方法,需要结合组织发展目标和评价目标。对员工有无激励和引导作用,能否客观评价,方法是否实用且易于执行、是否经济等方面进行综合考虑。此外,还要注意所要评价对象的工作性质。

第三节 金融企业员工的绩效沟通

大多数金融企业的绩效管理仅仅进行到绩效评价就结束了,各种各样的表格在花费了大量时间和精力填写完后被束之高阁。管理者觉得很累,员工们也觉得很累,但是由于评价结果不能及时反馈给员工或者根本就不反馈,所以问题依然存在,绩效仍然无法提高,沟通仍然不顺畅。由此,从基层到高层对绩效管理的有效性开始持怀疑态度,最终使得绩效管理难以推广。

怎样才能实施真正的绩效管理?怎样才能让被评价者了解自己的绩效状况,将管理者的期望传递给员工?这就需要通过绩效沟通来实现。

一、金融企业员工的持续绩效沟通

1. 金融企业员工持续绩效沟通的目的

管理者和员工之间进行持续的绩效沟通,其主要目的在于:(1)让员工了解自己在本绩效周期内的表现。员工应通过绩效反馈与面谈了解自己的业绩是否达到了要求,认清优缺点,管理者和员工应就评价结果达成一致看法。(2)探讨绩效未合格的原因所在并制订绩效改进计划。(3)管理者向员工传递组织的期望。(4)双方就下一个绩效周期的目标进行协商,形成个人的绩效合约。

绩效合约是一种正式的书面约定,既有助于员工清楚自己应该做些什么,又有助于管理者在绩效周期结束时用来对员工进行评估。

2. 绩效沟通的重点

绩效沟通贯穿于绩效管理的整个过程,但各阶段重点有所区别:

(1)在绩效计划制订阶段,沟通的主要目的是管理者和员工对工作目标和标准达成一致契约。契约达成后,这些工作和标准就成为绩效管理评价员工绩效的依据和标准。在绩效计划实施阶段,沟通目的主要有两个:一个是员工汇报工作进展或就工作中遇到的障碍向管理者求助,寻求帮助和解决办法;另一个是管理者对员工的工作与目标计划之间出现的偏差及时进行纠正。

(2)在绩效评价和反馈阶段,管理者与员工进行沟通,主要是为了对员工在绩效管理周期内的工作进行合理、公正和全面的评价;同时,根据员工出现问题的原因与员工进行沟通和分析,并共同确定下一期改进和提高的重点。

(3)在绩效计划实施阶段,员工与管理者达成的一致计划和评价标准并不是一成不变的。员工在完成计划过程中可能会遇到外部障碍、能力缺陷或其他意想不到的情况,这些情况都会影响计划的顺利完成。员工在遇到这些情况的时候应当及时与管理者沟通,管理者则要与员工共同分析问题产生的原因。如不属于外部障碍而是员工本身的技能缺陷问题,管理者则应该提供技能上的帮助或辅导,辅助员工达成绩效目标。

同时,在绩效计划实施阶段,员工有责任向管理者汇报工作进展情况。通过这种沟通,能够使管理者及时了解员工工作进展,对员工出现的偏差进行及时纠正,尽早找到潜在问题以便在它们变得更复杂之前能够将其很好地解决,管理者有责任帮助其下属达成绩效目标。

二、绩效沟通的准备工作

1. 管理者应该作的准备

(1)选择适当的时间和场所

选择合适的时间和地点很重要。首先,管理者应该和员工事先商定一个双方都不是很忙的时间,注意不要管理者单方决定时间,同时还要计划好面谈需要多少时间,这样有利于双方把握面谈反馈的进度和安排好各自的工作。地点的选择也非常关键。通常,可选择管理者的办公室、小型会议室或类似咖啡厅的休闲地点。

(2)熟悉面谈对象的评价资料

在面谈之前,管理者应在了解员工评价结果的基础上,充分地了解员工的情况,包括他的教育背景、家庭环境、工作经历、性格特点、职务和工作业绩情况。此外还可回顾以前沟通的重点内容,做到心中有数。

（3）计划好面谈的内容、程序和进度

对面谈内容、面谈目的、面谈的方式等都应该事先计划好，做到有备无患。

2．员工应作的准备

（1）回顾自己在本绩效周期的行为态度和业绩，准备好相关的证明自己绩效的依据。

（2）正视自己的优缺点和有待提高的能力，作好自己初步的职业发展规划。

（3）准备好向管理者提问，解决自己工作过程中的困难和疑惑，探讨今后的工作重心。

三、绩效沟通的实施程序和方法

（一）绩效沟通的实施程序

1．作好绩效沟通的准备

绩效沟通的重点是将绩效评价的结果明确而又委婉地传达给员工本人。对于那些值得肯定和业绩优秀的员工，要给予表扬和鼓励，鼓励其今后继续保持和自我突破。但是面谈的重点应该是放在对不良业绩的诊断上，因为这可能是阻碍员工发展，影响业绩提高的瓶颈，员工能力欠缺或态度不端正的原因就在于此。需要沟通和讨论的主要内容有：

（1）正在做和应该做的工作之间的区别是什么？

（2）什么原因使得我说工作进展不顺利？

（3）是技能不足吗？技能使用的频率多高？

（4）是否有对业绩的固定反馈？

（5）有妨碍取得业绩的障碍吗？

（6）个人是否知道工作预期是什么？

（7）是否可采用一些办法来减少干扰？哪种方法最好？

（8）是否已找出所有的办法？是否每种办法着重解决分析中发现的一个或者几个问题（如技能不足、缺乏潜力、激励不正确或者精神不佳等）？

2．选择适宜的绩效沟通策略进行沟通

根据员工绩效评价结果，可以将金融企业员工分为四大类，针对每种不同类型的员工应采用不同的绩效沟通策略。

（1）贡献型（好的工作业绩＋好的工作态度）：这类员工是组织创造良好业绩的主力军，是最需要维持和保留的。因此，沟通策略应该是在了解公司激励政策的前提下给予奖励，对其提出更高的目标和要求。

（2）安分型（差的工作业绩＋好的工作态度）：这类员工工作认真，对上司和公司的认同感高，可就是业绩不好。沟通策略应该是以制订严格的绩效改进计划为重点；严格绩效评价，不能用工作态度好取代业绩好。

（3）冲锋型（好的工作业绩＋差的工作态度）：这类员工不足之处在于工作热情忽高忽低，工作态度时好时坏。一般是由于性格原因或沟通不畅所致。对此类员工一忌放纵，二忌管死。对于这种员工，可采取的沟通策略是：加强沟通，建立信任，不要有遗留问题，及时辅导，以改善其工作态度。

（4）堕落型（差的工作业绩＋差的工作态度）：这类员工会想尽一切办法替自己辩解，或找外界因素，或直接承认工作没有做好。对待这种员工的沟通策略应当是重申绩效计划，明确工作目标，澄清其对工作成果的看法。实在不行就予以辞退。

3. 进行绩效沟通效果评价

沟通结束后必须对绩效沟通效果加以评价，作为绩效改进的依据。绩效沟通效果评价应集中回答以下问题：

（1）此次绩效沟通是否达到了预期目的？

（2）下次绩效沟通应该如何改进？

（3）哪些遗漏必须补充？哪些讨论是多余的？

（4）此次绩效沟通对被评价者有什么帮助？

（5）绩效沟通中被考评者充分发言了吗？

（6）通过此次绩效沟通自己学到了哪些辅助技巧？

（7）对此次绩效沟通的总体评价如何？

（二）绩效沟通的方法

绩效沟通的方法有很多种，口头的和书面的，会议的和谈话的，电话的和网络的，等等，每种方法都有其优缺点，关键在于如何根据不同的情境选择适当的沟通方式。我们将沟通方式分为正式沟通和非正式沟通两大类，其中包括的沟通方式如图5-9所示。

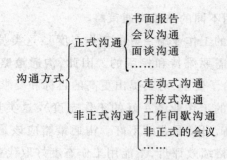

图 5-9　绩效沟通的方法

【本章小结】

绩效管理对金融企业而言是一项极具挑战性的工作,金融企业绩效管理通过对金融企业战略目标构建、战略目标分解、绩效评价,并将绩效管理结果应用于企业管理活动之中,以激励员工业绩持续改进并最终实现组织战略和个人目标。绩效管理不等同于绩效评价,绩效评价只是绩效管理的一个环节,而绩效管理是人力资源管理的核心内容,在人力资源管理中占据了核心地位。

绩效管理是一个完整系统,分为绩效计划制订、绩效计划实施、绩效评价和绩效反馈四个阶段。

绩效计划制订是管理者和员工共同讨论以确认员工在绩效周期内应该做什么和达到什么程度的过程。它是绩效管理的起点。绩效计划实施由绩效信息的收集和持续的绩效沟通构成,是绩效管理中连接绩效计划制订和实施的桥梁。其中,绩效信息的主要来源有直属主管评估、同事评估、下属评估、自我评估和顾客评估等。

绩效反馈是现有绩效管理周期的结束也是新的绩效管理周期的开始,是使员工了解自身绩效水平和制订绩效改进计划的管理手段。其目的在于使员工清楚自己的优缺点、了解主管对自己的看法、明确自己有待改进的方面、协商下一轮绩效周期的绩效目标和改进点。在进行反馈面谈之前,管理者和员工都应该做好准备工作。

绩效评价是依据绩效计划对员工的工作能力、工作业绩和工作态度进行评价,以确定员工绩效是否达到预定目标。

绩效管理的方法很多,主要有平衡计分卡、目标管理法、360 度绩效评价、比较法、强制分布法和行为锚定等级评价法等方法，每种方法都有各自的优缺点，要根据企业的实际情况进行选择。

绩效沟通贯穿于绩效管理整个过程，管理者和员工的双向沟通是绩效管理的生命线，管理者和员工都应该为绩效沟通作好各自的准备，管理者应根据员工绩效和特征选择适宜的绩效沟通策略和方法，以保证绩效沟通的顺利实施，进而保证绩效管理的成功实施。

【思考练习题】

1. 什么是绩效管理？绩效管理和绩效评价有何异同？
2. 绩效管理流程主要由哪些阶段构成？每个阶段的主要任务是什么？
3. 绩效管理的方法主要有哪些？
4. 什么是平衡计分卡？你认为在中国金融企业实施它需要具备什么条件？为什么？
5. 什么是绩效沟通？绩效沟通的方法有哪些？

【案例分析】

C银行实施360度绩效管理

C银行是国有商业银行，在人力资源管理方面，它像其他国有商业银行一样存在国有企业的诸多弊端，官本位意识和官僚主义作风严重，机制僵硬、缺乏弹性，特别是干部选拔、任用以及工资制度、激励机制方面还停留在过去的作业性、行政性阶段。具体而言，C银行在人力资源管理中存在的问题主要有：一是观念问题，目前C银行管理者还停留在过去简单的人事管理或行政管理的层面上；二是人力资源管理体制不完善，把自身作为政府的一个职能部门，简单地参照行政机关公务员的管理办法进行管理；三是人力资源管理方法和技术的落后，主要表现为缺乏效率，管理偏重于管理程序本身和档案管理，而不注重经营效率、赢利、为客户服务等；四是缺乏干部"能上、能下、能进、能出"的竞争机制，干部任用沿用论资排辈的传统，优秀人才难以脱颖而出；五是没有合理的分配机制，干多干少、干好干坏一个样，收入分配缺乏应有的激励效应。

C银行现行薪酬体系一直实行严格的行员等级工资制，而工资等级又是根据员工的工龄、资历、行政级别、学历等确定的,分配上拉不开差距,没有激励效应,而且一旦员工达到了某一级别,无论工作干好干坏,工资始终不变。这种"吃大锅饭"的不合理分配制度使员工养成了"多一事不如少一事,少一事不如不做事"的思维惯性与工作态度,工作缺乏主动性与创造性。管理者高高在上,员工迫于对权力的敬畏和上级的压力而工作,不愿承担责任和风险,员工日复一日、按部就班地工作,全行上下形成了一种因循守旧、墨守成规的工作氛围。

虽然C银行将绩效管理放到了一个很重要的位置,并将其写入严格的制度章程里,但是,实质却"雷声大,雨点小",走走过场,流于形式。所谓对员工的绩效评价也只是年终写一个个人总结,部门评评先进,发个荣誉证书、纪念品而已。由于C银行未建立符合企业自身特点、严明有效的绩效管理系统,绩效管理与激励机制没有起到应有的鼓励先进、鞭策后进,提高绩效,促进员工发展的作用。

面对内部死气沉沉的工作气氛和外部激烈的人才竞争压力,2001年11月,C银行的领导终于坐不住了,决心对现有的绩效管理体系进行改革。经过行领导反复研究,决定在全行采用目标管理与国际先进的360度绩效管理方法,对部门与个人实行客观量化评价与主观软性指标评价相结合的评价方式,达到加强管理,提高效益的目的。具体做法是:把员工的工资收入分成两个部分,一部分与部门绩效挂钩,另一部分与员工个人绩效挂钩,其中个人绩效中有60%与个人的目标任务挂钩,另外40%根据360度反馈评价的打分结果来确定。对以这种客观评估与主观评估相结合、目标管理与新型的360度绩效反馈相结合的绩效管理方式,来改变目前没有标准、缺乏科学评价体系的绩效管理状况,行领导充满信心。

俗话说得好,没有完善的组织工作就不可能有成功。绩效管理方案一定,行领导立即召集各部门负责人开会商讨绩效管理细节,并专门成立绩效评价领导小组,组长由行长亲自担任,副组长由分管副行长和纪检组长担任,小组成员从行政办公室、人事教育处、监察处、工会和宣传部中抽调精兵强将组成。整个绩效评价小组阵容庞大且具有较强的权威性。为了更好地贯彻实施绩效管理的精神,绩效评价领导小组下面设有绩效评价办公室,专门负责绩效评价的计划、组织、协调、培训和存档工作,并受理员工有关绩效评价的申诉。绩效评价办公室划归C银行人事教育处负责。为把绩效管理深入到各部门,绩效评价领导小组又以部门为单位,成立了部门绩效评价小组,组长由部门负责人担任,组员由科级干部担任,评价小组负责本部门科级及以下员工绩效评价办法的制订、组织、实施及数据收集整理。

为了协调各部门绩效评价小组的工作,C银行又组成了若干绩效评价联络小组,协助、监督各部门做好评价工作,并负责对各部门制定的评价办法的初审、咨询和答疑。经过一周的精心组织,周密部署,由绩效评价领导小组、绩效评价办公室、绩效评价联络小组和部门绩效评价小组组成的绩效评价网络诞生了。

绩效评价对象包括:在C银行工作时间全年累计9个月以上仍在岗的本部正式职工、见习生、在省分行挂职员工(不含借调人员)、代办员、临时工。

绩效评价分为月度、半年、年终绩效评价。月度评价由直接上级打分决定个人绩效评价中除目标任务外的40%的收入分配,半年绩效评价由上级、同事、下级和自我考评(360度反馈评估)共同决定个人绩效评价中除目标任务外的40%的收入分配。

绩效评价分为两个层次:一是以绩效评价办公室为主对部门负责人实施评价,二是以部门为主对科级以下员工实施评价。

一、部门负责人的绩效评价

对部门负责人的绩效评价分两个层次:部门正职与部门副职的评价。

部门负责人绩效评价采用部门业绩评价与个人业绩评价相结合的办法,部门正职绩效评价总成绩的60%、副职绩效评价总成绩的50%来自部门绩效评价成绩。部门绩效评价由绩效评价办公室组织,实行百分制。个人绩效评价在自评的基础上由其上级和下级按照相应的权重进行评分,同样实行百分制。

1. 部门绩效评价成绩

各处室在自我评价的基础上,目标责任书评价占60%的权重,行领导评分占20%的权重,处室互相评估占10%的权重,分支机构评价占10%的权重。其中,自我评价评分不计入部门绩效评价评分表,仅作为与其他三个评价结果的对比参考。各个方面评价打分后,由绩效评价办公室汇总计算,得出被评价部门的成绩。

表 5A-1　C 银行部门负责人评价表

被评价人所在部门：　　　　　　　　　　　　　　　　　　　评价人：

姓名	思想品德(24分)		工作态度(20分)			工作能力(20分)			工作业绩(36分)			
	人品	廉洁自律	职业道德	责任心	组织观念	协作精神	领导才能	业务知识	创新能力	工作数量	工作质量	工作效率	工作改进
	0—8	0—8	0—6	0—6	0—8	0—8	0—8	0—6	0—6	0—10	0—10	0—10	0—6

2. 部门负责人个人绩效评价

部门负责人个人绩效评价实行 180 度考评。部门正职个人绩效评价包括：行领导评价打分占 50%，由每位省分行行领导填写；下级民主评议打分占 50%，下级包括本部门副职以下员工，员工太多的，视情况选出员工代表。部门副职个人绩效成绩包括：部门正职评价打分占 50%；下级民主评议打分占 50%，下级包括本部门科级干部和员工代表。

二、科级及以下员工的评价

对科级以下员工的评价分为管理者序列和非管理者序列。管理者序列是指承担管理职能的正、副科长（主任、经理等）。非管理者序列是指不承担管理职能的正、副处级干部和一般员工（包括正、副科级各类人员、主任科员、副主任科员、科员、办事员、见习生、工人、代办员、临时工等）。

评价指标分为两个部分：本科室绩效成绩和个人绩效成绩。科室绩效成绩采取在各科自评基础上由部门评价小组复审的办法，按各科年初制定的目标任务完成情况计算分值。考虑到正、副科长应对本科室的工作负主要责任，而一般员工应主要做好自己的本职工作，科室绩效评价成绩占正、副科长绩效评价总成绩的 60% 和一般员工绩效评价总成绩的 40%，个人评价成绩分别占正、副科长绩效评价总成绩的 40% 和一般员工绩效评价总成绩的 60%。

科室绩效评价参照部门绩效评价办法执行，其绩效评价同样由部门负责人、本部门其他科室负责人以及分支机构评分共同构成。

个人绩效评价仍采用 360 度反馈方法。管理者序列中的被评价者在自我评价基础上应接受本部门负责人、本序列和下级的评议。其中，部门负责人评分占 20% 的权重，本序列和下级评分占 40% 的权重。非管理者在自评基础上应接受本部门负责人、科室负责人和本序列人员的评议，其中本部门负责人和科室负责人评分占 20%。

个人绩效评价按德、能、勤、绩四方面进行评价,采取填表打分形式。管理者序列的评价按部门负责人评价表进行绩效评价打分,而非管理者序列的员工由于不在管理岗位上,因此评价指标与管理者序列有所不同,减少了思想品德和工作能力的评价,而增加了能力素质方面的评价。为了减少矛盾,增强绩效评价的真实性,互评表均采用无记名方式(表5A-2)。

表5A-2　C银行非管理者互评表

次	业绩成果(40分)			行为态度(30分)		素质能力(30分)	总分
	工作质量(0—15)	工作效率(0—15)	工作改进(0—10)	责任心(0—15)	协作精神(0—15)	(30分)	

说明:表中所列评价内容分数为该绩效评价内容的得分区间,本表无需记名。

为了体现绩效评价与员工报酬的密切关系,C银行采用部门内强制排序的方法将评估结果进行排名。具体做法是:管理者序列与非管理者序列按照打分结果分部门从高至低排名,实行强制分布。每个处室共有A+、A、B、C和D五个等级。详见表5A-3。

表5A-3　绩效综合得分等级表

等级	A+	A	B	C	D
部门比例	0—5%	20%—25%	50%	15%	5%—10%
绩效综合评分	95分以上	90—94分	80—89分	70—79分	70分以下
备注	D级管理者序列只按0—5%比例分配。				

C银行为了体现管理者的优越性,对管理者采取了比一般员工更为宽松的分等方法,这引起了一般员工的强烈不满。

绩效分等的目的是进行收入分配。为了不改变工资总额,又要起到奖优罚劣的作用,C银行采用科室工资总额固定不变,员工收入按等级在科室内进行分配的方式,即:B级员工的收入与评价前相同,对A+和A级员工的奖励从对C级和D级员工的收入扣减中取得。为了鼓励和表彰评估过程中取得好成绩的先进员工,鞭策和监督后进员工,C银行领导规定对全行各科室的评价结果进行张榜公布。

360度评价的特征之一是绩效反馈,银行领导也充分意识到绩效反馈的重要性,专门设计了员工绩效考核反馈表,要求上级向下属反馈其绩效考核情况,并要求被评价者签字。反馈表包括被评价者在绩效评价期间所取得的成绩,工作中存在的不足以及绩效改进计划。见表5A-4。

表5A-4 C银行员工绩效评价反馈表

被评价者姓名		所在部门			
所在序列		评价等级		反馈日期	
以下为反馈人填写部分					
被评价者取得的成绩和优点					
被评价者工作中存在的不足					
以下由被评价者先填,须上级认可					
绩效改进计划					
被评价者签字			反馈人签字		
上级意见及签字					

2002年1月,C银行开始在全行上下全面实施新的绩效管理办法。针对上一年员工全年的工作表现展开评估。一般员工的绩效评价是按处室为单位进行评价排名的,每个处室的人员为4到40人不等,营业部作为省分行的一个处级机构,由于人员达到100多人,于是又划分为10个排名小组进行打分排名。C银行本部人员最少的是监察处,包括处长在内才4人,由于人员太少,处长与一般员工合并打分排名,并且按照等级的比例,没有D级员工的指标,而人数较多的处室,如信息科技处人数达到40人,按比例有2—4名D级员工。各处室因人数不同,强制分布的结果也不相同,具体情况见表5A-5。

表5A-5 综合评分等级与人数分布表 单位:人

等级	4	4—10	10—20	20—30	30—40
A+(0—5%)	0	0—1	0—1	1—2	1—2
A(20%—25%)	1	1—3	2—5	4—8	6—10
B(50%)	2	2—5	5—10	10—15	15—20
C(15%)	1	1—2	2—3	3—5	5—6
D(5%—10%)	0	0—1	1—2	1—3	2—4

各处室按照综合评分进行强制等级排名后,上报绩效评价办公室。评价办公室根据员工的等级计发当月工资与奖金,并将排名结果张榜公布。考虑到评价成本的问题,C银行采取一般员工的月度评价由员工的上级进行单一评价,而360度反馈评估每半年实施一次。月度评价等级之间的收入差距在100—150元左右,占员工平均收入的5%左右;而实施360度反馈评价的半年评价,由于涉及半年或年终奖金的分配,等级之间的收入差距较大,约200—1 000元不等,占员工平均收入的7%—17%。如果员工之间相差两级的话,如A+与B级,两者之间当月收入就相差400—1 000元,占平时收入的15%—35%。收入差别的幅度较大。不仅如此,C银行为了加强绩效评价与报酬、激励之间的关系,除了在收入上拉开差距外,对各处室的A+级员工给予奖励性休假5—10天,而对于连续3次被评为C级及以下员工实行下岗学习,下岗学习期间只拿基本工资,以示惩罚。科级与处级员工的评价与一般员工的评价相仿,只是对他们的D级要求更加宽松,而且由于科级与处级的工资基数较大,因此等级之间的绝对差距更大。

绩效评价结果一公布,全行上下一片哗然,人们对绩效评价结果议论纷纷,褒者有之,贬者亦大有人在。由于目标管理任务大部分是客观性的量化指标,所以评估起来没有太多的分歧,但360度反馈是主观评估,实施起来出现了令C银行领导意想不到的种种问题。

第一,员工对评估目的不明确。C银行员工大都不清楚实施360度反馈的作用何在,认为根据目标管理进行目标任务评价就能达到绩效管理的目的。

第二,员工对评估标准不清楚。在评估过程中,不清楚评估表中各项指标的具体含义和分值标准,往往凭自己的想象进行评分,出现对同一个评估对象的评分差距较大的现象。

第三,对绩效评价结果产生怀疑。首先,对强制分布法的科学性产生质疑,认为这种方法是基于各处室的工作表现相当以及在一个处室内员工的工作表现总是有好有坏这两个假设,但实际情况却是:处室之间的工作表现总会有差异,而且如果某个处室整体都表现优异,却强行在其中评出C级与D级员工,这是非常不公平的。其次,此次360度反馈评价的指标均是软性指标,采取主观评价,但这种评价由于缺乏客观的量化标准,评价结果主要取决于评价者本人的看法,不排除因为偏见等原因而造成评价结果与事实不符的现象。最后,有人反映为了在评价中取得好成绩,有的员工在评价前拉帮结派,有的科长、处长相互请客吃饭,目的是让对方在评估中高抬贵手。对于这种环境下产生的评估结果,员工认为并不能反映绩效的真实情况。

第四,对绩效评价产生强烈的抵触情绪。对绩效评价结果不满的员工,有的到考评办公室一次次地反映自己的绩效被"歪曲"的情况;有的干脆称病请假,甩开工作不干;还有的员工接受不了"自我感觉"与"他人感觉"之间的差异,真的一病不起;更有甚者,工作表现原本不错的员工,只因绩效评价期间调往别的部门,原部门员工产生集体"背叛"行为,给该员工评了个D级,此员工得知绩效评价结果后精神恍惚,落下病根,以致不能正常工作。

第五,导致工作中不合作、不支持,相互推诿现象严重。这表现在员工对科室的工作更加缺乏热情,绩效评价成绩不好的员工经常抱怨同事与上级,并对绩效评价成绩好的员工产生嫉恨心理,认为本该属于自己的收入被他们无端"抢走"。在这种情况下,绩效评价成绩突出的员工也觉得自己"多拿"而内心不安,员工之间的摩擦越来越多。科室之间以及处室之间的工作协调也更加困难,部门之间的工作"真空地带"范围越来越大。

有的员工对这种绩效评价不满,在C银行局域网上发表文章对其进行抨击,称这种绩效评价方式不但没有调动员工的积极性,而且打击了大部分员工的工作热情,是一种"挑起群众斗群众"的做法,并且呼吁对其进行改革。

面对新的绩效管理方法带来的意想不到的结果,C银行的领导们也是看在眼里,急在心头。刚开始还以为是员工们对新的绩效评价方式不太适应,又将这种绩效评价办法坚持推行了半年,然而结果是不仅没有达到改进员工绩效的目的,情况反而越来越糟。有的员工认为自己反正不是部门的"好"员工,与其在银行里辛辛苦苦的工作而得不到好的评价,还不如干脆时不时地请病假干私活。更让人不可思议的是,这种员工不但没有受到员工们的批评与指责,反而成了各部门的"香饽饽",部门正愁不知给谁定D级员工呢,这下他们全承包了。这下可难住了C银行的领导们,在国际大公司实行得好好的360度绩效评价方法怎么到了C银行就执行不下去呢?绩效考评要继续进行,但目前存在的问题又该怎样解决呢?绩效评价领导小组首先想到的是要缓解矛盾,从2002年年末的考评开始,对每个部门的D级员工不再作强行的比例规定,而且缩小了等级之间的收入差距。现在看来,矛盾是逐步缓解了,但是提升员工绩效的初衷却没有达到,由于暂时还没有想到更好的办法,C银行决定维持现状。

案例讨论题

1. 你认为C银行实施360度绩效评价成功之处在于何处?败笔在哪里?
2. C银行决定维持现状的决定是否恰当?你认为应该怎么做?

第六章 金融企业薪酬管理

【学习目标】

学习完本章后,你应该能够:
- 掌握薪酬、金融企业薪酬管理的基本概念,以及金融企业薪酬管理的主要影响因素。
- 掌握金融企业职位薪酬管理的基本概念和基本方法。
- 掌握金融企业技能薪酬管理的基本概念和基本方法。
- 了解金融企业绩效薪酬管理的基本概念和基本方法。
- 了解金融企业福利管理的基本概念和基本方法。

【导入案例】

"雷尼尔效应"

位于美国西雅图的华盛顿大学曾经选择了一处地点,计划修建一座体育馆。消息一传出,立即引起教授们的反对,而校方则从谏如流,不久就取消了该项计划。

教授们抵制该项计划的原因在于,这个拟建的体育馆恰好位于校园内的华盛顿湖畔,一旦建成,教授们将无法像以前一样从教职工餐厅观赏窗外美丽的湖光山色。而校方之所以会听从教授们的意见,则源于教授们的薪酬水平。

与美国平均水平相比,华盛顿大学教授的工资水平要低20%左右。在美国,地区间是不存在劳动力流动障碍的,而且教授这种职业又恰恰是最具流动性的。既然如此,为何华盛顿大学的教授们自愿接受较低的工资,而不到其他大学去寻找更高报酬的教职呢?

原来,很多教授之所以接受华盛顿大学较低的工资,完全是出于留恋西雅图的湖光山色:西雅图位于北太平洋东岸,华盛顿湖等大大小小的水域星罗棋布;天气晴朗时从华盛顿大学可以看到美洲最高的雪山之———雷尼尔山峰;开车出去不远则能看到圣海伦火山。为了美好的景色而牺牲更高的收入机会,被华盛顿大学经济系的教授们戏称为"雷尼尔效应"。

换言之,华盛顿大学教授的工资,80%是以货币形式支付的,20%是由美好的自然环境来补偿的。如果因为修建体育馆而破坏了这种景观,就意味着教授们的工资降低了,于是他们就可能流向其他大学。对华盛顿大学来说,想要继续留住这些教授,办法无非是:(1) 在原定的位置建体育馆,同时将教授工资提高20%;(2) 维持现有工资水平不变,但需放弃修建体育馆的计划,或另选地点修建体育馆。最后经过权衡,校方选择了后者。

资料来源:蔡昉,《"雷尼尔效应"与西部开发》,《经济学茶座(第一辑)》2002年6月。

第一节 金融企业薪酬管理概述

一、金融企业薪酬管理的含义

(一) 薪酬的含义

1. 薪酬的概念

关于"薪酬"的概念,国内外至今还没有一个统一的表述。在本书中,我们将 reward 与中文的"报酬"一词相对应,用以指代雇员从组织中获得的基于劳动付出的各种补偿,包括经济的补偿(financial reward)和非经济的补偿(non-financial reward);将 compensation 与中文的"薪酬"一词相对应,并将"薪酬"定义为经济性的补偿(financial reward)。

在定义"报酬"和"薪酬"概念时,我们之所以要强调"雇员的劳动付出",主要是为了将它们与其他的但同样是来自企业的收益概念区别开来。首先,是要将雇员的劳务性收益与非雇员的劳务性收益区别开来。雇员的劳务性收益是以雇用为前提的,属于《劳动法》界定的劳动关系的范畴。而非雇员的劳务性收益则是以非雇用为前提的,属于《合同法》界定的合同关系的范畴。例如,在企业外包业务中,管理咨询专家提供的咨询,大学为企业提供的各种培训等等都是劳务性的。但这些劳务活动是企业以产品形式从市场上购买来的,这些劳务的提供者不是企业的雇员,因而他们的劳务性收益不能列入企业薪酬支出的范围。其次,是要将劳务性收益和资本性收益区别开来。雇员劳务性收益可以采取资本性收益的形式表现出来,如针对企业高管的股票期权,但它与原本意义上的资本性收益,如股东权益是有本质差别的。

2. 薪酬的构成

为了进一步澄清"薪酬"和"报酬"这两个概念之间的区别,在图 6-1 中,我们将其各自的构成内容作了一番罗列。

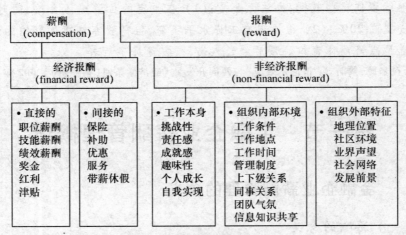

图 6-1　薪酬与报酬的构成内容

首先,报酬(reward)包括经济性报酬(financial reward)与非经济报酬(non-financial reward)。薪酬(compensation)是特指经济性报酬(financial reward),包括直接薪酬和间接薪酬。直接薪酬(direct compensation)主要有职位薪酬、技能薪酬、绩效薪酬、奖金、红利、津贴、股权等。而间接薪酬(indirect compensation)是指组织向雇员提供的各种福利(benefits),如各种保险、补助、优惠、服务和带薪休假等。

非经济报酬(non-financial reward)包括工作本身、组织内部环境以及组织外部特征为雇员所带来的效用。工作本身带来的效用包括:工作的挑战性、责任感、成就感、趣味性、雇员在工作中所体验到的个人能力和适应性等多方面的成长以及个人梦想的实现等。组织的内部环境包括组织的硬环境和软环境。其中硬环境包括组织的工作条件、工作地点和工作时间,软环境包括组织的管理制度、上下级关系、同事关系、团队气氛和信息环境。符合员工需要的组织内部环境可以满足员工的某些心理需求,但这些环境的建设需要组织花费相当大的财力和智慧。组织的外部特征同样可以影响员工某些心理需求的满足,如组织的地理位置、社区环境、业界声望、社会网络以及组织的发展前景等。

（二）金融企业薪酬管理的含义

1. 金融企业薪酬管理的概念

金融企业薪酬管理是指金融企业在经营战略和发展规划的指导下,综合考虑企业内外各种因素的影响,确定自身的薪酬水平、薪酬结构和薪酬形式,并进行薪酬调整和薪酬控制的整个过程,其目的在于吸引和留住符合企业需要的员工,并激发他们的工作热情和各种潜能,最终实现金融企业的经营目标。

薪酬水平是指特定的金融企业内部各类职位和人员平均薪酬的高低状况,它反映了特定金融企业员工薪酬的外部竞争性。薪酬结构是指金融企业内部各类职位和人员之间薪酬水平的相互关系,它反映了企业支付薪酬的内部一致性。薪酬形式则是员工的薪酬收入和金融企业的薪酬支付中,不同类型薪酬的组合方式。薪酬调整是指金融企业根据内外各种因素的变化,对薪酬水平、薪酬结构和薪酬形式进行相应的变动。薪酬控制是指金融企业对支付的薪酬总额进行测算和监控,以维持正常的薪酬成本,避免给金融企业带来过重的经济负担。

正确理解金融企业薪酬管理的内涵需要把握以下几点:

第一,金融企业薪酬管理是金融企业人力资源管理乃至企业管理的重要一环,其目的在于实现金融企业的经营战略目标,因而金融企业的薪酬管理必须服从并服务于金融企业的经营战略。同时,金融企业的薪酬管理工作必须在金融企业的经营战略和发展规划的指导下,与金融企业的其他管理环节相互配合,为企业经营战略的实现提供有力支撑。

第二,金融企业薪酬管理的直接目的在于吸引和留住符合企业需要的员工,并激发他们的工作热情和各种潜能。因此在薪酬设计过程中必须考虑金融企业内外各种因素的影响和作用,既要保持企业雇员薪酬水平的外部竞争性和内部公平性,同时又要保证各类薪酬组合方式在激励方面的有效性。

第三,金融企业薪酬管理工作绝不仅仅是为雇员发发工资这么简单,它同金融企业其他管理工作一样,需要有科学、先进的管理理念做支撑;需要运用计划、组织、领导和控制等管理职能来开展工作;尤其需要随着组织和社会的发展,不断进行调整和变化。

2. 薪酬管理对我国金融企业的现实意义

第一,薪酬管理是金融企业控制成本开支的重要手段

作为一类特殊的服务企业,金融企业是一种典型的人力资源密集型企业。据统计,1985年以前我国金融企业的年人均固定资产投资一直低于各行业的平均水平;1985年以后由于机构数量和规模扩张,金融企业的年人均固定资产投资逐步增加,一度曾高于各行业的平均水平。但即便如此,金融企业年人均固定资产投资数额也远远低于加工制造业、采掘业和交通运输业等行业。而且在经历了几年快速扩张后,2002年以后,金融企业年人均固定资产投资数额再度跌落到各行业的平均水平以下。

另外,由于管理和技术人员在全体员工中所占比例较高,以及其他一些原因,金融企业的职工工资水平也比较高。据统计,2002年,我国金融企业职工人均工资为全社会职工人均工资的1.5倍以上(见图6-2)。因此,在金融企业的经营成本中,劳动成本支出占有很大比重。通过有效的薪酬控制,金融企业就可以在一定程度上降低总成本,从而扩大产品和服务的利润空间。

图6-2 我国金融企业与各行业职工人均年货币工资变化比较

第六章 金融企业薪酬管理

第二，薪酬管理是金融企业吸引优秀人才的重要手段

金融业是一个知识密集型服务行业，其业务开展主要是以现代科技为工具和手段，此外还要运用各种金融工具及金融衍生工具向顾客提供个性化、多样化的服务，因此现代金融业是现代科技与金融服务的结合体。而且由于在业务类型方面具有趋同性的特点，金融业内部的竞争也比较激烈。随着我国加入 WTO 以后，对金融行业进入限制的放松，金融企业之间竞争的激烈程度无疑会进一步增加。

对金融企业来说，应对竞争的最有效的手段就是吸引优秀的人才。近年来，由于我国金融行业工资水平整体较高，许多金融企业的人员素质有了很大改善。以四大国有银行为例，到 2002 年，中专及以上学历人员达到 73% 以上。但与此同时，随着外资银行进入和非国有银行崛起，金融企业尤其是国有金融企业出现了大量的人才流失现象。中国人民银行的一项统计表明，从 1999 年到 2000 年，四大国有商业银行有 4.13 万人辞职，其中绝大部分流向外资银行和其他金融机构。

在比较健全的市场经济中，优秀的员工往往是所有企业争夺的对象，因而从某种意义上说，最优秀的员工也是最有可能流失的员工。虽然企业薪酬水平的高低并不是吸引和留住优秀员工的充分的或唯一的手段，但是富有竞争力的薪酬水平和企业内合理的薪酬差距，这本身就是企业"求贤若渴"的一种信号。

第三，薪酬管理是金融企业激励员工、改善企业绩效的重要手段

首先，金融企业是一种服务企业，员工满意程度会对顾客满意程度产生直接的影响。制造业的客户一般看不到生产线上员工的工作情形，也不了解他们的情绪变化。但是服务业的员工如果士气低落，顾客一眼就能看得出来。而且在与顾客沟通的过程中，服务业士气低落的员工甚至还会"直截了当"地向顾客传递公司的负面信息，从而对企业声誉产生不利的影响。因此，时刻保持高水平的员工满意度对于金融企业获得顾客满意度和股东满意度是极为重要的。

其次，作为现代科技与金融服务的结合体，金融企业的经营业绩与高级管理者及优秀员工的创造性工作以及风险控制意识密不可分。金融企业一方面需要采取各种可行的手段激励员工积极探索、大胆创新，同时又需要在制度设计上杜绝各种风险事件和大案、要案的发生。此外，金融企业的业务经营活动具有很强的团队合作性,因此过于强调个体性激励,反而有可能损害企业的经营业绩。这些因素无疑增加了金融企业薪酬管理工作的复杂性,因而对人力资源管理人员的素质和管理水平提出了更高的要求。

第四,薪酬管理是塑造金融企业文化的重要手段

良好的企业文化对于企业的正常运转具有重要的作用,而有效的薪酬管理则有助于塑造良好的企业文化。有效的薪酬管理活动为企业文化的建设提供了基本的物质基础,更为重要的是,合理的薪酬制度可以作为构建企业文化的制度性基础,对企业文化的发展方向具有重要的引导作用。

二、影响金融企业薪酬管理的主要因素

在市场经济条件下,金融企业的薪酬管理必须综合考虑企业内外的各种因素的影响。一般来说,这些因素可以分为三类:一是金融企业外部因素;二是金融企业内部因素;三是员工个人因素。

(一) 金融企业外部因素

1. 国家政策以及法律法规

国家的政策和法律法规对企业的行为具有强制性约束,薪酬管理活动必须在法律法规允许的范围内进行。在政府规定的这些法规中,有一些是出于对劳动者合法权利的保护,例如政府的最低工资立法规定了企业薪酬支付的下限;社会保险法则规定了企业必须为员工交纳一定数额的社会保险费。而另一些法规则是出于维护社会公平的目的,如个人收入所得税和资本收益税,在一定程度上限制了企业薪酬支付的实际的上限水平。另外,很多法规具有时代性特征,如我国证券法中关于股票期权的限制,因而企业的薪酬管理制度的变革必须与国家法规的兴废保持同步。

2. 劳动力市场的供求状况

薪酬是劳动力付出的经济补偿,它的高低涨落取决于劳动力供给和需求的对比关系。当劳动力供给小于需求时,企业的薪酬水平就会上涨;反之,当劳动力供给大于需求时,企业的薪酬水平就维持不变或适当下调。此外,劳动力市场通常具有一定的层次性和地域性。例如,商业银行的高级信贷员和门卫就是两个相互割裂的劳动力子市场,因而在同一时间、同一地区,这两个市场的供求状况可能会大相径庭。而不同地区之间,同一类劳动力市场也可

能会由于某些流动障碍而相互割裂。因此金融企业在进行薪酬设计和调整的时候,不仅应当关注劳动力总供求的变化,更应关注特定地区、特定劳动力层次的供求状况。

3. 其他金融企业的竞争

在设计和调整企业的薪酬水平的时候,金融企业必须考虑到来自其他金融企业对某一类劳动力的竞争。首先,金融企业必须估计在特定劳动力市场的竞争态势,以及本企业的竞争地位。虽然从我国目前的情况看,在与其他企业竞争时金融企业提供的薪酬水平具有较强的竞争力,但是在金融行业内部,不同金融企业的竞争力还是有差异的。与竞争对手相比,如果企业的薪酬水平过低或者组合过于单一,就可能会造成员工不满甚至流失,但过高的薪酬水平又可能会给企业带来不必要的经济负担,而过于复杂的薪酬组合方式则可能会导致操作和协调上的困难。

4. 社会经济文化环境

特定地区的经济制度、经济发展阶段和社会文化环境对于企业内部的薪酬结构、薪酬形式以及组合方式有重要的影响。例如在福利社会,各种保险在人们劳动收入中的比重就要比工业社会的比重高,而对于美国这种比较强调个人主义的社会,不同岗位之间的工资差距就比那些更注重集体主义的亚洲地区国家要大。

对于跨国经营的金融企业而言,社会经济文化方面的差异在薪酬管理方面带来的问题,可能会更加突出。跨国经营的金融企业,既面临着母公司所在地和子公司所在地社会经济文化方面的冲突,也面临着同一公司内部多元员工带来的多元文化方面的冲突。作为构建企业文化的物质和制度基础,金融企业的薪酬制度本身也必须适应企业文化的要求和发展方向。

5. 金融企业所处行业的特点

企业所处的行业在一定程度上决定了行业内通行的技术和经营特点以及组织构成模式,进而会形成一些符合行业要求的薪酬惯例。另一方面,随着整个社会的政治制度、技术条件和经济形势等因素的变化,特定行业的市场特点及组织模式、管理方式也会有所变化。例如,从图 6-2 我们可以看出,从 1993 年起我国金融行业的职工工资水平不仅快速增长,而且其与其他行业工资水平之间的差距也在不断拉大。而反观我国香港地区,1996—2002 年,金融业工人工资水平虽然高于其他行业,但差距却在不断缩小。至于金融业管理人员,其薪酬水平几乎与其他行业管理人员相差无几,甚至有好些年份还要略低一些(见图6-3)。因此,我们推测,随着我国金融业增长速度放慢,金融行业与其他行业之间的薪酬差距也会逐步缩小。

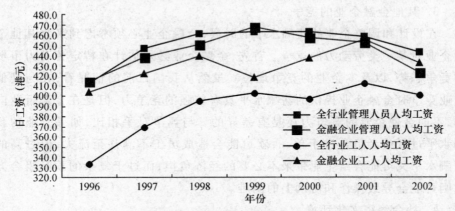

图6-3 香港地区非农产业管理人员及工人收入比较

此外,由于"金融企业"这一概念实际上包括商业银行、投资银行、证券公司、信托基金、保险公司等多种企业形式,而不同类型的金融企业具有相应不同的行业特点,因此各类金融企业需要根据具体的行业特点来进行薪酬设计和薪酬调整。

(二)金融企业内部因素

1. 金融企业的经营战略和政策

金融企业的薪酬管理制度和措施必须与企业经营发展战略以及人力资源政策相互匹配,这主要表现在:一方面薪酬结构和形式的激励导向必须与企业经营战略的导向相一致,另一方面薪酬开支的水平必须符合经营战略中对成本控制的要求。例如,以低端客户为主要目标客户的商业银行,薪酬设计的重点在于对薪酬成本进行有效控制,同时将成本节约和生产率提高作为确定员工激励性薪酬的主要依据,从而保证企业的成本领先经营战略的实现。而在以产品创新为经营战略的金融企业中,薪酬设计的重点则在于通过不断提高优秀员工的满意度来激发优秀员工的创造性。

2. 金融企业的生命周期

像人一样,企业也要经历出生、成长、成熟、衰老、死亡几个阶段。金融企业是一类特殊的企业,其生存和死亡都严格地受到政府的控制。但即便如此,金融企业也不能完全从生命周期的起伏动荡中摆脱出来。例如,2001年日本三井住友银行宣布,为了清理数额庞大的坏账,重振低迷的业务,三年内将关闭180家分支机构,裁减18%的员工,比原计划多600名,其中总部的4 000名员工将裁减40%,估计裁员每年将为该银行节约1 000亿日元的成本。

在不同的阶段,企业的组织形式、经营战略会有所差别,因此薪酬管理措施也应当作出相应的调整。一般地,在企业初创阶段,企业规模较小,等级化不严重,岗位职责也不是很明确,因而整个管理团队薪酬差别较小,且与利润的联系比较密切。在成长期,企业规模开始扩张,为专业人员和管理团队设定较为长期的激励方案,有利于企业的进一步成长。在成熟期,企业的规模扩张已基本结束,组织的结构化程度较高,企业的薪酬管理可能面临多种选择。企业薪酬制度既可以从适应现有组织特点的目的出发,也可以从组织变革的目的出发,进行设计和调整。到了企业的衰退期,多数企业薪酬管理的重点是降低成本。

3. 金融企业财务状况

企业财务状况,是金融企业高层管理者和人力资源管理者在制定薪酬政策和进行薪酬调整时必须要考虑的因素。首先,企业财务状况对企业薪酬开支计划和资本性投资计划具有限制作用,因此薪酬开支必须与企业财务状况以及资本投资计划相适应,避免因刚性的薪酬支出而导致的财务风险。其次,企业薪酬开支并不仅仅是企业的成本负担,尤其对于金融企业而言,薪酬开支直接影响着员工和企业的绩效,进而影响着企业财务状况。因此,金融企业的人力资源部门在调整薪酬政策,尤其在推出减薪计划的时候要十分谨慎,避免因薪酬支出的剧烈波动而导致人员流失和绩效滑坡。

4. 金融企业文化

一方面薪酬制度是形成企业文化的重要基础,而另一方面现存的企业文化会对后续的薪酬设计和薪酬调整具有重要的导向和约束作用。某些特定的薪酬措施历经时日可能会成为员工利益集团默认的惯例,尽管有些惯例会随着企业内外环境的变化而与企业的发展要求不相适应,但薪酬设计人员必须全面考虑废弃这些惯例后可能产生的各种后果。

目前,我国金融企业的福利待遇普遍都比较高。但是随着环境的变化,某些薪酬福利项目可能会丧失存在的合理性,而要取消这些项目有可能会遭到某些习惯势力的反对。因此金融企业在进行薪酬设计时有必要充分地考虑项目的长期合理性,以及未来进行变革的可能性。

(三) 金融企业员工个人因素

1. 员工所处的职位

金融企业员工的职位差异首先表现在职位的专业类型方面。如前台服务、技术研发和行政管理等职位就具有不同的专业特点,相应地,薪酬支付方式会有所不同。其次,金融企业员工的职位差异还表现在职位的等级和重要程度方面的差异。如普通操作人员、基层管理者、中层管理者、高层管理者等。不同的职位意味着任职者所需承担的职责、具备的知识、技能以及付出的努力会有所差别,相应地金融企业为不同职位上的员工所支付的薪酬也是不同的。

2. 员工的绩效表现

员工的绩效水平最终决定了金融企业的绩效水平,也决定了自己的薪酬收入。对企业而言,将员工薪酬与其绩效表现联系在一起,利用薪酬对员工的激励作用,可以最终促进企业绩效的提高。

3. 员工的资历

在实行长期雇佣制度的企业,员工的工龄通常也会作为薪酬管理的一项重要的考核指标,在企业工作的年限越长,薪酬水平会越高,这种制度通常被称为"年功序列制"。实行工龄工资的一个理论假设是所谓"进化论"思想,即在优胜劣汰的竞争中,能够长时间留下来的自然是素质较高、贡献较多的员工。另一个原因是为了维持一个稳定的员工队伍。当员工预期到工龄越长工资越高,那么他们就越可能留下来。

4. 员工的需求偏好

不同的员工常常具有不同的生活背景、教育背景以及个性特征,他们带着不同的需要进入企业,因此企业应当尽可能提供差别化的薪酬方案满足其需要。最理想的情形莫过于"量身订做",但是要设计出这么多差别化的薪酬方案,同时还要在各个方案之间保持平衡,是非常困难的。另一个相对简便的方法就是所谓"薪酬自助餐",即薪酬管理人员只设计几种薪酬方案,由员工自己来选择。

三、金融企业薪酬管理的主要原则与措施

根据美国薪酬管理专家米尔科维奇（George T. Milkovich）（2002）的观点，有效的薪酬管理应当遵循这样几条基本原则：内部一致性、外部竞争性、激励性和管理可行性（见图6-4）。

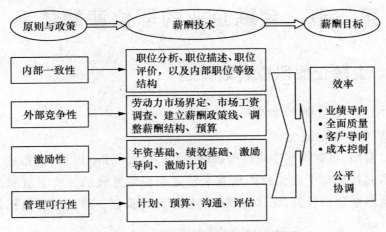

图6-4　金融企业薪酬管理原则与措施

所谓内部一致性（又称内部公平性），主要是指薪酬管理必须让员工感觉到，相对于组织内其他员工，自己的工作获得了适当的报酬。内部一致性主要通过职位分析、职位描述、职位评价以及建立职位等级结构来实现。

外部竞争性，则是指薪酬管理必须让员工感觉到，相对于其他组织中从事相同工作的员工，自己的劳动付出获得了适当的报酬。换句话说，富有竞争力的薪酬水平对组织外的人员也是具有吸引力的。外部竞争性主要通过外部相关劳动力市场界定、市场工资调查、建立薪酬政策线，并在此基础上调整薪酬结构来实现。

激励性，主要是强调将员工的报酬与业绩挂钩，根据绩效水平的高低来对薪酬进行调整。这样从事相同工作、具有相同能力的不同员工，就可能会由于绩效考核结果的差异，获得不同水平的报酬。激励性主要是通过绩效考核，并依据考核结果来确定激励计划而实现的。

管理可行性，主要是指对薪酬体系必须进行科学的规划，以其能够有效运行，确保前三项原则的实现。管理的可行性主要是通过计划、预算、沟通、

评估等手段来实现的。

金融企业通过建立具有内部一致性、外部竞争性、激励性和管理可行性的薪酬体系,可以有效地吸引、保留和激励它所需要的员工,以实现组织的薪酬目标。

第二节 金融企业的职位薪酬体系

一、金融企业职位薪酬概述

(一)职位薪酬的含义

1. 职位薪酬的概念

职位薪酬,也称为基于职位的薪酬体系(pay for job,PFJ),是指员工的薪酬或工资是按照员工在组织内所在的特定职位来发放的。员工薪酬的高低取决于这些职位的价值,而这些职位的价值又是根据一整套评价指标体系得出的。

2. 职位薪酬的特点

职位薪酬是一种传统的薪酬体系。其最大的特点是,员工居于什么样的职位就得到什么样的薪酬。与其他薪酬体系相比,职位薪酬基本上只考虑职位本身的因素,而不考虑人的因素。在这种薪酬体系下,某些员工的个人能力可能远远超过其所在职位的技能要求,但是在职位没有变更的情况下,他只能得到与当前工作内容相对等的薪酬水平。具体来看,职位薪酬具有下列一些特点:

第一,职位薪酬是与古典的科学管理理念相适应的一种传统的薪酬管理制度。

第二,职位薪酬的设计理念和原则是"因事设岗,以岗定人,以岗付酬"。

第三,企业职位结构必须适应企业的业务流程,保证企业经营任务的完成,薪酬结构保证特定岗位吸引和留住所需人员。

第四,职位薪酬是一种计时工资,任职资格要求是劳动者素质的下限。

第五,职位与员工匹配是通过员工甄选、绩效评价以及升迁竞赛来保证的。其中,甄选主要是针对新进员工,而绩效评价和升迁竞赛则针对老员工。

（二）职位薪酬的优缺点

1. 职位薪酬的优点

第一，职位薪酬体系实现了真正意义上的同工同酬，因此是一种按劳分配的体制。

第二，按照职位体系进行薪酬管理，操作比较简单，管理成本比较低。

第三，晋升和薪酬增加之间的连带性对员工当前工作具有激励性。

第四，职位薪酬有利于保证企业工作任务的完成和组织结构的稳定。

2. 职位薪酬的缺点

第一，由于员工薪酬水平与职位挂钩，因此，当员工升职无望时，其工作积极性会受挫，甚至会出现消极怠工或者离职现象。

第二，由于职位薪酬是根据员工职位所规定的工作内容支付的，因此职位薪酬可能会促使员工只关注自己的职位职责，而不关注整个企业的发展战略和组织使命，以及其他职位的工作内容和工作职责，不利于员工之间相互协作。

第三，由于员工职位晋升取决于员工的相对绩效和技能水平，因此职位薪酬体系可能会导致员工之间的恶性竞争。

第四，由于职位薪酬体系相对稳定，因此当企业内外环境出现重大变化时，职位薪酬体系不利于企业对环境变化作出积极反应。

二、金融企业职位薪酬的设计流程

基于职位的薪酬体系是依据职位价值来确定薪酬水平的，因此职位薪酬必须建立在职位分析和职位评价的基础上，具体的操作流程如下（见图6-5）。

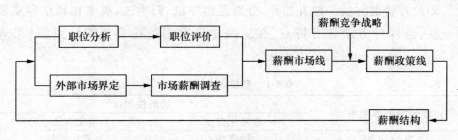

图6-5　以职位为基础的薪酬体系设计流程

1．通过职位分析形成职位说明书。职位说明书包括该职位的主要工作职责、业绩标准、任职资格要求、工作条件及工作特征。

2．在职位分析的基础上进行职位评价。职位评价是建立职位薪酬体系的最主要的基础和前提。职位评价是通过采用一整套标准化、系统化的评价指标体系，对组织内部各职位的价值进行评价，得到各职位的评价点值，这些评价点值就可以作为确定该职位薪酬水平的主要依据。

3．在准确界定外部劳动力市场的基础上进行市场薪酬调查。通过对外部市场尤其是竞争者薪酬水平进行调查，并将外部薪酬调查的结果与职位评价的结果相结合，企业就可以制定反映各职位平均市场价值的薪酬市场线。

4．确定组织的薪酬竞争政策。企业是否完全按照薪酬市场线来确定实际的薪酬水平，取决于企业的薪酬竞争战略。企业的薪酬战略包括：领先型、匹配型和拖后型。根据薪酬战略和薪酬政策，企业对得到的薪酬市场线进行修正，得到企业的薪酬政策线，从而将职位点值转换为具体的货币价值。

5．建立薪酬结构。前述步骤只是确定了每个职位的平均价值以及基准薪酬，除此以外，企业还有必要为每个职位确定一个价值和薪酬区间（或者称为带宽），它包括中点工资、最高工资和最低工资。这样就最终形成了企业的薪酬结构。

薪酬结构建立之后，金融企业还应当根据内外环境的变化对薪酬结构进行相应的调整和完善。

三、确定金融企业职位薪酬的具体方法

（一）职位评价的方法

职位评价的方法一般有四种，分别是排序法、归类法、要素比较法和要素计点法，这四种方法各有特点，在实践中最常用的还是要素计点法（见表6-1）。

表6-1 职位评价的方法

评价时的参照系	方法的性质	
	非量化方法	量化方法
其他职位	排序法	要素比较法
既定尺度	归类法	要素计点法

1. 排序法

排序法,即按照各个职位的价值大小进行排序,是最简单的一种职位评价方法。由于没有客观的评价尺度,评价的主观性较大,而且各职位之间确切的差距也不清楚。

2. 归类法

归类法是指按照一定的标准将职位归入事先确定的等级中的评价方法。在使用该方法时,薪酬管理人员应首先确定职位等级的数量,然后再确定薪酬要素,并根据薪酬要素确定各个职位等级的定义,最后,根据每个职位的职位说明书,并对照职位等级定义,将职位归入与等级定义相同的或最为类似的等级中去。

归类法也是一种比较简便的方法,尤其是当职位数量较多时,它比排序法更节省时间。但这种方法的缺点是,当职位类型差别较大时,很难建立通用的职位等级,另外同排序法一样,它无法准确衡量各职位之间的价值差距。

3. 要素比较法

要素比较法是排序法的拓展,不过排序的标准和方法更为复杂。要素比较法是根据不同的薪酬要素对典型职位进行多次排序,以确定典型职位之间的相对价值,然后再通过比较其他职位与典型职位的差异,来确定所有职位的相对价值。

4. 要素计点法

要素计点法是本书要重点介绍的一种职位评价方法,它是根据各个职位在薪酬要素上的得分来确定其相对价值。具体步骤如下:

第一,确定薪酬要素,并划分每个薪酬要素的等级

要素计点法中的薪酬要素一般包括工作责任、工作技能、努力程度和工作条件四个类别,每一要素类别内可以设置多个要素指标。薪酬管理人员也可以根据实际情况增加或减少薪酬要素类别以及要素指标。在确定了薪酬要素之后,可以再根据重要程度将要素指标划分为若干等级。等级的划分取决于组织内部各职位在该要素指标方面的差异程度,差异程度越大,划分的等级就越多。需要注意的是,对薪酬要素以及各要素相应等级的含义一定要有明确的界定。表6-2就是一个有关指导监督责任的例子。

表6-2 指导监督责任的等级划分及含义界定

要素编号:A03

要素名称:指导监督责任
要素类别:工作责任
要素定义:指任职者在正常的权力范围内所承担的正式指导、监督、评价等方面的责任。责任的大小根据任职者直接指导和监督的人数及层次来划分。

等级	等级说明
1	不监督任何人,只对自己的工作负责
2	指导、监督4名以下第一级别员工(含2名)
3	指导、监督5—10名第一级别员工,或1—3名第二级别员工
4	指导、监督4—6名第二级别员工,或1—3名第三级别员工
5	指导、监督4—6名第三级别员工,或1—3名第四级别员工

第二,确定每个薪酬要素及其等级的点值

首先应当确定总的评价点数,然后将总点数依次分配到各个薪酬要素大类、薪酬要素指标以及要素指标的各个等级。总点数的大小以能够清楚反映各职位之间的差异为宜。分配点数的依据是要素大类、要素指标以及各个等级的权重。

表6-3就是一个点数分配的例子。我们假定总点数为800分,四个大类平均分配,因而分配给每个工作职责大类的点数就是200分。然后依据工作职责各要素指标以及各个等级的权重,再将大类总分分配到各个薪酬指标及等级上去。

表6-3 工作职责要素指标及其等级的评价点数

编号	要素名称	要素类别	权重	最高点数	等级划分	等级点数
A01	战略实现责任	工作责任	30%	60	1 2 3 4 5	12 24 36 48 60
A02	风险控制责任	工作责任	25%	50	1 2 3 4 5	10 20 30 40 50

(续表)

编号	要素名称	要素类别	权重	最高点数	等级划分	等级点数
A03	监督指导责任	工作责任	25%	50	1 2 3 4 5	10 20 30 40 50
A04	沟通责任	工作责任	20%	40	1 2 3 4	10 20 30 40
合计			100%	200		

第三，确定企业内每个职位的点值

前述步骤为职位评价确定了基本标准，接下来就是按照这套标准体系来对组织内各个职位进行具体的评价，并计算出每个职位相应的点数。具体的方法是，对照工作说明书，确定被评价职位所包含的薪酬要素指标及其所处的等级，从而确定各薪酬要素指标的实际评价点数，然后将全部薪酬要素指标的实际评价点数加总，就得到该职位的最终评价点数。比较各职位的最终评价点数，就可以确定它们之间相对价值的大小。表6-4是对某职位评价的举例。我们选择组织中的两个职位——职位A和职位B进行评价。同时为简便起见，我们仅对工作责任这个大类的薪酬指标和等级进行较详细的评价。

表6-4 组织内各职位评价结果

薪酬要素			职位名称及点值			
			职位A		职位B	
要素编号	要素名称	要素大类	所处等级	对应点数	所处等级	对应点数
A01	战略实现责任	工作责任	5	60	3	48
A02	风险控制责任	工作责任	4	40	3	30
A03	监督指导责任	工作责任	3	30	3	30
A04	沟通责任	工作责任	4	40	4	40
工作责任点数合计				170		148
工作技能点数合计				180		130
努力程度点数合计				180		160
工作条件点数合计				120		150
点数总计				650		588

理论上讲，只有应用要素计点法对组织内所有职位进行评价，职位之间的相对价值才是可信的。但是这样做的成本会比较高。在实践中，通常是选择各个类别中的典型职位进行评价，然后再通过比较其他职位与典型职位，来确定所有职位的相对价值。

与前两种方法相比，要素计点法是一种量化方法，它可以准确衡量出各职位之间的价值差距。其缺点是操作起来比较麻烦，此外这种方法也不可能绝对杜绝主观因素的影响，例如要素指标选择、权重和点数分配都会受到主观判断的影响。

（二）确定职位薪酬水平的方法

职位评价的结果确定了职位之间的相对价值，从而解决了内部一致性问题。接下来应当为每个职位所获得的点数赋予相应的货币价值。完成这项工作需要做两件事：其一是确定职位点数的市场价值，主要是通过薪酬调查来得到薪酬市场线；其二是确定职位点数的组织内价值，即根据组织的薪酬战略和薪酬政策，在薪酬市场线的基础上确定薪酬政策线。

1. 薪酬调查

薪酬调查是指金融企业收集本地区或本行业其他企业的薪酬信息，从而确定市场薪酬水平的过程。图6-6描述了薪酬调查的基本程序。

图6-6　薪酬调查的基本程序

根据图6-6给出的程序，薪酬调查的第一步是确定所需调查的典型职位。典型职位是组织内具有代表性的职位，同时也是行业内普遍存在的通用职位。第二步是确定调查的范围和对象。调查的范围包括同一行业的企业和同一地域具有类似职位的企业。在选择调查对象时，还要注意调查对象的规模。第三步是确定调查的项目和内容。一般包括职位基本信息、薪酬要素信息、调查对象基本信息、任职者基本信息，以及职位的总体薪酬结构和水平。最后就是实际开展调查，汇总和整理调查结果，并对调查获得的数据信息进行统计分析。

2. 薪酬市场线

薪酬市场线实际上是职位评价点数与职位市场薪酬水平的一个一元线

性（或非线性）回归结果。① 图 6-7 给出了薪酬市场线的一个例子。②

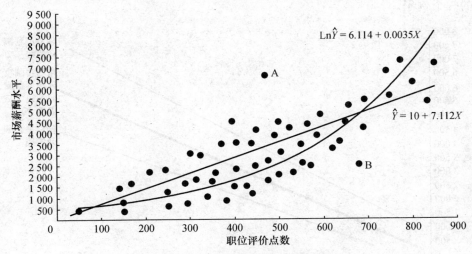

图 6-7 薪酬市场线、线性及对数函数

在图 6-7 中，那条向右上方倾斜的直线代表的就是一个线性拟合方程，也就是所谓的薪酬市场线：$\hat{Y} = 10 + 7.112X$。③

拟合方程揭示了职位等级与市场薪酬水平之间的某种联系。但这种联系是否真实可靠，更多地取决于薪酬管理人员在职位评价和市场调查中的努力。较大的样本容量可以在一定程度上避免由于某些工作上的细小疏漏而导致的灾难性后果，但这同时也意味着调查成本的增加。另外一个补救方法就是仔细分析那些显著偏离拟合方程线的点（例如图 6-7 中的 A 点和 B 点），看看是否能找到一些合理的解释。

3．薪酬政策线

在薪酬市场线的基础上，企业可以结合自己的薪酬战略，制定企业薪酬

---

① 注意，有很多种方法都可以获得薪酬市场线，回归分析只是其中一种比较精确的方法。对其他方法感兴趣的读者可以进一步阅读乔治·T.米尔科维奇、约翰·W.布德罗：《人力资源管理》（第八版），机械工业出版社 2002 年版。

② 这里，我们重点介绍一元线性回归方程，但是我们在图例中分别给出了线性和对数两种形式的拟合方程。

③ 在图 6-7 中，我们给出了薪酬市场线的另一种形式——对数函数 $\text{Ln}\hat{Y} = 6.114 + 0.0035X$。这个函数通过非线性回归方法拟合而来。显然它的凸函数性质表明，组织内较高职位的每一评价点数相对较低职位可以获得更多的薪酬收入。这种情形可能更符合现实情况。参见雷蒙德·A.诺伊等著：《人力资源管理：赢得竞争优势》（第三版），中国人民大学出版社 2001 年版。

政策线,确定企业内各职位的实际薪酬水平。图6-8提供了企业薪酬政策线的一个例子。

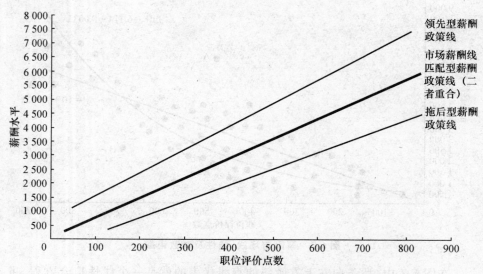

图6-8 不同的薪酬竞争战略对应的薪酬政策线

所谓薪酬战略就是企业在薪酬问题上的市场定位。一般包括三种：

第一种是领先型战略,即企业的薪酬水平高于相关劳动力市场的平均水平。在这种战略指导下,企业薪酬政策线要高于薪酬市场线。

第二种是匹配型战略,即企业的薪酬水平与相关劳动力市场的平均水平大致相当。这种战略的薪酬政策线与薪酬市场线重合。

第三种是拖后型战略,即企业的薪酬水平低于相关劳动力市场的平均水平。采用这种战略的企业,其薪酬政策线要低于薪酬市场线。

(三) 金融企业职位薪酬结构的设计方法

理论上讲,在确定了薪酬政策线以后,薪酬管理工作就可以告一段落了,因为到这一步金融企业内各职位的实际薪酬水平已经确定。但在实践中,这种做法是不现实的。尤其是当企业内职位较多时,为每一个职位设定一个薪酬水平,后续的薪酬管理工作将会很麻烦,管理成本也会很高。另外这种薪酬结构也不利于职位轮换,例如,由点数为81的职位轮换到点数为80的职位时,员工的薪酬水平就会降低,这样正常的职位轮换就变成降职处分了。通行的办法是将评价点数比较接近或者排序位置相邻的多个职位划为一个等级,而且每一个等级确定一个薪酬浮动区间,同时相邻等级薪酬之间相互重叠,如此构成所谓薪酬等级结构(见图6-9)。

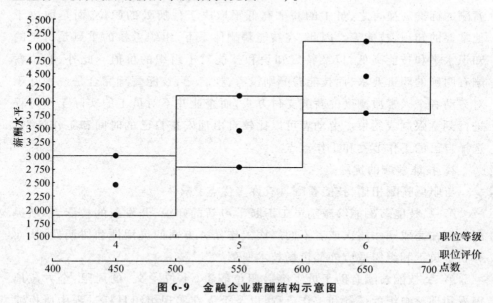

图6-9 金融企业薪酬结构示意图

从图6-9可以看出,职位评价点数在400—500的职位被划入第4等级,该等级的中点薪酬水平为2 500元,最高薪酬水平为3 000元,最低薪酬水平为1 950元,带宽为1 050元。

需要指出的是,实际工作中不存在绝对完美的薪酬结构,薪酬管理人员必须结合组织的实际情况和发展战略,综合考虑各种薪酬结构的管理成本、公平性以及灵活性,从中选择与组织最相匹配的薪酬结构。

第三节 金融企业技能薪酬体系

一、金融企业技能薪酬体系概述

1. 技能薪酬的含义

技能薪酬(pay for skill),是企业依据员工所掌握的、完成特定工作或者实现组织目标所需的技能、能力以及知识等支付薪酬的一种薪酬管理体系。

传统的职位薪酬是基于组织内现有职位数量和结构而构建的薪酬管理

体系。在这种薪酬管理体系下,员工的实际薪酬收入取决于他本人所处的职位。与职位薪酬不同,技能薪酬是以员工个体所具备的知识和技能作为确定薪酬的标准。换言之,员工的薪酬高低不取决于他所处的职位,而是取决于他掌握的知识、技能等。因此,在技能薪酬体系下,组织考核的重点是员工的知识水平和技能高低,以及特定知识和技能对于组织的价值。此外,职位薪酬有明确的职责要求,而技能薪酬则没有,换言之,技能薪酬完全是一种基于对劳动者个人素质测度的薪酬支付方式,而企业并不对员工的实际工作过程进行刻意限制或约束。劳动者可以比较自由地安排自己的时间和工作计划,选择自己的工作节奏和工作重点。

2. 技能薪酬的优缺点

与职位薪酬相比,技能薪酬具有许多优点:

第一,技能薪酬能够激励员工不断学习新的知识、开发新的技能,不断提高自身在完成同一层次或者不同层次工作任务方面的灵活性和协调性,从而有利于员工和组织适应外部市场技术变革。

第二,技能薪酬有助于员工突破职位职责(本位主义)的局限,全方位地审视和理解组织的任务和工作流程,以及个人在实现组织目标过程中所扮演的角色,更为积极主动地为客户服务。

第三,技能薪酬有利于鼓励优秀的专业人才安心本职工作,而不是去谋求报酬很高但自己不擅长或不喜欢的管理工作。这是因为职位薪酬的提高是通过晋升,而晋升又是基于相对绩效考核,而技能提升则依赖于员工个人的绝对努力。

第四,技能薪酬体系在员工配置方面为组织提供了更大的灵活性。对于那些实行工作分享和自我指导的组织而言,这种灵活性尤其重要。

第五,技能薪酬有助于高度参与型领导风格的形成。

但与此同时,技能薪酬也存在一些致命的缺陷:

第一,实行技能薪酬,需要企业在培训和工作重组方面进行投资,因而会导致企业在短期内加大成本开支。

第二,在实行技能薪酬之前,企业必须对员工技能增长与组织绩效提升之间进行充分的论证;明确组织认可的技能类型、项目、层次等;确定组织认可的员工技能扩展路径和方式。如果企业在这些方面存在失误,其后果将导致员工无效技能的泛滥和组织绩效滑坡。

第三，技能薪酬体系的设计和管理都要比职位薪酬体系更为复杂，它要求企业有一个更为复杂的管理机构，管理者（包括直线管理人员和人力资源管理人员）还必须付出更多的努力。

第四，从某种意义上讲，技能薪酬体系的实施关键在于对高层管理者的激励，因为技能薪酬的实施是与高层管理者的高度参与型领导风格密不可分的。

3. 技能薪酬在金融企业内的适用性

第一，技能薪酬主要适用于工作内容具有创新要求的职位。

传统的职位薪酬存在明确的职责要求，而特定职位的职责要求往往是企业在设置职位时根据企业经营目标和工作任务逐级分解下来的。因此，只要企业对所有职位职责要求划分合理，而且所有员工能够恰当地履行职位职责，企业经营目标的实现和工作任务的完成就是有保证的。在职位薪酬体系下，企业只考核员工职位职责的完成情况，并根据完成情况支付薪酬、调整职位。企业只要求员工做好自己分内的事，而不要求、也不鼓励员工去从事其他与自己职责无关的工作，包括主动帮助其他的组织成员。

对于某些行政管理型职位，或者操作型职位，明确的职责要求不仅是适当的而且是富有效率的。但是对工作方向模糊、工作内容变化频繁，知识技能更新较快的职位，如研发，设计，顾问等职位，由上而下明确的职位职责不仅对工作没有任何指导作用，反而有可能让员工缩手缩脚。创新性的工作需要宽松的工作环境和明确的任务目标，而具体的工作内容、工作进度和职责要求则应当交给员工本人去制定。对于这些对工作内容具有创新要求的职位，企业在聘用员工、委派工作任务、绩效考核、薪酬支付时的关注点应当从具体职责要求转到员工本人所具备的知识、技能水平上来。

第二，技能薪酬也可以适用于金融企业某些特殊员工

传统的职位薪酬的设计理念是"因事设岗，以岗定人，以岗付酬"。但这种设计理念显然不适用于某些特殊的员工，或者说职位薪酬的实行是以牺牲特殊的员工为代价的。因为在刻板的职位薪酬体系下，特殊的员工或者屈居于不当的职位，"每日拼死于槽枥之间"，终其一生碌碌无为；或者干脆选择一走了之。而相对灵活的技能薪酬则可以为这些特殊员工提供施展才华和不断成长的机会与条件。

企业的特殊员工包括：有培养前途的年轻骨干，以及某些有特殊资历，

但没有提升潜力的员工。对于有培养前途的年轻骨干,在进入企业的初期,企业可以授予虚职,并实行技能薪酬;定期进行职位轮换,定期进行技能考核,相应地调整薪酬。一定时间后,再授予实职,并将其薪酬并入职位薪酬体系。对某些有特殊资历,但没有提升潜力的员工,也可以授予虚职,并相应地实行技能薪酬,以鼓励他们着力培养青年骨干,向其他员工传授知识经验。

第三,在与其他薪酬体系相互配合的条件下,技能薪酬也可以适用于金融企业的大多数职位

技能薪酬能激励员工不断学习新知识、开发新技能、提高自身素质。在科学技术日新月异的今天,构建学习型组织已成为许多金融企业高层管理者的目标。因此,在金融企业现有的职位薪酬体系和绩效薪酬体系的基础上进一步引入技能薪酬,不仅有利于提高金融企业薪酬制度的灵活性,而且能够提升薪酬管理的管理效果,促进企业内创新活动的开展,增强企业的长期竞争优势。

二、金融企业技能薪酬的设计程序

金融企业设计技能薪酬的关键在于确定技能的价值,而技能的价值又是以组织目标以及为实现组织目标所必须完成的各项工作任务为依据的。对金融企业而言,如果某项技能对于实现企业目标毫无帮助,那么不论其如何难以获得,都是没有价值的。因而,技能价值的确定乃至技能薪酬的设计也是从工作分析开始的。图 6-10 给出了技能薪酬设计的具体程序。

工作分析 → 技能分析 → 技能模块的界定与定价 → 技能鉴定 → 以技能为基础的薪酬结构

图 6-10 技能薪酬的设计流程

1. 工作分析

从图 6-10 可以看出,设计技能薪酬的第一步是工作分析。但是与职位薪酬不同,技能薪酬的工作分析其目的是为了确定完成特定任务所需的技能,而不是确定职位职责。职位与技能之间的关系很复杂,同一职位可能需要多种技能,反过来,不同职位却可能需要同种技能。因此,从某种意义上说,技能薪酬的工作分析过程也是组织工作流程的再设计。

2. 技能分析

根据员工所从事的工作的性质,员工技能可以从三个维度来考察:

第一,技能深度(depth of skills or knowledge)。技能深度是指员工掌握的特定技能的专业水平高低。技能深度越浅,说明技能越简单,员工掌握起来越容易;反之,技能深度越深,技能越复杂,员工掌握起来也越困难。那些能够掌握深度技能的员工通常被称为某类工作的专家。

第二,技能宽度(width of skills or knowledge)。技能宽度是指员工掌握的与某项具体工作相关的技能种类。员工掌握多种技能,就可以在多个职位上进行轮换,同时可以帮助其他员工完成工作。那些能够掌握多种技能的员工通常被称为通才。

第三,技能垂度(verticality of skills or knowledge)。技能垂度是指员工自我管理的能力和限度。垂直技能(vertical skills or knowledge)主要是指管理技能,包括:时间规划、领导、协调、控制等。具有较高垂直技能的员工能够更好地完成团队任务。

3. 技能模块的界定和定价

在技能分析的基础上,薪酬管理人员需要建立相应的技能模块。技能就是构建技能模块的基本要素。技能模块(skills block)是由特定深度、宽度和垂度范围内的技能构成的集合。图6-11给出了一个技能模块的例子。

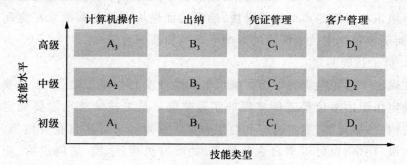

图6-11 技能模块图例

在图6-11中,某金融企业设定了前台业务四种技能类型,包括:计算机操作、出纳、凭证管理和客户管理。每一类技能类型包括初级、中级和高级三个水平层次。这样就形成了12个技能模块。其中 A_1 模块是所有技能模块的基础。一名新员工在熟练掌握 A_1 模块包括的所有技能以后,才可以开始接受

A_2 模块或者 B_1 模块的技能训练。

每一个技能模块一般由三种技能要素构成,包括:基础技能、核心技能和选择技能。基础技能是特定技能模块的入门技能,是员工获得该技能模块核心技能前所必须具备的技能。核心技能是完成特定工作任务必须具备的关键性技能。选择技能是附加的某些管理技能,如判断能力、应变能力和沟通能力等。

在确定技能模块之后,就要对这些模块进行定价。技能模块定价包括两方面的工作:

第一,确定技能模块的相对价值。确定技能模块的相对价值是为了保证技能薪酬的内部一致性。技能的价值至少可以从两个方面来评价:首先是技能获取的难度。难度越大,价值越高。技能获取的难度可以从培训时间,培训费用,接受培训的生理、心理、智力和基础知识条件,通过考核的概率等多个方面来考察。其次是技能模块相对于组织的重要性。这可以从失误的后果、技能的价值贡献、监督责任、教育责任等多个方面来考察。技能模块相对价值的评价方法可以参照职位评价的方法,如归类法、排序法或者计点法等。其评价结果可以是量化的点数,也可以是相对次序。

第二,外部市场调查。对技能模块进行外部市场调查是为了保证技能薪酬的外部竞争性。与职位薪酬类似,技能薪酬的外部市场调查也是选择与外部竞争组织相对应的典型技能模块,确定技能模块点数与薪酬水平之间的关系,进而确定组织内技能模块的薪酬市场线和薪酬政策线。

4. 员工技能鉴定

在确定了技能模块的市场薪酬水平和企业支付标准以后,接下来要做的就是确定组织内每位员工所掌握的实际技能。员工技能鉴定需要确定三个方面的内容:鉴定者、鉴定内容和鉴定方法。鉴定者可以来自企业内部,如员工的上级、同事,也可以来自企业外部,如政府机构、学校、培训机构、业内专家等。一般来说,由来自多方面的专业人士组成一个技能鉴定委员会,可以保证鉴定结果更加公正、客观、可信。鉴定内容通常是根据企业的技能模块的要求来设计的,由于技能模块一般包括基础技能、核心技能和选择技能,相应地,技能鉴定内容也就包括这些技能的培训课程或培训项目及要求达到的分数,以及这些技能的实际运用情况(包括实际的业绩和失误等)。鉴定的方法多种多样,包括笔试测验、现场操作、情景模拟等。方法选择的关键在于要同所考察的内容相匹配,同时也要考虑鉴定的成本。

5. 建立技能薪酬等级结构

技能薪酬等级结构是将组织内的技能模块合并为若干技能等级,并规定相应的薪酬水平。这样,员工要获得相应的薪酬收入,就必须掌握相应技能等级要求的一组技能(见图6-12)。

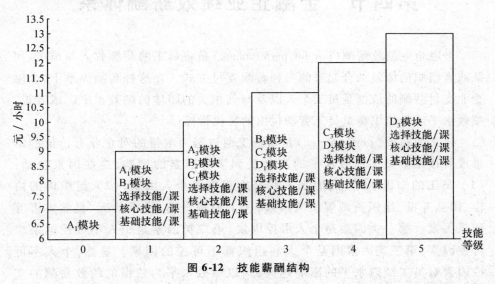

图6-12 技能薪酬结构

与职位薪酬类似,技能薪酬等级结构的设计要保持成本节约、薪酬公平和管理灵活三个目标的动态平衡。

从图6-12可以看出,组织将图6-12中的全部技能模块划分为6个等级。其中,A_1模块为新员工等级,A_2和B_1模块为第1等;A_3、B_2和C_1模块为第2等;B_3、C_2和D_1模块为第3等;C_3和D_2模块为第4等;D_3模块为第5等。每一个技能等级有相应的技能要求,这些技能可以进一步分为基础技能、核心技能和选择技能。对员工来说,获得技能的主要途径是参加培训课程的学习,因而相应技能等级又可以表示为一组课程组合。通常来说,技能等级越高、要求掌握的技能越复杂,在学习中需要付出的努力也越多,因而薪酬水平也越高。

作为一种新型的薪酬体系,技能薪酬乃至整个基于员工个人的薪酬体系在设计技术、管理手段等多个方面还不很成熟,但是随着知识经济的迅猛发展,其重要性无疑会越来越重要。对大多数组织来说,作为一种管理策略,可以将职位薪酬与技能薪酬或其他形式的基于员工个人的薪酬结合起来使用。当然在结合过程中,可以针对组织内不同的人员类型,赋予这两类薪酬体系以不同的权重。

第四节 金融企业绩效薪酬体系

金融企业绩效薪酬(pay for performance)是将员工的薪酬收入与员工、团队或者组织的绩效结合起来的一种薪酬支付方式。在这种薪酬体系下,金融企业支付薪酬的依据是员工个人以及与其相关的团体的绩效水平。或者说,绩效水平成为组织衡量员工劳动付出的替代指标。

狭义的绩效(performance)是指员工通过努力取得的对企业有价值的结果或者成绩。员工绩效水平的高低受到多种因素的影响,这些因素包括:(1)员工的知识水平、能力水平和努力程度等个人因素;(2)组织内的协作、团队互助、组织资源等团队因素;(3)经济周期、供求状况、自然灾害等随机因素。第一类因素是个人可控因素;第二类因素是个人不可控但组织可控因素;第三类因素则是个人和组织都不可控的因素。显然,个人不可控因素对员工绩效水平的影响越大,则以绩效水平为依据的绩效薪酬的实施效果越差。

一、个人绩效薪酬

个人绩效薪酬是指以员工个人绩效为依据而支付的薪酬。显然,这种薪酬支付方式隐含的前提是员工绩效主要取决于员工个人可控因素。

在金融企业中,个人绩效薪酬最重要的形式是销售佣金制。所谓佣金制是企业按照特定员工完成的销售额(销售量、存款额、毛利、利润额等)的一定比例进行提成,作为员工的薪酬收入的一种薪酬制度。佣金制分为直接佣金制和差别佣金制。直接佣金制的优点是简便易行,缺点是个人和团队绩效水平不易控制。差别佣金制的佣金提取比例随着员工业绩水平的变化而变化,是一个变量。差别佣金制的目的在于奖励那些业绩显著的员工,惩罚那些效率不高的员工,同时也使得企业可以比较有效地控制个人和团队绩效水平。

1. 绩效调薪

绩效调薪是金融企业根据员工绩效评价结果,相应地调整员工未来的职位薪酬水平的一种薪酬管理方案。调薪的周期一般为一年,调薪的幅度取决于绩效考核的结果,考核结果等级越高调薪幅度越大。表6-5是绩效调薪的一个例子。

表6-5　绩效调薪的标准与幅度举例

绩效考核等级	S	A	B	C	D
等级说明	非常优秀	优秀	合格	存在不足	有很大差距
调薪幅度	6%	4%	0	-1%	-3%

从表6-5可以看出,绩效调薪不仅包括绩效加薪也包括绩效减薪,例如绩效考核等级为D的员工,职位薪酬要下调3%。另外,绩效调薪的幅度要保持在职位薪酬等级的浮动区间内。因为,超过职位薪酬等级浮动区间的调薪必须相应地调整员工职位,这通常需要用到另一套与职位调整相适应的绩效评价体系。

2. 绩效奖金

绩效奖金不改变员工的职位薪酬水平,它是金融企业在职位薪酬之外,根据员工绩效评价结果给予的一次性奖励。绩效奖金与绩效调薪一样,都是基于金融企业对员工过去的工作业绩的评价,而且都适用于金融企业内个人业绩不宜量化的岗位,如行政管理、研发等。所不同的是:(1)绩效调薪有奖有罚,而绩效奖金则只奖不罚。(2)绩效调薪的增资部分是随职位薪酬一起在后续年份逐月发放的,而绩效奖金则一般是在当年年底发放。(3)绩效调薪对职位薪酬有后续影响,而绩效奖金则对职位薪酬没有影响。(4)绩效调薪的幅度受到职位薪酬等级的浮动区间的限制,而绩效奖金则没有这一限制。

二、群体绩效薪酬

群体绩效薪酬是指金融企业根据员工所处的团队、部门甚至整个企业的绩效而支付的薪酬。显然,这种薪酬支付方式隐含的前提是员工绩效主要取决于个人不可控但团队、部门或组织可控因素。群体绩效薪酬主要有以下几种形式。

1. 利润分享计划

所谓利润分享计划是将员工的薪酬收入与金融企业的利润收入联系起来。建立利润分享计划一般需要解决以下几个问题：

第一，确定可用于分享的利润总额。一般来说，金融企业在实施利润分享计划前须征得上级部门或股东会的同意，而且必须在年度总利润中扣除税金、股东红利、资本公积等项目后才能在员工中进行分配。

第二，确定每个员工的利润分享份额。员工的利润分享份额可以根据员工的职位等级、技能等级和绩效评价结果来综合确定。也可以完全由绩效评价结果来确定。

第三，分享利润的支付方式。利润分享计划一般有三种支付方式：一是现金现付制(cash or current payment plan)，就是以现金方式即时兑付员工应得的利润份额。二是递延滚存制(deferred plan)，就是将员工应得的利润份额存入员工账户，留待将来支付。这种形式通常与企业年金计划结合在一起。三是混合制(combined plan)，是前两种形式的结合。

利润分享计划实施起来比较灵活，而且这种薪酬支付方式将员工个人利益与组织利益密切结合起来，因而一度曾受到许多企业的青睐，不过这种薪酬制度的一个突出弊端是多数员工并不认为他们的工作会对利润有直接的影响。即使员工能够提高效率，他们也不能保证利润会自动增加，市场力量、全球竞争，乃至资产负债表上的会计处理方式都可能会影响利润。

2. 收益分享计划

收益分享计划实际上是金融企业将由于成本节约而带来的收益（或利润）在员工和企业间分摊的一项计划。由于多数员工不认为他们的工作会对利润有直接的影响，因此以成本节约作为激励因素相对更能取得他们的配合。

虽然在形式上，收益分享计划所分享的也是金融企业的利润。但是收益分享计划与利润分享计划有本质的不同，因为它分享的是员工努力可以直接对其产生影响的那部分利润，而不是全部利润。因此，实施收益分享计划的关键是确定总利润中可分享的部分。在此基础上，可参照利润分享计划的操作步骤予以实施。

3. 股票所有权计划

让员工部分地拥有企业的股权可以将员工的利益与企业整体绩效结合

起来,同时也可以避免利润分享计划和收益分享计划中的短期化行为。截止到 2007 年底,我国金融企业在 A 股上市的已达 29 家,以后陆续还会有一些金融企业上市。金融企业上市为企业实施股票所有权计划创造了基本条件。比较常见的股票所有权计划主要有:现股计划、期股计划和期权计划。

(1) 现股计划就是指公司通过奖励的方式向员工直接赠予公司的股票,或者参照股票当前的市场价格向员工出售公司的股票,使员工立即获得现实的股权。这种计划一般要求员工在一段时间内不能出售所持股票,这样可以促使员工更加关心企业的长远发展。

(2) 期股计划是指公司和员工约定在未来某一时期员工要以一定的价格购买一定数量的公司股票,购买价格一般参照股票当前价格来确定。这样,如果未来股票价格上涨,员工按照约定价格买入股票,就可以获得收益;如果未来股票价格下跌,那么员工就会有损失。

(3) 期权计划与期股计划类似,不同之处在于公司给予员工的是在未来某一时期以一定价格购买一定数量公司股票的权利,但是员工到期可以行使这项权利,也可以放弃这项权利,购买价格一般也要参照当前价格确定。

第五节　金融企业福利管理

福利(benefit)是金融企业支付给员工的间接薪酬。福利与直接薪酬具有两个重要的区别:其一是直接薪酬一般采取货币支付和现期支付的方式,而福利除了这两种支付方式外,还可以采取实物支付和延期支付方式。其二是直接薪酬具有一定的可变性,与员工个人绩效直接相联系;而福利则具有准固定成本的性质。

一般来说,福利不具有激励功能,但福利也有一些自己独特的优势。首先,福利可以传达企业的文化和价值观。没有哪个成功的企业不重视企业文化的塑造,不强调以员工为中心的企业管理。而福利恰恰可以传递企业对员工的关怀,创造一个大家庭式的工作氛围和组织环境。其次,通过采取灵活的福利形式,企业也能够满足员工多方面的需求,从而有利于留住员工,保持员工队伍的稳定性。最后,福利还可以让员工和企业合理避税,从而在相同的支付成本下提高员工的实际收益。

一、福利的内容

(一)国家法定福利

所谓国家法定福利是由国家相关法律和法规规定的福利内容。国家法定福利具有强制性,任何企业都必须执行,金融企业自然也不例外。我国目前的法定福利主要包括以下内容:

1. 法定社会保险,包括基本养老保险、基本医疗保险、失业保险、工伤保险和生育保险,企业必须按照员工工资的一定比例为员工缴纳保险费。

2. 公休假日和法定假日。目前我国实行每周休息两天的公休假日制度,同时规定了元旦、春节、清明节、国际劳动节、端午节、中秋节、国庆节等为法定节假日。在公休假日和法定节假日加班的员工应享受相当于基本工资双倍或三倍的津贴补助。

3. 带薪休假。带薪休假是指员工工作满一定的时间后,可以带薪休假一定的时间。我国《劳动法》第45条规定:"国家实行带薪休假制度。劳动者连续工作一年以上的,享受带薪年休假。"

4. 地方政府规定的其他福利项目。是指在中央政府的法定福利项目之外,各地地方政府根据本地区特殊情况相应规定的福利项目,如住房公积金等。

(二)金融企业自主福利

金融企业自主福利是金融企业在国家法定福利之外向员工提供的其他福利项目,由于不具有强制性,因此没有统一的标准,各企业往往根据自己的具体情况灵活决定。大体来说,可以包括以下一些形式:[①]

1. 国家法定社会保险之外的各类保险和福利,包括退休福利(退休金、公积金);医疗保健福利(免费定期体检、免费防疫注射、药费和营养费补贴、职业病免费防护、免费疗养等);意外伤害福利(意外工伤补偿、伤残生活补助、死亡抚恤金等);带薪休假(对有特殊贡献的员工给予一定时间的带薪旅游休假和疗养休假等)。

[①] 参见孙海法:《现代企业人力资源管理》,中山大学出版社2002年版。

2. 各种过节费,如春节、中秋、国庆等节日的加薪和过节费。其形式可以是实物、现金或购物券等。

3. 加班补助,如在国家规定的加班补助之外,企业还可以额外提供免费的加班伙食、饮料等。

4. 住房福利,如免费单身宿舍、夜班宿舍、廉价公房出租、购房低息贷款、购房补贴等。

5. 交通补助,如免费班车服务、市内交通补贴、交通部门向员工提供的折价票购买权等。

6. 教育培训福利,如企业内部免费脱产培训、公费进修、报刊订阅补助等。

7. 文体活动和旅游福利,如有组织的集体文体活动(晚会、舞会、郊游、体育竞赛);企业自建文体设施(运动场、游泳馆、健身房、阅览室等);以及各种文体活动的折扣票和免费票,外出交通免费订票服务等。

8. 生活服务福利,如洗澡和理发津贴,以及夏季防暑降温费、冬季取暖费等季节性福利补贴,优惠价提供本企业产品和服务等。

9. 金融服务福利,如信用储金、存款户头特惠利率、低息贷款、预支薪金、额外困难补助等。

二、福利管理

福利管理是金融企业薪酬管理的重要内容,为保证福利能够满足员工的需要,同时适应外部竞争,福利管理应按照下列步骤来实施,见图6-13。

图6-13 金融企业福利管理流程

1. 福利调查

福利调查包括两个方面的工作。其一是内部调查。通过内部调查,企业可以了解现有员工在福利内容方面的要求。在进行内部福利调查时,薪酬管理人员可以先在成本约束范围内拟定一个备选"菜单",然后由员工从中选择,也可以直接收集员工的意见,然后根据员工意见来拟定福利内容。其二是外部调查。外部调查的目的是确定福利支付水平,以保证福利水平的外部竞争性。

2. 福利规划

福利规划首先是在福利调查的基础上确定企业的最终福利项目,福利项目组合要符合多数员工的需要。其次,福利规划还必须确定各项福利项目的覆盖范围,即确定哪些人有权享受哪些福利项目。再次,要确定各项福利的支付水平和总的成本预算。由于福利项目具有刚性,一旦提供就很难取消,因此福利项目的成本负担必须符合企业长期的成本控制的要求。最后还要制订详细的实施计划,如福利产品的购买时间、购买程序、保管制度、发放时间和发放程序等。

3. 福利实施

福利实施就是按照已经制定的福利规划,向员工提供具体的福利。在实施过程中要兼顾原则性和灵活性,如果没有特殊情况,要严格按照福利规划来执行,以控制福利成本的开支,如发生特殊事件,企业也应当灵活处理,以保证满足员工的福利要求。

4. 福利控制

福利控制的目的在于及时发现福利规划执行过程中的问题和偏差,积极调整福利规划和实施细则,以适应内外环境的变化。在福利控制过程中,薪酬管理人员要积极与员工进行沟通,从而获得员工对福利项目实施的积极反馈,不断改进福利管理质量。

【本章小结】

报酬是雇员从组织中获得的基于劳动付出的各种补偿,包括经济报酬和非经济报酬。薪酬是指经济报酬,包括直接薪酬和间接薪酬。非经济报酬包括工作本身、组织内部环境以及组织外部特征为雇员所带来的效用满足。

金融企业薪酬管理是指金融企业在经营战略和发展规划的指导下,综合考虑企业的内外各种因素的影响,确定自身的薪酬水平、薪酬结构和薪酬形式,并进行薪酬调整和薪酬控制的整个过程,其目的在于吸引和留住符合企业需要的员工,并激发他们的工作热情和各种潜能,最终实现企业的经营目标。

金融企业的薪酬管理必须综合考虑企业内外的各种因素的影响。一般来说这些因素可以分为三类:一是企业外部因素;二是企业内部因素;三是员工个人因素。

金融企业有效的薪酬管理应当遵循几条基本原则,它们包括:内部一致性、外部竞争性、激励性和管理可行性。

金融企业职位薪酬体系是指员工的薪酬或工资是按照员工在金融企业内所处的特定职位来发放的。技能薪酬,则是以员工个人所拥有的专业技能作为企业支付薪酬依据的薪酬方案。绩效薪酬是将员工的薪酬收入与员工、团队或者企业的绩效结合起来的一种薪酬支付方式,绩效薪酬包括个人绩效薪酬和群体绩效薪酬。

福利是金融企业支付给员工的间接薪酬,包括两大类:第一类是国家法定福利;第二类是金融企业自主福利。

【思考练习题】

1. 什么是薪酬,薪酬包括哪些内容?
2. 影响薪酬管理的因素有哪些?
3. 有效的薪酬管理应当遵循哪几条基本原则?
4. 什么是职位薪酬,建立职位薪酬需要经过哪些步骤?
5. 什么是技能薪酬,有几种技能薪酬结构?
6. 什么是绩效薪酬,包括哪些种类?
7. 什么是福利,包括那几种形式?
8. 思考一下,企业为什么采用多种薪酬形式,为什么企业不能像购买原材料一样,按照市场价格来支付劳动成本。

【案例分析】

材料1

中国学者阙澄宇、王一江以从2003年美国"福布斯500强"排名中选出的20家银行作为研究样本,并以样本银行1992—2002年的数据对银行高层管理者的薪酬激励制度进行了研究。他们发现,美国银行业高管人员的薪酬安排带有显著的激励与约束机制的特征:第一,与经营业绩无紧密关系的年薪收入在高管人员报酬中所占比例较小,且这一比例一直呈现出下降的趋势;第二,薪酬中的激励与约束部分,即高管人员从短期和中、长期激励中获得的收入,已经日益成为他们的主要收入来源。(参见阙澄宇、王一江,《银行高层激励:美国20家银行调查》,《经济研究》2005年第3期)

银行业高管人员在美国是人所共知的高收入人群,其中大银行集团的董事长和CEO的薪酬更是高得惊人。已于2003年退休的花旗集团董事长兼CEO Sanford I. Weill 当年所拿到的薪酬为4 470万美元,美林公司董事长兼CEO Stanley O'Neal 2003年的薪酬为2 800万美元。

表6A-1中的数据选自美国学者Ang、Lauterbach和Schreiber所提供的一份研究结果(参见Ang, J., Lauterbach, B. and Schreiber, B. Z., 2002, "Pay at the Executive Suite: How do U. S. Banks Compensate their Top Management Teams?" Journal of Banking and Finance, 26, June.)。他们根据1993年至1996年的数据,对美国166家银行收入最高的五位高管人员的收入及其结构进行了研究。

表6A-1 美国166家银行收入最高的五位高管人员1993—1996年平均收入及其结构

单位:美元

		基本薪酬 (base salary)	年度奖金 (annual bonus)	长期薪酬 (long-term compensation)	期权价值 (value of options granted)	总薪酬收入 (total compensation)
第一高薪高管	均值	397 331	338 787	270 459	351 874	1 373 614
	最小值	116 166	0	0	0	188 673
	最大值	1 297 917	3 646 025	3 281 325	4 535 292	9 176 709
第二高薪高管	均值	267 705	194 070	138 425	178 082	780 590
	最小值	91 620	0	0	0	138 875
	最大值	747 917	2 657 575	2 716 300	2 049 938	7 417 574
第三高薪高管	均值	217 965	143 243	90 547	136 254	589 408
	最小值	77 335	0	0	0	121 619
	最大值	772 917	2 113 675	1 478 950	2 176 302	5 324 253
第四高薪高管	均值	195 605	127 309	81 581	126 477	530 947
	最小值	73 108	0	0	0	100 947
	最大值	772 917	1 914 300	1 424 875	1 946 094	4 916 197
第五高薪高管	均值	191 188	119 720	73 015	130 250	515 730
	最小值	78 166	0	0	0	144 006
	最大值	724 518	1 541 475	1 137 200	2 622 344	3 977 237

材料2

据报道,2005年中国建设银行行长薪酬为110.5万元,董事长薪酬为

85.4万元;交通银行行长薪酬为106万元,董事长薪酬为96万元。招商银行行长税后薪酬更高达267.83万元,成为境内上市银行中薪酬最高的行长,其他两位副行长年薪近140万元。除享有高薪外,商业银行高管们还有可供支配的巨额行长基金,能用于应酬埋单。

有学者认为:金融等垄断行业高管人员的过高收入,刺痛着许许多多低收入者的敏感的神经,特别是强化了低收入者的不公平感,加大了他们社会心理失衡状况出现的几率,从而削弱了社会的凝聚力和对改革的支持度。金融等垄断行业高管人员年薪过高的问题,是影响社会和谐的因素,不能视而不见,更不能任其扩大,针对金融等行业高管人员收入过高的问题,政府有关部门应采取有效措施,加大对这些行业收入分配制度改革的力度,规范收入分配秩序,构建科学、公正的收入分配体系,这是构建和谐社会的题中应有之义。克服收入分配不公的问题,关乎广大社会公众的利益,以及他们积极性、主动性、创造性的发挥;关乎全面建设小康社会和建设有中国特色社会主义事业的全局。

有学者还认为:股份制金融企业高管人员薪酬确定不合理,说明这些企业的公司治理结构还不完善。公司治理中的一个核心问题是中小股东的利益是否得到充分保护。因此,要加快建立使众多中小股东利益能够得到切实维护的机制。应借鉴西方国家金融监管的成功经验,通过外部力量强化监管来约束经营者的行为或提高高层管理人员的素质。金融企业的中小股东和投资者不仅有权知道高层管理人员的薪酬情况,而且其还必须获得众多中小股东的认可。

资料来源:邱兆祥,《金融企业高管的薪酬为何这么高?》,《中国经济时报》2006年8月28日。

材料3

"对于在华外资金融机构来说,2005年的主要工作是布局,把关键的'棋子'布好。2006年、2007年,外资机构将迎来用人高峰。"渣打银行中国区人力资源总监彭海涛曾这样描述未来。

从加快设立外资银行分行到参股中资银行,再到积极拓展中间业务,外资银行加紧了对中国市场的渗透。据上海银监局透露的信息,截至2006年3月末,上海有外资银行营业性分支机构87家(包括1家货币经纪公司和2家外资汽车金融公司），3年净增机构25家，其中2005年新增营业性分支机构18家。上海银监局还表示，目前还有4家外资银行分行和5家外资银行支行正在筹建。

外资金融机构高速扩张，随之而来的是对本土金融业人才近乎狂热的需求。渣打、花旗、汇丰、恒生、三菱东京日联银行等外资银行的网上招聘正在进行中，招聘范围覆盖上海、深圳、广州、北京、成都、厦门等近20个城市，几乎所有的岗位都没有人数限制。

"外资银行挖人的力度在不断加大。"某外资银行信贷部经理张强（化名）说，一个明显的趋势是：外资银行搜索的目标已经从管理骨干向专业人才覆盖，例如零售业务、公司业务、资金交易等业务骨干；手法也日趋丰富，包括猎头寻找、私人介绍、公开招聘等，不一而足。据他透露，他所在的团队中，从中资银行跳槽过来的多为"熟人介绍"。虽然中资银行在招聘高管人员时也承诺给予"股权"，而外资银行则直接用"高薪"，开出的价码通常高出中资银行几倍。如果挖的是中资银行高层，外资银行动辄承诺给予200万元人民币左右的年薪。

上海俊通博业人才咨询公司的金融行业人力资源顾问黄逸峰也表示，外资银行寻找中高层管理人员，比较倾向"猎人"方式。这是因为金融行业的管理人才很难在市场上寻获，委托猎头不仅可以缩短招聘时间，还能找到最适合岗位的优秀人选。一旦双方达成意向，被猎者的薪资待遇会提高50%—80%。国内外资金融机构中，华人高级职员如总监、副总裁等的年薪普遍在50万元人民币以上，高者甚至超过200万元人民币。

这与其说是场金融人才战，不如说是场机构"财力"大比拼。

资料来源：梁杰，《金融才市全线飘红 银行业人才战打响》，中青在线，http://hr.cyol.com/content/2006-08/30/content_1494544.htm。

案例讨论题

1. 请你根据材料1提供的数据，对美国银行高管人员的薪酬构成进行分析。

2. 请根据材料2提供的数据，谈谈你的看法，你是否支持材料中学者提出的观点，为什么？

3. 请你根据材料2提供的信息，解释一下为什么银行高管高薪酬高待遇会在社会上引发如此大的争议？

4. 阅读材料3后请回答：如果你是国有银行的高级人力资源管理人员，你将如何应对外资银行的人才战略？

5. 结合材料2和材料3提供的信息，请回答：如果你是国有银行的高级人力资源管理人员，你将如何同时应对社会公众和外资竞争的双重压力？

第七章 金融企业员工职业生涯管理

【学习目标】

学习完本章后,你应该能够:
- 理解职业生涯的含义,职业生涯管理的概念及基本理论。
- 理解员工职业生涯设计的意义和步骤。
- 理解组织职业生涯管理的概念、特征、内容、步骤以及评价标准。
- 理解金融企业实行职业生涯管理的必要性以及开展职业生涯管理的一般模式。

【导入案例】

3M 公司的员工职业生涯管理体系

3M 公司的管理层始终尽力满足员工在职业生涯发展方面的需求。从 20 世纪 80 年代中期开始,公司的员工职业生涯咨询小组一直向个人提供职业生涯问题咨询、测试和评估,并举办个人职业生涯问题公开研讨班,通过人力资源分析过程,各级主管对自己的下属进行评估。公司采集有关职位稳定性和个人职业生涯潜力的数据,通过电脑进行处理,然后用于内部人员的选拔。

公司的人力资源部门可以对员工职业生涯发展中的各种作用关系进行协调。公司以往的重点更多地放在绩效评价和人力资源规划上,而不是员工职业生涯发展的具体内容。新的方法强调公司需求与员工需求之间的平衡,为此,3M 公司设计了员工职业生涯管理体系。

第七章
金融企业员工职业生涯管理

1. 职位信息系统。根据员工民意调查的结果，3M公司于1989年年底开始试行了职位信息系统。员工们的反应非常积极，人力资源部、一线部门及员工组成了专项工作小组，进行了为期数月的规划工作。

2. 绩效评估与发展过程。该过程涉及各个级别（月薪和日薪员工）和所有职能的员工。每一位员工都会收到一份供明年使用的员工意见表。员工填入自己对工作内容的看法，指出主要进取方向和期望值。然后员工们与自己的主管一起对这份工作表进行分析，就工作内容、主要进取领域和期望值，以及明年的发展过程达成一致。在第二年中，这份工作表可以根据需要进行修改。到年底时，主管根据以前确定和讨论的业绩内容及进取方向完成业绩表彰工作。绩效评估与发展过程促进了3M公司主管与员工之间的交流。

3. 个人职业生涯管理手册。公司向每一位员工发放一本个人职业生涯管理手册，它概述了员工、领导和公司在员工职业生涯发展方面的责任，还明确提出公司现有的员工职业生涯发展资源，同时提供一份员工职业生涯关注问题的表格。

4. 主管公开研讨班。为期一天的公开研讨班有助于主管们理解自己所处的复杂的员工职业生涯管理环境，同时提高了他们的领导技巧，也加深了其对自己所担任角色的理解。

5. 员工公开研讨班。提供个人职业生涯指导，强调自我评估、目标和行动计划，以及平级调动的好处和职位晋升的经验。

6. 一致性分析过程及人员接替规划。集团副总裁会见各个部门的副总经理，讨论其手下管理人员的业绩情况和潜能。然后各个部门层层召开类似会议，与此同时开展人员接替规划项目。

7. 职业生涯咨询。公司鼓励员工主动去找自己的主管商谈个人职业生涯问题，也为员工提供专业的个人职业生涯咨询。

8. 职业生涯项目。作为内部顾问，员工职业生涯管理人员根据员工兴趣开发出一些项目，并将它们在全公司推出。

9. 学费补偿。这个项目已实行多年，它报销与员工当前岗位相关的学习费用，以及与某一工作或个人职业生涯相关的学位项目的全部学费和费用。

10. 调职。所在职位撤销的员工自动进入个人职业生涯过渡公开研讨班,同时还接受具体的过渡咨询。根据管理层的要求,公司还为解除聘用的员工提供外部新职介绍。

资料来源:张岩松等,《人力资源管理案例精选精析》,经济管理出版社 2004 年版。

第一节 职业生涯管理概述

选拔、培训以及绩效评价等人力资源管理活动,其目的是为企业找到合适的员工,即选到那些能够满足特定的兴趣、能力和技术等方面要求的员工来填补工作岗位空缺。随着经济发展和社会进步,产业结构发生变化,劳动力市场竞争加剧,个体和企业同样都面临一个不确定的环境。为了更好地保持企业的竞争力,保留和激励员工,赢得员工忠诚,人力资源管理活动需要将员工的个人发展目标与组织目标结合起来,使员工感到企业、部门的发展与个人的发展息息相关。同时,还要主动地保护和调动员工的职业兴趣,鼓励他们不断成长,使他们能够发挥出自己的全部潜力。

一、职业生涯的含义

(一)职业生涯的概念

美国国家职业生涯发展协会(National Career Development Association, NCDA)提出,所谓职业生涯是指个人通过从事工作创造出的一个有目的的、延续一定时间的生活模式。在这一定义中:

"延续一定时间"(time extended)是指职业生涯不是作为一个事件或者选择的结果而发生的。职业生涯不是局限于或束缚于某一特定的工作或者职责的时间段,更确切地说,职业生涯本质上是持续一生的过程,它受到个人内在和外在的力量影响,该领域的一些专家甚至使用生活/职业生涯(life/career)作为联结生命过程和职业生涯过程的桥梁。

"创造出"(working out)在这里是指职业生涯是一个人的愿望和可能性之间、理想与现实之间妥协和权衡的产物。职业生涯是一系列连续选择的结果。人们作出选择时,需要权衡这些选择的收益以及代价和风险。对于一个人来说,没有"十全十美"的职业生涯道路,但也许会有最适宜的。

"有目的"(purposeful)是指职业生涯对于个人来说是有意义的和有价值的。职业生涯不是偶然发生或自然出现的,它需要规划、思考、制定和执行。职业生涯因个人动机、抱负、目标而形成与发展,它反映了个人的价值观和信念。

"生活模式"(life pattern)在这里意味着职业生涯不仅是一个人的职业或生活。职业生涯与成人所有的生活角色交互作用:家长、配偶、持家者、学生、领导、下属、朋友、合作者,以及人们整合与安排这些角色的方式。

"工作"(work)是指一种可以为自己或他人创造价值的活动,而不仅仅是我们日常所理解的有偿活动。汉迪(Handy,1989)曾列举了五种工作,它们分别是:(1)工资工作(wage work),依据时间和努力获取酬劳的受雇佣工作;(2)报酬工作(fee work),依据劳动结果获取酬劳的受雇佣或自由工作;(3)家政工作(home work),在家里从事的工作,例如抚养儿童或者做饭;(4)志愿工作(gift work),义务或公益、慈善工作;(5)学习工作(learning work),学习新技能。

最后,"个人所从事的"(undertaken by the person)强调了职业生涯对于个人而言是独特的。现实中没有两个人会有完全相同的职业生涯,因为职业生涯基于个人特定的历史和情境。人们可能有相似的兴趣或技能,从事相同的职业,为相同的机构工作,但他们的职业生涯仍然可能不同。更为重要的是职业生涯的主体永远是个人,职业生涯是员工个人选择的生活方式。

(二)职业生涯管理的概念

职业生涯管理是指由个人或组织发起或在组织帮助下,通过系统分析和主动选择,协调和适应经济、社会、心理、教育与机遇等各种因素,以塑造个人的职业生涯的一系列活动。通过这些活动,组织和个人可以直接或间接影响个人所从事的工作,从而有目的地为个人创造出一个能够延续一定时间的生活模式。

职业生涯管理主要包括两种:一是由组织主动实施的职业生涯管理,称为组织职业生涯管理(organizational career management);二是由个人主动进行的职业生涯管理,称为个体职业生涯管理(individual career management),也称自我职业生涯设计。

需要指出的是,不论是组织职业生涯管理还是员工自我职业生涯设计,员工本人都是职业生涯管理的核心。换言之,不论是由员工个人发起还是由组织发起,职业生涯始终都是由员工自己选择的生活方式,是员工个人而不是组织要对员工本人的职业生涯选择和决策承担最终责任。组织可以通过调整自身的组织结构、岗位职责、培训以及制度、文化等变量来影响和引导员工的选择。但是,无论是组织还是其他任何人既没有权力、也没有能力决定员工该如何生活、如何选择。组织只能作为员工职业生涯选择的一种能动的外部环境,对员工的选择提供帮助和支持。

二、自我职业生涯设计

(一) 自我职业生涯设计的意义

对员工个人而言,进行自我职业生涯设计的重要性体现在三个方面:

1. 通过自我职业生涯设计,可以增强员工对工作环境的把握能力和对工作困难的控制能力。自我职业生涯设计既能使员工了解自身的长处和短处,促使其养成对环境和工作目标不断分析的习惯,又可以使员工合理计划、分配时间和精力,完成任务、提高技能。

2. 通过自我职业生涯设计,有利于提高员工的职业生活质量,提高员工处理职业生活、家庭生活和社会生活之间关系的能力。良好的职业生涯计划可以帮助员工个体从更高的角度看待工作中的各种问题和选择,将各种独立的事件结合起来,服务于总体的职业目标,从而使职业生活更加充实和富有成效。良好的职业生涯计划还可以帮助员工在职业生活与个人追求、家庭目标等其他生活目标之间取得平衡,避免其陷入顾此失彼、左右为难的困境。

3. 通过自我职业生涯设计,有利于员工实现个人成长。员工最初的职业目标可能仅仅是找一份养家糊口的工作,进一步的职业目标可能是追求财富、地位和名望,但是无论员工的职业目标处于何种层次和阶段,自我职业生涯设计都能够帮助他们在多次目标提炼的基础上,设定更加明确和更加现实可行的职业目标,并在实现职业目标的过程中体验成长的愉悦。

(二) 进行自我职业生涯设计的步骤

自我职业生涯设计是在了解自我的基础上确定适合自己的职业发展方向、目标,并制订相应的计划,以避免职业生涯发展的盲目性,为个人的职业成功提供有效的路径和发展方案。

自我职业生涯设计基本上可以分为自我认知、职业认知、确立目标、制定行动规划、职业生涯评估与调整五个步骤(见图7-1)。

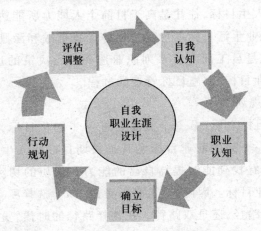

图7-1 自我职业生涯设计的流程和步骤

1. 自我认知

一个人只有从事自己喜欢的工作,工作时才会充满激情;一个人只有从事适合自己的工作,才能发挥自己所长。因此在进行自我职业生涯设计时,必须清楚自己真正的职业兴趣、价值观、个性特征、能力素质、工作风格以及自身的优势和劣势。其中能力素质和职业兴趣是最为关键的两个因素。对自己认知越深刻,职业生涯目标和方向才越明确。对自己的认知,可以通过专家协助(如做测试题、专家访谈),也可以不断地反思下列问题来实现:(1)自己喜欢的工作有哪几种?(2)自己的专长是什么?(3)现有的工作对自己的意义是什么?(4)家庭对自己有哪些影响?(5)有哪些工作机会可供选择?(6)与工作有关的因素有哪些?

2. 职业认知

自我职业生涯设计的前提不仅限于对自身内在因素的了解,还必须对客观环境进行考察,了解职业分类、职业性质和组织情况。员工个人可以通过各种途径了解各种职业信息,尤其是特定组织的组织结构和组织文化,以及这些组织内特定职位对从业人员素质、技能的要求等信息。

3. 确立目标

在对自己和职业充分了解的基础上,根据自身特点和现实条件,确立自己的职业目标。目标设定是自我职业生涯设计的核心。职业生涯目标可以分为短期、中期、长期乃至整个人生的目标。一般来说,一个人的职业目标尤其是长期目标和人生目标,往往是高于目前个人能力所能达到的高度的。对员工来说,确立职业生涯目标本身就是一种自我挑战和激励。员工自我职业生涯设计,与其说是员工面对一系列职业选择进行决策的过程,倒不如说是员工主动设定职业目标,实施目标管理的过程。

4. 制定行动规划

在确立职业目标之后,员工个人需要进一步细化目标,制定可以操作的行动规划。由于一个人的职业目标尤其是长期目标和人生目标具有一定高度和难度,员工只有找到能够提高自己的能力和素质的切实可行的办法,才能实现自己的职业目标。因此,员工必须考虑:(1)选择哪条职业生涯路径?是技术路径、管理路径、还是双路径。在选择路径的时候,员工需要考虑自己具备向哪一条路径发展的条件和潜力。(2)在今后的工作中,如何提高工作效率和工作绩效?(3)在今后的工作中,计划学习哪些知识和技能?(4)在今后的工作中,需要注重哪些方面的潜能?如何开发这些潜能?

5. 职业生涯评估与调整

无论是员工个人还是员工所处的环境,都是不断变化的。因此,要使自我职业生涯设计能够行之有效,就需要对原有的职业生涯目标和行动方案进行评估,并根据员工自身和环境的变化不断地进行调整。这种调整包括:职业的重新选择、职业生涯路径的重新选择、人生目标的修正和实施措施与计划的变更等。

职业生涯不是一次职业选择,而是一系列不间断的职业选择和调整,更是一个人自身素质、价值观念和人格不断提升和完善的过程。自我职业生涯设计的五个步骤是一个连续封闭的环,自我职业生涯设计就是沿着这样一个连续的环,不断循环、不断提高的过程。

三、组织职业生涯管理

(一)组织职业生涯管理的基本概念

1. 组织职业生涯管理的概念

组织职业生涯管理(organizational career management),是指组织为了实现

组织目标而采取的帮助员工进行职业生涯规划和设计、自我潜力开发等的一系列管理活动和过程,简称职业管理。组织职业生涯管理,一般从新员工进入组织开始,一直持续到员工离开组织,涉及员工工作、生活的方方面面。

组织职业生涯管理是现代企业人力资源管理的重要内容之一,是企业帮助员工实现职业生涯发展的一系列活动。组织职业生涯管理是满足员工和组织需要的一个动态过程。在现代企业中,员工个人最终要对自己的职业发展负责。员工个人需要清楚地了解自己所掌握的知识、技能、能力、兴趣、价值观等,以及自己可能的职业选择,并在此基础上制定自己的职业目标和职业潜力提升计划等。在此过程中,企业的管理者则需要积极鼓励员工对自己的职业生涯负责,向员工提供职业发展机会,以及组织发展目标、政策、计划、工作调整等组织信息,帮助员工做好自我评价、培训和发展等。实施组织职业生涯管理的关键,是将个人目标与组织目标有机结合起来。从某种意义上说,组织职业生涯管理就是由组织主导的合乎组织发展目标和员工个人职业发展目标的员工职业生涯规划管理过程。

2. 组织职业生涯管理的特征

(1) 组织职业生涯管理是由组织发起或由组织帮助实施的员工职业发展计划。自我职业生涯设计是完全以员工自身的价值实现和需要满足为目标,但是组织职业生涯管理则是从组织目标出发,将员工个人目标与组织目标结合起来,通过为员工价值实现和职业发展提供投资和帮助,让员工在实现自身职业发展目标的过程中,谋求组织的持续发展。与员工自发开展的自我职业生涯设计相比,组织职业生涯管理通常会更加专业、系统。

(2) 组织职业生涯管理必须满足个人和组织的双重需要。组织需要是组织职业生涯管理的动力源泉,无法满足组织需要将导致组织职业生涯管理因失去动力源而中止。但职业生涯毕竟是员工自己选择的生活方式,是员工个人而不是组织要对员工本人的职业生涯选择和决策承担最终责任,因此在开展组织职业生涯管理活动时,组织必须从满足员工自身职业发展需要的角度出发,积极了解员工职业发展的需要及其在每个职业发展阶段面临的主要问题和困难,在此基础上制定相应的政策和措施,帮助员工实现个人职业生涯目标。

(3) 组织职业生涯管理活动内容丰富、形式多样、涉及面广。组织职业生涯管理活动既包括直接针对员工技能提升的各类培训、咨询、讲座,也包括组织内针对员工职业发展的各种政策和措施，如规范职业评议制度，建立和执行有效的内部升迁制度，等等。

3. 组织职业生涯管理的意义

对组织而言，组织职业生涯管理使员工与组织同步发展，以适应组织发展和变革的需要。通过组织职业生涯管理，员工之间相互补位的能力得以提高，一旦组织中出现了空缺，可以很容易在组织内部寻求到替代者，以减少职位空缺造成的损失；通过组织职业生涯管理，可以提升员工的组织适应性，而且通过满足员工的发展需要，可以提高员工对组织的忠诚度，从而留住人才、凝聚人才，使企业能够长盛不衰。

组织职业生涯管理对员工个人也有突出的作用。主要表现在：第一，通过组织职业生涯管理，能够使员工更好地认识自己，进而更好地发掘自身潜力；第二，通过组织职业生涯管理活动，员工可以学到更多有用的知识、技能，增强自身竞争力；第三，通过组织职业生涯管理活动，可以满足员工的归属需要、尊重需要和自我实现的需要，进而提高其生活质量，增加其个人的满意度；第四，通过组织职业生涯管理活动，可以更好地实现人职匹配的目的。

（二）组织职业生涯管理的内容

1. 员工职业生涯关键阶段的适应性管理

员工在组织内的工作历程，可以划分为多个阶段。其中有一些阶段是员工遭遇职业困境，或者员工个人目标与组织目标发生冲突的多发阶段。如果组织能在这些关键阶段，主动介入员工的职业生活，对员工进行帮助和指导，将有利于员工尽快渡过难关，同时也能有效地降低组织的损失。组织对这些关键阶段的职业生涯管理包括：

（1）新进员工的适应性管理

新进员工尤其是首次参加工作的新员工，对于组织环境或多或少总会有些不适应。新进员工的适应性管理就是要采取有效措施尽快地让新员工与组织相互协调适应。既然是相互适应，就包括新员工对组织的适应，也包括组织对新员工的适应。新员工对组织的适应包括：选择自己所热爱的职业；培养自己的职业兴趣和职业能力；尽快适应并融入组织文化中等。组织对于员工个人的适应，主要是：组织的领导者和老员工要积极接纳新员工；向他提供必要的培训；给予必要的帮助和锻炼机会；容忍新员工的个性；在一定范围内允许新员工犯错误并改正错误。

（2）职位变动的适应性管理

在职业生涯过程中，员工会由于个人绩效、业务变化、机构变动等多种原因发生职位变动，进而引发个人与组织的矛盾。员工的职位变动包括：职位的水平变动和垂直变动。职位的水平变动是指员工在同样职级的职位上的调动或轮换。职位的垂直变动则包括：升职和降职，是员工所任职位的职级发生实质性变化。相应地，员工职位变动的职业生涯管理包括职位平调和轮换的适应性管理、升职的适应性管理和降职的适应性管理，其中重点是对降职人员的适应性管理。降职人员不仅经济遭损失而且心理也受到创伤，所以这些人与组织的冲突最大。如果解决不好，这些人中有些会离开企业，其他一些即使勉强留下来也不能安心工作，有的甚至会给组织制造麻烦。但是不论是哪种适应性管理都应该是从个人和组织两个方面来开展，人力资源管理人员要积极介入进来，尽可能以最小的代价化解矛盾，减少员工和组织的损失。

（3）员工离职的适应性管理

员工在组织内的工作历程总归有一天会完结，或者是因为年龄或身体原因而退休；或者是因为绩效不佳而被解职；或者是因为有更好的选择而跳槽；或者是因为企业倒闭而失业。无论是哪种原因，都意味着员工与组织合约关系的终结。员工离职不仅影响员工本人和组织的利益，而且在员工离职过程中员工和组织的行为还受到国家法律的约束。因此，针对员工离职事件，人力资源管理人员不仅要遵守国家和地方政府有关法律规定，还应尽早作好人力资源预测和规划，以及离职人员的福利待遇发放和心理辅导工作，降低由于员工离职给组织和员工带来的损失。

2. 员工职业生涯的三维管理

在职业生涯管理活动中，员工的工作系统、自我事务系统和家庭系统是三个相互联系、相互影响、相互作用的方面，它们共同影响着一个人的职业发展。因此，组织职业生涯管理应从三个维度展开，即：职业管理、自我事务管理和家庭生活管理。或者说，在进行职业管理的同时，组织不应当对员工的自我事务和家庭生活掉以轻心。

员工的自我事务包括：员工的生理和心理健康、生活知识和技能以及社交休闲方式等。员工自我事务是员工个人全面发展中很重要的一个方面，组织对于员工自我事务的管理状况对于员工个人的全面发展和职业生涯有着深刻而全面的影响。员工的家庭生活质量也对员工的工作表现和职业生涯发展有重大影响。家庭成员的态度和意见常常会影响员工本人的价值观念和工作态度,员工与家庭成员的关系、家庭气氛等因素会直接影响到员工工作时的心情和工作绩效,因此组织不能只关心员工的工作,而不关心影响员工工作的家庭生活。

3. 心理契约与易变性职业生涯管理

员工与企业不仅有书面的劳动合同,而且还存在心理契约。过去员工与企业的心理契约往往是:员工好好工作,企业就不解雇员工,并负责员工的升迁与福利。但是随着市场经济的发展,一方面企业外部环境不确定性越来越强,另一方面市场开始出现"虚拟组织"。企业长期稳定的工作保障越来越难以为继。在这种条件下,企业必须与员工建立新的心理契约,即员工努力工作,企业提供培训机会,不断提升员工的就业能力,企业不再是员工的"安乐窝和避风港",而是培养员工综合能力和就业能力的"土壤和温床"。

在新的心理契约下,员工的职业具有易变性。因此企业的职业生涯管理就是针对这种就业关系而开展的易变性职业生涯管理。易变性职业生涯管理的目标是心理成就感,它不仅包括企业对员工的认可,而且还包括个人价值、独立性、幸福感、身体健康等人生目标带来的自豪感和满足感。企业的易变性职业生涯管理,不仅应当覆盖员工在企业内工作的时段,还应当延伸到员工进入组织之前和离开组织之后的时段,职业培训的内容和职业帮助的服务项目也更加宽泛。

4. 员工帮助计划

员工帮助计划(employee assistance program,EAP),是指企业为员工设置的一套系统的、长期的福利与支持项目。通过专业人员对组织的诊断、建议和对员工及其直属亲人提供的专业指导、培训和咨询,旨在帮助解决员工及其家庭成员的各种心理和行为问题,提高员工在企业中的工作绩效。

完整的EAP包括:压力评估、组织改变、宣传推广、教育培训、压力咨询等几项内容。具体地说,可以分成三个部分:第一,针对造成问题的外部压力源本身去处理,即减少或消除不适当的管理和环境因素;第二,处理压力所造成的反应,即情绪、行为及生理等方面症状的缓解和疏导;第三,改变个体自身的弱点,即改变不合理的信念、行为模式和生活方式等。

员工帮助计划由美国人发明,最初用于解决员工酗酒、吸毒和不良药物影响带来的心理障碍。它如今已经发展成一种综合性的服务,其内容包括压力管理、职业心理健康、裁员心理危机、灾难性事件、职业生涯发展、健康生活方式、法律纠纷、理财问题、饮食习惯、减肥等各个方面,全面帮助员工解决个人问题。解决这些问题的核心目的在于使员工从纷繁复杂的个人问题中解脱出来,管理和减轻员工的压力,维护其心理健康。

(三) 组织实施职业生涯管理的步骤与工作重点

组织职业生涯管理是通过帮助员工实现其个人职业生涯目标来达成组织发展的目的,因此组织职业生涯管理不是由组织"越俎代庖",替员工安排好一切,更不是一厢情愿地干预员工独立的职业决策,而是在员工自我职业生涯设计的基础上,通过影响员工选择的环境变量来间接影响员工的选择结果。具体地说,就是组织有目的地组织员工开展职业生涯设计,并在员工独立自主地进行职业决策的基础上,有选择、有目的地提供激励措施和激励手段,以及必要的决策帮助,影响员工备选方案的构成和排序,最终使员工的选择结果既合乎员工的利益,又有利于实现组织的目标。

1. 组织实施职业生涯管理的步骤

由于组织职业生涯管理是在员工自我职业生涯设计的基础上开展的,因此组织职业生涯管理相应地划分为自我认知帮助、职业认知帮助、目标设定帮助、行动规划帮助、评估调整帮助五个步骤,分别与员工自我职业生涯设计的五个步骤相对应(见图7-2)。

(1) 自我认知帮助

自我认知有助于员工确定自己的兴趣、价值观、个性特征、能力素质、工作风格以及自身的优势和劣势。员工的自我认知通常需要通过专业的心理咨询人员来作一些心理测验才能得知。在员工自我认知问题上,组织可以向员工提供必要的帮助。组织可以在招聘员工时,对应聘人员进行职业性向测试,选择适合特定岗位的员工进入企业;组织可以委托专业的咨询机构定期对员工进行专业的心理测试,让组织和员工了解员工的价值观念和职业兴趣的变化;组织也可以委托咨询机构对某些重点员工进行心理引导,发现其工作中的兴趣点,强化员工的职业兴趣。

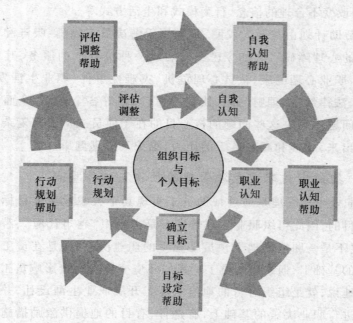

图 7-2　组织职业生涯管理流程与步骤

（2）职业认知帮助

对于新员工而言，职业认知的重要方面是了解和熟悉组织内的规章制度、岗位职责、绩效目标、合作关系和组织文化。对于老员工来说，职业认知除了要了解目前职位的岗位职责和绩效目标，还要了解相关职位的有关信息，以便全方位认识职位链和职位阶梯，以及这些职位所要求的绩效目标和组织的目标体系。在职业认知过程中，组织可以系统地向员工介绍组织内的职位信息和职位空缺以及相应职位的职责要求和绩效目标，同时还应积极向员工反馈他本人的绩效情况、他本人与当前职位的匹配情况，以及其向目标职位移动的潜力等信息。随着组织环境不确定性的增强，有些组织在员工职业认知方面提供的帮助内容越来越宽泛，所提供的职位信息不仅包括组织内的职位信息，还包括组织外部的一些职位需求信息以及对这些职位的深度分析报告。

（3）目标设定帮助

组织在帮助员工设定未来职业目标时，可以有更大的作为。组织可以和员工沟通组织的战略目标，让员工认识到自己的职业目标与实现组织目标之间的关系,认识到自己在实现组织目标的活动中的重要作用。组织可以通过心理辅导、培训、提供锻炼机会、积极的肯定和鼓励等手段,鼓舞员工的士气,激励员工树立远大目标。组织也可以通过组织员工相互介绍经验,让员工体验成功的感受,树立学习的榜样,找到发掘自身潜力的方向。通过这些措施,组织可以有效地将员工的职业目标和组织的发展目标结合起来。

(4) 行动规划帮助

在员工设定职业目标以后,组织需要帮助员工将其职业目标进一步分解为阶段性工作目标,制定相应的职业发展路径和绩效提升方案,并根据员工目前的现实情况提供有针对性的培训、咨询和辅导,定期对员工的绩效进行检查,并及时反馈。组织还可以为员工指定专门的职业发展导师,由导师来对员工的职业发展提供一对一或一对多的咨询和督促。

(5) 评估调整帮助

组织应当定期组织员工对其职业发展计划进展进行评价和检讨。组织管理者需要根据内外环境的变化对组织的目标进行调整,并积极向员工反馈组织目标和任务的最新变化,引导员工根据组织目标、个人职业目标完成情况以及内外环境变化情况,相应地调整个人职业发展目标和路径。

与员工自我职业生涯设计一样,组织职业生涯管理的五个步骤也是一个连续封闭的环,沿着这个环,组织通过不断调整职业生涯管理目标、方法和手段,提高其职业生涯管理的水平,最终实现组织目标。

2. 组织实施职业生涯管理的工作重点

(1) 组织的自我认知

要开展有效的组织职业生涯管理,组织必须对组织本身和员工信息有足够的了解。换言之,员工自我职业设计的起点是自我认知,组织进行职业生涯管理的起点也是自我认知。对组织来说,这个"自我"就是组织本身以及组织内的所有员工。组织必须了解:组织的现状是什么?组织面临的问题有哪些?组织的结构与组织的目的是什么?同时还要了解关于员工的信息,比如:员工在实现职业目标过程中会碰到哪些问题?如何解决这些问题?员工的漫长职业生涯是否可以分为有明显特征的若干阶段?每个阶段的典型矛盾和困难是什么?如何加以解决和克服?组织在掌握这些情况之后,才可能制定相应的政策和措施帮助员工找到职业发展的方向。从组织角度,为了使员工能够不断地满足组织的要求,组织的职业生涯管理工作主要是提供组织的职业需求信息及职业提升路线或策略,了解自身的资源储备,并有针对性地开发组织内部的人力资源。

(2) 给员工提供自我评估的工具和机会

组织进行职业生涯管理是在员工自我职业生涯设计的基础上开展的,因此组织必须依靠和激发员工开展自我职业生涯设计的主动性和自觉性,并提供适当的帮助。具体方法有:第一,职业设计讨论会。员工通过参与讨论,了解自己的优缺点、价值观、职业目标及相关信息,从而为个人发展提供方向,并使其掌握实现目标的策略和方法。第二,提供职业规划手册。有些员工没有时间参加或不愿意参加集体活动,组织需要帮助员工认识自我,学会制定职业目标和进行职业设计。随着计算机的普及,有些组织专门设计了结构化的职业管理系统,以帮助员工进行职业设计。第三,退休前讨论会。主要是为退休员工很好地适应退休后的生活而进行的职业辅导活动。

(3) 提供职业路径方案

在对员工进行职业指导和咨询以前,企业应该首先确定员工可能选择的职业路径。职业路径是指组织为内部员工设计的自我认知、成长和晋升的管理方案。职业路径设计指明了组织内员工可能的发展方向及发展机会。同时,职业路径也使组织能够比较准确地掌握员工的职业需要,以便排除障碍,帮助员工满足其职业需要。另外,职业路径还可以帮助员工胜任工作,对员工职业发展施加影响,使员工的职业目标符合组织的需要。在进行职业路径设计时,首先应该进行工作分析,找出各项工作对员工要求的相同点和不同点,然后将对员工的行为要求类似的工作组合在一起,形成一个工作族,并在工作族和工作族之间找出一条职业通路,最后将所确定的所有职业路径连接起来,构成一个职业路径系统。

(4) 实施发展项目

实施发展项目是指组织为了适应环境变化,使员工具备相应的竞争力而实施的各种人才培养计划。具体包括:第一,工作轮换。工作轮换能够帮助员工积累在不同岗位上的职业经验,相应地提升其职业技能。这种培训与开发措施既适用于专业人员,也适用于高级管理人员。第二,利用公司内、外人力资源发展项目对员工进行培训,如派员工到大学学习,鼓励员工接受继续教育、管理指导和建立师徒指导关系等。第三,参加有关学术或非学术的研讨会。第四,专门对管理者进行培训或实行双重职业计划(管理方向和专业技能方向)。

(5) 个别咨询

如果通过前面所说的活动,员工还有一些解决不了的问题,组织可以提供个别咨询。具体有三种形式:一是通过人力资源部门的管理人员与员工讨论个人职业设计;二是通过其直接上级帮助员工确定个人职业发展目标;三是通过职业咨询师给员工以专业性帮助。

(四) 组织实施职业生涯管理的有效性评估

组织职业生涯管理是一项复杂的任务,需要组织投入大量的资源,因此组织需要定期对其开展的职业生涯管理活动的有效性进行评估,以保证职业生涯管理活动能够真正促进组织绩效水平的提高,从而有利于实现组织战略目标。格特里奇(Gutteridge,1986)对组织职业生涯管理的有效性标准进行了探讨,提出了下列四个评价标准。

1. 项目完成进度。包括:员工使用职业工具的情况,具体包括参与职业讨论会、参加培训课程、进行职业讨论、实施职业计划的人数和比例;以及组织实施职业管理活动的情况,各种项目的数量、类型、频率和投入等。

2. 态度或知觉到的心理变化。包括:员工对使用职业工具的评价,如参加者对职业讨论会的反应,管理者对工作公告系统的评价;员工表达的职业感受,如员工对职业调查的态度,以及对职业规划技能的掌握程度以及他们运用这些技能时的感受;员工参与职业生涯管理活动和项目的热情及主动性;员工对自己职业目标的信心等。

3. 绩效指标改善情况。包括:离职率降低;旷工率降低;员工士气改善;员工绩效评价改善;添补空缺的时间缩短;内部提升率增加。

4. 达到个人或组织目标的情况。个人目标包括:高度的自我决定,高度的自我意识,获得必要的组织职业信息,加强个人成长和发展,以及改善目标设置能力。组织目标包括:改善管理者与员工的交流,改善个人与组织的职业匹配,提升组织形象,更新管理人才库。

组织实施员工职业生涯管理的效果是逐步显现出来的。格特里奇设定的四个有效性标准的顺序,恰好反映了组织职业生涯管理实施效果逐步显现的过程。因此在对组织职业管理的有效性进行评估时,需要在综合考虑各类效果的滞后期以及组织内外环境因素变化的基础上进行评价。

四、我国金融企业实行职业生涯规划的必要性

与国内一般工商企业相比,金融企业员工整体素质普遍较高,但是与国际上先进的金融企业相比还有很大差距。在国内金融企业中,熟悉现代企业管理和国际金融、法律、计算机业务的高级管理人才,以及综合素质过硬的客户经理和国际化金融人才,还比较短缺。特别受传统文化观念和教育体制的影响,金融企业员工创新观念不强,缺乏创新思维,创新能力较差。

作为国家严格管制部门,金融企业的国有化程度高,产权不明晰、机制僵化、行政机关气氛浓,很难完全按市场经济条件下的企业模式独立地开展人力资源管理活动。某些金融企业人力资源管理观念落后、改革动力不足,企业的绩效考核和激励机制不合理,员工的"官本位"意识浓厚、重招聘轻管理,人才流失严重。基于这种现状,在金融企业广泛实行组织职业生涯管理,有利于提升金融企业的人力资源管理水平。具体来看:

1. 有利于金融企业适应开放金融市场的激烈竞争

金融企业出售的是服务,服务质量是金融企业生存和发展之本,而人才是金融企业的无形资产,是竞争的关键。面对开放的金融市场,要想不断提升经营管理水平、开展金融创新活动,金融企业就必须构建长期性的人才竞争战略,建立一支稳定的、高素质的人才队伍,并不断提高人力资源管理水平,通过建立有效的人才激励、培训机制,以及富有凝聚力的企业文化,增强员工的归属感、凝聚力和积极性,使员工与金融企业共同发展。

2. 改变金融企业重招聘轻管理的状况

应当说,我国金融企业对人才还是比较重视的。尤其是近年来,各金融企业都把高学历、高素质人才招聘工作当作一件大事来抓。一大批具有硕士、博士学位的专业技术和管理人才进入到金融企业,一定程度上改善了金融企业员工的素质结构。但是对于如何有效地管理和使用这些高学历、高素质员工,许多金融企业一时间还有点"手足无措"。员工职业生涯管理以及员工潜力开发等工作,基本上还处于空白状态。有的员工在基层一线多年得不到提升,大量员工抱怨工作岗位和所学专业不符。更不用说了解员工的职业

性向及职业技能,帮助他们确立职业发展方向了。金融企业存在的这些学非所用、录而不用的问题,不仅造成了人事无法配合,加大了金融企业的经营成本,而且使员工的士气低下,离职现象频频发生。

3. 解决晋升通道不畅的问题,使金融企业员工对自己的前途有信心

健全的晋升通道是员工职业生涯管理中的一个重要环节。尽管在升迁决策中,难免存在员工不可控的因素,但是只有让员工了解自己的未来,知道自己明确的升迁途径,并且在升迁中有客观、有效的绩效评估作为依据,员工才能对自己的前途充满信心。

长期以来,我国金融企业人事制度改革相对滞后、员工成才渠道单一,晋升途径一般是行政职务"华山一条路",不容易满足大部分员工的成就感。而且在干部任免、人员录用、教育培训、分配激励等人事管理方面表现出明显的随意性、主观性和人为性。论资排辈、行政任命等现象在金融企业中尚不同程度地存在,使得部分优秀员工的积极性、创造性受到一定程度的影响。

4. 有利于改变培训投资少、培训机制僵化的问题

开展各种各样的培训是推进员工职业生涯发展的基础。反过来,只有在科学系统的员工职业生涯规划的指导下,员工培训才能做到有的放矢,提高员工参与培训的积极性和培训活动的投资效益。在员工培训方面,我国金融企业往往存在忽冷忽热的问题。某些企业刚开始时一味地在培训课时数和员工参与率方面做文章;单纯追求培训内容的新奇性;只问企业的需要,不问员工的需要;不分对象,不分层次,也不关注培训的真正效果。结果是,企业钱没少花,但收效甚微。参与培训的员工敷衍了事,不仅没有提高素质,反而耽误了很多工作。当企业发现培训没有效果时,不是反思如何提高培训管理的效率,而是对开展培训的必要性产生怀疑,乃至拒绝任何形式的培训,从一个极端走向另一个极端。

5. 有利于提升绩效管理的效果

绩效管理是企业人力资源管理的核心,也是组织职业生涯管理的基础。通过绩效考核,并对员工的绩效信息进行深入地分析,找到进一步提升员工绩效的途径,就可以有针对性地对员工开展培训,帮助员工更好更快地成长。但是目前许多金融企业迫于市场竞争压力,只是简单地进行绩效考核,并根据绩效结果进行经济奖惩。绩效管理绝不仅仅是绩效考核。通过开展职业

生涯管理,可以让金融企业的人力资源管理人员意识到绩效管理的真正内涵,发掘绩效管理的功能,提升绩效管理的效果。

6. 有利于岗位轮换

为了避免岗位轮换带来的风险和培训成本,许多金融企业不提倡岗位轮换,因而也没有建立一套员工岗位轮换的制度,部门与部门分割明显,缺乏彼此了解。往往一名员工一辈子只做一个岗位,只懂一门业务。即使偶尔的岗位变动,也是出于组织的需要。岗位长期不变,助长了员工不学习的惰性,不利于员工素质的提高,不利于员工识别自己的职业发展方向。通过职业生涯规划管理,金融企业可以进一步了解员工的职业成长需要,通过工作设计和工作丰富化,让更多的员工体验到工作本身带来的激励,提高他们的工作热情和积极性。

第二节 职业生涯管理的基本理论

一、帕森斯的"职业—人匹配"理论

1908年,美国波士顿大学的弗兰克·帕森斯教授(Frank Parsons)创立了职业局,来帮助当时的青年人进行职业选择。这就是最早的职业生涯咨询。

帕森斯在其1909年所著的《选择一个职业》一书中,阐明了职业选择的三大要(因)素和条件:(1)应该清楚地了解自己的态度、能力、兴趣、技能、局限和其他特征。(2)应清楚地了解职业选择成功的条件,所需知识,在不同职业工作岗位上所具有的优势、劣势、机会、前景等。(3)上述两个条件的平衡。帕森斯的理论逻辑是在清楚认识、了解个人的主观条件和社会职业岗位需求的基础上,将主客观条件与社会职业岗位相对照、相匹配,最后选择一种职业需求与个人特长匹配相当的职业。该理论的前提是:每个人都有一系列的特征,并且可以测量;职业选择是不受限制的过程,而且人职匹配是可能的;人职匹配是职业成功的条件,个人特性与工作要求之间配合得愈好,职业成功的可能性就愈大。

"职业—人匹配"包括两种类型:(1)条件匹配。即岗位所需的专业技和专业知识和择业者所掌握的技能、知识相匹配。(2)特长匹配。即职业所需要的一定的特长,如具有敏感、易动感情、独创性、理想主义特质的人,适合从事艺术创作类型的职业。

"职业—人匹配"理论产生以来经久不衰。三因素模式被认为是职业设计的经典原则,并不断得到发展,形成了职业选择和职业指导过程的三个步骤:(1)进行人员分析,评价个体的生理与心理特征;(2)分析职业对人的要求,并向求职者提供有关的信息;(3)人职匹配,个人在了解自己的特点和职业要求的基础上,借助职业指导者的帮助,选择一项既适合自己特点又有可能获得的职业。

总体上看,"职业—人匹配"理论提供了职业设计的基本原则,并且有较强的可操作性。但是,该理论中的静态观点和现代社会的职业变动规律不相吻合,它也忽视了社会因素对职业设计的影响和制约作用。

二、职业生涯决策因素理论

20世纪40年代,美国心理学家安妮·罗伊(Anne Roe)开始研究科学家和艺术家的职业生涯行为,她认为,可以用12个因素来解释一个人的职业选择过程。这12种因素又可以归结为四个不同的类别。安妮·罗伊对这些因素进行了排序,形成了一个字母公式(见表7-1)。

表7-1 安妮·罗伊的公式

职业选择 = $S[(eE+bB+cC)+(fF+mM)+(lL+aA)+(pP \times gG \times tT \times iI)]$	
1. S = 性别	7. L = 一般的学习和教育
2. E = 社会经济环境	8. A = 后天习得的特殊技能
3. B = 家庭背景	9. P = 生理特征
4. C = 机遇	10. G = 认知或特殊天赋能力
5. F = 朋友、同伴群体	11. T = 气质和个性
6. M = 婚姻	12. I = 兴趣和价值观

在安妮·罗伊的公式中,11个小写字母代表校正系数,12个大写字母代表相应的影响因素。只有S(性别)没有校正系数,而且也是唯一影响其他全部11个因素的一般因素。罗伊认为,每个人的校正系数各不相同,而且随时间和环境而变化,因此每个人的公式都是独特的,11个影响因素随时间和环境变化而产生不同的影响。

罗伊将这些因素(除S之外)分为四组。分别是(1)外部环境和个人背景因素,包括社会经济环境、家庭背景和机遇;(2)人际因素,包括朋友、同伴群体和婚姻等;(3)后天努力因素,包括一般的学习和教育,以及后天习得的特殊技能;(4)个人特质,生理特征、认知或特殊天赋能力、气质和个性,以及兴趣和价值观等。其中第一组因素是个人几乎无法控制的,后三组因素则是基于遗传以及个人后天的经验和努力。

罗伊的分析尽管不具备可操作性,但是它有助于我们理解为什么职业生涯发展和职业选择有时会如此艰难。对组织而言,对员工的职业生涯进行管理确实是一项复杂的任务,对此人力资源管理人员应当予以足够重视。

三、约翰·霍兰德的职业选择理论

美国心理学家约翰·霍兰德(John L. Holland)在20世纪60年代以自己从事的职业咨询为基础,通过对自己职业生涯和他人职业发展道路的深入研究,引入人格心理学的有关理论,经过多次补充和修订,形成了一套系统的职业选择理论,其内容包括职业性向和职业类型的划分、职业分类、个性类型鉴定表等。

霍兰德的职业选择理论包含四个要点:第一,人的职业性向或人格类型大致可以分为六种类型:现实型、研究型、艺术型、社会型、企业型和传统型;第二,所有职业也可以分为基本的六种类型,与人的个性类型相对应,任何一种职业类型都可以归属于其中的一种或几种的组合;第三,人们一般都倾向于寻找和自己个性类型相匹配的职业,追求充分施展其能力与价值观的工作情境;第四,个人的行为取决于其个性与所处的职业情境之间的相互作用,如果了解个性类型和所处的职业类型,可以根据有关知识对人的行为进行预测,包括职业选择、工作转换、工作业绩以及教育和社会行为等。

霍兰德的职业性向理论,实质在于个体与职业的互相适应。他认为,只有找到适宜的职业岗位,个人的才能与积极性才会得到更好的发挥。若从事与自身类型特征相差很远的职业,便很难达到最佳工作效果。人的类型与职业类型相关度越高,两者适应程度越高;二者相关度越低,相互适应程度就越低。为进一步阐述自己的思想,霍兰德还设计了一个平面六角形图(见图7-3)。这个图的六个角分别代表了六种职业类型和六种个性特征,六种类型之间具有一定的内在联系。它们按照彼此间的相似性程度定位,连线距离越短,两种类型特征就越接近,相关系数就大;距离越远,两种类型之间的差异就越大,相关系数就小。每种类型与其他类型之间存在三种关系:相近、中性和相斥。

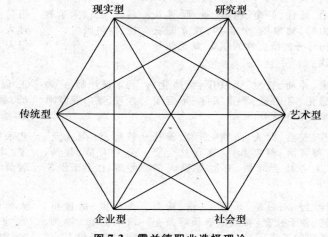

图 7-3　霍兰德职业选择理论

　　根据六角形模型来理解,最为理想的职业选择就是个体能找到与其个性类型重合的职业类型,即人职协调。例如当现实型的个体与现实型的职业相匹配时,个体最可能充分发挥自己的才能并具有较高的工作满意感。如果个人不能获得与其个性类型相重合的职业,则应寻找与其个性类型相近的职业。由于两种类型之间有较高的相关系数,个人经过努力和自我调整也能适应职业情境,达到人职协调。最差的职业选择是个人在与其个性类型相斥的职业环境中工作。在这种情况下,个人很难适应工作,是人职不协调的匹配方式。总之,个性类型与职业类型的相关程度越高,个人的职业适应性越好;相关程度越低,个人的职业适应性越差。因此六角形模型有助于人们更好地理解和进行职业选择。在表 7-2 中,我们列出了霍兰德的职业选择理论的六种基本的职业性向及其适合从事的工作类型。

表 7-2　约翰·霍兰德职业选择理论的人格类型

个性类型	个性特点	适合的职业	不适合的职业
现实型	喜欢有规则的具体劳动和需要基本操作技能的工作,缺乏社交能力,不适应社会性的职业	技工、修理工、摄影师、制图员、装配工	广告经理、律师、心理学家、室内装潢师
研究型	聪明、理性、好奇、精确、批判,喜欢智力的、抽象的、分析的、独立的有定向任务的研究性的职业,缺乏领导才能	科研人员、大学教授、内科医生	银行家、寿险代理人、房地产经纪人
艺术型	想象、冲动、直觉、无秩序、情绪化、理想化、有创意、不重实际,不善于做事务性的工作	艺术设计师、广告经理、室内装潢师	工程师、销售员、警官、银行家、会计师
社会型	合作、友善、助人、负责、圆滑、善社交、善言谈、洞察力强,喜欢社会交往、关心社会问题,有教导别人的能力	教师、咨询人员、公关人员、牧师、导游、社会工作者	艺术家、天文学家、木匠、室内装潢师
企业型	冒险、野心、独断、乐观、自信、精力充沛、善于社交,喜欢从事领导及企业性质的工作	企业家、销售员、政府官员、律师、房地产经纪人	大学教授、经济学家、心理学家、物理学家
传统型	顺从、谨慎、保守、稳重、有效率,喜欢有系统、有条理的工作	秘书、办公室人员、会计、出纳、图书管理员	广告经理、艺术家、室内装潢师、科学家

此外,霍兰德还制定了两种类型的测定工具,帮助择业者进行职业决策。一种测定工具是职业选择量表(VPI)。该量表要求被试者在一系列职业中作出选择,然后根据测定结果确定个人的职业性向领域。另一种测试是自我指导探索(SDS)。在测试感兴趣的活动、能力和喜欢的职业的基础上,进而查寻比较适合自身特性的职业。霍氏理论由于较强的操作性,成为20世纪60年代后较为有影响的职业设计理论。

四、职业生涯发展理论

随着职业设计理论的进一步深入发展,人们意识到职业设计是一个动态的过程,除强调人的心理特征和职业的匹配之外,还应该注意不同职业生涯发展阶段对职业选择的影响。比较著名的职业生涯发展理论有四种,分别由萨柏(Donald E. Super)、金斯伯格(Eli Ginzberg)、汉斯(Jeffrey H. Hans)、施恩（Edgar H. Schein）提出（参见表 7-3）。

表 7-3 有关职业生涯发展的四种代表性理论

理论类型	阶段划分	理论特点
萨柏（Donald E. Super）	将职业生涯划分为：成长阶段、探索阶段、确立阶段、维持阶段、衰退阶段五个阶段。	以年龄为阶段划分依据，从人生不同年龄段对职业的需求与态度角度来研究职业生涯发展过程。
金斯伯格（Eli Ginzberg）	将职业生涯发展分为：幻想期、尝试期和现实期三个阶段。	以年龄为阶段划分依据，研究的重点是童年到青少年阶段的职业心理成熟过程。
汉斯（Jeffrey H. Hans）	将职业生涯发展划分为：职业准备、进入组织阶段、职业生涯初期、职业生涯中期、职业生涯后期五个阶段。	从人生不同年龄段职业生涯发展所面临的主要任务的角度对职业生涯发展进行研究。
施恩（Edgar H. Schein）	将职业生涯分为：成长探索阶段、进入工作、基础培训、早期职业的正式成员资格、职业中期、职业中期危机阶段、职业后期、衰退和离职阶段、退休等九个阶段。	依据职业状态和职业行为及发展过程的重要性来划分职业周期阶段。

这四种关于职业生涯发展阶段的理论，各有侧重，各有千秋。虽然不同的学者在阶段划分上有所差异，但都认为人的职业心理处于一种动态的过程中，个人和职业的匹配不是一次就可以完成的。人的职业选择和发展贯穿于人的一生，应根据不同的职业发展阶段采取不同的指导方式和指导内容。而且每个职业发展阶段是相互联系的，前一阶段的发展情况，关系到下一阶段的职业发展状况。接下来，我们重点对萨柏的职业发展阶段理论进行介绍，对其他理论感兴趣的读者可以参看职业生涯管理专题的相关专业书籍。

萨柏（Donald E. Super）是美国一位有代表性的职业管理专家，他以美国白人为研究对象，把人的职业生涯划分为五个主要阶段：

1. 成长阶段（growth stage）（从出生到 14 岁）

在这一阶段，个人通过家庭成员、朋友以及老师的认同以及他们之间的互动，逐渐形成了自我的概念。这一阶段的儿童，通过扮演某些职业角色，尝试各种不同的行为方式，逐渐建立起人们如何对不同的行为作出反应的印象，并且逐渐形成一个独特的自我概念和个性。到这一阶段结束时，进入青春期的儿童开始对各种可选择的职业进行带有某种现实性的思考了。

2. 探索阶段(exploration stage)(15—24 岁)

在这一阶段,个人将积极认真地探索各种可能的职业选择,他们试图将自己的职业选择与自己对职业的了解以及在学校教育、社会活动和工作中获得的个人兴趣和能力匹配起来。这一阶段的个体往往作出一些带有试验性质的、较为宽泛的职业选择。他们在进行职业选择时既会考虑到自己的兴趣,也能结合社会需要。然而,随着个人对所选择职业以及对自我的进一步了解,这种最初选择往往会被重新修订。处于这一阶段的人,还必须根据所选择职业的可靠信息来作出相应的教育决策。到这一阶段结束时,人们已经做好了开始工作的准备。

3. 确立阶段(establishment stage)(25—44 岁)

这一阶段是大多数人工作周期的核心部分。大多数人会在这期间找到合适的职业,并随之全力以赴地投入到有助于自己在此职业中取得永久发展的各种活动之中。通常人们愿意将自己早早锁定在某一个选定的职业上,然而,在大多数情况下,在这一阶段人们仍然在不断地尝试与自己最初的职业选择不同的各种能力和理想。

这一阶段又可以进一步分成三个子阶段:(1)尝试子阶段,大约处于一个人的 25—30 岁之间。在这一时期,个人需要判断当前所选择的职业是否适合自己,如果不适合,他或她就需要作出一番调整,根据自己的经历重新选择职业。(2)稳定子阶段,通过一段时间的职业经历后,进入 30—40 岁这一年龄段,这时人们往往已经定下了较为坚定的职业目标,并制订出较为明确的职业计划来确定自己晋升的潜力、工作调换的必要性以及为实现这些目标需要开展的知识、技能以及其他方面的准备等。(3)危机子阶段,随着职业稳定一段时间后,在大约 30—40 多岁的某个时间,人们可能会进入一个职业中期危机阶段,在这一阶段,人们往往会根据自己最初的理想和目标对自己的职业进步情况作一次重要的重新评价。他们可能会发现,自己并没有朝着自己最初梦想的目标发展,或者在完成他们自己预定的任务之后发现,自己过去的梦想并不是自己所想要的。通常情况下,在这一阶段的人们第一次不得不面对一个艰难的抉择,即确定自己到底需要什么,什么目标是可以达到的以及为了达到这一目标自己需要作出多大的牺牲和努力。

第七章 金融企业员工职业生涯管理

4. 维持阶段(maintenance stage)(45—60岁)

这是职业生涯发展的后期阶段,员工由于组织所需要的专业知识和经验的积累,已经成为组织的骨干,在自己的工作领域中为自己创立了一席之地。他们往往在工作中承担了更多的责任,对新员工施加更多的影响。这一时期许多人的大部分精力主要就放在保持现状和拥有这一位置上了。

5. 衰退阶段(decline stage)(60岁以后)

在这一阶段,人的健康状况和工作能力都在逐步衰退,职业生涯接近尾声。许多人都不得不面临这样一种现实:权力和责任不断减少和最终退出组织。这时人们需要学会接受一种新角色,成为年轻人的良师益友和业务顾问,利用自己的经验继续发挥作用。而现在的情况也有所变化,随着医疗保健技术的进步,人们的平均寿命延长,职业生涯需要做出进一步的调整,或者以另一种方式保持工作状态,从而使职业生涯继续发展。

五、职业锚理论

施恩(Edgar Schein)认为,职业生涯设计实际上是一个持续不断的职业探索过程。在这一探索过程中,个体会根据自己的天资、能力、动机、需要、态度和价值观等慢慢地形成一个较为明晰的与职业有关的自我概念。随着个体对自己越来越了解,他就会越来越明显地形成一个占主要地位的职业锚(career anchor)。

1. 职业锚的含义

所谓职业锚,就是当一个人不得不作出某些职业选择的时候,他或她都不会放弃的那种至关重要的东西或价值观。其实,职业锚就是人们选择和发展自己的职业时所围绕的中心。有些人可能一直不知道自己的职业锚是什么,直到他们的工作面临某些重大变化时,一个人过去的工作经历、兴趣、资质等才会整合起来形成一个富有意义的模式(职业锚),这个模式会告诉他,对他来说,到底什么东西是最重要的。

职业锚是个人和工作情境之间长期相互作用的产物,只有经过若干年的实际工作后才能被发现,职业锚的核心内容是职业自我观,它由三部分内容组成:(1)自省的才干和能力,以各种作业环境中的实际成功为基础;(2)自省的动机和需要,以实际情境中的自我测试和自我诊断结果以及他人的反馈为基础;(3)自省的态度和价值观,以自我与雇佣组织和工作环境的准则及价值观之间的实际碰撞为基础。

施恩认为要深入全面理解职业锚的内容，还要注意以下几方面：职业锚产生于职业生涯早期阶段，以雇员习得的工作经验为基础。职业锚强调个人能力、动机和价值观三方面的相互作用与整合。职业锚是不可能根据各种测试提前预测的。职业锚不是固定不变的，一个人的职业锚是在不断发生着变化的，它实际上是一个不断探索过程所产生的动态结果。

2. 职业锚的分类

施恩根据对大学毕业生的研究，提出了五种职业锚。

（1）技能或功能型职业锚。那些具有较强的技术或功能型职业锚的人总是倾向于选择那些能够保证自己在既定的技术或功能领域中不断发展的职业，而不愿意选择那些带有一般惯例性质的职业。

（2）管理型职业锚。有些人愿意承担较高责任，具有从事管理工作的强烈动机。"他们的职业经历使得他们相信自己具备被提升到那些一般管理性职位上去所需要的各种必要能力以及相关的价值倾向。"当追问他们为什么相信自己具备这些职位所必需的技能时，许多人回答说，由于他们认为自己具备以下三方面的能力：分析能力，尤其是在信息不完全以及不确定的情况下发现问题、分析问题和解决问题的能力；人际沟通能力，能够在各种层次上影响、监督、领导、操纵以及控制他人的能力；情感能力，面临情感和人际危机时，只会受到激励而不会受其困扰和削弱的能力，以及在较高的责任压力下不会变得无所作为的能力。

（3）创造型职业锚。有许多大学生在毕业之后逐渐成为成功的企业家。在施恩看来，这些人都有这样一种需要："建立或创设某种完全属于自己的东西——一件署着他们名字的产品或工艺、一家他们自己的公司或一批反映他们成就的个人财富等。"

（4）自主与独立型职业锚。有些人希望自己能够决定自己的命运，他们希望摆脱那种因在大企业中工作而依赖别人的情况。他们不喜欢那种在大企业中个人的晋升、工作调动、薪酬等诸多方面都要受别人摆布的情况。这些人也具有强烈的技术或功能导向，但不是到某个企业中去追求这种职业，而是决定去成为一位咨询专家，要么是自己独立工作，要么是作为一个相对较小的企业的合伙人来工作。

（5）安全型职业锚。有些人较为重视长期的职业稳定和工作的保障性。

他们比较愿意从事能够提供有保障的工作、体面的收入以及可靠的未来生活的职业。他们选择的职业往往有良好的退休计划和较高的退休金,使自己能够终生有所依托。另外,对于喜欢稳定工作的人,他们往往不愿意因为工作而变动生活环境。

职业锚有助于识别个人的职业抱负模式和职业成功标准;职业锚也有助于增强个人职业技能和工作经验,提高工作效率和劳动生产率;职业锚还有助于促进员工预期心理契约的发展,促使个人与组织稳固地相互接纳,为员工中后期职业生涯发展奠定基础。

第三节 金融企业员工职业生涯管理的一般模式

一、建立完整的职业生涯管理制度

正式的制度是管理活动持久、规范运行的保证。为了保证金融企业职业生涯管理活动的持续性和规范性,同时也为了保证职业生涯管理的理念成为金融企业全体员工共有的价值观,金融企业有必要建立完整的职业生涯管理制度。通过制度建设,使职业生涯管理深入人心,成为员工的共识。

(一)建立"以人为本"的企业文化

企业文化是企业在特定的社会文化背景下,在整个生产、经营、管理的实践过程中通过全体成员共同营造,并为全体成员所认同和遵守的企业哲学、企业精神、价值观念、道德标准、行为规范等意识形态的总和,以及企业在长期的经营活动中所折射出来的企业形象。正式的管理制度是企业文化的显性层面。如果没有深层的企业价值观念的支撑,即使建立了正式的管理制度,在执行中也一定会走样。金融企业只有建立"以人为本"的企业文化,才能真正保证职业生涯管理制度落到实处,保证持续规范地开展职业生涯管理活动。

"以人为本"包含两个层次的含义:第一层次是重视人,关心人,认识到人在企业经济活动中的重要性;第二层次是尊重人,承认人的发展需求。"以人为本"的企业文化把个人的发展看得与企业发展同等重要,甚至更为重要,把员工的发展看作是企业发展的前提,同时也是企业发展的目的之一。作为企业基本哲学,"以人为本"的企业文化构筑了良好的软环境,为职业生涯管理起了重要的导向作用。另外,"以人为本"的企业文化也对人力资源管理有一定的约束功能,对员工起了很好的激励作用。

(二) 金融企业职业生涯管理制度的主要内容

1. 组织机构

金融企业应当成立员工职业生涯管理委员会。委员会成员有主管人力资源的副总、人力资源部负责人以及各部门负责人,委员会主任由主管人力资源的副总担任。委员会每年至少召开一次会议,计划和总结公司员工职业生涯规划管理工作。委员会下设办公室,办公室设在人力资源部,由人力资源部负责人担任办公室主任。办公室具体负责委员会各项政策文件的起草、发布以及各项会议的筹备工作,以及其他委员会交办的具体任务。

2. 职业发展辅导员制度

职业发展辅导员制度也称内部导师辅导制度。职业发展辅导员由三个层次的人员构成:(1)职业发展辅导负责人。各部门职业发展辅导负责人由各部门负责人担任,全面负责本部门员工职业生涯管理活动的组织、计划、领导和控制工作。(2)职业发展辅导员。职业发展辅导员主要由本部门副职和资深员工担任。各部门负责人负责为本部门全体员工提供职业发展辅导员名单,由员工从中选择一名适合自己的辅导员。职业发展辅导员具体负责所辅导的员工的职业生涯管理工作,定期与所辅导的员工进行沟通,接受职业发展辅导负责人的领导,定期向职业发展辅导负责人汇报工作进展情况。(3)职业发展辅导顾问。职业发展辅导顾问由企业人力资源管理人员或者企业外聘的人力资源咨询专家担任。职业发展辅导顾问负责向职业发展辅导负责人、职业发展辅导员和员工提供专业咨询。

职业发展辅导员制度还应明确:职业发展辅导人员工作目标、职业发展辅导人员工作指导意见;职业发展辅导工作的流程和实施步骤;职业发展辅导人员绩效考核标准、考核程序以及奖惩制度等。表7-4是关于某投资公司项目经理职业发展辅导员工作指导意见的一个示例。

第七章
金融企业员工职业生涯管理

表7-4　××投资公司项目经理职业发展辅导员工作指导意见示例

1. 加入公司5年以下，且为中层管理职位以下的项目经理人员，均可申请获得本职业辅导员计划资助。
2. 加入公司10年以上，且从事本专业技术工作5年以上，或具有中层以上管理职位，经人力资源管理部门考查合格，均可申请获得职业辅导员资格。
3. 职业辅导员和受助者均须自愿参与本计划。
4. 职业辅导员和受助者之间实行双向选择。
5. 职业辅导员每次辅导后，应填写辅导记录，包括辅导项目、时间，并须经受助者签字认可。
6. 职业辅导不应占用职业辅导员正常工作时间。
7. 职业辅导员和受助者之间的最低接触频率为一月一次。
8. 由人力资源管理部门对职业辅导员的工作进行监督、考核。
9. 职业辅导员根据辅导时间，以及接受辅导的人员数量，享受相应的辅导员津贴。
10. 职业辅导员和受助者之间的交往不应超越工作关系。
11. 在受助者晋升决策问题上，职业辅导员需要回避。
12. 本职业辅导员资助计划由××投资公司人力资源部负责解释。

3. 职业发展通道以及职业阶梯管理制度

首先，金融企业需要根据工作性质、员工类型建立多个职业发展通道，如管理通道、技术通道、业务通道等。每个职业发展通道建立多个相应职位等级。其次，金融企业还需要制定职业发展通道和职位等级的职责要求和任职资格要求。再次，金融企业需要制定相应的审批程序和管理办法，规范各类员工在职业发展通道和职位等级中的申请、调动和升迁。最后，金融企业还需要确定相应的评审机构、评审标准和评审程序，定期对各类职业发展通道和职位等级申请人进行评审。表7-5是某银行专业技术升迁体系的介绍。

表7-5　××银行专业技术升迁体系

职位系列1	职位系列2	职位系列3	职级	行员等级范围
资深技术经理	资深客户经理	资深法律顾问	资深	4等20级—3等13级
高级技术经理	高级客户经理	高级法律顾问	一级	5等25级—4等18级
			二级	6等30级—5等23级
中级技术经理	中级客户经理	中级法律顾问	一级	7等35级—6等28级
			二级	8等38级—7等31级
助理技术经理	助理客户经理	助理法律顾问	助理	9等42级—7等35级

4. 员工自我生涯设计管理制度以及专项资助项目

有关员工自我职业生涯设计管理制度包括：自我职业生涯设计培训制度、职业生涯规划会议制度、专项培训制度、绩效反馈制度、EAP帮助计划及相关福利制度、档案保管制度等。

人力资源部及职业发展辅导员,应鼓励并督促员工参加自我职业生涯设计培训、职业生涯讨论会、职业兴趣测试以及职业能力评估,指导员工填写《员工职业生涯规划表》以及《能力开发需求表》,由人力资源部负责收集、汇总和分析,并根据分析结果开展相应的培训。人力资源部及职业发展辅导员应定期对员工参与培训的情况以及员工职业生涯发展计划完成情况进行监督检查,并提出员工下一阶段的发展建议。

金融企业应设立专项资金用于员工职业生涯管理活动和培训活动。同时还应调整员工薪酬福利的内容和发放方式,激励员工参与职业生涯发展活动。

二、建立适合职业生涯管理的培训体系

企业的命运掌握在员工的手里,因此金融企业要发展首先要使员工有所发展。通过培训,让员工掌握现代金融知识和业务技能,不仅可以提高员工的工作质量,改进工作绩效,而且能够改善员工的工作适应性,为员工的职业生涯发展提供良好的基础。因此,职业培训是职业生涯管理的有力手段。金融企业的员工职业培训既要考虑企业经营的需要,又要考虑员工的个人发展,力求将培训与职业生涯规划结合起来,促使金融企业与个人共同发展。

(一)职业培训的体系

职业培训分为岗前培训、在岗培训、转岗培训、发展性培训与可雇性培训五类。其中:(1)岗前培训主要是针对新进员工在上岗之前的培训,培训内容有两个方面:一是企业的一般情况,如企业的组织结构、企业文化、规章制度、今后的发展方向,增进员工对企业的了解;二是岗位要求而新员工尚未具备的知识、技能和能力,这部分内容旨在使员工尽快适应岗位的需要。(2)在岗培训主要针对岗位不变动的员工,培训内容本着"缺什么补什么"的原则,例如,金融企业新开展的业务,业内有关的新知识、新动态、新观念、新技能,旨在提高员工的整体素质,有利于金融创新。(3)转岗培训主要针对转岗的员工,培训内容取决于新岗位要求而该员工不具备的知识、技能或能力。(4)发展性培训的出发点在于通过培训促进员工的长远发展,因此,培训内容与当前或下一个岗位可能没有直接的联系,但对员工个人职业生涯目标的

实现有价值。(5)可雇性培训的出发点在于通过向员工提供知识、技能和能力储备,以便员工在企业不景气面临下岗、失业时能够尽快实现重新上岗或就业。

随着外部环境变化的速度加快,金融企业不仅应当重视员工的岗前培训、在岗培训和转岗培训,更应当重视发展性培训与可雇性培训,要通过不断提供能够适应未来职业发展的培训项目,不断增加员工的新知识、新技能和新能力,促进金融企业职业生涯管理活动的开展。

(二)开展以职业生涯管理为导向的职业培训

金融企业的人力资源部门应根据组织目标,以及员工《能力开发需求表》汇总信息,制订相应的培训计划。根据计划期限,培训计划包括长期、中期、短期计划。人力资源部门还应该根据员工类型制订相应的培训计划。由于不同员工所处的职业生涯阶段不同,而且个人的能力和水平参差不齐,因此培训工作不能千篇一律,否则将无法达到培训的目的。

金融企业的人力资源部门还应建立员工培训的支持体系。如果没有培训的支持体系,员工学到的技能不能在短期内得到运用,则培训就可能没有效果。因此,必须让受训者在实践中体会到学习的要领,通过具体操作不断获得技能的提高。

金融企业的人力资源部门还应设置明确的培训目标。为员工设置明确且有一定难度的培训目标,可以提高培训的效果。一方面,如果培训目标设置合理、适度并且与每个人的具体工作相关,就会使受训者感到培训是一次自我提高和发展的机会;另一方面,明确的培训目标不仅指明了培训者和受训者的努力方向,而且也提供了评价培训项目成功与否的标尺。

在设计培训项目时,金融企业的人力资源部门应确保受训者在培训中所学习掌握的知识、能力和技能有利于个人职业的发展。在制定职业培训方案时,金融企业的人力资源部门要把实际工作的条件和因素考虑进去,确保职业培训能够真正满足实际工作的需要,推动受训者沿着设定的职业发展道路不断进步。

在开展职业培训项目时,金融企业的人力资源部门应注意培训效果的反馈,同时将员工参与培训的行为、态度和效果,同工作设置、报酬、工作机会等管理措施相挂钩,以提高员工参与培训的积极性和实际效果。

三、将关键员工作为职业生涯管理的重点

（一）金融企业关键员工的职业生涯管理

关键员工是金融企业人力资源中最宝贵的分子，他们的工作岗位要求其经过较长时间的教育与培训，必须有较高的专业技术、丰富的从业经验或者杰出的管理才能，他们人数较少，一定程度上具有技术垄断性，一旦离职会对企业的经营活动造成很大的影响。

对任何企业来说，资源总是有限的，因此企业不可能无差别地激励所有的员工，而且职业生涯管理也要有一个逐渐完善和普及的过程。金融企业的关键员工是资本收益率最高的人群，也是高度敏感的人群，率先对他们推行职业生涯管理有利于稳定员工队伍，同时也可以使全体员工逐步认知和认同组织职业生涯管理，并逐步获得进行自我评估、组织评估和环境评估的能力，掌握进行职业选择、职业生涯目标确立和职业生涯规划的方法，掌握处理职业生涯发展中一些常见问题的方法。

关键员工是金融企业的骨干力量。在成为关键员工的道路上，他们不仅是自己成长的，更是企业培养的。而且在成为企业的关键员工后，他们也有进一步成长的需要和潜力。为了保证关键员工的顺利成长，为他们提供足够的发展空间，金融企业应当为关键员工制定继任规划。

第一，金融企业关键员工的继任规划应当以企业战略规划为基础。金融企业人力资源管理部门应根据企业战略规划确定各主要岗位的需求计划以及相应的任职条件。

第二，金融企业人力资源管理部门应当建立关键员工职业生涯档案。金融企业人力资源管理部门首先应建立正规的评审程序；其次根据关键员工的既往业绩、经历、测试得分，综合评价关键员工的素质和发展潜力，通过基层推荐、逐级筛选，确定培养层次、培养人选和优先培养次序；最后根据各层次人才的成长规律和培养特点，实施分类培养。例如，中国工商银行曾有一个百千万人才工程，具体的含义是将人才分为百名级人才、千名级人才、万名级人才。其中，万名级人才未来的发展目标是支行级管理者，千名级人才未来的发展目标是二级分行管理者，百名级人才发展目标是一级分行管理者。在建立档案的初期，应利用各种测评工具了解人员的职业性向，据此建立员工

的职业生涯档案。

第三,金融企业人力资源管理部门应当为每位关键员工精心设计职业生涯发展通道。一方面关键员工的职业发展通道具有一定的共性,都是由一系列必须经历的岗位构成;另一方面不同的关键员工,其个人素质有差异,所需经受的历练也会有所不同。人力资源管理部门必须告知关键员工,达到这些岗位所需具备以及在这些岗位上所应获得的素质和才能,同时根据其各自的特点,尽最大可能创造适宜的成长条件和环境,促进他们的职业成长。

第四,金融企业人力资源管理部门应跟踪、支持关键员工的职业生涯发展。包括对他们进行职业指导和后续的培训,例如可以和高校合作举办MBA课程学习,以提高他们的管理技能和管理知识。在平时的工作中要为关键员工提供更多实践的机会,以加速他们的成长。

(二) 转型时期金融企业对关键员工的责任

对企业来说,只有那些战略价值高,且具有较强独特性的员工才可称为真正意义上的关键员工。但是随着环境变化,不同企业关键员工的评价标准和具体构成绝不会一成不变。作为一个正处于开放、转型中的产业,金融业迫切需要具备灵活、快速反应、创新和低成本等竞争优势,这一变革趋势将会使金融企业关键员工的评价标准和人员构成也发生相应的变化。

从理论上讲,在如何对待关键员工的问题上,处于转型期的企业可以有三种选择:其一是完全根据企业全新的战略调整来决定员工的去向。由于企业战略的调整,原来的关键员工对于企业的战略价值和独特性可能会"跳水"式地贬值,其角色也会相应发生急剧的变化,可能转岗,也可能直接被辞退。其二是企业保持原有关键员工角色的相对稳定,尽最大可能发挥原有关键员工的战略价值和独特性,甚至根据关键员工来修正企业战略,或选择全新的战略。其三是在战略调整和员工调整之间进行权衡,尽量兼顾公司和员工的利益,对员工配置作部分调整。

而在现实生活中,受特定环境的局限,不同企业会有不同的选择。而且无论企业如何选择,总会有一部分曾经的关键员工逐渐淡出核心圈子。对于这部分员工,企业应负有什么样的责任,这是金融企业每一位管理者都应该认真考虑的问题。

(三) 转型期企业对关键员工的责任

关键员工之所以是关键员工,就是因为他们自身的人力资本具有专用性的特点。所谓企业专用的人力资本是能够为企业带来特殊利益的资源,当这种资源被用于其他用途,或被其他替代用户使用时,企业会遭受巨大的损失。对于关键员工来说,由于专用性资本在公开劳动力市场上只有较低的市场价值,因此他们最担心企业采取机会主义行为。当他们对企业投入承诺和忠诚时,最希望企业能给他们"家"的归属感。

对于企业来说,关键员工身上能够为企业赢得竞争优势的专用性人力资本,是无法在劳动力市场上公开获得的,他们给企业带来的战略性利益远远超出聘用和开发他们的管理成本。为了诱发关键员工的有效行为,并推动关键员工从事特定于企业的学习活动,保护关键员工的人力资本投资和鼓励关键员工对企业长期成功的承诺,企业需要给予这些员工很大程度的聘用保障。但是,由于企业发展的内外环境动荡不定,很多时候,企业即使主观上愿意承诺,而客观上却实在难以给予真正长久地承诺。因此在对关键员工开展职业生涯管理时,企业必须相应地开展以职业易变性为基础的可雇性培训和心理契约构建,帮助关键员工很好地应对环境的变化,使其与企业共同成长、共担风险。

【本章小结】

职业生涯管理是指由个人或组织发起或在组织帮助下,通过系统分析和主动选择,协调和适应经济、社会、心理、教育与机遇等各种因素,以塑造个人的职业生涯的一系列活动。职业生涯是指个人通过从事工作创造出的一个有目的的、延续一定时间的生活模式。职业生涯管理主要包括组织职业生涯管理和自我职业生涯设计。不论是组织职业生涯管理还是员工自我职业生涯设计,员工本人都是职业生涯管理的核心。

自我职业生涯设计基本上可以分为自我认知、职业认知、确立目标、制定行动规划、职业生涯评估与调整五个步骤。

组织职业生涯管理,是指组织为了实现组织和个人的目标而采取的帮助员工进行职业生涯规划和设计、自我潜力开发等一系列管理活动和过程,简称职业管理。职业管理自招聘新员工进入组织开始,直至员工流向其他组织或退休而离开组织,涉及职业活动的各个方面。组织职业生涯管理的内容包括员工职业生涯关键阶段的适应性管理、员工职业生涯的三维管理、心理契约与易变性职业生涯管理、员工帮助计划等。组织职业生涯管理也可以分为自我认知帮助、职业认知帮助、目标设定帮助、行动规划帮助、评估调整帮助五个步骤。职业管理有效性标准包括项目完成进度、态度或知觉到的心理变化、绩效指标改善情况、达到个人或组织目标的情况等四项。

职业生涯管理的基本理论始于帕森斯的"职业—人匹配"理论。20世纪40年代，美国心理学家安妮·罗伊提出了职业生涯决策因素理论；美国心理学家约翰·霍兰德通过对自己职业生涯和他人职业发展道路的深入研究，引入人格心理学的有关理论，经过多次补充和修订，形成了一套系统的职业选择理论，其内容包括职业性向和职业类型的划分、职业分类、个性类型鉴定表等。随着职业设计理论的进一步深入发展，人们意识到职业设计是一个动态的过程，除强调人的心理特征和职业的匹配之外，还应该注意不同职业生涯发展阶段对职业选择的影响。比较著名的职业生涯发展理论有四种，分别由萨柏、金斯伯格、汉斯及施恩提出。此外，施恩的职业锚在职业生涯管理发展过程中也有非常重要的影响。

金融企业开展职业生涯管理应建立完整的职业生涯管理制度，建立适合职业生涯管理的培训体系，将关键员工作为职业生涯管理的重点。

【思考练习题】

1. 如何理解职业生涯的含义？
2. 员工职业生涯设计包括哪几个步骤？
3. 组织职业生涯管理包括哪些内容？
4. 组织职业生涯管理有效性标准包括哪几个方面？
5. 请简述帕森斯的"职业—人匹配"理论的主要思想？
6. 请简述霍兰德六种职业性向及其适合的职业种类？
7. 请简述萨柏的职业生涯发展阶段理论包括哪几个阶段？
8. 什么是职业锚？在本章中讨论过的职业锚有哪几种？
9. 请结合本章主要理论和思想，论述金融企业如何开展职业生涯管理？

【案例分析】

职业生涯的阶梯可以通向两个方向。现在，走向低一级职位方向的人数正呈上升趋势。《财富》杂志曾提出一个问题：为了找到一份工作，你愿意将求职标准降至多低？

Alexander Hoffman 1 月份被解雇。他当时的职位是一家曾被大肆宣传而今却日薄西山的电影制作公司——The Shooting Gallery 的内部用户支持总监。现在,Hoffman 在曼哈顿墨守成规的常青藤联合会校友俱乐部(Ivy League alumni club)任 IT 经理。此前,他曾花费 5 个月的时间邮寄 100 份个人履历,并曾与 10 家公司面谈。最后他接受了目前这份工作。这份工作的薪水比以前低 10%,也没有让他在职位上更进一步。"我曾想进入管理层,领导一个团队。但我现在却在做和以前一样的技术性工作,这不是我所希望的职业发展方向。"29 岁的 Hoffman 说。

Hoffman 不是唯一在职业生涯上走下坡路的经理人。我们都听说过 dot com 行业的主管被迫放弃原来的高级职位的事情,这样的事情不仅发生在旧金山和其他互联网企业集中的地方。据在线求职网站 ExecuNet 统计,与 2000 年同期相比,2001 年第二季度各个行业对职业经理人的需求下降了 20%,这是自 1997 年以来的首次下降。曾一度对白领经理如饥似渴的公司现在也挑三拣四,主管们面临着要么屈尊就任较低级职位,要么失业的窘境。

由于雇用高级雇员的公司逐渐减少,求职者必须降低他们对工资的预期。Vault.com 对近 400 人进行的一项调查发现,60% 接受调查的人表示为了得到一份工作,乐于接受低于上一份工作的薪金。《财富》杂志所作的一项调查表明,在人力资源公司 Drake Beam Morin 工作的 80% 的职业顾问认为,白领求职者"有时"会接受薪水低于期望值的职位,13% 的顾问说这种情况"经常"发生。

以 Ramona Gonzales 为例。这位 33 岁的前杂志编辑 1996 年进入网络世界,职位升迁很快,在纽约市的奥美互动公司(Ogilvy Interactive)担任内容战略总监。去年 5 月她成了该网络公司的合伙人,然而 5 个月之后她被抛弃了。为了生存,她不得不在餐馆打工。在失业一年以后,Gonzales 不得不放宽她的择业范围。她说:"我不得不接受这样的事实,即便找到工作的话,我挣的钱也会比从前少得多。"Gonzales 甚至还寄简历申请过经理助理的职位,后来她才得知,竟有 7 000 人竞争这个职位。"我一直在申请职位资格比我资历低的工作,然而我甚至无法得到面试的机会。"她说。

Gonzales 的情况显示了这样一种不利的局面:用人市场缺乏与 Gonzales 水平相当的职位,尽管她愿意降低标准寻找工作,但用人单位却不愿意雇用她。因为他们认为一旦情况好转,她马上就会离职而去。国际雇员管理公司

第七章
金融企业员工职业生涯管理

(MRI)俄勒冈波特兰办事处总裁 Larry Engelgau 说:"雇主不愿意雇用不久会离开岗位的管理层员工,因此这些人便四处碰壁。"MRI 最新的调查报告显示,仅有44%的公司2001年下半年计划扩大招募中高级雇员。与今年前半年相比,这一数字下降了15%。

即使那些最终跨越了这一障碍的求职者也曾备受煎熬。Raffaele Piemonte 在 IT 业有15年的工作经验,在联合包裹服务公司(UPS)和美国广播公司(ABC)这样的大机构也工作过。他曾在 Ingredients.com 担任首席技术官,去年他成立了自己的电子商务咨询公司。随着生意的逐渐减少,他关闭了公司,想寻找一份相对稳定的工作。然而这比他预想的要困难得多。那些曾对他笑脸相迎的雇主们现在则对他冷颜相见。就在他即将接受一个薪水比原来低10%的副总裁的职位时,出现了一个首席技术官的空缺,他立刻抓住了这个机会。

"你本来是做蓝领工作的,而你偏要找一份白领的工作,这可能是自寻烦恼。"人才公司 Roz Goldfarb Associates 的 Jessica Goldfarb 说。同样,白领求职者在应聘时可能也有要求过高的问题。在20世纪90年代后期的人才匮乏时期,求职者对职位、薪水的要求就像在感恩节梅西百货公司(Macy's)游行队伍中的充气玩偶一样大大膨胀。而在去年公司规模和数量都大幅削减的时候,"求职者的要求却没有随之降低。"Sendresume.com 总裁 Bonnie Halper 说。

即使你愿意降低要求,你的个人履历怎么办?你愿意永远被打上鲜红的"降级"的烙印吗?这当然要视情况而定,但是走下坡路的经济形势应该能够淡化这种负面影响。"由于人力市场需求的减少,降格求职的负面影响不像从前那样强烈了。"再就业指导专家 Larry Stybel 说。"这是由于市场的萎缩。"Korn/Ferry 公司总经理 Christopher 补充说。当然,Kidd 承认,他的一部分工作就是使求职者相信,接受比原来低的职位并不代表在走下坡路。

如果人们对头衔不像从前那样关注的话,这也许是件好事——只要每个人都能找到一份工作。"一个职位的好坏有一半取决于你如何看待这份工作。"Hoffman 说。关于这一点,你需要问问42岁的 Ray Marable——1999年,他离开 Digital Microwave 公司全球产品支持总监的职位,到苹果计算机公司(Apple Computer)担任高级材料经理。他回忆说,"当时我的几位朋友问我,

269

'你真的想这样做吗?'但是,我对追逐职位头衔并不那么感兴趣。我喜欢享受工作的乐趣,这使得工作更有意义。"

资料来源:马修·博伊尔(Matthew Boyle),《走下坡路的职业生涯》,http://www.hro-ot.com/article/html/2004-1-30/2004130134649.htm。

案例讨论题

1. 在员工职业生涯管理问题上,企业应当承担什么样的责任?
2. 当外部环境发生变化时,员工和企业应如何调整职业生涯管理工作?

第八章 金融企业的人力资源培训与开发

【学习目标】

学习完本章后,你应该能够:
- 掌握人力资源培训和开发的概念以及两者之间的区别。
- 理解人力资源培训和开发对金融企业的意义。
- 掌握人力资源培训需求挖掘的方法、培训计划的内容以及培训效果评估的理论与方法。
- 了解人力资源培训和开发的常用方法。

【导入案例】

中国工商银行引入 E-learning

中国工商银行(以下简称"工行")是国内企业中较早引入 E-learning 的企业。1998 年,工行教育部就有了引入 E-learning 的想法。作为国内金融行业的重量级企业,做好四十多万名员工的培训工作,是工行教育部一直在探索的目标。1998 年,他们感到随着金融国际化挑战日益严峻,工行沿用多年的小范围面授、函授等培训方式,已远不能满足员工更新知识的需求。1998 年 10 月,工行相关人士到欧洲考察银行培训方式,首次接触到了 E-learning。据工行教育部电教处副处长张都兴回忆:"当时,法国和德国的银行均在采用 E-learning 进行企业内训。"E-learning 成为工行这次取经之旅的最大收获。回国后,工行教育部于 1999 年开始着手对 E-learning 进行市场调研。1999 年年底,一份关于 E-learning 的可行性报告摆到了工行领导的案头。2000 年 4 月,工行的 E-learning 项目正式开始实施。

据有关专家介绍,E-learning 培训方式不仅能超越时空,还能把不同知识背景的员工统一在相对一致的知识、技能层面。如今,分布在全国各地的员工都可以通过内部网,学习在网上设置的统一课程,这使所有员工都能在同一知识背景下,接受培训,以形成统一的业务风格和企业形象。

除了打破时空限制外,E-learning 让企业受益的另一大特点是可以节省传统培训方式需要支付的差旅费、住宿费等庞大费用支出。此外,员工由于耽误工作造成机会成本上升而放弃培训机会的矛盾也迎刃而解。据工行教育部负责人介绍,到 2002 年 5 月,将有 1 万人通过 E-learning 参加工行的培训。到 2002 年年底,预计将达到 2 万人。未来,工行教育部准备向全行 36 个省级、400 个地市级分支机构全面推广新培训平台。据估计,如果 E-learning 能在全工行范围内顺利推开,工行每年数以亿元计的培训费将缩减到数百万元。

在调试 E-learning 系统的过程中,课件(指互联网上的培训课程)的选择成为工行教育部遇到的最大难题,颇费了一番周折。张都兴说:"国内 E-learning 市场看似有不少做课件的公司,可实际上,适合我们工行的课件并不多,挑选余地不大。"一个偶然的机会,北京大学毕业的张都兴接触到了北大在线公司。对北大在线提出的"通用的职业与商务培训"理念,他比较认可。经过详细咨询和交流,北大在线根据工行提高管理水平的需求,提供了管理类的"克服变革带来的挑战"课件、市场类的"创造市场攻势"课件;又根据工行所处金融行业的特点,为其选配了"金融风险管理(英文)"、"财务报表的比率分析(英文)"和"会计基础"等课件。

在工行,培训部门最初采用的是"种子"培训法:各分行选派人员参加面对面的培训;学完后再由他们将知识传授给其他员工。这种方法不但难以保证时效、容易丢失知识信息,且它的最大缺陷在于不能针对岗位需求实施培训,更不能满足员工个人需求。E-learning 正好给了工行教育部一个低成本的交流渠道。他们希望,通过收集员工个性化的培训需求,在网上对每一个岗位进行定义,反映出每个岗位需要的技能,员工通过对比就能清楚地知道自己的技能与实际需求的差距,继而安排有针对性的课件,满足员工个性化的学习需求。

资料来源:赵曙明,《人力资源管理案例点评》,浙江人民出版社 2003 年版。

第八章
金融企业的人力资源培训与开发

随着中国金融业对外开放的步伐加快,各家外资金融企业纷纷进入我国抢占市场。而当前进入国内市场的各家外资金融企业在经营理念、管理模式、产品创新、服务手段、人力资源等方面较之我国金融企业都占有一定的比较优势,我国金融企业要想在激烈的市场竞争中取得一席之地,就必须通过卓有成效的培训与开发,提高员工的素质,提高金融企业整体的经营管理水平,从而提高金融企业的整体业绩水平,为自身的持续、快速发展提供保障支持,同时也为未来的发展储备人才资源。案例中中国工商银行也正是认识到这一点,欲通过 E-learning 的方式提高员工素质,以期在竞争中获得竞争优势。这一点也必须引起其他金融企业的足够重视。本章将重点介绍人力资源培训与开发的概念、流程、主要方法、培训实施管理以及培训效果的评估等。

第一节 人力资源培训与开发概述

一、人力资源培训与开发的含义

人力资源培训(以下简称"培训")是指企业通过各种方式帮助员工习得相关的知识、技能、观念和态度的学习过程。人力资源开发(以下简称"开发")则是指企业为帮助员工适应未来工作需要而开发自身潜能的各种活动。培训关注的是员工目前的工作能力与近期的工作表现。开发则是指有助于雇员为未来工作作好准备的正规教育、工作实践、人际互动以及人格和能力评价等所有各种活动。由于开发是以未来为导向的,因此在开发过程中所学习的东西并不一定与雇员当前所从事的工作有关。而在人力资源管理实践中,人们对两者往往不做严格的界定与区分,而且因为培训越来越具有战略性,所以培训与开发之间的界限也就变得模糊不清了。

表 8-1 说明了培训与开发之间的区别。从传统上说,培训的主要目的是帮助雇员完成当前的工作。而开发则是帮助雇员胜任公司中其他职位的工作,并通过提高他们的能力来使其能够承担起未来的工作。此外,在可能会因为新技术、新工作设计、新客户以及新产品市场出现而导致雇员所从事的当前工作发生变化的情况下,开发还可以帮助他们为适应变化作好准备。

表8-1 培训与开发之间的比较

	培训	开发
关注的重点	现在	未来
工作时间的运用程度	低	高
目标	为当前工作作好准备	为未来变化作好准备
参与	必须的	自愿的

二、金融企业开展培训与开发的意义

培训与开发对于金融企业的发展来说具有极其重要的意义,具体表现在:

1. 有利于调动员工的积极性,提高业绩。有效的培训可以提高员工技能、减少工作压力,满足员工自我发展需要,激励员工、调动员工积极性,提高工作业绩。

2. 有利于增强创新能力,推动金融企业不断发展。创新是金融企业增强核心竞争力,取得长远发展的重要手段。然而当前我国金融企业的创新思维和创新措施还稍显落后。因此通过相关培训使员工树立创新思维,主动参与到金融企业的产品创新、服务创新之中是金融企业在同业竞争中保持创新优势,为自身取得发展空间的唯一出路。

3. 有利于进一步提高经营管理水平,防范经营风险。管理在很大程度上决定着金融企业的服务质量和效益,但是对国内金融企业与外资金融企业分析对比后可以发现,二者在管理,特别是风险管理上还有很大的差距。而通过有效的培训提高员工知识与技能水平,正是快速缩小这些差距的有效途径。

4. 有利于提高金融企业自身的竞争力,以适应激烈的市场竞争。彼得·圣吉(Peter M. Senge)认为,有能力比竞争对手更快地学习是未来唯一持久的优势。人力资源培训与开发能够改变员工的知识、技能、态度、忠诚感、学习力与创造性等,从广义上说,这些都是人力资本的构成要素,而人力资本与组织资本共同成为企业核心能力的来源。因此,培训与开发能够帮助企业打造核心竞争力,形成企业的竞争优势。

三、培训的内容与分类

员工培训的内容与形式必须与企业的战略目标、员工的职位特点相适应,同时考虑适应企业内外部经营环境的变化。一般地,任何培训都是为了促进员工在知识、技能和态度三方面的学习与进步。

1. 知识的学习

知识的学习是员工培训的主要方面,包括事实知识与程序知识的学习。员工应通过培训掌握完成本职工作所需要的基本知识,企业应根据经营发展战略的要求和对技术变化的预测,以及将来对人力资源的数量、质量、结构的要求与需要,有计划、有组织地培训员工,使员工了解企业的发展战略、经营方针、经营状况、规章制度、文化基础、市场及竞争,等等。依据培训对象的不同,知识内容还应结合岗位目标来确定。如对管理人员要进行计划、组织、领导和控制等管理知识的培训,还要帮助他们掌握心理学、激励理论等有关人的知识,以及经营环境如社会、政治、文化、伦理等方面的知识。

2. 技能的提高

知识的运用必须具备一定技能。培训首先要对不同层次的员工进行岗位所需的技术性能力的培训,即认知能力与阅读、写作能力的培训。认知能力包括语言理解能力、定量分析能力和推理能力等三方面。有研究表明,员工的认知能力与其工作的成功与否有相关关系。随着工作变得越来越复杂,认知能力对完成工作显得越来越重要。阅读能力不够会阻碍员工良好业绩的取得。随着信息技术的发展,不仅要开发员工的书面文字阅读能力,而且要培养员工的电子阅读能力。此外,企业应更多培养员工的人际交往能力。尤其是对管理者,更应注重判断与决策能力、改革创新能力、灵活应变能力、人际交往能力等的培训。

3. 态度的转变

态度是影响能力与工作绩效的重要因素。员工的态度与培训效果和工作表现是直接相关的。管理者重视员工态度的转变会使培训成功的可能性增加。受训员工的工作态度怎样、如何形成以及怎样受影响是一个复杂的理论问题,又是一个实践技巧。通过培训可以改变员工的工作态度,但不是绝对的。关键是管理者工作本身。管理者要在员工中树立并保持积极的态度,同时要善于使员工在其态度好的时候来达到所要求的工作标准。管理者应根据不同的特点找到适合每个人的最有效的影响与控制方式,规范员工的行为,促进员工态度的转变。

四、培训的分类

为适应不同的培训目的、不同的培训内容、不同的受训者等,员工培训的组织形式也多种多样。

（一）依据培训部门组建方式划分的培训类型

从培训职能部门的组建看,培训有学院模式、客户模式、矩阵模式、企业办学模式和虚拟培训组织模式等五种模式。

1. 学院模式。即企业组建的培训部门,看起来非常像一所大学。培训部门由主管人会同一组对特定课题或特定的技术领域具有专业知识的专家共同领导。专家负责开发、管理和修改培训项目。

2. 客户模式。即企业组建培训部负责满足公司内某个职能部门的培训需求,使培训项目与经营部门的特定需要而不是与培训者的专业技能相一致。但培训者必须了解经营需要并不断更新培训课程和内容以适应这种需求。

3. 矩阵模型。即企业组建培训部门能适应培训者既向部门经理又要向特定职能部门的经理汇报工作的模式。培训者具有培训专家和职能专家两个方面的职责。它有助于将培训与经营需求联系起来,培训者则可以通过某一特定的经营职能获得专门的知识。

4. 企业办学模式。利用企业办学模式组建职能部门趋向于提供范围更广的培训项目与课程。该模式的客户群不仅包括员工和经理,还包括公司外部的相关利益者;企业一些重要的文化和价值观将在企业大学的培训课程中得到重视;它保证企业某部门内部开展的有价值的培训活动能在整个企业进行推广。

5. 虚拟培训组织模式(virtual training organization, VTO)。它与传统培训部门的最大区别体现在结构上,传统的培训组织趋向于由固定的从事某一特定职能如指导设计的培训者和管理者来运营。而 VTO 中的培训者的数量则根据对产品和服务的需求不同而变化。培训者不仅要具有专业能力而且还要能作为内部咨询专家并能提供更完善的服务。VTO 的运作遵循三个原则:

员工对学习负主要责任;在工作中进行最有效的学习,而不是在课堂上;经理与员工的关系对将培训成果转换成工作绩效的提高起着重要的作用。总之,不论公司规模大小,按企业办学模式和虚拟培训组织模式来组建培训职能部门呈现出上升趋势。

(二) 依据培训对象划分的培训类型

从培训的对象看,培训有管理人员培训、专业技术人员培训、基层员工培训及新员工培训。

管理人员培训主要让他们掌握必要的管理技能、新的管理知识与理论以及先进的管理方法。专业技术人员培训旨在培养员工专业领域的能力,提高其新产品研制能力;同时培训财务、营销知识、时间管理、信息管理、沟通技巧、团队建设、人际交往、指导员工、外语等方面的知识与能力。基层员工培训旨在提高员工的操作技能,这类培训是针对不同岗位而进行的。新员工培训,即为新进入企业的员工指引方向,使之对新的工作环境、条件、工作关系、工作职责、工作内容、规章制度、组织期望等有所了解,使其尽快顺利地融入企业并投身到工作之中。

(三) 依据培训时间划分的培训类型

从员工培训的时间看,培训有全脱产培训、半脱产培训与业余培训等。

全脱产培训是受训者在一段时期内完全脱离工作岗位,接受专门培训后,而后再继续工作的培训形式。半脱产培训是受训者每天或每周抽出一部分时间参加学习的培训形式。业余培训是受训者完全利用个人业余时间参加培训,不影响正常生产或工作的培训形式。

第二节 培训的实施程序、培训成果的转化与培训效果评估

一、培训的实施程序

(一) 培训需求分析

培训需求分析对是否需要进行培训来说是非常重要的,它包括组织分

析、任务分析与人员分析三项内容。培训需求分析是确定是否需要培训的一个过程。图8-1列示了进行培训需求分析的原因及其所产生的结果。

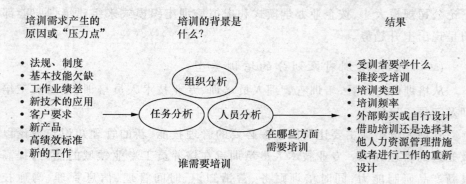

图 8-1 培训需求评价

资料来源:雷蒙德·A.诺伊等著,《人力资源管理:赢得竞争优势》(第三版),刘昕译,中国人民大学出版社2001年版,第265页。

上图列示了培训需求分析的目的,即确定有哪些培训需求、谁需要培训,以及哪些任务需要培训等。分析要从组织、任务和个人三方面进行。

1. 组织分析

组织分析需要分析三个问题:(1)从战略发展高度预测企业未来在技术、销售市场及组织结构上可能发生什么变化,对人力资源的数量和质量的需求状况进行分析,确定适应企业发展需要的员工能力。表8-2反映了不同经营战略及相应的员工培训的重点。(2)分析管理者和员工对培训活动的态度。大量研究表明员工与管理者对培训的态度对培训成功与否是非常关键的。培训成功的关键在于:受训者的上级、同事对其受训活动要持有积极态度、并同意向受训者提供任何关于将培训所学的知识运用于工作实践中去的信息;受训者将培训所学习的知识运用于实际工作之中的概率较高等。如果受训者的上级、同事对其受训不支持,培训成功的概率就不大。(3)对企业的培训费用、培训时间及培训相关的专业知识等培训资源的分析。企业可在现有人员技能水平和预算基础上,利用内部咨询人员对相关的员工进行培训。如果企业缺乏必要的时间和专业能力,也可以从咨询公司购买培训服务。目前已有越来越多的企业通过投标的形式来确定为本企业提供培训服务的供应商或咨询公司。

2. 任务分析

任务分析包括任务确定及对需要在培训中加以强调的知识、技能和行为进行的分析。任务分析用以帮助员工准确、按时地完成任务。它研究怎样具体完成员工各自所承担的职责和任务，即研究具体任职人员的工作行为与期望的行为标准，找出其间的差距，从而确定其需要接受的培训。任务分析的结果是有关工作活动的详细描述，包括对员工执行任务和完成任务所需的知识、技术和能力的描述。这里对工作任务的分析并不同于工作分析。

表 8-2 不同经营战略与员工培训的关系

战略	管理重点	实现途径	关键点	培训重点
集中战略	提高市场份额；减少运营成本；建立和维持市场定位	改善产品质量；提高生产率或革新技术流程；产品和服务的客户化	技术的先进性；现有员工队伍的开发	团队建设；跨职能培训；专业培训项目；人际交往能力培训；在职培训
内部成长战略	市场开发；产品开发；创新；合资	销售现有产品/增加分销渠道；拓展全球市场；调整现有产品；创造新的或不同的产品；通过合资进行扩张	创造新的工作任务；创新	支持或促进高质量产品价值沟通；文化培训；帮助建立一种鼓励创造性思考和分析问题的组织文化；工作中的技术能力；反馈和沟通方面的管理者培训；冲突谈判技能
外部成长战略（兼并）	横向一体化；纵向一体化；集中的多元化	兼并处于产品市场链上与本企业相同环节的企业；兼并能够为本企业供应原料或购买本企业产品的企业；兼并与本企业处于不同领域的企业	一体化；富余人员；重组	判断被兼并企业的雇员能力；使两家企业的培训系统一体化；合并后企业中的各种办事方法和程序；团队培训
紧缩投资战略	缩减规模；转向；剥离；清算	降低成本；缩减资产规模；获取收入；重新确定目标；出售所有资产	效率	激励、目标设定、时间管理、压力管理、跨职能培训、领导力培训；人际沟通培训；重新求职辅助培训；工作搜寻技巧培训

资料来源：〔美〕雷蒙德·A.诺伊等著，《人力资源管理：赢得竞争优势》（第三版），刘昕译，中国人民大学出版社 2001 年版，第 267 页。

3. 人员分析

人员分析可以帮助培训者确定谁需要培训,即通过分析员工目前的绩效水平与预期工作绩效水平来判断是否有进行培训的必要。学习动机包括以下因素:(1)分析个体特征,即分析员工是否具有完成工作所应具备的知识、技术、能力和态度。(2)分析员工的工作输入,即分析员工是否得到一些指导,如应该干些什么、怎样干和什么时候干等。如果员工有工作必备的知识、能力、态度和行为方式,但缺少必要的指导,其绩效水平也不会高。(3)分析员工工作输出,即分析员工是否了解工作的目标。有时员工不能达到标准要求的业绩表现,其重要的原因之一是员工不知道他们应该达到什么样的绩效水平。(4)分析员工工作结果,即分析员工的工作业绩。如果不知道业绩表现好将会受到何种奖励,或者员工认为绩效奖励不具有激励作用的话,那么他们就不愿执行绩效标准,而且团队行为也不会鼓励员工执行绩效标准。(5)分析员工工作反馈,即分析员工是否能得到其工作表现的有关信息。如果员工在工作中没人定期向其反馈工作表现,或者说员工知道怎样做,但不知道自己做得怎样,其绩效水平也会出现问题或可导致其缺乏学习动机。只有在以上分析的基础上才能确定具体的培训项目。

培训需求分析可以通过观察员工工作、阅读技术手册及有关工作记录、访问专门的项目专家以及让员工完成有关工作所需的知识、技术、能力和其他特点的调查问卷等方法来完成。(1)观察法是培训者通过对员工工作过程的观察得到有关工作环境的资料,并将需求分析活动对工作的干扰降到最低的一种方法。它对观察者的水平要求高,且员工的工作行为因为被观察会受到一定的影响。(2)调查问卷法的费用低廉,培训者可从大量人员那里收集到数据,易于对数据进行归纳总结;但它需要的时间长,有时会出现问卷的回收率低或答案不符合要求以及答案不够具体等问题。(3)阅读技术手册及有关工作记录的方法有利于收集有关工作程序的信息,而且目的性强,尤其适用于有关新职业和在生产过程中新产生任务信息的收集;但是培训者会因不了解技术术语而难以理解其中的某些内容,有些材料也有可能已过时。(4)访问专门的项目专家有利于培训者发现培训需求存在的具体问题及问题产生的原因和解决办法;但是这种方法比较费时,而且分析的难度大,也需要访问者的水平高才有效。因此,培训者应综合运用多种方法进行培训需求分析。表8-3是某银行某支行开发区分理处员工培训需求调查汇总情况的一个示例。

表8-3 ××银行××支行开发区分理处员工培训需求调查汇总表示例

需求部门：开发区分理处　　　　　　　　　　　填报日期：　　年　　月　　日

编号	培训内容	培训对象	办班期数	每期人数	培训时间	培训方式
1	外币反假	综合业务人员	1	4	4小时	业余
2	银行服务礼仪	所有人员	2	24	8小时	业余
3	信贷业务、国际结算	所有人员	2	24	8小时	业余
4	结算业务	综合业务人员	1	4	4小时	业余
5	银行服务营销	所有人员	2	24	8小时	业余
6	银行中间业务	所有人员	2	24	4小时	业余
7	企业文化	分理处负责人	1	3	8小时	业余
8	人力资源管理	分理处负责人	1	3	8小时	业余

（二）培训计划的制订

1．确定培训目标

有了培训目标，员工的学习才会更加有效，所以，确定培训目标是员工培训必不可少的环节。培训目标是指培训活动的目的和预期成果。目标可以针对每一培训阶段设置，也可以面向整个培训计划来设定。培训是建立在培训需求分析的基础上的。确定培训目标的作用表现在：它能结合受训者、管理者及企业各方面的需要；帮助受训者理解其为什么需要接受培训；协调培训的目标与企业目标相一致，使培训目标服从企业目标；也可使培训结果的评价有一个基准；有助于明确培训成果的类型；还能指导培训政策及其实施过程；为培训的组织者确定了必须完成的任务。

培训目标一般包括三方面的内容：一是说明员工应该做什么；二是阐明可被接受的绩效水平；三是明确受训者完成指定学习成果的条件。培训目标确定应把握以下原则：一是使每项任务均有一项工作表现目标，让受训者了解受训后所要达到的要求，每项目标都要具有可操作性；二是目标应针对具体的工作任务，要明确；三是目标应符合企业的发展目标。

2．制定培训方案

培训方案的设计是培训目标的具体化，即告诉人们应该做什么，怎样做才能完成任务，达到目的。制定培训方案主要包括以下一些内容：选择设计适当的培训项目；确定培训对象；确定培训项目的负责人，其中包括组织的负责人和具体培训的负责人;确定培训的方式与方法;选择培训地点;根据既定目标,具体确定培训形式、学制、课程设置方案、课程大纲、教科书与参考教材、培训教师、教学方法、考核方法、辅助器材设施等。

制定培训方案必须兼顾企业的具体情况,如行业类型、企业规模、客户要求、技术发展水平与趋势、员工现有水平、政策法规、企业宗旨等,关键因素之一则是企业领导的管理价值观及其对培训重要性的认识。

(三) 培训实施

培训实施是员工培训系统的关键环节。在实施员工培训时,培训者要完成许多具体的工作任务。要保证培训的效果与质量,必须把握以下几个方面:

1. 选择和准备培训场所

选择什么样的培训场地是确保培训成功的关键。首先,培训场地应具备交通便利、舒适、安静、独立而不受干扰,以及能为受训者提供足够的自由活动空间等特点。其次,培训场地的布置应注意一些细节:检查空调系统以及临近房间、走廊和建筑物之外的噪音;场地的采光、灯光要与培训的气氛相协调;培训教室应选择方形的,以便于受训者看、听和参与讨论;教室的灯光照明适当;墙壁及地面的颜色要协调,天花板的高度要适当;桌椅高度适当,椅子最好有轮子,可旋转以便于移动等;教室电源插座设置的数量及距离也要适当,便于受训者使用;墙面、天花板、地面及桌椅反射或引音能保持合适的音响清晰度和音量。最后,要注意座位的安排,即应根据学员之间及培训教师与学员之间的预期交流的特点来安排座位。一般地,扇形座位安排对培训十分有效,便于受训者相互交流。当然,也可根据培训目的与方法来布置教室,例如培训主要是获取知识,以讲座和视听演示为主要培训方法,那么传统教室的座位安排就比较合适。总之,选择和准备培训场所应以确保培训效果为目的。

2. 课程描述

课程描述是有关培训项目的总体信息,包括培训课程名称、目标学员、课程目标、地点、时间、培训的方法、预先准备的培训设备、培训教师名单以及教材等。它是从培训需求分析中得到的。

第八章 金融企业的人力资源培训与开发

3. 课程计划

详细的课程计划非常重要,包括培训期间的各种活动及其先后顺序和管理环节。它有助于保持培训活动的连贯性而不论培训教师是否发生变化,有助于确保培训教师和受训者了解课程和项目目标。课程计划包括课程名称、学习目的、报告的专题、目标听众、培训时间、培训教师的活动、学员的活动和其他必要的活动等。

4. 选择培训教师

员工培训的成功与否与任课教师有着很大关系。特别是21世纪的员工培训,教师已不仅仅是传授知识、态度和技能,而且是受训者职业探索的帮助者。企业应选择那些有教学愿望、表达能力强、有广博的理论知识、丰富的实践经验、扎实的培训技能、热情且受人尊敬的人作为培训教师。

5. 选择培训教材

培训的教材一般由培训教师确定。教材有公开出版的、企业内部的、培训公司的以及教师自编的四种。培训的教材应该是对教学内容的概括与总结,包括教学目标、练习、图表、数据以及参考书等。

6. 确定培训时间

适应员工培训的特点,应确定合适的培训时间,具体包括培训何时开始、何时结束、每个培训的周期等。

二、培训成果的转化

培训成果的转化主要是指企业的管理者和受训员工将员工在培训中所学到的知识、技能、能力及行为运用到实际工作当中去的努力过程。我们特别强调培训成果的转化工作,因为它与为企业经营战略提供合格的人力资源产品紧密相关,而培训的目的主要是要改善员工的工作业绩并最终提高企业的整体绩效,因此,员工在培训中所学到的内容必须运用到实际工作中去,这样培训才具有现实意义,否则培训的投资对企业来说就是一种浪费。

亚姆尼尔(Siriporn Yamnill)和麦克莱恩(Gary N. McLean)认为,转化动机、转化设计和转化气氛是影响培训成果转化的三种主要变量。转化动机、转化设计、转化气氛实际上涉及三个方面:在参加了培训项目后,人们为什么想改变自己的行为;通过什么培训设计使得人们能够成功地转化所培训的行为;当他们在工作中应用培训所学习到的知识、技能和态度时,需要什么样的组织环境。

1. 转化动机

转化动机之所以发生作用与期望理论、公平理论、目标设置理论密切相关。期望理论是由心理学家弗鲁姆在《工作与激励》一书中提出的,它认为工作动机和员工对于努力—绩效关系与工作结果的观念与期望有关。该理论可以用以下公式表示:激励力＝效价×期望。其中,激励力指调动个体积极性和内部动力的强度,效价指所要达到目标对于满足个人需要的价值和重要性,而期望则是指一定的工作行为与努力能够导致任务达成和需要满足的可能性(概率)。因此,目标价值越大,实现目标的概率越高,所激发的动机就越强烈。该模型假设高员工满意度会导致高绩效,而波特(Lyman Porter)认为绩效也可以导致满意感,带来内在激励和外在激励。通过培训学习到新东西可以为受训者提供内在激励。由亚当斯(J. S. Adams)提出的公平理论把激励过程与社会比较直接联系在一起,认为人们倾向于把自己的工作待遇与他人的工作待遇相比较,出现任何不公平性都会导致其心理上的不平衡,从而产生激励意义。如果员工感觉通过参加培训有可能得到公平的报酬或其他奖励,那么,他就有可能很主动地学习。目标设置理论是由心理学家卢克(Locke)提出的。该理论认为,人们的行为是由目标和志愿所驱动的,具体的、高难度的目标会导致高工作绩效,它同时强调反馈的重要性。目标设置理论认为,一旦员工接受了高难度的任务,他就会尽力去执行直至完成为止。

2. 转化设计

按照雷克(D. R. Laker)的划分,培训成果转化可以分为近转化和远转化。近转化是指将学习应用于相似的情境中;远转化是指将学习应用于不相似的情境中。可以通过以下途径增加近转化的可能性:反映工作情境的培训内容和培训项目、具体的工作方法、过度学习、强调工作任务的程序性等。远转化是指通过培训掌握原理以便能够解决新问题。以下情形有助于远转化的发生:受训者充分理解基本原理、概念以及他们所学习的技能和行为的假设,受训者在很多种情境下练习以及使用新的技能,鼓励受训者在他们自己选择的情境中讨论和应用培训所学,鼓励受训者在培训后将其所学应用于新的情境,等等。支持近转化的理论是等同因素理论,而支持远转化的理论是原理理论。根据等同因素理论,培训可以通过改进与实际情境相对应的刺激、反应和条件等因素的程度来提升培训效果。原理理论认为,培训应该关注解决问题所必要的一般原理,这样受训者就会在转化环境中应用这些原理来解决问题。原理理论对远转化非常重要,如果受训者能够理解原理和概念,并且有机会将培训所学应用到实际工作场所,那么,他们在面临新的挑战和陌生问题时就可能有意识地应用新获得的新技能和新行为。远转化对管理开发和创造性问题的解决非常具有吸引力,因为这类培训常常是长期的目标取向。总之,近转化和远转化可以被视为一系列的培训目标和培训目的,其必须体现在培训内容和培训设计中,所以要提前确定培训将要应用的情境。

3. 转化气氛

转化气氛是指受训者对于工作环境中所存在的有助于或有碍于把通过培训获得的技能或行为运用于实际工作之中的各种各样特征的看法。这些特征包括上级和同事的支持、运用技能的机会以及运用所学技能所产生的后果等。表8-4列举了有利于培训成果转化的积极性转化气氛的特征。

表8-4 有助于培训成果转化的良好氛围

特点	举例
上级和同事鼓励受训者运用在培训中所学到的新技能以及行为,并且为他们确定目标	刚刚接受完培训者与他们的上级和其他管理者一同讨论如何将他们在培训中所学到的内容应用到实际工作当中去
任务提示:受训者所从事的工作的特征推动或者提醒受训者运用在培训中所学到的新技能和行为	对刚刚接受完培训的受训者的工作进行重新设计,以使他们能够将在培训中所学习到的技能运用到工作当中去
反馈结果:上级支持受训者把在培训中所学习到的新技能和行为运用到工作之中	上级提醒刚刚接受完培训者运用他们在培训中所学习到的知识和技能
惩罚限制:不能让受训者因为运用了在培训中所学习的新技能和行为而受到公开打击	当刚刚接受完培训者在运用培训内容失败的时候,对他们不要责备
外在强化结果:受训者因为运用在培训中所学到的新技能和行为而得到外在奖励	刚刚接受完培训者如果能够成功地将培训内容加以应用,则会得到加薪奖励
内在强化结果:受训者因为运用在培训中所学到的新技能和行为而得到内在奖励	奖励刚刚接受完培训者的上级和其他管理者对那些在工作中按照培训要求去做的人加以赞赏

资料来源:〔美〕雷蒙德·A.诺伊等著,《人力资源管理:赢得竞争优势》(第三版),刘昕译,中国人民大学出版社2001年版,第285页。

三、培训效果评估

培训的系统流程的最后一个步骤是对培训项目的实施结果进行评估与反馈,这是对项目结果的有效性的检验与评估。它包括两个方面:一是评估标准的设定,二是评估方法的设计。

(一) 评估标准

培训评估的标准就是指要从哪些方面来对培训进行评估。这方面最有代表性的观点是唐纳德·柯克帕特里克(Donald L. Kirkpatrick)的四层次评估模型(见表8-5)。该模型认为评估必须回答四个方面的问题,从四个层次分别进行评估,即反应(受训者满意程度)、学习(知识、技能、态度、行为方式方面的收获)、行为(工作中行为的改进)和结果(受训者获得的经营业绩)对组织的影响。所谓反应即指受训者对培训项目的评价,如培训材料、培训师、设备、方法等。受训者的反应是培训设计需要考虑的重要因素。学习评估是测量原理、事实、技术和技能获取程度。评估方法包括纸笔测试、技能练习与工作模拟等。行为改变是测量在培训项目中所学习的技能和知识的转化程度,受训者的工作行为有没有得到改善。这方面的评估可以通过受训者的上级、下属、同事和受训者本人对接受培训前后的行为变化进行评价。结果评估是对在组织层面上绩效是否改善的评估,如节省成本、工作结果改变和质量改变。

表 8-5 Kirkpatrick 评估四层次模型

层次	问题
1. 反应	受训者喜欢该培训项目吗?
2. 学习	受训者在培训项目中学到了什么?
3. 行为	受训者在学习的基础上有没有改变行为?
4. 结果	行为的改变对组织的影响是不是积极的?

埃里格(G. M. Alliger)等在培训效标关系的元分析中主要针对柯克帕特里克的四层次模型中的反应和学习层次进行了扩展(如表8-6)。他们认为,柯克帕特里克的四层次模型中的反应仅仅是从情感上进行评估的,而对于培训的效用大小的反应更加重要。因为效用型反应与培训成果转化的相关性更大。在学习层次上,原先的模型仅仅注重对受训者当时描述性知

识学习的评估,而受训者对程序性知识掌握得如何却会直接影响培训成果转化的程度。并且他们得出了效用型反应与培训成果转化的相关性要比传统评估中的学习与培训成果转化的相关性要大。

表 8-6　扩展后的 Kirkpatrick 评估四层次模型

反应	情感反应
	效用判断
学习	瞬时反应
	知识保留
	行为/技能在培训情境中的显示
行为	转化
结果	结果

(二) 评估方法

用于评估培训计划的具体方法有很多,下面讨论其中的三种,我们会看到,评估方法的科学严谨程度在逐渐提高。

1. 事后衡量

确定受训者是否在以管理者们希望的方式工作是评价培训效果的最简单的方法。例如有一位经理,他有 10 位打字员需要提高打字速度。她们经过一天的培训,然后参加了一个测验其打字速度的考试。结果打字员在培训以后都达到了规定的速度。但问题是这是否就能说明培训是有效的呢?答案是"不一定",因为也许培训之前她们同样能做到。由于在培训前没有进行测试,所以很难判断打字速度达标是否是培训的结果。

2. 事前/事后衡量

要设计另一种不同的评估打字速度的方法,可以参考培训以前的技术等级。经理若是在培训前后都对打字员进行了打字速度的测试,他就能够知道培训是否带来了变化。然而另一个问题是,如果打字速度确实发生了变化,那么一定是培训导致的吗?她们打字更快是否是因为他们意识到他们正在接受测试?一般情况下,人们在知道自己正接受结果测试时的表现要比平时好一些。

3. 有控制小组的事前/事后衡量

除了即将接受培训的 10 名打字员外,经理还可以测试另一组没有接受培训的打字员,观察她们是否能够同接受培训的人做得同样好。这一组称为控制小组。在培训之后,如果接受了培训的打字员的速度明显超过未受训的人,那么经理就可以合理地确定培训是有效的。

使用这种设计也会遇到某些难处。一是在很多情况下不可能有足够多的员工从事相似的工作,并且能够形成两个小组,在一些大公司中也是如此;二是如果有一组人被排除在培训之外,会使控制小组的人产生怨言,并且会导致一个负面的扭曲的结果;三是这种设计的假设前提是两组的绩效都能够被精确地衡量,结果是实验小组的任何绩效变化都会被认为是来自培训,而事实可能并非如此。

除此之外,还有其他设计方法,但以上三种是最常用的。如果有必要,事前/事后衡量或有控制小组的事前/事后衡量这两种设计都应该使用,因为它们比单独的事后衡量设计更有说服力。

第三节　金融企业员工培训与开发的方法

在人力资源管理实践中,有很多培训方法,不同的培训方法会产生不同的培训结果。以下主要介绍几种常见的培训方法,包括在职培训、讲座法、角色扮演、商业游戏、行为塑造、情景模拟和互联网培训等。

一、培训的主要方法

(一) 在职培训

在职培训(on the job training, OJT)是指新员工或没有经验的员工通过观察并效仿同事及管理人员执行工作时的行为而进行学习。与其他方法相比,OJT 在材料、培训人员工资或指导上投入的时间或资金相对较少,因此是一种很受欢迎的方法。不足之处在于:管理者与同事完成一项任务的过程并不一定相同,在传授有用技能的同时也可能传授了不良习惯。OJT 的方法多种多样,主要有学徒制与自我指导培训计划。学徒制是一种既有在职培训又有课堂培训,且兼顾工作与学习的培训方法。该方法是选择一名有经验的员工为受训者进行关键行为的示范、实践、反馈和强化,以达到培训的目的。这些受训者被称为"学徒"。一些技能行业如管道维修业、电工行业、砖瓦匠行业等多采用"师带徒"的学徒制方法。自我指导培训计划指受训者不需要指导者,而是按自己的进度学习预定的培训内容,即由员工自己全权负责的学习。培训者不控制或指导学习过程,只负责评价受训者的学习情况及解答其所提出的问题。

(二) 讲座法

讲座法(lecture)指培训者用语言表达其要传授给受训者的内容,是一种从培训者到听众的单向沟通方式。尽管交互式录像和计算机辅助讲解系统等新技术不断出现,但讲座法仍是员工培训中最普遍采用的方法。讲座法的成本最低、最节省时间;有利于系统地讲解和接受知识,易于掌握和控制培训进度;有利于更深入地理解难度大的内容;而且可同时对许多人进行教育培训。因此,它也可以作为其他培训方法的辅助手段,如在采用行为塑造方法培训时,可以辅以讲座在培训前向受训者传递有关培训目的、概念模型或关键行为的信息。讲座法的不足在于其要求受训者的参与、反馈与工作实际环境间密切联系——这会阻碍学习和培训成果的转化,它的内容具有强制性,不易引起受训者的注意,信息的沟通与效果受教师水平影响大。

(三) 角色扮演

角色扮演是在一个特定的场景中或情境下让受训者扮演分派给他们的角色的一种培训技术。与人力资源甄选目的不同,在人力资源开发中,角色扮演可以使受训者经历许多工作中的问题,比如领导、授权、人际关系处理和态度改变等,在此过程中,受训者能够尝试各种不同的方法,并且考虑哪种方法更成功或为什么成功。角色扮演能引发参与者之间的热烈讨论,较为有趣,开发费用较低,且能开发许多新技能。根据斯科特·迈耶(Scott Meyers)的观点,角色扮演还能训练人们体察他人情绪的敏感性,但它的缺点是活动需要时间长(一般一个小时或更长时间),有的人认为它是儿童游戏。

(四) 商业游戏

商业游戏是让受训者在计算机模拟下按照一定的规则参与游戏,以达到某种学习目的。商业游戏既可按市场设计,也可按企业设计,还可按职能部门设计。受训者被分成若干小组,每个小组2—3人,受训者根据设计的场景和给定的条件就管理实践中的各方面问题如劳工关系(集体谈判合同的签订)、市场营销(为新产品定价)、财务管理(募集购买新技术的资金)等进行信息收集并对其进行分析,然后作出决策,每个小组决策的结果会引起相关方面的变化并影响其他小组的决策。各小组积极参与游戏,并仿照商业的竞争规则。计算机记录各种决策及变化信息,最后计算出结果,时间跨度可以是一个季度、半年、一年或几年,实际操作时间则在半小时到两个小时之间。这种方法常常用于管理技能开发。它的优点是:能够将团队成员迅速培育成一个凝聚力很强的群体;对有些群体如高级管理人员来说,游戏比课堂讲授更有吸引力,也更有意义。缺点是开发成本较高。

(五) 行为塑造

行为塑造(模仿)是让受训者学习被肯定的样板行为并在实践中加以正确运用的培训技术。该方法基于社会学习理论,适用于学习某一种技能或行为,不太适合于事实信息的学习。有效的行为塑造培训包括四个重要的步骤:(1)明确关键行为。关键行为就是指完成一项任务所必需的一组行为。通过确认完成某项任务所需的技能和行为方式,以及有效完成该项任务的员工所使用的技能或行为来确定关键行为。(2)设计示范演示。即为受训者提供一组关键行为。录像是示范演示的一种主要方法。科学技术的应用使得示范演示可以通过计算机进行。有效的示范演示应具有以下几个特点:演示能清楚地展示关键行为;示范者对受训者来说是可信的;提供关键行为的解释与说明;向受训者说明示范者采用的行为与关键行为之间的关系;提供正确使用与错误使用关键行为的模式比较。(3)提供实践机会。即让受训者演练并思考关键行为,将受训者置于必须使用关键行为的情境中,并向其提供反馈意见。如条件允许还可以利用录像将实践过程录制下来,再向受训者展示自己模拟正确的行为及应如何改进自己的行为。(4)应用规划。即让员工作好准备,在工作当中应用关键行为,以促进培训成果的转化。如可以让受训者制定一份"合约",承诺在工作中应用关键行为,培训者应跟随观察受训者是否履行了合约。

(六) 情景模拟

情景模拟是一种模拟现实中真实生活情况的培训方法,受训者的决策结果可以反映如果其在被"模拟"的工作岗位上工作会发生的真实情况。该方法常被用来传授生产和加工技能及管理和人际关系技能。模拟环境必须与实际的工作环境有相同的构成要素。模拟的环境可通过模拟器仿真模拟出来,模拟器是员工在工作中所使用的实际设备的复制品。使用该方法培训的有效性关键在于模拟器对受训者在实际工作中使用设备时遇到的情形的仿真程度,即模拟器应与工作环境的因素相同,其反应也要与设备在受训者给定的条件下的反应完全一致。情景模拟法的优点在于,能成功地使受训者通过模拟器简单练习,有利于增强员工的信心,使其能够顺利地在自动化生产环境下工作。不足之处在于,模拟器开发成本很高,而且工作环境信息也需要经常更新,因此,利用情景模拟法进行培训的成本较高。

（七）互联网培训

互联网培训是指通过因特网或局域网来进行传递,并通过浏览器来展示培训内容的一种培训方法。其优点有:受训内容的传递不受培训时间和地点的限制;培训管理效率高,培训成本低;受训者能够进行自我指导学习,可自行控制培训节奏和渠道,学习效率高;能够连接其他资源;受训者可以同其他受训者及培训者进行沟通、分享信息,并可向数据库中存储信息;培训内容更新的简易性与及时性等。其缺点是:计算机网络无法处理大量的声音和图像;编写的学习课程无法满足直线学习法的要求(例如,先学 A,再学 B,后学 C)等。

以上所列举的是几种常见的培训方法,近年来在实践中还产生了一些新的方法,比如交互式视频培训等。在这么多的培训方法中如何选择呢？最终决策主要取决于培训的目标、培训的内容、培训预算等因素。

二、金融企业人力资源开发的对象和方法

（一）人力资源开发的对象

人力资源开发的目的主要是提高组织和个人的未来工作绩效,因而开发实际上是挖掘雇员的超出当前工作需要的潜力,使其具有适应未来需要的技能或能力。

从人力资源管理的实践来看,过去大多数公司的人力资源开发计划主要是面向管理人员,一般雇员是不包括在内的。进入 21 世纪以后,企业面对全球化、组织变革和技术进步带来的各种挑战,其管理方式与经营运作方式已经发生了很大的变化,工作团队的运用逐步普及,员工的参与日益广泛,员工已经承担起过去由管理人员承担的管理职责,人力资源开发也已经成为所有

雇员的需要。因此，人力资源开发的对象应包括企业的所有雇员，我们前面所描述的人力资源各级各类培训对象体系的划分同样适用于人力资源开发。当然，管理人员的开发仍然是每个企业雇员开发计划中的重点。人力资源开发的对象包括一般雇员（操作人员、业务人员、行政事务人员与技术人员）与管理人员（基层管理者、中层管理者和高层管理者）两大类。

（二）人力资源开发的方法

人力资源开发的方法有很多，其中除了与培训相同的方法外，还有一些是专用于人力资源开发的，我们下面分别予以介绍。

1. 正规教育

正规教育包括专门为公司雇员设计的公司外教育计划和公司内教育计划，包括由大学及咨询公司开设的短期课程；高级经理人员的工商管理硕士培训计划；大学课程教育计划等。许多公司均设有自己的培训与开发中心，开设有生产、营销及管理方面的课程，较大些的企业还自己为雇员制订正规的公司内教育计划。许多大学也同样设有相关培训机构和教育计划。大学通常都开设有与管理开发相关的教育计划，一般分为三种类型：一种是领导、管理方面的继续教育计划，这种计划为高级管理人员提供最新的管理技能，并组织开展分析复杂问题的活动；二是针对个人特点开设管理、商务等方面的单个课程；三是提供如工商管理硕士（MBA）这样的学位教育课程，如美国的宾夕法尼亚大学、哈佛大学、密歇根大学等都有世界上规模较大的高级经理人员教育机构，它们提供相应的教育课程。有许多组织为管理人员提供技能开发方面的研修计划，如美国管理协会（AMA）就提供数千种课程。

2. 工作轮换

工作轮换是指被开发人员被委派到各个部门去工作，以积累不同工作岗位的经验，开阔视野。对于管理人员来说，该方法能增进部门间的合作，使经理人员能够理解彼此所面临的问题；能认识更多的管理同行；有利于发现自己的长处；形成对组织工作的全面认识，提升认识问题的高度，增强其理解问题和处理问题的能力。其缺点是：成本较高；更换职位会牺牲大量的管理时间。

3. 初级董事会

初级董事会是让经过选拔的中级管理人员组成一个初级董事会，使其面对目前公司所存在的问题并要求其对整个公司的政策提出建议的一种开发方法。初级董事会一般由 10—12 位中级管理人员组成,他们通过分析高层次问题从而积累决策经验。这种方法为被开发者提供了全局视角,使其能够从战略高度审视问题,积累决策经验,为以后工作打下坚实的基础。

4. 行动学习

人力资源开发中的行动学习是指让被开发者将全部时间用于分析和解决企业内部实际问题或其他组织机构问题的开发方法,其解决问题的对象扩展到企业外部。被开发者一般 4—5 人一组,承担企业内外组织的某个具体任务或项目,定期开会并就各自的研究成果展开讨论。例如,公司与政府机构可互派自己的研究人员或管理人员到对方组织中进行预定的研究项目的研究。这种方法的好处是提供给被开发者真实的工作体验,能开发其分析问题、解决问题的技能或能力,也能开阔其视野。

5. 带薪休假

现在,企业开始借鉴学术界的通行做法,给员工提供 6 个月甚至更长的带薪休假时间,以便于其参加社会公益项目,开发自身并重获活力。带薪休假在西方国家较为流行,一般是某种形式的志愿者计划。该方法在招募和留住人才方面起到了一定的作用,它能提高员工士气,人们出于回报心理而愿意承担更重的工作任务。其缺点是随意性较强,公司有成本负担。

另外,在实践中还有一些常见的开发方法,例如管理竞赛(management games)和领导者匹配培训(leader match training)等,管理竞赛是指管理人员组成几个小组,每个小组通过电脑中模拟的公司情况进行决策,各组之间是竞争者。领导者匹配培训的主要目的则是指导管理人员在特定的环境下,如何确定自己的领导风格。

人力资源培训中的一些方法如在职培训、讲座法、角色扮演、行为塑造、情景模拟、商业游戏、互联网等均适用于人力资源开发,在此不再赘述。需要说明的是,人力资源开发的内容通常不会使短期绩效有太大的改善,因为它着眼于员工长期的和未来的能力与适应性。

【本章小结】

人力资源在金融企业竞争中的关键地位已经毋庸置疑,培训与开发是提高金融企业员工素质的重要方式,但培训与开发有所区别,培训着重于短期绩效,开发则着重于长期绩效潜力的挖掘。一般来说,系统的培训流程包括培训需求分析、培训方案制定、培训实施和培训效果评估与测量,常见的培训方式包括在职培训、讲座法、角色扮演、商业游戏、行为塑造、情景模拟和互联网培训等。这些方法也适用于人力资源开发,但有一些方法在性质上专用于人力资源开发,例如正规教育、工作轮换、初级董事会、行动学习和周期性休假等。

【思考练习题】

1. 培训与开发之间的区别是什么?
2. 金融企业开展员工培训有哪些意义?
3. 员工培训有哪几种类型?
4. 如何进行培训需求评估?
5. 培训成果转化的条件有哪些?
6. 培训评估的标准是什么?
7. 金融企业人力资源培训的方法有哪些?
8. 金融企业人力资源开发的方法有哪些?

【案例分析】

大通曼哈顿银行如何培训员工

坐落于纽约市中心的大通曼哈顿银行是一个培养和选拔职业商业银行员工的摇篮,它在人事管理和员工培训方面的一些做法值得我们重视。

1. 舍得投资培训

大通曼哈顿银行重视培训、重视人才的主要表现形式是对教育费用的重金投入。因为这是一种投资,可以带来长期稳定的巨大收益。对这一点,几乎所有的美国商业银行都有共识,大通曼哈顿银行在此做得更加突出一些。它们平均每年对教育经费的支付就达5 000万美元。而且,如果在银行工作期间满半年以后,没有单位的可直接申请入学,由银行提供全部费用。重金的投入加快了人才培训的步伐,也间接地加速了大通曼哈顿银行内部素质的提高。银行内部素质的明显提高,使得大通曼哈顿银行在资金的投入上进一步增大,就去年来说又增设了几个培训项目,资金又增加了2 000万美元。大

第八章
金融企业的人力资源培训与开发

通曼哈顿老总裁曾说过:企业的实力是一定要让人才队伍超前于事业发展,由此企业才能更快地适应国际金融市场并得以发展。

2. 周密布置培训计划

大通曼哈顿银行设置了专门的培训机构和专职人员,其人事管理部门下属的1—5个培训处都有足够的人员负责培训工作,大通曼哈顿银行的职员培训部门由83个有经验的培训管理人员组成。他们有以下四项主要任务:一是为领导提供员工教育的有关信息,如本年度培养的具体人员和对其培训的基本项目及其培训结果。他们尤为重视对各学员的心理素质的培训,每个学员都要在培训部门所设的各种各样的困境中战胜并超越自我,最后才能真正占有一席之地。二是负责银行领导与员工之间的信息交流,培训部定期让员工与银行领导会面,把自己心理上的想法和愿望反馈给银行领导;这样直接地沟通了员工与领导之间的思想,并缩短了他们之间的距离,为日后工作的发展起了很重要的作用。三是根据银行领导或董事会的要求,组织员工撰写个人年度培训计划。四是组织落实各种培训工作,如他们的职工教育技能培训可分月进行,趣味性的培训每周两次。这种培训机构完成了银行的各种培训计划。

认真执行年度培训计划是大通曼哈顿银行每年必做的一项工作,银行要求全体员工每年要搞一个自我培训计划,并做到切实可行。如某员工在自我培训计划中这样写道:1—2月,对银行内部的基本环境和结构作一次调查;2—3月,对自身不足之处和对银行的不满之处作一个系统的总结;3—7月,主要对自己不足之处加以改善;7—12月,对银行的不足之处提出更好的建议。大通曼哈顿银行的培训计划,是在员工提出的新一年培训计划的基础上,由总行制订,再由员工选择,如微机、写作、银行新业务等。然后,交员工所在部门审核并报上级部门。最后,由培训主管部门汇总、实施。

3. 培训与奖惩挂钩

大通曼哈顿银行把培训与晋级、提升、奖金紧密结合。使用这种办法极大地调动了员工主动参加培训的积极性。大通曼哈顿银行有一个员工鉴定表,每人每年都要填写一次,其中是否参加培训是重要一栏,这栏的好坏关系到将来提资晋职的机会,在这方面大通曼哈顿银行的员工深有体会。

大通曼哈顿银行还把培训与奖惩政策结合。在银行规章里有这样一条:"凡无正当理由且多次拒绝参加培训者,银行予以解雇",以此来推动全体员工参加培训的积极性。

4. 领导积极参与培训

培训工作需领导身体力行,在大通曼哈顿银行,这对每位领导来说已经是极为普通的事情。大通曼哈顿银行员工培训的成效与其领导带头参加培训是分不开的。大通曼哈顿银行为了使高级主管了解新的信息,经常对他们进行快速培训;有时还要将其送到有关大学进行专门培训。大通曼哈顿银行每年也要抽出一部分时间培训银行领导等各级官员,该行教育工作主管曾把培训工作的主攻方向放在银行领导上。

5. 有针对性地培训各类人员

银行为使基层工作人员迅速掌握计算机知识及其操作技能,曾多次举办短期电脑培训班,为了使员工都能写出简明、准确、有用的报告及信件,该行还专门举办写作技能培训班,在写作技能培训班中,有些人经过培训一段时间后便能写出一篇文路清晰、语言准确和思想健康的好文章。职工素质的提高使银行的形象也提高了一大步,这无疑是一种生动的广告技巧。

记得一个哲人说过,压力会使强者振奋,会使弱者消沉。大通曼哈顿银行的员工和领导无疑是属于前者。压力使银行的形象得到改变,赢得了储户的信任。压力也使他们的培训工作取得了突破。他们在干部教育上侧重经营能力的培训也是出于一种压力。由于美国政府对银行的管制很多,比如银行拒绝贷款或存款都要向客户说明原因,因此,银行时常针对政府新出台的一些政策和法规相应地搞一些备忘录,同时召开分行业务主管参加总行负责人主持的专题研讨会,以提高干部的政策水平和经营能力。

大通曼哈顿银行要求技术性较强的工作岗位人员要具备大学以上学历。为此,有些员工积极申请参加学历或学位培训。银行负责支付全部费用,学习人员的工资照发,但规定员工只能在业余时间学习。建立这种"资助自我开发"制度,企业自然增加了部分开支,但从长远看至少有两大好处:一是公司规模扩大时职工可以内部流动,尽快投入较大的工作空间;二是在公司进行技术调整时可以增加下岗职工的谋职机会。银行要求职工加强道德修养,鼓励职工在离开银行后继续成为对社会有益的人,并把类似的培训看作是企业对社会的一种回馈,这些经验受到了有关组织的重视。随着科技的更新和经济部门的不断调整,传统企业经营方式正在萎缩或消失,而另一种新的银行经营方式在不断地滋生,这就增加了人才的流动。有条件的企业为社会分担一部分职工再就业的预先培训,这就是大通曼哈顿银行之所以受到美国政府重视的原因之一吧。

大通曼哈顿银行的分支机构遍布世界各地,员工有8万多人。去年,他们把在国外招来的新雇员调回国内进行为期2年的岗前培训,并在会计、信贷等四个主要业务部实习半年,然后再派到其所在国家工作,这种做法受到银行领导的赏识,也受到这些新雇员的欢迎。一个企业不能故步自封,必须学习他人的长处,而吸收外国的新知识更为重要。所以,大通曼哈顿银行的本地员工工作期满6年者就可前往国外分支机构考察。大通曼哈顿银行的老总们非常相信"百闻不如一见"这句话,他们说:让员工在国外住上一段时间,获得宝贵经验,自然而然就产生了国际性构想。职工有这样的构想,对企业将大有裨益。除此之外,本部每年又选派业绩较好的七八个分支机构的老板,前往日本东京的三菱和住友银行实习两个月,这个制度也广受员工好评。

银行业务最初是在荷兰,但经过数百年已逐渐从英国、美国、日本普及到全世界。美国银行界的繁荣与进步一向傲视全球。因此,大通曼哈顿银行决定以最快的方式培养国际性的从业人员,每隔一两年,银行便派几名员工去日本实习,虽然志愿前往日本实习的员工很多,但银行培训部绝不会批准一人独行,必须夫妻同行。银行培训部的理由是夫妻同行,一起学习日文,以后回到国内夫妻经常以日语交谈,那么所学的就不会忘记,反之只有丈夫一人学会日语,回国后找不到交谈对象,一番心血便白费了。银行进一步的计划是在荷兰以及世界各地普遍进行实际交流,这样一来可以借此机会派员工到世界各地学习法语、德语、西班牙语,那么无论哪一国的顾客,都能享受到大通曼哈顿银行宾至如归的服务了。

6. 特色培训

在岗位人员培训方面,大通曼哈顿银行多是由本行人员任教。只有在特殊情况下如培训中高级人员时,才外请人员来行授课。培训时间一般都在晚上,聘请银行退休专家授课。趣味性数学是大通曼哈顿银行专家们自编的一种现代化新型高科技产物,他们把枯燥无味的数学用动物画面或讲故事、说笑话的形式编入计算机,然后反馈到学员的记忆库中,学生可以随意用计算机联动系统提出问题,师生注意双向交流,使得学习气氛活跃,学员主动参加,较好地理解和掌握了教学内容。

7. 提高员工参加培训的积极性

通常使学员培训处的专家们最头痛的事情,莫过于如何提高员工的学习积极性,而在大通曼哈顿的银行培训处,这却不成其为问题。大通曼哈顿的银行培训专家们认为,只需让员工有使命感他们自然会充满干劲。办法是平常反复教导学员,怎么做才能对企业、对国家有所贡献。培训处的学员有了前进的方向和目标,就会竭尽全力工作,企业也不愁培养不出人才了。翻开世界历史便可知道,一项工作如果对社会大众没有什么帮助,往往很难获得成功。另一方面,大通曼哈顿银行的培训组织让员工渴望通过自己的学习、工作,表达他们贡献社会的心愿,使他们不再单纯地为日后的高薪收入而努力,更增加了一份责任感。

同时,银行如果发现所属员工做了好事,不管事情大小,一定要表扬。大家都听过赏罚分明这句话,不过要确实做到,并不简单。然而大通曼哈顿银行要求自己非做到不可,银行从不会吝啬对员工的鼓励。银行老总认为在众人面前表扬做好事的员工,非常重要,即使是微不足道的小事,也要表扬,让对方产生成就感与价值感。表扬不一定要采取发给奖金的方式,例如除了表扬之外,再招待员工到国外旅行,从效果上来看,仍然很划算,一般人往往以金钱来衡量一切事物,其实金钱绝非万能,适当的赞扬反而有提高士气的效果。在大通曼哈顿银行一系列的计划中,其实主要的是使录用、培训、选拔、管理实现了一体化,统一由人力资源开发部门负责。银行提拔或变动员工工作的主要依据就是看其培训后的工作业绩。大通曼哈顿银行之所以久盛不衰,其主要原因就是从最基层抓起,从员工的培训选拔上抓起。

资料来源:张建武,《大通曼哈顿银行如何培训员工》,《人才瞭望》2004年第4期。

案例讨论题

1. 大通曼哈顿银行的培训体系有何特征,它采取了哪些培训方式?
2. 大通曼哈顿银行的培训体系对其他金融企业有何启示?

第九章 金融企业劳动关系管理

【学习目标】

学习完本章后,你应该能够:
- 掌握劳动关系管理的基本概念。
- 理解企业层面劳动关系的发展历程。
- 掌握劳动关系调整的主要举措,例如劳动合同、集体谈判和集体合同、劳动争议处理和管理举措等。
- 掌握管理举措在劳动关系调整方面的主要特征。
- 掌握劳务派遣的概念、优势以及劳务派遣与人事代理的区别。
- 了解劳务派遣关系中用工单位的义务。

【导入案例】

三菱东京日联银行深圳分行员工罢工事件

《证券时报》记者收到的一份举报材料称三菱东京日联银行深圳分行出现罢工事件。据称,有150多位中方员工参加了统一罢工行动。

本报讯因被罚款2亿元而引起各方关注的三菱东京日联银行深圳分行再起事端。知情人士近日向《证券时报》反映,该行的管理层与中方员工关系恶化,今年4月26日全体中方员工150多人参加了统一罢工行动,并且联名上书要求现任副行长高木俊一卸任回国。随后,一部分中方员工因为罢工活动受到排挤,相继辞职。

本报7月13日《三菱东京日联银行深圳分行被罚28亿日元》一文,报道了该行因为给三九企业集团违规放贷,被中国银监会处以28亿日元(约合2亿元人民币)的巨额罚款。此外,在今年4月,该行又因为在反洗钱专项检查时因涉嫌洗钱被处罚120万元人民币。

约150名员工罢工

知情人士昨日寄发的举报材料显示,2006年3月20日原东京三菱银行和原日本日联银行两家银行的深圳分行合并为三菱东京日联银行深圳分行,5月8日银行系统也正式合并。但合并之后,银行内部的问题并未得到解决,并且伴随着两家银行合并后人事权利的纷争,管理层和中方员工的关系持续处于极其恶劣的状态。

这一矛盾终于在今年的4月26日爆发。4月26日除行长席(行长席指管理层)外的全体中方员工约150人参加了统一罢工行动,这给包括客户在内的各方面造成了极大的麻烦。此事最后在中方管理层的含糊应对下草草收场,据悉,该行至今也未就此事向监管当局报告。

在此次罢工活动中,中方员工(主要指正式签约员工)中的绝大部分联名上书至日本三菱东京日联银行东京总部,集体要求现任副行长高木俊一卸任回国,但至今尚未得到明确回复。

举报材料称,罢工活动失败后,原日联银行及东京三菱银行的部分中方员工被认为是组织罢工活动的主谋而受到不公正的待遇,只得相继辞职。罢工活动后的辞职员工人数已超过20名,现在仍有员工不断提出辞呈,离开该行。

据悉,现任三菱东京日联银行深圳分行行长伊藤正敏是原日本东京三菱银行深圳分行行长。记者根据举报材料上的线索联系部分联名上书的人,他们称,举报材料上写的罢工活动和联名上书的行为都属实。而部分仍在该行工作的员工以"尚在该行工作"为由不愿接受采访。

三菱东京日联银行深圳分行否认

记者昨日下午就举报罢工一事紧急采访了三菱东京日联银行深圳分行。相关负责人告诉记者,他们不能直接接受媒体采访,他们只能将采访材料转给东京总部,然后由其安排。截至昨晚10点,东京三菱日联银行没有给本报回复。

在东京总部没有回复的背景下,深圳分行的相关责任人昨晚9点致电本报记者作了相关解释。该负责人称,举报材料很多与事实不符。他称,4月

第九章
金融企业劳动关系管理

26 日的员工行为根本不是什么罢工,而只是一个内部讨论。他告诉记者,原东京三菱银行和原日本日联银行两家银行的深圳分行合并之后,由于规章制度不一样,内部整合确实出现了一些问题,员工也提出了一些要求,但他们这些要求基本上都是人事和福利方面的,不涉及银行内部的管理问题。他还告诉记者,目前这些问题已经圆满解决,没有给客户以及业务带来任何冲击。

资料来源:卢荣,《证券时报》2006 年 7 月 26 日。

以上案例是金融企业劳动关系管理问题引发的冲突,这种冲突给金融企业造成的影响是显而易见的,它不仅影响员工对企业的忠诚度和投入程度,同时也大大影响了企业的品牌和社会形象,从而影响了金融企业的持续发展。本章的重点就是介绍劳动关系的基本概念、发展历史以及主要调整和管理措施等。

第一节　劳动关系管理概述

一、劳动关系的概念

劳动关系是就业组织中由雇佣行为而产生的关系,是组织管理的一个特定领域,它以研究与雇佣行为管理有关的问题为核心内容。其基本含义是指管理方与劳动者个人及团体之间产生的,由双方利益引起的,表现为合作、冲突、力量和权利关系的总和,它受一定社会中经济、技术、政策、法律制度和社会文化背景的影响。

在实践中,劳动关系又被称为劳资关系、产业关系、雇佣关系、雇员关系、劳使关系和劳雇关系等。劳资关系或雇佣关系是相对于资本与劳动之间的关系而言的,它反映的是出资人与劳动者或雇主与雇员之间的关系。雇员关系反映的也是雇主与员工之间的关系,但它更加强调雇主在个人层次上加强与员工队伍的直接交流与管理。劳使关系则是日本人使用的概念,主要是为了更准确地说明劳动关系是劳动者与劳动力使用者之间的关系。劳使关系包含了劳使协同工作关系和劳使对立关系,它的含义与劳雇关系相似。在欧美国家的文献中,还经常使用"产业关系"这一概念。1912 年,经美国总统威廉·塔夫脱(William Howard Taft)的提名,国会任命了一个名为"产业关系专门委员会"的9人调查委员会,专门负责调查由劳资摩擦引起的、致使20人丧生并让全国震撼的洛杉矶时代大楼爆炸事件。自此,"产业关系"一词正式写入美国词典。当时,欧美国家几乎所有的研究劳动关系的文献都使用"产业关系"这一专业名词,当然,随着经济的发展,带有强烈的"冒烟经济"背景的"产业关系"一词逐渐地被更为宽泛和中性的"雇佣关系"或"劳动关系"一词所代替。

研究劳动关系的最基本目的在于寻求雇工和雇主之间形成健康、良好关系的途径。一个国家的劳动关系的状况与其政治管理联系紧密,一个劳工组织的目的既是经济的也是政治的。有些西方学者把改善劳资关系的目标确定为改善既有企业组织和政治管理框架中工人的经济条件,可以采取国家控制产业以规范生产管理,国家本身成为雇主以促进产业社会化,以及授予工人企业产权等办法调节劳资关系。

二、劳动关系的主体

从狭义上看,劳动关系的主体包括两方:一方是员工及以工会为主要形式的员工团体(主要指工会),另一方是雇主以及雇主组织。从广义上看,劳动关系的主体还包括政府。不同的主体在劳动关系中均有相应的角色和作用。

(一)工会在劳动关系管理中的角色

著名的工联主义者韦布夫妇为工会下的定义为:"工会者,乃工人一种继续存在之团体,为维持或者改善其劳动生活状况而设者也。"[1]劳动经济学对于工会的定义为:"工会是一种集团组织,其基本目标是改善会员货币和非货币的就业条件。"[2]各国的法律对于工会的定义也是不尽相同的。但是,一般来说,在市场经济社会中,工会组织因劳动关系冲突而产生、以集体谈判为基本手段、以维护会员利益为首要职能。因此,我们可以一般性地认为,工会是市场经济条件下,雇员为改善劳动和生活条件而在特定工作场所自主设立的组织。

---

[1] 〔英〕韦布夫妇著:《英国工会运动史》,商务印书馆1959年版,第1页。
[2] 〔美〕罗纳德·伊兰博格等著:《现代劳动经济学》,潘功胜译,中国劳动出版社1991年版,第422页。

（二）雇主及雇主组织在劳动关系管理中的角色

雇主是劳动关系中相对于劳动者的劳动力使用者的称谓。在市场经济的劳动法律中,雇主是指在具体劳动关系中与劳动者相对应的另一方。雇主在劳动关系中是生产资料的代表,可以界定为:劳动关系中代表资方负责管理和处理劳工事务的法人和自然人。其具体法律特征为:(1) 雇主是雇员的对称,其基本特征为"雇佣他人为其劳动"。(2) 雇主可以是自然人,也可以是法人。但在具体劳动关系实践中,雇主必须由自然人来充任或者代表。(3) 凡是劳动关系中代表资方或者管理方处理有关劳资事务的人,均可称为雇主。所以,雇主可以包括企事业业主、企事业的经营者和管理者以及代表企事业业主处理劳资事务的其他人。

需要特别注意的是,我国劳动法对于劳动力使用者用"用人单位"一词来表述。"用人单位"一词是计划经济下"单位制"的产物。但是现在有很多劳动力的使用者尤其是在非公有制经济中,如摊点、作坊和家庭工厂等,作为劳动力的使用者,他们并非"单位",而只是"老板"。这些雇主类型被排除在"用人单位"之外,这反映的是我国劳动关系仍处在转型过程之中,市场化劳动关系的雇佣与被雇佣的性质还没有被社会普遍认同。

雇主组织是由雇主依法组成的组织,其目的是通过一定的组织形式,使单个雇主形成一种群体力量,在产业和区域层面通过这种群体优势同工会组织抗衡,最终促进并维护每个雇主成员的具体利益。它主要包括三种类型:行业协会、地区协会和国家级雇主联合会。雇主组织的出现在实践上一般晚于工会组织的成长。雇主组织最主要的作用是在劳动关系中代表雇主的利益,它的其他作用表现为以下几个方面:集体谈判、参与立法和政策制定、提供法律服务以及提供培训服务。

（三）政府在劳动关系管理中的角色

目前,对于政府在劳动关系中的作用,许多学者通过分析与归纳,赋予劳动关系中的政府各种"角色",其中主要的角色有立法者、市场规制者、协调者、公共部门的雇主等。其在劳动关系运行过程中的作用主要包括:制定劳动政策;建立和完善劳动力市场;维持和改善劳动条件;协调劳动关系。但是目前对于是否应该把政府作为雇主,中国政府是否具有雇主身份这一问题的理解仍存在较大分歧。

三、企业层面劳动关系的发展历程

在西方市场经济的发展过程中,企业层面的劳动关系经历了从内部分包关系、层级劳动关系到内部劳动力市场主导的劳动关系等发展形式,但是在以高科技企业为代表的新兴产业中,这种内部劳动力市场主导的劳动关系模式已经受到了挑战,外部市场在劳动关系中的主导地位日益凸显。

(一) 内部分包关系

在 19 世纪末期大规模生产制度产生之前,企业内部分包制度是工业生产的主导形式。在内部分包关系阶段,最为极端的例子是"推出(putting-out)系统",这个系统通常把每个工人都看作是一个独立的能够在家生产的分包者。例如,在 1890 年之前,钢铁行业的熟练技术工人的报酬支付方式类似于分包者,他们的报酬根据钢铁产量及价格变化来确定。这些熟练技术工人转而雇佣比他们自己的技术稍差一些的"帮工",并且从自己的荷包中拿钱给他们支付报酬。① 此时,企业扮演的是一个协调者的角色,它给工人提供材料并根据其(以最低的材料成本)完成的产品给工人支付报酬。生产率更高、价格也更加昂贵的制造设备的引进导致了这种系统的灭亡,因为工作已经转移到工厂内部了。但是即使在工厂兴起之后,这种系统仍然维持了一段时间,部分原因是它更具有弹性。这种系统使企业能够更加容易地根据市场需求调整产出,这种系统的管理成本也更低,因为它把既定的固定成本推到了员工身上。这种支撑企业弹性和降低固定成本的观点和今天倡导外包的观点是一样的,分包关系有点类似于市场交易,这意味着市场压力迫使分包商必须和他们的工人分享其创造的收益。

但是这种内部分包制度阻碍劳动生产率的提高,使企业无法积累自身技术。由于企业能够非常容易地学习到这些生产技术,它们发现,如果自己管理分包商的工人,成本似乎会更低一些,这样它们就开始省掉内部分包商这个环节而开始直接雇佣自己的工人。很多企业招募工头来管理这些工人。在新的雇佣安排中,工头和原来分包商的员工都成为公司的直属员工,所有企业都极为迅速地用工头来管理企业自己的员工,并以此来替代内部分包

---

① Katharine Stone, "The Origins of Job Structures in the Steel Industry", *Review of Radical Political Economics* 6, No. 2 (Summer 1974): 113—173.

商。在这一时期中,企业和它的员工之间的唯一联系是它们的工头和工人之间的关系,而且这种关系通常都是短暂的。

(二)层级劳动关系

长时间以来,改革者围绕这种工头驱动系统产生的不公平、员工流失的成本和士气低落以及相伴而生的无效率等问题进行了激烈的争论。弗里德里克·W. 泰勒(Frederick W. Taylor)也许是在内部控制系统方面早期最具代表性的实践者,他提出在企业内建立内部控制系统,设立一个单独的部门来设计工作流程的最佳方式。"泰勒主义者"最为著名的是他们看待任务绩效的方式,他们在时间和动作研究的基础上把任务划分为更为简单的部分,同时,管理的工作变得更加复杂。泰勒认为,管理对一个工头来说是过于复杂的事情,因此,企业取消了单一的工头驱动系统,取而代之的是由几个主管来分管工人工作的不同方面,例如,主管负责检测质量、工厂的生产流程和工作节奏。

泰勒及其追随者提出的新内部控制系统在雇佣方面引起了两个根本改变。首先,主管接管了工头对工作决策的控制并在公司范围内进行协调。主管普遍具有超越单个员工的权力,拥有权力的主管人员在工头之上控制和协调这些工头们的决策。其次,产生了位于总经理和工人之间的职业中层经理架构。历史学家休·艾特肯(Hugh Aitken)引用一个泰勒的支持者的话说,这些管理方式产生了"数量惊人的'非生产者'",他们就是新经理。[①] 在此过程中,这些系统对工头的控制和权力形成了挑战,直至最后导致工头阶层的消失,层级劳动关系占据了主导地位。

当把原来由市场完成的商业交易内化到企业中从而变得更加有效的时候,劳动关系的转型也加速了,劳动关系由原来由劳动力市场主宰的短期关系转变为内化到企业中的关系。在这个阶段的企业生产中,严格限定的产品和成本目标非常关键,但满足这些严格限定的产品和成本目标需要有可预期的技术供应和人力资源,而这些靠外部劳动力市场是非常难以得到的,因为在劳动力市场上可资利用的技术的数量和价格变动都非常大。所以,企业将劳动关系从市场上内化到企业中,这使得技术和劳动力的供应

---

① Hugh G. J. Aitken, *Taylorism at Watertown Arsenal: Scientific Management in Action*, 1908—1915, Cambridge, Mass.: Harvard University Press, 1960, 88.

变得可预期。

在层级劳动关系中,分工非常明确,管理者能够对员工进行很强的控制,员工的工作都是通过专门的职能部门来分配的,并且据以发放相应的报酬。这种泰勒式的雇佣制度非常适合 20 世纪初期到 30 年代大规模生产的要求,此时的总体经济形势是供不应求、市场需求的波动不大、技术变革的速度不快,因而企业的劳动关系总体处于稳定的状态。

(三) 内部劳动力市场主导的劳动关系

但是到第二次世界大战之后,技术变革的速度加快,工会力量逐步强大,集体谈判制度兴起,企业开始对科层制劳动关系进行调整,内部劳动力市场和团队生产方式成为更为有效的雇佣方式。相对于科层制的管理方式而言,企业对于内部劳动力市场中的雇员更多地采取了承诺型战略。此时很多企业引入了员工参与计划、全面质量管理、质量圈等管理方式以提高员工对组织的满意度和忠诚度,同时很多企业打破了原来的管理层级,拓宽了管理者的管理幅度,加大了员工授权,为雇员创造更多的职业发展机会。在技术变革加快和市场需求波动剧烈的情况下,这种内部劳动力市场的方式更加人性化,更加符合员工的需求,使企业能够留住员工,从而更好地应对市场变化。

在这种终身雇佣的劳动关系中,员工为了工作的保障和可预期的晋升而给予公司终身工作的承诺。这同时也伴随着工会力量的增强和西方国家在工作保障方面的立法的增加。雇主必须与工会代表就集体性的协议进行谈判,再也不能自由地雇佣和解雇了。

但是,这些长期的关系也并非没有缺点。即使在它们的鼎盛时期,人们也批评这种劳动关系造就了一种类似于封建制度的体制,雇员实际上无法离开,企业犹如一潭死水,桎梏着新的思想。然而,雇主还是比较看重这种传统的劳动关系,因为对雇主而言,它是三种关键利益之所在:首先,它使雇主便于对员工培训进行投资,因为随着员工长期地效力于企业,他们的培训投资可以得到回报。其次,这种劳动关系提供的工作保障使员工忠诚于组织并投入地工作,这一点对于大型公司来说尤为重要,因为在大型的组织中个人的绩效更加难以精确评估,雇员的忠诚决定其主动工作行为。最后,尽管最终只有几个幸运的人能够爬上组织的高层,但晋升的可能性给员工提供了强大的工作动力,而组织却只需为此花费极少的成本。

（四）内部劳动力市场的主导地位受到挑战

经济的发展和环境的变化不断侵蚀着这种内部劳动力市场主导的长期劳动关系所带来的利益，这一情况在 20 世纪 80 年代开始引起人们的注意。这些发展和变化主要包括：

1. 更富竞争性的产品市场。它需要公司在更短的时间里对市场作出反应，因此在人员和设备方面的长期投资就成为问题，因为它们会在更短的时间里变得过时。

2. 信息技术。它们可以取代一些传统上由中层管理者履行的职能，例如协调和监控的职能。在适当的地方采用信息技术，就能很容易地监督一个外部的供应商，并使之融入企业的经营中，所以企业就再也没有必要把一些工作纳入到日常经营之中，结果，许多工作都被外包出去。

3. 一些企业管理新技术的运用，比如利润中心、标杆管理、核心竞争力分析，这些管理的新技术将市场的规则引入到企业中来，这使得商业运作的每一方和每一个员工都觉得仿佛被置于压力之中，这些压力之一就是增加股东价值的压力，这迫使企业压缩成本特别是固定成本。在公众持股的企业中，股东的利益远大于其他利益相关者。

4. 工会的角色也发生了明显的变化，它们的会员人数和讨价还价的能力都发生了明显的下降，因而，它们代表工人要求提高工资和充分就业的能力也明显下降。

随着环境的变化、企业市场竞争的加剧和企业成本压力的增大，企业内部劳动力市场主导的雇佣方式受到了很大的挑战，企业很难再和员工保持长期的劳动关系，企业更容易依赖市场来满足自身的需要。越来越多的企业倾向于从市场上直接雇用所需员工和缩短雇佣期限，提出所谓的"核心—边缘"策略。此时出现了劳动关系外部化的倾向，外部劳动力市场的作用越来越显著。劳动关系的外部化主要体现在三个维度：雇佣地点的外部化、管理控制的外部化和缩短雇佣期限。随着员工管理方式的变化，员工行为也在发生相应的变化。劳动关系的外部化倾向带来了一系列新的劳动关系问题：核心员工和边缘员工之间的公平感降低、员工的团队协作精神削弱、员工的组织忠诚度下滑等问题。当然，大多数的企业仍然在采用内部劳动力市场主导的雇佣方式并且取得了不错的绩效。

第二节 劳动关系研究的不同方法和流派

一、劳动关系研究的不同方法：一元论和多元论

从研究的基本假设角度说，西方学者研究劳资关系的方法有两种：一元论和多元论。一元论方法认为雇佣关系基本上是和谐的，这种和谐只是偶尔被暂时的冲突所中断；多元论方法认为冲突是雇佣关系所固有的，但是可以解决的，而且能靠适当的规则网络去控制。一元论方法显著的特点是假定每一工作组织都是有着共同目标的整合体，劳资关系被认为是建立在雇主和雇员之间的合作和利益协调基础上的，假定劳资双方的目的都是为了使组织高效运行，劳资双方没有根本的利益冲突。多元论方法与一元论的观点相反，它坚持冲突是不可避免的观点，认为在组织内部有各种不同利益、不同目标的群体，而各种不同的群体为了自己的目标而相互竞争。多元论方法同把劳资关系视为资本所有者与劳动力出卖者之间的阶级冲突的马克思主义的方法有相同之处，即认为雇员和雇主之间的利益冲突是固有的和基本的。但马克思主义认为劳资关系是阶级关系的唯一方面，资本与劳动之间的对抗源于资本主义社会中阶级冲突的本质，劳资关系是生产的社会关系总体中的一个要素，而多元论者认为劳资冲突是源于雇佣结构。

二、劳动关系研究的不同学派：PM 学派和 ILE 学派

关于劳动关系理论的研究有很多，关于劳动关系理论的学派划分方式也有很多，例如，程延园把劳动关系理论划分为五大理论学派，分别为新保守派、管理主义、正统多元论、自由改革主义和激进派。[①] 本章将劳动关系研究分成了两大学派：一是人事管理学派（personnel management，PM），二是制度劳动经济学学派（institutional labor economics，ILE）。[②] 二者最明显的分歧集中在对独立工会的认识上。制度劳动经济学学派坚持独立工会有助于改善

---

① 程延园编著：《员工关系管理》，复旦大学出版社 2007 年版，第 25 页。
② 刘军等：《雇佣关系变迁及其影响因素的实证检验》，《经济科学》2007 年第 2 期。

劳动关系，而人事管理学派则认为工会只会恶化劳资双方的关系。美国威斯康星大学的劳动关系专业是制度劳动经济学学派的代表，而美国劳动关系协会以及后来易名的美国管理协会则高举人事管理学派的旗帜。

（一）人事管理学派

人事管理学派认为，劳工问题主要是由有缺陷的企业组织、不佳的工作场合、不良的领导风格以及交流不畅等管理不善问题引起的。因此，要解决劳工问题，就需要在人事管理中引进科学方法。人事管理学派致力的目标是实现工人与企业组织在利益上的和谐一致，消除雇佣双方的冲突，从而确保企业的高效运行。

人事管理学派建立在两个互为补充的学科之上：其一是管理学中的组织与行政管理学，其二是人类学、心理学和社会学中的行为学。人事管理学派解决劳动关系问题的根本指导思想是，如果雇主与雇员双方都想有利可图，那么雇主的劳工政策必须有助于企业建立长期竞争优势和获取长期利润，因此，制定进步的劳工政策，不但是出于高尚的道德需要，更是出于组织长期绩效的需要。因此，人事管理学派致力于建立劳资关系的更佳模式，以促进企业的竞争力和获取更大利润。为此，需要排除工会甚至政府的干预，使组织进步到具有更高的伦理与社会合法性。这一新模式的核心，其实就是搞福利资本主义。

人事管理学派推行的福利资本主义由四大要素构成：

（1）人事管理。在人事管理中引进科学的专业化原则，例如员工甄选测评、工作绩效测评、发放员工行为手册、建立专职的员工管理部门等。

（2）员工福利。给员工增加各种类型的福利，例如在企业设立诊所、工作场所保洁、提供员工社会保障、设立退休金和开展体育活动等。

（3）人际关系。在工作场所引进良好的人际关系，例如培训工头人性化地对待员工，非惩罚性地执行纪律，以及对员工业绩进行奖励等。

（4）员工参与。以某种适当形式让员工获得话语权，例如成立工人委员会、投诉受理机构等。

（二）制度劳动经济学学派

制度劳动经济学学派认为，引发劳工问题的重要因素之一是外在于企业组织的不完善市场体制。这种体制导致劳工遭遇不公平的竞争，而且这种体制所建立的"主仆关系"(master-servant relationship)具有专制性质,使工人无法享受民主权利,其利益得不到有效保护。这一学派的目标是建立多元经济与政治体系,保证劳资之间的平等谈判权,建立独立工会以保证工人利益,通过制度化方法消除冲突,降低劳资双方的敌对程度。

制度劳动经济学学派的学术基础主要是经济学,同时还吸收了法学、历史学、政治学以及工业社会学等的研究成果。制度劳动经济学学派的奠基者是制度经济学家约翰·康芒斯,正是他使劳动关系成为美国的一个专门的学术研究领域。在20世纪20—30年代,制度劳动经济学学派在学术界的代表主要由劳动经济学家充任,第二次世界大战后,前述的那些学科的学者开始参加进来。在20世纪40—50年代,劳动经济学家逐渐分成两个阵营:一派由制度劳动经济学学派的经济学家担纲,代表人物有约翰·邓洛普(John G. Dunlop)等,另一派则主要由新古典经济学家组成。

制度劳动经济学学派逐渐把劳动关系研究作为研究重点,而将劳动经济学置于新古典经济学的框架之下。制度劳动经济学学派继续在当今的劳动关系研究领域活动。由于制度主义作为研究劳工问题的科学方法伴随工会运动逐步淡出,制度劳动经济学学派无论在人数上还是在学术地位上,都遭到了重大削弱。以康芒斯为首的制度劳动经济学学派解决劳动关系问题的根本指导思想是有效地化解与消除美国的劳工冲突和社会问题,为此需要进行制度变革,建立新型的劳动关系。他们的这一设想包含四个方面的内容:

(1)推广和谐进步的管理模式。制度劳动经济学学派相信,在劳工与企业管理层之间的权力抗衡中,雇主占优势,因此要求劳资双方在平等立场上进行谈判,让对立的利益冲突双方相互妥协。

(2)建立工会。工会可以使劳工市场变得强大而有效,同时还可迫使资本家提高工人的工资与福利待遇,改善工人的工作条件,让工人参与争议解决,获得企业内部管理的话语权。

(3)推进政府立法以保护劳工利益。制度劳动经济学学派认为,立法规定最低工资、最高工作时限、禁止雇用童工、保护女工和改善工作场所的安全与卫生条件这些内容尤其重要。此外,还需立法强制推行工人的社会保障体系。这样,方可确保工人及其家庭不会因企业的经营不善而利益无保障。

(4)运用财政与货币政策保持宏观经济稳定。制度劳动经济学学派不相信现代工业经济有自我调节功能。相反,他们认为经济波动会削弱企业实践福利资本主义的能力与意愿。辞退员工或降低工资会破坏雇佣双方间的相互信任,加剧他们之间的利益冲突。因此,政府运用有效的财政货币政策保持宏观经济稳定、确保充分就业才是对工人权利的有效保障。充分就业必须是"有管理的均衡"。

第三节 劳动关系调整和管理

在组织环境中,契约是一种普遍存在的社会现象。它通过对相互责任的界定把个体与组织有机地结合起来,对契约各方的行为进行规定和约束。劳动关系的调整有两个媒介:一是书面契约,二是心理契约。典型的书面契约形式是劳动合同。按照我国新颁布的《劳动合同法》的规定,劳动关系的形成是以实际用工为标志,并且要求用人单位必须与劳动者签订书面的劳动合同。劳动合同成为确定劳动关系双方权利义务的重要文件。但是随着工作方式和内容的变化,员工与组织签订的书面雇佣合同中所包括的条款内容是有限的,没有也不可能描述所有的相互责任内容,企业已经无法再仅仅靠雇佣契约管理和激励员工了。在每一个员工的内心深处,对自己应该为组织付出什么、付出多少,组织应该给自己回报什么、回报多少等都有明确的期望和认识。这些内容同样影响着员工对于工作的态度和行为,这些内容就是"心理契约"。心理契约的驱动力已经为越来越多的企业所认识。健康稳定的心理契约是优秀企业的企业文化的关键要素。

一旦劳动关系建立,员工和雇主之间的心理契约也随之建立起来,这种心理上的期望和义务将在劳动关系中起决定性的作用。而且,人们在组织中工作的时间越长,心理契约所涵盖的范围就越广,双方相互的期望和义务隐含的内容就越多。著名的心理学家施恩(Schein)指出:"虽然它并没有写明,心理契约却是组织行为的强有力的决定因素。"心理契约已经成为现代企业劳动关系的关键影响因素。

因此,企业必须围绕健康的书面契约和心理契约的建立和维护,建立一整套的劳动关系管理机制,其中包括劳动合同、劳动争议处理、企业文化、员工参与机制、员工沟通机制、员工援助计划及其他人力资源管理措施。此外,劳动关系管理不仅仅是单个企业的内部事务,也不仅仅是劳资双方的事情,劳动关系问题对行业、社会和国家政治都有非常大的影响，因此，国家制定了一系列的劳动法律法规，以建立劳动关系调整机制来干预企业的劳动关系管理，其中包括劳动争议处理机制和集体谈判机制。本节主要介绍劳动合同、集团谈判和集体合同、劳动争议处理以及管理举措等劳动关系调整方式的主要内容及其特征。

一、劳动合同

（一）劳动合同的概念

劳动合同亦称劳动契约，是劳动者与企业确立劳动关系、明确双方权利和义务的协议。劳动合同是个别劳动关系[①]的体现。根据《劳动法》等劳动法律、法规，依法订立的劳动合同受到国家法律的保护，对订立合同的双方当事人产生约束力。

在新《劳动合同法》颁布之前，劳动关系建立的标志是劳动合同的签订，这导致了很多不签订劳动合同的实际用工纠纷无法取证的问题，极大地损害了劳动者的利益，而新《劳动合同法》第十条明确规定，"建立劳动关系，应当订立书面劳动合同。已建立劳动关系，未同时订立书面劳动合同的，应当自用工之日起一个月内订立书面劳动合同。用人单位与劳动者在用工前订立劳动合同的，劳动关系自用工之日起建立。"这就明确了，劳动关系建立的标志是"实际用工"，而非"劳动合同的签订"。不管劳动合同签订与否，只要有实际用工行为，就意味着已经建立劳动关系。与此同时，《劳动合同法》还大大提高了用人单位不签订劳动合同的违法成本，例如，《劳动合同法》第八十二条规定，"用人单位自用工之日起超过一个月不满一年未与劳动者订立书面劳动合同的，应当向劳动者每月支付二倍的工资……"

（二）劳动合同的基本特征

劳动合同是合同的一种，它具有合同的一般特征，即：合同是双方的法律行为，而不是单方的法律行为；合同是当事人之间的协议，只有当事人在平等自愿、协商一致的基础上达成一致时，合同才成立；合同一经签订，就具有法律约束力。

[①] 所谓个别劳动关系，就是单个劳动者与用人单位之间的劳动关系，它与集体劳动关系相对应。

劳动合同除具有上述一般特征外,还有其自身的基本特征:

(1)劳动合同的主体是特定的。一方必须是具有法人资格的用人单位或能独立承担民事责任的经济组织和个人;另一方是具有劳动权利能力和劳动行为能力的劳动者。

(2)劳动者和企业在履行劳动合同的过程中,存在着管理关系,即劳动者一方必须加入到企业一方中去,成为该企业的一名职工,接受企业的管理并依法取得劳动报酬。

(3)劳动合同的性质决定了劳动合同的内容以法定为主,以商定为辅,即劳动合同的许多内容必须遵守国家的法律规定,如工资、保险、劳动保护、安全生产等,而当事人之间对合同内容的协商余地较小。

(4)在特定条件下,劳动合同往往涉及第三人的物质利益,即劳动合同内容往往不仅限于当事人的权利和义务,有时还须涉及劳动者的直系亲属在一定条件下享受的物质帮助权。如劳动者死亡后遗属待遇等。

(三)劳动合同的类别

劳动合同按不同的划分标准,主要可以划分为以下类别:

1.按订立合同的具体目的不同可分为:录用合同、聘用合同、借调合同、内部上岗合同、培训合同等。

2.按在同一份劳动合同上签约的劳动者人数不同可分为:个体劳动合同和集体劳动合同。

3.按劳动合同的期限不同可分为:固定期限的劳动合同、无固定期限的劳动合同和以完成一定的工作为期限的劳动合同。固定期限的劳动合同须在合同书中明确合同期限;无固定期限的劳动合同不应在合同书中明确约定合同期限,但一般应明确规定终止、解除劳动合同的条件。以完成一项工作为期限的劳动合同是以某项工程任务完成的期限作为合同期限。

(四)劳动合同的内容

按照国家法律的规定,订立劳动合同应采取书面形式。劳动合同的条款分为法定条款和协商条款。法定条款是指法律、法规规定必须协商约定的条款;协商条款是根据工种、岗位的不同特点,以及双方各自的具体情况,由双方选择协商约定的具体条款。协商条款也应在法律、法规、政策的指导下商定。除合同文本以外,有时还需要制定附件,以明确双方权利、义务的具体内容。

《中华人民共和国劳动合同法》第十七条明确规定,劳动合同的法定条款包括:

1. 用人单位的名称、住所和法定代表人或者主要负责人;
2. 劳动者的姓名、住址和居民身份证或者其他有效身份证件号码;
3. 劳动合同期限;
4. 工作内容和工作地点;
5. 工作时间和休息休假;
6. 劳动报酬;
7. 社会保险;
8. 劳动保护、劳动条件和职业危害防护;
9. 法律、法规规定应当纳入劳动合同的其他事项。

另外,该条还规定,"劳动合同除前款规定的必备条款外,用人单位与劳动者可以约定试用期、培训、保守秘密、补充保险和福利待遇等其他事项。"这就是劳动合同的协商条款的规定。

二、集体谈判和集体合同

(一) 集体谈判的概念和主体

集体谈判(collective bargaining)是指用人单位和员工代表通过谈判,旨在达成覆盖某一员工群体的协议,以决定就业条件与待遇,协调雇佣关系的一种方法。通常的情况是,以组织起来的工人即工会为一方,以联合起来的用人单位如企业协会为一方,围绕工资、就业保障、其他待遇(如加班费标准、带薪休假、医疗补助、失业津贴、退休金等)、工作条件(如工作日长度、劳动强度、工作环境、安全保障)等展开的集体讨价还价。达成双方都能接受并且愿意遵守的集体协议,是集体谈判的最终目的。集体谈判的主体有三方:员工及其组织(工会)、用人单位及其组织(企业协会)和政府,当然,各谈判主体可以委托各自的代表来进行谈判与协商,但其所代表的利益是他们的委托人的利益。

(二) 集体谈判的特征

第一,集体谈判是一个很有弹性的决策机制,比立法、司法和行政制度都要有弹性。它可以适用于各种形式的政治经济制度,对于任何一个国家,它都可以满足各种产业和职业的需要。另外集体谈判的方式也是各种各样的,从十分简单的口头协议到十分复杂的总协议,还允许有附加条款,在内容上可由双方任意商定,只要不违反法律。

第二,集体谈判具有公平性,它作为一种方法,将平等和社会公正引入到工业社会和劳动力市场。

第三,集体谈判体现了工业民主的观念,它从一开始就成为工人参与工业社会决策过程的一条主要渠道。用人单位在很多重要问题上,不得不倾听员工的意见。在劳动关系上,用人单位与员工既有冲突,又有共同利益,尽管集体谈判不能完全消除双方的冲突,但是,它毕竟提供了一种机会,使双方能更好地了解对方的立场、目标和问题,以及他们的分歧与共同点;同时,也提供了一种有条理的程序,通过这一程序,双方有可能达成一个比较接近双方目标的共同协议。

第四,集体谈判还具有稳定性和有效性的特点。集体谈判的结果是双方在平等公正的基础上签订集体协议,可以解决各自的问题,满足各自的需求,这就保证了双方都愿意认真履行协议条款,从而最能体现出其有效性特点。此外,既然是双方合意,那就保证了合作关系的稳定,这种稳定性在双方的关系中是十分重要的。

(三) 集体合同的概念和内容

通过集体谈判形成集体合同。所谓集体合同,即工会与用人单位或雇主团体为规范劳动关系而订立的,以全体劳动者的共同利益为核心内容的书面协议。国际劳工组织第91号建议书《集体合同建议书》第二条第一款规定:"以一个雇主或一群雇主,或者一个或几个雇主组织为一方,一个或几个有代表性的工人组织为另一方,如果没有这样的工人组织,则根据国家法律和法规由工人正式选举并授权的代表为另一方,上述各方之间缔结的关于劳动条件和就业条件的一切书面协议,称为集体合同。"

集体合同的内容一般包括标准性条款和劳动关系运行规则条款。标准性条款规定的是关于单个劳动关系内容的标准,即单个劳动关系当事人双方的权利和义务的标准,如劳动报酬、工作时间、劳动定额、休息休假、保险福利、劳动安全卫生等方面的标准。它应当作为劳动者和用人单位据以确定劳动合同内容的基础,也可直接成为劳动合同内容的组成部分。它直接来源于法律法规或政策或依据法律法规或政策而制定,在集体合同的整个有效期间持续有效。它在集体合同内容构成中,居于最重要的地位。劳动关系运行规则条款的规定是关于单个劳动关系和集体合同如何运行的规则。其中,单个劳动关系运行规则主要是职工录用规则、劳动合同续订和变更规则、辞退辞职规则等;集体合同运行规则主要是集体合同的期限以及关于集体合同的履行、解释、续订、变更、解除、违约责任、争议处理等方面的规则。

集体合同与劳动合同的区别是:

1. 合同的主体不同。集体合同的当事人是用人单位与本单位的全体劳动者(以工会或职工代表为代表)。劳动合同的当事人是用人单位与劳动者个人。

2. 合同的内容不同。集体合同侧重规定用人单位有关劳动者共同的工作和生活条件方面的义务,如集体的劳动条件、工作时间、劳动报酬、福利待遇等。劳动合同则仅规定劳动者个人与用人单位之间的权利义务。

3. 法律效力不同。集体合同的法律效力高于劳动合同的法律效力,它是订立劳动合同的重要依据。依法签订的集体合同对企业和企业全体职工具有约束力。职工个人与企业订立的劳动合同中的劳动条件和劳动报酬等标准不得低于集体合同的规定。

(四)我国集体合同的模式

各国集体合同的体制可分为单一层次和多层次两种模式。单一层次集体合同的模式是指法律只允许存在一个层次的集体合同——基层集体合同,即由基层工会与雇主签订的,只对本单位及所涵盖的职工具有法律效力的集体合同。多层次集体合同的模式是指法律允许基层集体合同与若干中观、宏观层次集体合同并存。后者即产业性集体合同、职业性集体合同、地方性集体合同和全国性集体合同,它们分别由产业工会与产业雇主团体(或大型联合企业)、职业工会组织与有关用人单位团体(或大型联合企业)、地方性联合工会与联合用人单位团体、全国性联合工会与联合用人单位团体签订,各自对当事双方所代表的全体劳动者和雇主具有法律效力。现代西方国家大多实行这种多层次的集体合同模式。

在《劳动合同法》颁布之前,我国采取的是单一层次的集体合同模式,即只存在基层集体合同。基层集体合同的优点是：它能够从各个企业的实际情况出发，对劳动关系作出具体规定，可以适应各个企业的特殊需要，并且由于基层集体合同涉及范围较小，易于协商，也易于解决纠纷。但其缺陷在于：由于各个企业劳动关系双方的力量对比（尤其是工会实力强弱）不尽相同，劳动者权益保护和劳动关系协调的状况，难免出现宏观上的不平衡，在劳动者方和工会实力不强的企业，基层集体合同仍不足以使劳动者摆脱不利地位；基层集体合同需要劳动行政部门对各个企业的集体谈判进行协调，并对各个企业的集体合同进行审查，因而，管理工作量过大。

《劳动合同法》对集体合同作了专节规定，作为法律的特别规定，明确集体合同的订立程序，强调集体合同的效力及其与劳动合同的关系，首次在法律层面将区域性、行业性集体合同以及专项集体合同予以提出和规定，对于集体合同制度的确立和完善，对于集体合同在协调劳动关系方面作用的更好发挥意义重大。

（五）我国的集体谈判和集体合同制度及其存在的问题

我国从1994年《劳动法》颁布至今，已形成一个集体谈判和集体合同的法律和制度雏形。1994年颁布的《劳动法》规定劳动者可以与用人单位签订集体劳动合同。之后，劳动部制定了《集体合同规定》，对集体合同的参与方，集体合同的内容，集体合同的订立、批准和登记注册，集体合同的效力和各方的责任，争议处理等作出了相应规定。1996年，劳动部、全国总工会、国家经贸委和企业家协会共同发布了《关于逐步实行集体协商和集体合同的通知》，提出"集体协商和集体合同是市场经济条件下协调劳动关系的有效形式；目前阶段集体协商和集体合同应主要在已经建立现代企业制度的非国有企业试行。"之后，集体谈判和集体合同逐步扩展到国有企业。2000年劳动和社会保障部颁布了《关于工资集体协商暂行规定》。2001年修改后的工会法进一步对集体谈判和集体合同作了规定。之后，全国总工会将推行集体谈判和集体合同制度作为维护职工权益的一项关键工作和突破口来抓。在有关部门的努力下，到2002年6月，全国已有63万多家企业签订了集体合同，其中37.5万家是私营企业，26万家是国有企业。集体合同覆盖的职工人数达8 000多万。与此同时，2001年8月，劳动和社会保障部、全国总工会、中国企业联合会／企业家协会建立了国家级协调劳动关系三方会议制度。目前，全国省一级基本都建立了三方会议制度。

虽然我国在集体谈判方面已经取得了一定的进展，但是目前我国集体谈判和集体合同流于形式的问题十分突出。集体谈判与集体合同制度的关键和核心是"谈判"。在市场经济国家，这是一个非常艰难、充满斗争和讨价还价的过程。但是，在我国的集体合同签订过程中基本上没看到有什么"谈判"，因为这种自上而下的集体谈判缺少来自基层的支持，换言之，缺少能够真正代表工人的工会组织的参与，谈判和集体合同的签订势必变成一种形式，甚至是政府包办的一种单方面行为。目前，签订集体合同的私营企业的大多数工人甚至都不知道他们与企业签订了集体合同；多数地方私营企业的集体合同根本就没有经过谈判，私营企业主往往是在上面的督促和压力下，应付差事而已：集体合同文本和格式是统一印制好的，合同的内容也是照抄样本合同的，然后经过企业主（或其代表）和工会领导人（工会领导大多也是老板指定的）的签字，交上去了事。这样的集体合同最后只能是流于形式。因此，我们绝不能以我国目前签订集体合同的数量来衡量集体谈判制度的成就。中国在建立集体谈判制度方面还有很长的路要走。

三、劳动争议处理

（一）劳动争议的概念和类型

劳动争议又称劳动纠纷，是指劳动关系当事人之间因劳动权利与义务发生的争执。在我国，劳动争议具体指劳动者与用人单位之间，在劳动法调整范围内，因订立、履行、变更、终止和解除劳动合同以及其他与劳动关系直接相联系的问题而引起的纠纷。劳动争议是劳动关系不协调的反映，只有妥善、合法、公正、及时处理劳动争议，才能维护劳动关系双方当事人的合法权益。

从世界范围看，劳动争议一般分为两类：一类是个别争议，是指劳动者个人与用人单位之间的争议，这类争议通常是因为适用劳动法律法规和劳动合同规定的权利、义务而发生的争议；另一类争议是团体争议，它是制定或变更劳动条件而产生的争议，这类争议通常是涉及多数劳动者的。我国的劳动争议也分为两类：个别劳动争议和集体劳动争议。个别劳动争议是指劳动者一方不足法定集体争议人数，争议标的不同的劳动争议。集体劳动争议是指劳动者一方达到法定的集体争议人数,争议标的相同,并通过集体选出的代表提起申诉的劳动争议。

(二)劳动争议的特征

1. 劳动争议的当事人是特定的。劳动争议的主体是相互间存在劳动关系的用人单位和劳动者。一方是具有法人资格的企业,应由其法定代表人参加仲裁活动;不具备法人资格的企业(如一些私营企业、集体企业、个体工商户等),应由其主要负责人参加仲裁活动。另一方是依照国家和地方法律、法规的规定,依法与企业确定劳动关系的劳动者,包括企业的管理人员、专业技术人员和工人以及外籍员工等全体人员。

2. 劳动争议的范围是限定的。我国劳动争议的范围被限定在法律规定的范围之内。只要是属于法律规定范围内的劳动争议,当事人均可向当地劳动争议仲裁委员会申诉。

3. 不同的劳动争议适用不同的程序。劳动争议处理的一般程序包括协商、调解、仲裁和诉讼。我国法律规定,劳动争议发生后,当事人应当协商解决;不愿协商或者协商不成的,可以向本企业劳动争议调解委员会申请调解;调解不成的,可以向劳动争议仲裁委员会申请仲裁。当事人也可以直接向劳动争议仲裁委员会申请仲裁。对仲裁裁决不服的,可以向人民法院起诉。

(三)劳动争议的范围

劳动争议的范围视国家的不同而有所区别。《中华人民共和国企业劳动争议处理条例》规定了我国劳动争议的范围:

1. 因开除、除名、辞退职工和职工辞职、自动离职发生的争议。这是根据劳动关系双方当事人行为对等原则确定的。企业根据职工违纪情况或生产经营状况有权对职工作出开除、除名、违纪辞退、正常辞退的行为;职工也可以根据企业和个人具体情况作出辞职、自动离职行为。由于这些行为而引发的劳动争议,劳动争议处理机构均予受理。

2. 因执行国家有关工资、社会保险和福利、培训、劳动保护的规定而发生的争议。

3. 因履行劳动合同发生的争议,具体包括因执行、变更、解除、终止劳动合同发生的劳动争议。这项规定适用于各类企业中签订劳动合同的劳动者,包括实施全员劳动合同的员工以及签订了合同的临时工等。

4. 国家机关、事业单位、社会团体与本单位建立劳动合同关系的职工之间,个体工商户与帮工、学徒之间发生的争议。

5. 法律、法规规定的应依照《企业劳动争议处理条例》处理的其他劳动争议。

表9-1列举了我国国有商业银行产生劳动争议的主要原因。

表9-1 国有商业银行产生劳动争议的主要原因

（一）由于同业人才竞争产生的劳动争议
1. 职工违反劳动合同,擅自离职引发的劳动争议
2. 职工不履行劳动合同中有关"竞业禁止"条款引发的劳动争议
（二）由于劳动合同用工管理不规范产生的劳动争议
1. 用人单位不依法与职工签订劳动合同引发的劳动争议
2. 用人单位逾期终止劳动合同引发的劳动争议
3. 用人单位劳动合同条款不规范引发的劳动争议
4. 用人单位违规（法）终止（解除）劳动合同引发的劳动争议
5. 用人单位不依法支付经济补偿金引发的劳动争议
（三）由于社会保险管理不规范产生的劳动争议
1. 用人单位不依法为职工缴纳社会保险引发的劳动争议
2. 职工社会保险缴费基数低引发的劳动争议
（四）由于工资支付产生的劳动争议
1. 用人单位不依法支付加班工资引发的劳动争议
2. 用人单位支付工资低于当地最低工资标准引发的劳动争议
3. 短期劳动合同制职工要求"同工同酬"引发的劳动争议

资料来源：田晶,《浅析国有独资商业银行劳动争议的主要成因》,《山东劳动保障》2003年第10期。

（四）劳动争议的处理方法

劳动争议的处理方法,分为一般处理方法和紧急处理方法。一般处理方法又可以具体分为协商、斡旋、调解、仲裁和审判。

1. 一般处理方法

（1）协商。协商是争议双方采取自治的方法解决纠纷。根据双方的合意或团体协议,相互协商,和平解决纷争。

（2）斡旋。斡旋是在争议双方自我协商失败的情况下,由第三者或中间人介入,互递信息,传达意思,促成其和解。斡旋分为自愿斡旋和强制斡旋,自愿斡旋是一方或双方自愿接受斡旋和解建议；强制斡旋出现在仲裁或审判程序中,是政府使用强制手段介入劳动纠纷,以预防罢工和关闭工厂。

（3）调解。调解是第三者或者中间人介入争议处理过程，并提出建议，促使双方达成协议。与斡旋相比，调解人的角色更加独立，可以提出解决争议的具体方案或建议，供双方参考。

（4）仲裁。仲裁是仲裁机构对争议事项作出裁决决定。仲裁裁决具有约束力，并具有强制执行的效力。

（5）审判。审判是法院依照司法程序对劳动争议进行审理并作出判决的诉讼活动，是处理劳动争议的最终程序。

2．紧急处理方法

紧急情况下的劳动争议，即对公众日常生活不可缺少的服务部门或对国民经济影响重大的行业的劳动纠纷事件，如铁路、邮电、医疗、银行、广播等行业的集体纠纷，许多国家对此都规定了特殊的处理程序，具体方法是：

（1）坚持优先和迅速处理的原则；

（2）政府在必要时可采取强制仲裁，即停止或者限制影响公共利益和国民生活的争议行为，采取紧急的方法提出解决的方案；

（3）争议行为的实施期限短。

（五）劳动争议的调解

随着改革开放的进一步深入，我国的经济结构发生了巨大的变化，劳动关系变得更加复杂，用工制度呈多元化趋势。特别是在当前社会主义市场经济体制尚不健全，法制还不完善，群众法律意识淡薄，维权观念不强的时期，充分发挥各级劳动争议调解委员会在调解和处理劳动争议、维护公司生产经营秩序、保障职工合法权益方面的作用，显得尤为重要。

1．劳动争议调解的概念

劳动争议调解，是指调解委员会对用人单位与劳动者之间发生的劳动争议，在查明事实、分清是非、明确责任的基础上，依照国家劳动法律、法规，以及依法制定的企业规章和劳动合同，通过民主协商的方式，推动双方互谅互让，达成协议，消除纷争的一种活动。调解虽然不是劳动争议处理的必经程序，但却是劳动争议处理制度中的"第一道防线"，对解决劳动争议起着很大的作用，尤其是对于希望仍在原单位工作的职工，通过调解解决劳动争议当属首选步骤。它具有及时、易于查明情况、方便争议当事人参与调解活动等优点，是我国劳动争议处理制度的重要组成部分。

2. 劳动争议调解的机构

调解委员会是实行调解工作的机构。根据《劳动法》第八十条以及《企业劳动争议处理条例》第七条的规定，企业可以设立劳动争议调解委员会，负责调解本企业发生的劳动争议。调解委员会由下列人员组成：职工代表、企业代表和企业工会代表。职工代表由职工代表大会或者职工大会推举产生；企业代表由企业领导指定；工会代表由企业工会委员会指定。调解委员会组成人员的具体人数，由职工代表大会提出并与企业领导协商确定，企业代表人数不得超过调解委员会成员总数的1/3。调解委员会主任由工会代表担任，调解委员会的办事机构设在企业工会委员会，没有成立工会组织的企业，调解委员会的设立及其组成由职工代表与企业代表协商决定。

（六）劳动争议的仲裁

1. 劳动争议仲裁的概念

劳动争议仲裁，是指劳动争议仲裁委员会对用人单位与劳动者之间发生的劳动争议，在查明事实、明确是非、分清责任的基础上，依法作出裁决的活动。劳动争议仲裁具有较强的专业性，其程序与司法程序相比较为简便。在我国，仲裁是处理劳动争议的中间环节，也是劳动争议诉讼的前置程序。劳动争议当事人自愿将劳动争议提交劳动争议仲裁委员会处理，由其就劳动争议的事实与责任作出对当事人具有约束力的调解或裁决。

2. 劳动争议仲裁的机构

《劳动法》第八十一条、《企业劳动争议处理条例》第十二条规定：县、市、市辖区应当设立劳动争议仲裁委员会。省、自治区、直辖市是否设立劳动争议仲裁委员会，由省、自治区、直辖市人民政府根据实际情况自行决定。劳动争议仲裁机构主要包括劳动争议仲裁委员会、仲裁委员会办事机构以及仲裁庭。仲裁委员会是国家授权依法独立处理劳动争议的专门机构，负责处理本仲裁委员会管辖范围内的劳动争议案件，聘任专职和兼职仲裁员，并对仲裁员进行管理。仲裁委员会由下列人员组成：（1）劳动行政主管部门的代表；（2）工会的代表；（3）用人单位方面的代表。

仲裁委员会的组成实行"三方原则"，劳动行政主管部门代表政府；工会代表劳动者；企业联合会（协会）代表用人单位。仲裁委员会组成人员必须是单数，主任由劳动行政主管部门的负责人担任；劳动行政主管部门的劳动争议处理机构为仲裁委员会的办事机构,负责办理仲裁委员会的日常事务;仲裁委员会实行少数服从多数原则。

3. 劳动争议仲裁的内容

申请仲裁的劳动争议的条件:(1)发生争议后,直接向仲裁委员会申请仲裁的;(2)发生争议后,本企业没有调解委员会的;(3)发生争议后,经企业调解委员会调解不成的。

仲裁委员会仲裁以下发生在单位与职工之间的劳动争议:(1)因企业开除、除名、辞退职工和职工辞职、自动离职发生的劳动争议;(2)因执行国家有关工资、保险、福利、培训、劳动保护的规定发生的争议;(3)因履行劳动合同发生的争议;(4)因认定无效劳动合同、特定条件下订立劳动合同、职工流动、用人单位裁减人员、经济补偿和赔偿发生的劳动争议;(5)法律、法规规定应当依照本条例处理的其他劳动争议。

(七)劳动争议的诉讼

1. 劳动争议诉讼的概念

劳动争议诉讼是处理劳动争议的最终程序,是指劳动争议当事人不服劳动争议仲裁委员会的裁决,在规定的期限内向人民法院起诉,人民法院依照民事诉讼程序,依法对劳动争议案件进行审理的活动。人民法院参与处理劳动争议,从根本上将劳动争议处理工作纳入了法制轨道,有利于保障当事人的诉讼权,有助于监督仲裁委员会的裁决,有利于生效的调解协议、仲裁裁决和法院判决的执行。

2. 劳动争议案件的审理

人民法院受理劳动争议案件后,当事人增加诉讼请求的,如该诉讼请求与诉讼的劳动争议具有不可分性,应当合并审理;如属独立的劳动争议,应当告知当事人向劳动争议仲裁委员会申请仲裁。用人单位对劳动者作出的开除、除名、辞退等处理决定,或者因其他原因解除劳动合同确有错误的,人民法院可以依法判决予以撤销。对于追索劳动报酬、养老金、医疗费以及工伤保险待遇、经济补偿金、培训费及其他相关费用等案件,给付数额不当的,人民法院可予以变更。

3. 劳动争议的诉讼时效

根据《劳动法》和《企业劳动争议处理条例》的规定,劳动争议当事人对仲裁裁决不服的,自收到裁决书之日起十五日内,可以向人民法院起诉。当事人在法定期限内既不起诉、又不履行仲裁裁决的,另一当事人可以申请人民法院强制执行。

四、管理举措

在劳动关系调整中,管理举措主要指企业的人力资源管理措施。人力资源管理模式的管理基础是一整套组织要素,这些要素包括领导、文化、沟通等"软"要素和人员甄选、工作设计、目标设计、绩效管理和薪酬管理等"硬"要素。这些要素与管理方法相结合保证组织产出和组织稳定。在管理方法上,人力资源管理不注重传统的程式化的劳动力转移,它避开了集体管理的方法,将重点放在充分挖掘劳动力的潜能和个人能力上。因此,人力资源管理是关于劳动力更加充分利用的方法。

人力资源管理作为劳动关系调整的方法之一,其具体的方法和措施非常多,随着产业结构的调整和企业竞争形态的升级,新的劳动关系问题不断出现,人力资源管理的方法也在不断创新。但是,从一般层面来说,人力资源管理方法主要通过贯彻以下理念来调整企业劳动关系。

一般来说,不管采取何种具体的措施,人力资源管理方法调整劳动关系的一般机理都是:通过人力资源管理系统中招聘、培训、职业生涯管理、绩效考核和薪酬激励等功能的实施,使企业与员工在书面契约(例如劳动合同、管理制度等)和心理契约(例如企业文化等)两个方面达成一致,提高员工的组织承诺,从而提升企业的经营绩效,劳动关系协调是这一过程的"派生产品",而非人力资源管理的最终目标(见图9-1)。因此,一般来说,作为劳动关系的调整方式之一,人力资源管理方法体现了以下特征。

图 9-1 人力资源管理方法的劳动关系调整机理

资料来源:常凯主编,《劳动关系学》,中国劳动社会保障出版社2005年版,第364页。

第九章 金融企业劳动关系管理

(一) 以经营绩效为导向

和其他劳动关系调整方法不同的是,人力资源管理的根本立场在于代表雇主的根本利益,所以几乎所有人力资源管理方法都是为了使企业正常运营发展和应对企业内部和外部环境的变化而发展出来的,其最终的目标是为了提升企业的经营绩效。顺应这一趋势,人力资源管理已经逐渐摆脱了原来单纯行政执行的角色,而逐步发展成为"战略性人力资源管理",强调人力资源管理必须匹配和支撑企业战略,人力资源管理部门必须成为"战略伙伴"。

在经营绩效导向的指导下产生了各种形式的人力资源管理方法。例如,在薪酬管理方面,已经不仅仅是公平合理地支付劳动报酬这么简单。在人力资源管理领域流行这样一句话,"你希望得到什么,那么你就激励什么"。因此,企业管理者和人力资源管理研究者在薪酬体系设计方面进行了很多创新,例如,他们在薪酬结构、报酬形式、薪酬支付时间、薪酬支付方式以及薪酬体系的沟通等方面进行了创新,整体薪酬、变动薪酬、延迟支付、股票期权等概念也因而产生。这些薪酬管理方面的创新,在很大程度上激励了企业员工,促使其作出了企业期望的行为和业绩,企业亦因而获得其所期望的经营业绩,同时,员工也在此过程中获得了经济上和心理上的满足。

(二) 强调组织承诺的重要性

承诺是人力资源管理领域的重要概念。组织承诺(organizational commitment)是美国社会学家贝克(H. S. Becker)于1960年提出来的。组织承诺是指成员对所在组织的认同,并愿意积极参与其中的一种态度,是联结员工与组织的心理纽带,是员工对组织最核心、最稳定的态度,因而也是检验员工对企业忠诚程度的一种指标。一般来说,组织承诺主要有三种形式:感情承诺、规范承诺和继续承诺。感情承诺是指员工对于组织在感情上的依附、认同及投入,表现为成员对组织的深厚感情。规范承诺又称道德承诺,是指成员留在组织内的一种义务感,即受责任义务感和规范的约束而留在组织。继续承诺又称权衡性承诺,是指成员考虑到要离开组织的代价而对组织产生的承诺,即成员考虑到已有职位、福利待遇、资历、地位等而不得不留在组织中的一种态度。

组织承诺的研究分析能够揭示不同类型员工的行为表现,现代企业人力资源管理越来越重视组织承诺及其影响因素。人力资源管理部门根据不同类型人员的行为表现特征制定人力资源规划,采取相应的人力资源手段,使员工愿意留在企业并且愿意贡献自己的力量。例如,现在很多企业认识到,如今很多员工不得不在工作和生活之间有所平衡,尤其是夫妻双方均参加全职工作的趋势出现以后,很多优秀的员工不得不因为工作和生活之间的矛盾而离开企业。那么,企业如何帮助员工在不影响工作绩效的前提下,尽量帮助员工平衡工作和生活之间的矛盾呢?很多企业实行了被称为"工作—生活福利计划"的举措,例如,企业利用其作为集体的力量在区域内形成雇主联盟,共同为有需要的员工提供照顾孩子、照顾老人等服务。这在很大程度上缓解了员工在工作和生活之间的矛盾。当然企业必须付出一些成本,但是这可能会换来一些政策上的优惠,更为重要的是它获得了员工对组织的忠诚、较低的核心员工流失率,最终有助于其实现并维持较高的经营绩效。

(三) 强调心理契约的驱动力

雇佣活动和其他经济交易的区别主要在于雇佣活动无法通过明确的合同进行员工管理。许多工作十分复杂,尤其是在组织内部,以至于根本无法具体地说明所有的职责和要求的业绩水平,这就需要雇员之间的协作来填补这些空白。书面契约的驱动力是有限的、其内容是不可能完全的。随着知识型工作越来越普遍,书面契约的驱动力越来越小。现代企业人力资源管理在注重书面契约的基础上,非常强调心里契约凝聚和激励员工的作用。

英国心理学家格斯特(Guest D. E.)认为,组织是以关系为纽带而建立起来的一个特殊群体,在企业组织结构调整、雇佣关系改变的过程中,心理契约是最敏感、最集中反映这种变化的核心因素。许多组织行为学专家普遍认为,心理契约对组织内人的态度和行为具有重要的影响,对它的研究能为我们所不清楚的广泛的组织现象如可感知责任的作用、委托人与代理人关系等问题提供新的强有力的解释。因此,研究和达成心理契约是有效地调整和控制组织行为、使员工满意度最高和使组织效率最好的有效途径。

在工作中,是什么促使雇员和管理层协作共同追求组织目标呢?也就是说,是什么在真正驱动员工有效地工作呢?答案必须在雇主和雇员之间交易或者达成合约方面去找,必须理解明确的和暗含的相互责任与义务。

在中国传统的国有企业中,一系列的人力资源管理活动都在传达一种信息,资历和忠诚对于企业非常重要,而企业给员工提供的是职位和经济的保障以及职位的内部晋升。一旦员工认同这一点,员工就会贡献自己对企业的忠诚,并和企业一起追求共同的组织目标。但是,随着国有企业的市场化改革的深入,市场规则越来越多地应用到企业中来。由于企业间市场竞争的加剧,企业已经无法也无须终身雇佣员工了,企业大量地从外部招聘熟练员工,内部晋升的概率越来越小,这就破坏了原来的心理契约,员工的工作积极性受到了极大的挫伤,员工也不再对企业忠诚,而是更多地站在个人利益的角度上来思考问题。在这种情况下,重构心理契约成为企业人力资源管理活动的关键目标。现代企业人力资源管理活动更多地是围绕"提高可雇佣性"(employability)建立心理契约。① 企业更多地对员工进行培训和开发,提高员工在市场上的价值,也就是"可雇能力",让员工在市场上也能够找到合适的工作,而这些人力资源政策的实行期望员工更多地站在自身职业生涯的角度提高自身能力,在所在职位上贡献本职位应有的价值。例如,企业职业生涯管理、培训与开发等。因为认识到心理契约在组织运转中的重要作用,很多企业的人力资源部门开始承担部分甚至全部的企业文化建设工作。企业文化的核心要素是企业的核心价值观和主要行为规范。而企业文化的目标则是期望员工与企业之间就核心价值观和行为规范方面达成默契并且在工作中转化为自觉行为。

(四)强调个体沟通和合作的参与式管理

作为一种劳动关系调整模式,人力资源管理方法与强调集体管理的传统的劳动过程控制模式不同,它强调雇员和管理部门之间的直接关系。企业相信通过人力资源管理方法能够在管理方和员工之间形成良好的关系。企业强调管理方和员工之间的沟通与合作。企业不再被作为一个单纯的赢利的工具,管理方和员工之间也不再表现为尖锐的利益冲突,管理方更多地通过沟通和合作的方式维护雇佣关系。尽管这种来自管理方的措施依然源自于雇主的根本利益,但是从客观上来说,这在很大程度上缓和了企业的劳资冲突,甚至在很大程度上促成了管理方和员工"双赢"的局面。

在现代企业人力资源管理的具体操作过程中,首先,管理方除了从企业

---

① 朱飞:《如何让员工满意?》,《企业管理》2005年第5期。目前,学术界对"employability"的理解和翻译不太一致,有的学者译为"就业能力"(如郭瑞卿),有的学者译为"可雇佣性"(如谢晋宇),但本书认为译为"可雇能力"更为确切。

战略需要来思考、设计和执行制度流程之外,员工的利益诉求也被纳入其中。现代企业的制度设计和操作过程中都要求进行充分的内部调研,深入了解员工关于某项专题的看法和要求。例如,在薪酬激励体系设计过程中,员工对薪酬水平和薪酬支付形式等的期望往往成为管理方非常重视的因素。其次,管理方采取各种方式、设计各种渠道与员工进行沟通。例如,在现代企业的绩效管理中往往都有申诉机制,员工可以对不公正的绩效评估结果进行申诉,要求获得公正的评价。在沟通机制方面,强调"以人为本"的摩托罗拉公司设计了十余种方式和渠道与员工进行沟通。这在很大程度上增强了员工的参与感和归属感,满足了员工的心理需求,给员工一种自己和雇主在地位上平等的感觉。

(五) 重视个体的差异化管理方法

和传统的劳动关系调整方法不同,人力资源管理方法并不把员工视为同质个体组成的整体,不强调集体管理。人力资源管理方法非常强调员工的异质性,强调根据员工的不同特点而采取不同的管理方法。在这方面具有代表性的观点是美国学者戴维·里帕克(D. Lepak)和斯科特·斯耐尔(S. Snell)的混合雇佣模型(见图9-2)。该模型根据员工之间人力资本价值和人力资本独特性两方面的特征和差异对企业员工进行分类,探讨不同类型劳动关系的差异化管理。这种模型把人才分为四种类型:核心人才、独特人才、辅助人才和通用人才。战略价值高、在人才市场上比较独特的人才为核心人才;战略价值较低、在人才市场上比较普通的人才是辅助人才;战略价值较低、但在人才市场上较为稀缺的人才称为独特人才;而虽然在人才市场上较为普通,但对公司战略价值较高的人才称为通用人才。该模型认为对不同类型的人才应该采取不同的雇佣关系管理模式。例如,对于核心人才应该采取基于承诺的人力资源管理系统,其雇佣关系应该以组织为核心;对于通用人才应该采取基于生产率的人力资源管理系统,其雇佣关系应该以职位为核心;对于辅助人才应该采取基于服从的人力资源管理系统,其雇佣关系应该以交易为主要特征;对于独特人才则应该采取基于合作的人力资源管理系统,其雇佣关系应该是合作型的。

这种差异化的管理方式是人力资源管理方法的一个基本理念。作为一种管理方法,根据不同类型的人才的特征,采用不同的雇佣模式、使用不同的

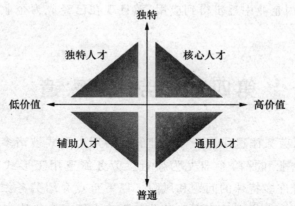

图 9-2　D. Lepak 和 S. Snell 的混合雇佣模型

资料来源：Lepak, David P.; Snell, Scott A., Virtual HR: "Strategic Human Resource Management in the 21st Century", *Human Resource Management Review*, Fall, 1998, Vol. 8 Issue 3, p.215.

管理方法，大大提高了组织效率。这在客观上也满足了不同类型人才的不同需求，这种不同需求的满足在客观上能够促进劳动关系的协调，当然这种需求的满足是以不破坏雇主的根本利益为前提的。

作为一种劳动关系调整方式，人力资源管理的具体方法和手段非常之多，例如，在企业中不断强调的"申诉"制度，在制度上给予员工将抱怨的事项在企业内疏导解决的渠道。随着经济的发展，新的人力资源问题不断产生，人力资源管理理念和工具也相应地推陈出新。但是不管何种具体的人力资源管理理念和工具，其基本都体现了以上五个方面的基本特征。

在计划经济时代，中国不存在市场意义上的劳动关系主体，因而也不存在市场经济意义上的劳动关系，中国的劳动法律体系和政策规范处于亟待完善的状态。随着中国市场经济发展的逐步深入，市场意义上的劳动关系主体地位逐步确立，劳动关系问题也逐步突出，而且现在已经深深影响着工作场所中的每一个人和经济运行中的相关主体。政府也深刻意识到这些问题，相关的法律规范也正处于逐步探索、确立和完善的过程中，这对促进中国经济的发展起到了非常重要的作用。但是，从客观的角度上说，中国的劳动法律规范和现实的劳动关系状况需要的差距是很大的，单纯依靠国家法律法规和政策规范对劳动关系进行调整，在很多的具体问题上是缺乏适用性和操作性的。在这种情况下，随着西方管理思想的逐步引进，人力资源管理的理念和技术工具在中国企业中逐步得到应用,而且现在已经成为企业管理工作中的重要组成部分。

第四节 劳务派遣

近些年来,劳务派遣作为一种新型的灵活用工形式被诸多金融企业广为采用,在银行企业和保险企业尤为盛行。劳务派遣用工形式有其独特的优势,但也存在着许多特殊的问题和风险。以下重点介绍劳务派遣的概念和优势、劳务派遣与人事代理的区别以及劳务派遣中用工单位的义务。

一、劳务派遣的概念

劳务派遣在我国又称为"劳动派遣",是指派遣机构(劳务公司)与派遣员工(劳动者)建立劳动关系,而后将劳动者派遣到实际用工单位,在实际用工单位的指挥监督下从事劳动的一种用工形式。员工与劳务派遣公司之间是法律上的劳动关系,而员工与实际用工单位之间是事实上的劳动关系。在劳务派遣用工方式中,涉及劳动者、劳务公司(即劳务派遣单位)以及用工单位三方主体,法律关系较为复杂。

在国外,"劳务派遣"早已出现,且发展迅速。劳务派遣业约起源于1920年,由沃克曼(Samuel Workman)开创了"人力租赁"(rented help)的想法,他雇佣一批已婚妇女,在夜间处理盘点的工作,稍后他又训练妇女操作计算器,以满足当时企业临时或短期的需求。当时类似契约工的做法逐渐演变成劳务派遣服务产业。在1940—1960年的20年间,派遣的工作形态渐渐地在美国及欧洲各地普及起来。其中,美国又是劳务派遣业发展较早的国家。现今美国一些较为重要且具规模的劳务派遣企业多成立于1946—1951年之间,如 Kelly Services Inc. (1946)和 Manpower Inc. (1948)。

二、劳务派遣的优势

劳务派遣之所以受到诸多金融企业的青睐,是因为其与传统的合同用工形式相比,有其独特的优势,这些优势包括:

1. 提供弹性用人机制。劳务派遣可以通过人力资源的社会化配置和管理,为用人单位提供一种"即时需要即时租用"的弹性用人机制,更好地解决阶段性、临时性或特殊项目对人才的需求,破除对临时工的合法管理等体制性、政策性的障碍,缓解编制不够及人员过剩等矛盾,满足特殊用人主体的特殊用工需求。

2. 降低人力资源成本。劳务派遣可以通过人力资源的市场化配置和管理,为用人单位节约人力成本,提高管理效益。

3. 减轻用人企业的人力资源管理事务性压力。按照传统的人力资源管理模式,企业在编员工的招聘选拔、合同订立、人事调动、档案接转及管理、户口挂靠、工资福利、社会保障、职称评定、计划生育、住房医疗、辞职辞退、劳动纠纷等繁杂琐碎的事务占去了人力资源部门大量宝贵的时间和精力,使其疲于应对,无暇顾及其他更具战略性的事务和工作。而通过劳务派遣,不仅可以在很大程度上解放企业的人力资源部,使其能够更加专注于提升自身的核心竞争力、专注于对核心人才的管理和服务,而且通过派遣机构的专业化操作,会使上述繁杂的事务性工作完成得更快捷、更经济。

4. 规避劳动纠纷,缓解人才流失问题。劳动纠纷向专业化机构转移是劳务派遣模式的又一制度创新。劳务派遣机构的工作性质决定了其从业人员对劳动人事方面法律法规比一般企业人力资源部门的员工还要熟悉,因此通过劳务派遣这种全新的用人机制,可以帮助企业合理规避劳动纠纷、大大降低用人风险。此外,由于派遣员工的人事关系、档案由人才机构管理,双方又签订了具有法律约束力的制约条款,因此,通过劳务派遣在一定程度上可以缓解企业的人才流失、避免企业的用人风险。

三、劳务派遣和人事代理的区别

我国目前就业市场上存在两项新制度——人事代理和劳务派遣。由于"人事代理"和"劳务派遣"对人才中介公司的要求不一样,其所承担的责任也不同。在实践中,有些人才中介公司却故意打着"人事代理"的旗号从事"劳务派遣"业务,故意混淆二者的界限,侵害劳动者的利益。但是,劳务派遣和人事代理在本质上是不同的。

人事代理是我国人事制度改革的产物,由人事部最早于1995年开始推行,主要是为了降低用人单位的人力资源成本,简单说来就是将"单位人"变成"社会人",实现人事关系管理与人员使用相分离,用人单位只管使用人,而将与人事相关的管理工作,如档案管理、职称评定、社会保险等委托给合法设立的人才中介机构处理。人事代理首先是在高校以及事业单位和没有人事权的外资企业中推行,随后慢慢扩展到国有企业和其他单位。自1995年以来,国家虽然没有制定统一的人事代理法律或者行政法规,但是各地为了规范人事代理这一制度,陆续制定了一些地方性法规和规章,主要有《北京市人事代理暂行办法》等,在这些地方性规章中,对人事代理的定义大体相同,即人事代理是指依法经批准成立的人事代理机构,在规定的业务范围内,接受单位或者个人的委托,依法代理有关人事管理、服务工作。从对人事代理的定义中可以看出,人事代理实质上是一个民事代理合同,人事代理的双方为依法成立的人事代理机构和用人单位或者个人。当事人双方间并不存在行政隶属关系而是平等的民事关系。

而劳务派遣起源于欧美,其产生的重要背景是经济的快速发展导致了企业之间的竞争更加激烈,各企业为了保持其核心竞争力,保持雇佣弹性,从而竞相采用更加灵活的用工形式。劳务派遣就是这样一种灵活的用工形式。用人单位采用劳务派遣的重要原因是为了规避日益严格的劳动和社会保障法律的规定,将直接使用劳动者带来的各种风险和成本降至最低,比如工伤和社会保险等。自20世纪产生以来,劳务派遣在世界各国都得到了蓬勃发展。

根据以上的分析,我们可以看出,劳务派遣与人事代理有一定的相似性,从表面上来看都涉及劳动者、用人单位及两者之外的第三方,而且劳务派遣机构和人事代理机构都需要为劳动者代缴社会保险费等。但实质上这是两种完全不同的制度,其具体的区别如下:

1. 劳动者与人事代理中介机构及劳务派遣单位的关系不同

在劳务派遣中,劳动者与派遣单位之间是劳动关系,双方订立劳动合同,受劳动法的调整和规范。而在人事代理中,劳动者与人事代理中介机构之间的关系则要具体分析:在劳动者委托进行人事代理的情况下,二者是委托关系,受合同法以及民事法律规范的调整;在单位委托进行人事代理的情况下,劳动者与人事代理中介机构之间并不存在法律关系。

2. 劳动者与实际用人单位的关系不同

在人事代理关系中,劳动者与实际用人单位之间是劳动法上规定的劳动关系,用人单位负有劳动法规定的义务;而在劳务派遣中,劳动者与实际用人单位之间则并不存在劳动法意义上的劳动关系,实际用人单位对劳动者的管理和使用是基于其与劳务派遣单位签订的劳务合同。

3. 调整二者的法律规范不同

劳务派遣受劳动法以及相关劳动法律规范的调整;而人事代理则是受民法以及民事法律规范的调整。

4. 人事代理的内容同劳务派遣完全不同

劳务派遣是以派遣单位与劳动者之间订立的劳动合同为基础,其内容是劳动法上规定的权利和义务;人事代理的内容则是委托方与受托方在相关规章规定下协商确定。一些地方的政府规章对人事代理的项目作了明确的规定。如《北京市人事代理暂行办法》中规定:"经许可的人才市场中介服务机构可分别开展以下人事代理项目:(1)代理人事政策咨询与人事规划;(2)代理人才招聘、人才素质测评和组织人才培训;(3)代办人才招聘启事的审批事宜;(4)按照国家有关规定,代理人事档案管理……"其他地方规章也作出了类似的规定。

5. 实际用人单位所承担的义务和责任不完全相同

在人事代理关系下,用人单位是劳动关系的主体之一,不仅有对劳动者的管理使用权,而且负有劳动法上规定的义务;而在劳务派遣关系下,劳动法上规定的用人单位的义务是由派遣单位来承担的,实际用工单位所承担的义务是基于其与派遣单位之间的劳务合同来确定的,其只承担劳动法上的特殊义务。

根据以上分析可以看出,人事代理与劳务派遣是两种完全不同的制度,我们不能因为其具有一定的相似性而否认二者的区别,如果把劳务派遣当作人事代理而进行调整势必对劳动者的合法权益造成损害,对社会的稳定构成威胁。

四、劳务派遣用工单位的义务

虽然劳务派遣作为一种灵活的用工形式对金融企业比较有利,这种形式转移了真正用工单位的雇主的义务,这些义务由劳务派遣机构承担起来了,但这并不意味着作为用工单位的金融企业可以随意雇佣。关于用工单位对被派遣劳动者的义务,《劳动合同法》第六十二条规定:"用工单位应当履行下列义务:(一)执行国家劳动标准,提供相应的劳动条件和劳动保护;(二)告知被派遣劳动者的工作要求和劳动报酬;(三)支付加班费、绩效奖金,提供与工作岗位相关的福利待遇;(四)对在岗被派遣劳动者进行工作岗位所必需的培训;(五)连续用工的,实行正常的工资调整机制。"

用工单位应当按照劳务派遣协议使用被派遣劳动者,不得将被派遣劳动者再派遣到其他用工单位。

但是,用工单位的义务并不局限于上述规定,其对被派遣劳动者的义务还散见于《劳动合同法》的其他条款,例如该法第五十九条第二款规定:"用工单位应当根据工作岗位的实际需要与劳务派遣单位确定派遣期限,不得将连续用工期限分割订立数个短期劳务派遣协议";第六十条第三款规定:"劳务派遣单位和用工单位不得向被派遣劳动者收取费用",这里,"收取费用"包括收取介绍费、上岗费等一次性费用,也包括收取订金、保证金(物)或抵押金(物)等。

【本章小结】

劳动关系管理是金融企业组织管理的重要方面,随着"人"在金融企业中的重要性不断加强和国家劳动法律法规的规范严格,劳动关系管理已经成为影响金融企业发展的重要方面,同时也是金融企业风险的重要来源。法律意义上的劳动关系的确立是以实际用工为标志的,其管理和调整的主要媒介包括书面契约和心理契约。劳动合同是一种重要的劳动关系管理的书面契约,我国新颁布的《劳动合同法》对劳动合同进行了更加细化、规范和严格的规定。但是随着经济的发展,工作内容和工作性质发生了深刻的变化,书面契约的驱动力已经比较薄弱,而心理契约已成为劳动关系发展的主要驱动力。因此,企业必须围绕健康书面契约和心理契约的建立和维护,建立一整套的劳动关系管理机制。本章重点介绍了劳动合同、集体谈判和集体合同、劳动争议处理以及管理举措的相关知识。

劳务派遣作为金融企业尤其是银行和保险企业近年来比较重要的一种用工形式,有其独特的优势,但它与人事代理完全不同。《劳动合同法》也对劳动派遣中用工单位的义务进行了特别规定。

第九章
金融企业劳动关系管理

【思考练习题】

1. 请简述劳动关系的概念?
2. 劳动关系涉及哪些主体,各方的权利与义务是什么?
3. 劳动关系研究的流派有哪些,主要观点是什么?
4. 如何处理劳动合同的建立、履行、变更与解除?
5. 如何区分违反劳动合同的责任?
6. 如何实施集体谈判?
7. 如何处理劳动争议仲裁和保护劳动者合法权益?
8. 劳务派遣和人事代理的区别有哪些?

【案例分析】

中国平安保险公司的员工参与管理

1998年,中国平安保险公司在变革方面有一个大手笔——聘请麦肯锡为其作企业诊断。平安与之深入合作的咨询项目包括:发展平安寿险成为国际一流的寿险公司、加强投资管理功能以追求快速增长以及全面提升平安集团人力资源管理效能等三个方面。

其中,人力资源改革包括三个主要思想:一、将人事管理转化为动态的、充满活力的人力资源管理,并将人才作为一种资源来使用和开发。二、强调个人发展与公司发展相统一:人力资源改革着重于激励员工不断提高素质,发挥潜能,同时公司也为优秀的员工提供晋升机会,实现员工的职业生涯规划和公司远景相结合,让优秀的员工最大限度地为公司发展作出贡献。三、强调考核和活力,使每个人都有压力和动力,使平安员工成为"诚实、信任、进取、成就"的优秀员工,使平安成为"团结、活力、创新、学习"的优秀组织。

透明的管理:总经理接待日

"总经理接待日"是深圳平安人寿保险公司的一项制度化管理举措,总经理室四位成员每人轮一周,用一个下午的时间直接面对一线员工和客户,听他们反映问题,根据谈话记录建立反馈追踪表,该落实的落实,该调查的调查,并反馈结果。在第一个总经理接待日中即发生了较激烈的争论,而公司的管理者认为,"碰撞"对于一个充满活力的企业来说,是必要的、必须的,可在多角度的碰撞中发现淤积的问题、症结,明白分歧所在,从而产生整合力。

以下是总经理接待日的几个场景:

员工:希望公司今后制定政策时能够多与基层主任接触,以往有些政策没有建立在了解市场的基础上。我们与公司是平等的代理关系。

总经理:这是我们争论的焦点。你们把自己作为代理人,就往往不能与公司站在同一个角度看问题。如果你们把自己看成公司的一员,很多问题就容易统一。我们公司可能不是最好的公司,但我认为是最透明的、最民主的。我们所面临的问题,一定能够解决,矛盾始终会出现,你们提出的这些问题,能解决的我们解决,不能解决的,该向上反映的我们放映。我不会讲道理,我也是业务员出身。

员工:公司资产质量、资金管理方面的优势能否及时反映到我们业务界,我们很需要。公司服务于业务员,这种说法对不对?

总经理:这不对,我们的内勤外勤最终都为客户服务,公司的内勤外勤服务对象是统一的。

聚光原理:提交合理化建议

今天的企业组织要想取得成功,必须反应迅速、灵活,且不断改进。针对1998年公司的实际情况,总结不足,针对落后的思想、过时的制度、陈旧的管理办法和不合理的岗位设置,提交"合理化建议",为公司的发展进有益之言。

这次"合理化建议"征集活动得到了员工的热烈响应。前后共收到"合理化建议"六十多份。有人运用"二八定理",指出保险公司应特别注重绩优业务员的留存问题、绩优业务员的进一步成长问题、绩优业务员对公司同仁的影响问题,给管理者提供了许多新的思路。

许多员工提出品牌维护观点,建议加强公司整体行为,在树立公司形象、宣传公司产品等方面做大量工作。细致到如"向员工灌输足球知识,包括平安队的各种情况和新闻,利用足球效应,打好足球牌"。

一位员工在建议书中这么写道:"创业难,守业更难"。将此理应用于保险营销,即为:"开发客户难,稳定客户更难。"另外,资料显示,在不完全寡头垄断或自由竞争的市场环境中,任何一家企业每年都有15%的客户流失。也就是说一家企业在没有采取有力措施的情况下,在不到7年的时间内就会失去原有的客户量。继而他还就如何提高业务员的售后服务意识,加强公司的售后服务力度及投入提交了企划案。

正如一位管理学家所言：合理化不在大刀阔斧，而在细水长流；合理化亦非打破传统，而是突破现状；合理化不需一步登天，关键在天天进步，贯彻始终。

细微处见精神：考试题中提建议

鉴于提交合理化建议书的大多是室主任、部门经理，公司在一次全体内勤参加的业务考核试卷的末尾出了这样一道题：你认为公司现在急需解决的头三件大事是什么？于是，三百多份答卷便有了三百多份建议，这些建议不仅体现了精辟的见解，还有着涌动的热情。

一位员工说："公司是大家的公司，公司的荣辱就是我们全体员工的荣辱，用类似这样的方式经常与员工沟通和交流，就是很好的形式，希望以后还能多些形式与主题，让大家参与公司的建设。"

资料来源：中仁，《平安保险公司的员工参与管理》，《人才瞭望》2000年第9期。

案例讨论题

1. 平安保险公司劳动关系管理的特点是什么？
2. 结合案例谈谈劳动关系管理对于金融企业的重要性？
3. 平安保险公司劳动关系管理的方式对其他金融企业有什么启示？

第十章　金融企业国际人力资源管理

【学习目标】

学习完本章后,你应该能够:
- 了解金融企业国际人力资源管理的基本内容。
- 理解不同国家金融企业人力资源管理的特点。
- 把握跨国金融企业人力资源管理的特点。
- 掌握金融企业跨文化人力资源管理中应该注意的问题。

【导入案例】

花旗银行的员工哲学

花旗银行成立于1812年,始终奉行开拓创新的发展战略,经过近两个世纪的发展,如今已经成为世界上规模最大的全能金融集团之一。该银行奉行的"员工哲学"具有鲜明特点,成为许多同行以及学术界研究的对象。

员工哲学又称员工观、员工管理哲学,是解决"怎么看待自己的员工"这一人力资源管理的根本问题,也是其他一切人力资源管理政策和措施的出发点,有没有自己的员工哲学是一个企业和组织人力资源管理成熟程度的根本性标志之一。在任何企业里,管理层的"员工观"都决定了企业对待员工的态度和方式,而企业对待员工的态度和方式又决定了员工对待企业的态度和方式,后者在一定程度上就决定了企业的命运。花旗银行建立以来长期秉承"不断创新,因为开心"的企业精神,信奉"没有快乐的员工就不会有满意度高的员工,就无法提供令客户满意的服务,把员工看成上帝,员工才会把顾客看

第十章 金融企业国际人力资源管理

作上帝"的员工哲学,其所有人力资源管理活动均围绕此展开。从花旗银行(以下简称"花旗")的这种员工哲学可以看出,它从根本上实践了"以人为本"的理念。

花旗每年年报的首页都会有一个专门部分,叫"花旗所看重的员工",其集中体现了花旗员工哲学。花旗认为自己所看重的员工应具备如下特征:(1)以公司为自己的事业,相互关心,关心产品和服务品质,最重要的是关心自己为客户和股东提供的价值;(2)工作态度严谨认真,坚持不懈地为客户和股东提供卓越服务;(3)注重团队合作,消除门户之见;(4)以身作则,认可他人的成功,勇于对失败承担个人责任;(5)有紧迫感,精神振奋,开诚布公,有洞察力,勇于创新,善于应对变化,挑战竞争的环境;(6)能力超群,凡事力争卓越。

花旗一直把员工作为自己取得成功的最关键因素,在银行要处理好的员工、客户、股东三者之间的关系中,花旗一直都把"员工"摆在第一位。为了将员工的个人利益和银行利益结合起来,花旗设计了多种股权计划,让员工直接持有银行股票,到2001年底,已有2/3以上的员工直接持有银行股票,花旗的目标是将这一比例迅速提高到100%。目前,花旗的员工,通过股票期权计划、限制性股票计划、股票购买计划等形式,直接持有花旗集团4.5亿股普通股,花旗把这种做法看作是花旗集团取得成功的重要原因之一,当员工像业主一样思考和行动时,当他们的利益与银行利益联系得更紧密时,公司所取得的效益无疑就会更好。

花旗很早就实现了全球化,在业务与机构全球化的同时,其在员工的引进、培养和使用上,也鼓励多元化,奉行四海一家的企业文化,并视其为花旗集团全球化的基础。花旗要求其员工具有时代感、紧迫感、激情、诚恳、敏锐的洞察力、丰富的想象力、不竭的创造力、以身作则,推功揽过,在经常变化、面临挑战和激烈竞争的环境中愈战愈勇。花旗的领导人一直都以拥有这样一支优秀的员工队伍而自豪。花旗相信,当其对员工给予了足够的尊重、处处将员工放在首位时,它的员工也会将客户放在第一位,通过他们卓越的工作为客户提供优质服务,为客户,也为银行创造出最佳效益。下面仅举一例以说明花旗是如何看待自己的员工的。

在2001年的"9·11"事件中,花旗失去了6位员工(当时的花旗集团共有26.8万名员工)。事发后,花旗不仅给其家属极大的安慰,还特别决定,将公司2002年的年报作为对这6位员工的纪念专刊,在主席的年报致辞中,特别提出悼念,在年报的封三,专门列出了这些员工的姓名以示纪念。

花旗还注重建设良好的工作环境:(1)反对官僚作风,鼓励企业精神,通过"开门"式管理简化决策程序;(2)倡导多元化,特别着眼于花旗集团的全球性特质;(3)员工所想所为皆采取主人的态度,因为他们就是主人;(4)容许出错、承认错误、纠正错误,以免成为难以解决的问题;(5)唯才是用,不论资排辈,根据员工个人职权范围内的业绩给予奖赏;(6)相互尊重,以礼相待;(7)让员工真正感觉到:无论企业发展到多大,他们每个人都能发挥作用。

总之,花旗人力资源管理哲学和实践给人的感觉是"润物细无声"的,已达到了很高的管理境界。正如有人所言:严谨而复杂的人力资源管理制度只有少数人能详尽道来,但最终留给大多数员工的也许就是一种工作感觉——被关怀与被尊重。

资料来源:《HR管理世界》,http://www.hroot.com。

第一节　金融企业国际人力资源管理概述

不同的国家由于经济发展水平、文化的不同,其人力资源管理表现出不同的特点,这种特点在金融企业国际人力资源管理中也会表现出来。因此,有必要对代表不同国家特点的金融企业的人力资源管理进行对比,探讨金融企业人力资源管理的规律,为中国金融企业的人力资源管理提供借鉴。本节将主要以银行为例,探讨以下几个方面的问题:人力资源管理国际比较的必要性;人力资源管理国际比较的重要性;人力资源管理国际比较中应该注意的问题。

一、人力资源管理国际比较的必要性

在企业经营所需要的各种资源如人、财、物、时间和信息中,人是唯一具有能动性的因素,金融企业同样如此。人力资源管理的好坏直接影响到一个企业的生存与发展。而一国的经济形势的好坏关键要看该国的企业是否具有活力,因为企业是经济活动的基本单位。

(一)人力资源管理对国家经济发展的影响

20世纪50年代,日本经济在战后的废墟上迅速重建,在经历了整个60年代的高速增长后,在70年代初一跃成为仅次于美国的世界第二经济大国。虽然其中有一些历史性机遇,如朝鲜战争、石油危机等,但是这仍然堪称一个奇迹。

对于日本经济腾飞的原因,可以从多个角度进行分析。然而,有一点是可以肯定的,即日本经济高速发展的关键因素之一是人的因素,也就是说人力资源管理发挥了极大的作用。20世纪70年代末到90年代初,日本式经营风靡全球。其中,尤其受到人们关注的是被称为"三种神器"(意为三大法宝)的"终身雇佣"、"年功序列制"和"企业内工会"。

到了20世纪90年代,随着日本经济泡沫的破裂,人们又开始对日本式经营进行反思。反思的焦点在于企业与员工间的长期雇佣关系以及论资排辈的年功序列制造成了人工成本的上升,使得日本企业在国际上失去了原有的竞争力。对于日本式经营的功过是非,在此不作详细的评述,但是通过观察短短二十年间人们对日本式经营认识的变化,我们不难看出人力资源管理与一个国家的经济发展有着密不可分的关系。

(二)全球经济一体化必将对人力资源管理产生巨大影响

20世纪90年代以来,全球经济一体化的趋势日益明显。其主要表现在以下四个方面。

第一,世界范围内出现了许多自由贸易区以及区域性经济合作组织。其中最有代表性的当属欧盟(EU)。它的前身是成立于1992年的欧洲经济共同体(ECC),后来演变为欧洲国家联盟即欧盟。1999年,欧盟国家开始使用统一货币(欧元),这无疑是人类历史上的一个创举。2004年,欧盟接纳捷克、波兰等10个新成员国,成员国总数达到25个,从而世界上出现了一个可以与美国抗衡的经济实体。2007年,欧盟又接纳了罗马尼亚和保加利亚两国,成员国达到27个。其他的一些区域性经济合作组织,如北美自由贸易协定(NAFTA)、东盟(ASEAN)等也在促进地区经济发展、解决贸易争端中发挥了重要的作用。

第二,社会主义国家的市场经济改革加速了全球经济一体化的进程。中国改革开放政策的实施、前苏联的解体、德国的统一以及东欧的一些原社会主义国家的市场经济改革,使得全球性的市场逐渐形成。

第三,跨国公司在全球范围内的业务拓展要求人力资源管理跨越国界。由于发展中国家人工成本低廉、人力资源充足,再加上基础设施的完善和政府在政策上的倾斜,跨国公司在全球范围内开展业务的趋势日益明显。而且,这些业务并不单纯集中在劳动密集型产业,也包括一些高新技术产业,许多跨国公司甚至将研发机构或总部迁到了中国等亚洲国家和地区。

第四,贸易壁垒的消除进一步加快了经济一体化的步伐。除了世界贸易组织(WTO)之外,还有许多的地区性自由贸易协定(FTA)。2003年,中国已经同东盟签署了在10年内实现自由贸易的框架协议,东亚其他国家也将积极促进类似的谈判。另外,在纺织服装产品的国际贸易中持续了四十余年的出口配额制度也在2004年底成为历史。这些无疑会进一步促进全球经济的一体化。

经济一体化对各国人力资源管理必将产生巨大影响。这种影响主要表现在两个方面。一方面,跨国公司开始在全球范围内招聘和录用员工,与此同时还要从总公司外派部分管理人员。对这些员工的管理是一个新的课题,涉及选人、用人、留人和育人的全过程。另一方面,经济一体化也对各国人力资源管理产生了一些影响。比如,随着中国改革开放和市场经济的发展,传统的人力资源管理模式已经不再适应企业发展的要求;境外企业与国有企业在薪酬、职业生涯设计等方面的差距有可能造成国有企业人才的大量流失。

二、人力资源管理国际比较的重要性

人力资源管理国际比较的重要性体现在以下四个方面:有利于掌握人力资源管理的规律;有利于理解不同管理模式之间存在的区别与联系;有利于理解不同国家的企业文化;有利于吸收和借鉴国外企业的经验。

(一)有利于掌握人力资源管理的规律

人力资源管理是一个动态的过程,又具有权变性。也就是说,人力资源管理必须适应环境的变化。因此,对人力资源管理进行国际比较,有利于我们发现人力资源管理的规律,在实现组织目标的同时,满足个人的需要,从而实现个人与组织的共同发展。尤其是在中国,更有必要学习和借鉴市场经济发达国家的人力资源管理经验,因为我们现在面临的许多问题在其他国家可能已经出现过。通过人力资源管理的国际比较,能够帮助我们更好地掌握人力资源管理规律。

(二) 有利于理解不同管理模式之间存在的区别与联系

要借鉴国外的经验,就必须做到"去粗取精,去伪存真"。为了做到这一点,就有必要理解不同管理模式之间的区别与联系。人力资源管理必须适应企业的实际需要,从这个意义上讲,不存在万能的模式,关键在于是否能够实现管理目标,即实现组织与个人的共同发展。

举一个例子来说明这个问题。日本的产品质量享誉全球,一个重要原因在于日本制造业推行的"全面质量管理"(TQC)。而全面质量管理并不是日本人的专利,最初是接受了戴明的指导。但是,日本企业在质量管理活动中,推出了一项独特的模式,即"质量管理小组"(quality control circle),它是一种非正式的组织,甚至在工作之外的时间对质量管理问题进行讨论。这种组织形式不仅能够促进质量管理,而且还可以加强员工之间的沟通,对员工有激励作用。但是,在20世纪80年代初期,中国企业开展全面质量管理活动之后,效果并不理想。一个很重要的原因就是因为质量管理小组的活动在工作以外的时间进行,员工参与的积极性不高。后来,有一些企业根据自身的特点进行了改进,比如对连续性的生产部门,由班组在工作时间内进行等,如此一来就收到了较好的效果。

(三) 有利于理解不同国家的企业文化

进行人力资源管理的国际比较,有利于我们理解不同国家的企业文化。跨国公司中的文化冲突在许多场合源于沟通上的原因或对他文化缺乏理解。理解不同国家的文化有利于减少这种冲突。即使对于那些没有国际业务的本土企业,也有必要理解不同国家的企业文化。因为这样有利于拓宽管理者的视野,培养他们的想象力和创造力。

(四) 有利于吸收和借鉴国外企业的经验

中国正处在一个由计划经济向市场经济转型的时期,企业的人力资源管理必须适应这种变化。通过人力资源管理的国际比较,我们可以吸收和借鉴国外的经验,做到"洋为中用",以加强我国人力资源管理的研究工作,形成适合中国经济发展水平、具有中国特色的人力资源管理体系。

三、人力资源管理国际比较中应该注意的问题

人力资源管理的国际比较对于我们研究金融企业人力资源管理的规律、探索适应中国国情的人力资源管理模式至关重要。但是,在比较中有必要注意以下三个方面的问题,即对象的可比性、对差异的理解,以及人力资源管理与文化的关系。

首先,比较对象必须具有可比性,也就是说需要有一个统一的标准。对于两种不同的管理模式,可以以多个不同的尺度来衡量,那么在进行比较时首先要明确比较的范围、标准和尺度。如果不能处理好这些基本问题,就容易出现以偏概全的错误,也就失去了国际比较的意义。

其次,是要贴切地理解比较结果的差异。更具体地说,要弄清楚所显示的结果究竟是程度的不同还是质的差异。这样才能够避免出现以偏概全的错误。

最后,在国际比较中还要注意人力资源管理与文化的关系。任何一种管理模式都有其历史和文化渊源,所以在进行国际比较时,有必要了解该国产业发展的历史以及文化对管理模式的影响。只有这样,才能真正领会人力资源管理的内涵并将其有机地融入管理实践中。

第二节　金融企业人力资源管理的国际比较

美国是现代人力资源管理的发源地,是人力资源管理研究开始得最早、进行得最为深入的国家之一。而作为中国近邻的日本,则有效地实现了现代人力资源管理理论与传统文化的有机融合,对中国金融企业人力资源管理具有较大的借鉴意义。本节将在归纳美日两国金融企业人力资源管理特点的基础上,对两种人力资源管理模式进行分析。

一、美国金融企业人力资源管理的特点

在美国金融企业中,商业银行的人力资源管理最具有代表性。邓丽娟

(2006)在系统考证的基础上,指出美国商业银行人力资源管理具有以下几个方面的特点,即派驻式的工作方式、专家型的咨询服务、适合银行需要的关注重点、以人为本的细节管理和扎实完善的管理基础等。

(一)派驻式的工作方式

美国大多数商业银行采用事业部制的组织架构,这种组织架构的特点是:按照特定客户群或客户区域划分业务部门,组织生产服务;每个部门具有较大的独立运营和经营决策的权力;按部门进行财务核算。为适应事业部制的组织架构,人力资源部门作为全行的后台支持服务部门,通过向业务部门派驻人员的方式为派驻部门提供贴身服务。人力资源派驻人员相当于人力资源部门内部的前台,由人力资源部门进行管理,执行人力资源部门统一的政策和策略,人力资源部门内部的其他业务模块作为中台和后台为派驻人员提供政策、技术、信息等方面的支持。

(二)专家型的咨询服务

1. 专家型的人力资源管理人才

美国商业银行通常将人力资源管理放在战略高度加以考虑,因此对人力资源从业人员有比较高的专业要求,通常人力资源经理级以上人员应具有美国专业人力资源认证机构 HRCI 认证的高级人力资源专业资格(SPHR),人力资源职员应具有人力资源专业资格(PHR);薪酬福利经理应具有福利管理专业资格(CBP)。对于派驻业务部门的人力资源经理,还需要具有较长时间的银行业务工作经历,熟悉派驻部门的业务。

2. 持续的咨询建议和支持服务

人力资源派驻人员负责向派驻部门提供全方位的人力资源管理和咨询服务。主要包括派驻部门的员工招聘、晋升、保留、解雇,以及薪酬福利管理、绩效管理指导等工作。在这些人力资源管理过程中,派驻人员主要向直线经理提供咨询建议,不进行决策,派驻部门人力资源管理的决策权主要在本部门的直线经理。

(三)适合银行需要的关注重点

1. 员工的招聘

近几年美国经济发展迅速,金融业竞争激烈,加之生育高峰时期出生的员工已进入退休年龄,劳动力市场供应相对短缺,社会就业形势很好。因此,美国商业银行员工流失率很高,部分商业银行的柜员流失率甚至高达80%。招聘和保留员工成为近年来美国商业银行人力资源管理面临的主要难题,为在市场竞争中保持比较优势,商业银行就必须千方百计地吸引和留住员工。

在美国,商业银行的招聘方式较多,主要包括网上招聘、内部人推荐、离职员工再招聘等。其中,面向行内和行外的网上公开招聘形式最为普遍。商业银行内部只要有空缺岗位,人力资源部门就会在银行网站上发布岗位空缺信息,先面向内部招聘,符合条件的银行员工,与所在部门经理沟通后,在网上申请应聘,人力资源部审查简历后,进行电话面试,通过电话面试后,再由人力资源经理和业务部门经理共同对申请人进行最后的面试。如果内部没有合适的人选,银行再考虑外部招聘。

美国商业银行比较重视内部人推荐,如果内部员工推荐了比较适合岗位的人选进入银行工作,会得到银行的推荐奖励,推荐人选的职位不同,得到的奖励金额也不同,通常推荐一名支行经理的奖金为5 000美元,推荐一名柜员的奖金为300美元。此外,美国商业银行还很重视离职员工的再招聘,当出现岗位空缺,银行内部又没有合适人选的时候,人力资源经理通常会与跳槽到其他银行(公司)工作的老员工进行沟通,询问他们是否愿意重新回来工作,或鼓励他们推荐合适的人选。

2. 员工培训与开发

为了吸引和保留适合银行工作需要的员工,美国商业银行比较注重各层次员工的培训开发。首先,新入行的员工都会接受比较正规的入职培训,培训内容主要包括银行概况、员工守则、职业道德、银行安全、计算机操作等。其次,银行会根据不同岗位的工作内容为员工提供适合岗位需要的业务培训,许多银行都有自己的网上培训系统,员工可根据自己的实际情况进行网上学习或报名参加课堂培训。最后,对于员工参加的与银行业务相关的培训和学习,银行都比较支持,通常会为员工支付一定比例的学费,对于特别优秀和有发展潜力的员工银行甚至可以支付全部学费。为了避免员工因为没有晋升机会而离职,银行比较关心员工的职业发展,在每年的绩效评价反馈中,直线经理都会与下属就职业发展问题进行面对面的沟通,了解员工的职业发展期望,帮助员工进行职业生涯发展规划,提供比较具体的发展建议。

3. 薪酬和福利

美国商业银行的薪酬体系主要以岗位薪酬为基础,强调薪酬的内部公平性和外部竞争性,在内部公平性方面,银行主要依据岗位评价结果设立薪酬等级,同时根据员工绩效发放绩效工资。在外部竞争性方面,银行非常注重市场薪酬数据的调查,关注每个岗位员工的市场价值,同时根据本行的实际财务情况确定薪酬策略。

除了薪酬,福利是银行吸引和保留员工的重头戏,由于福利管理涉及领域广,工作量大,在银行人力资源部门内部,薪酬和福利通常是两个独立的工作团队。银行为员工提供的福利项目非常丰富,通常包括健康保险、牙医、子女教育、带薪休假等。为满足员工对福利的多样化需求,很多银行都设有可选择的福利菜单,员工可以根据个人需要选择福利组合。例如,美联银行根据效益情况,将员工工资的增长率水平保持在10%左右,而且为员工准备了完备的福利制度,员工的平均福利相当于工资的20%—25%的水平。

另外,美国商业银行非常注重对高级管理人员的长期激励,高级管理人员通常可以获得一定比例的股票期权或限制性股票奖励。许多中小银行比较重视精神激励与物质激励的结合,创造了许多丰富有趣的激励方式,比如由CEO直接给表现优秀的员工发奖励证书、评选明星员工、发放购物券等。

(四) 以人为本的细节管理

1. 重视员工的企业文化

在美国,每家银行都有自己的企业文化,有属于本银行的核心价值观。大多数银行都在自己的企业文化中强调员工的价值,注意倾听员工的想法和建议,努力创造吸引和保留员工的组织环境。比如,哥伦比亚河银行提出银行关注的"等边三角形"——客户、员工、股东,三者同样重要。KEY银行强调"我们的成功来源于我们最宝贵的财富——员工"。在日常人力资源管理中,银行也非常注重向员工宣传贯彻企业的核心价值观,强调员工工作对实现企业使命的重要作用。这些观念的宣传和灌输,增强了员工对银行的认同感和对工作的责任感,也使员工的工作价值得到了体现。

2. 公开透明的人力资源管理信息

美国商业银行人力资源管理部门尽量向员工公开人力资源管理的信息和政策,使员工了解、支持人力资源管理工作。入行后,每位员工都会得到一份详细的员工手册,主要包括人力资源政策、工作要求、工作时间、薪酬、福利、工作安全等内容。银行会要求员工详细阅读员工手册上的内容,并签字确认,这样既可以使员工掌握人力资源政策和工作要求,也可以使银行避免不必要的法律纠纷。现在,很多银行在内部网站上设有专门的人力资源网页,负责发布各项人力资源政策信息、岗位空缺信息等,方便员工了解和查阅。

3. 弹性工作方式

为了尊重员工的生活方式,美国一些中小商业银行对员工工作的地域要求正在逐步放松。比如,美国西海岸银行的地区人力资源主管在圣地亚哥工作,其直接下属在塞勒姆工作,而薪酬经理由于照顾家庭的需要直接在家里工作,主管与下属之间,同事与同事之间主要通过网络办公。由于美国商业银行派驻式工作方式非常普遍,也淡化了办公室的物理概念。比如一家负责个人业务的支行,可能派驻有财富管理业务的经理,也可能由地区经理来指导工作,还经常会有人力资源经理来帮助解决人力资源管理问题。通常,一个办公室里的人员来自不同的部门,分别向各自的上司汇报,彼此之间没有直接的工作关系。另外,派驻人员通常要服务于几个不同的地区或不同的业务部门,经常要在不同的地区、部门之间往返工作,所以也很难说清派驻人员的办公室究竟在哪里。

4. 关注员工的生活和家庭

美国商业银行认为家庭生活直接影响着员工的工作情绪、工作态度和工作效果,因此,银行比较关心员工的生活、家庭和心理健康,几乎所有银行都提供 EAP(员工帮助项目)服务。该项服务是美国近年来新兴的员工福利项目,类似于员工生活及家庭问题电话服务中心,在服务中心内配有心理专家、理财专家、健康专家、青少年教育专家等专业人士,员工及其家庭成员可以就相关问题进行电话咨询,从而得到及时的帮助和辅导。该项服务由专门的 EAP 公司提供,使用该项服务的银行向 EAP 公司支付费用。为保护员工及其家庭成员的个人隐私权,EAP 公司对使用过服务的人员姓名进行保密,银行只知道每年使用该系统的人员数量。据统计,有 95% 的商业银行员工使用过 EAP 系统。

(五)扎实完善的管理基础

1. 成熟的岗位管理

岗位管理是美国人力资源管理的基础,员工招聘、绩效管理、薪酬福利、员工发展等各项人力资源管理工作都以岗位管理为依据。在美国,每家银行都有全部岗位的岗位说明书,并定期更新,还有完善的岗位级别体系。

2. 翔实的市场薪酬数据

美国商业银行非常注重市场薪酬数据的调查,大多数银行都会从专业的薪酬调查公司购买薪酬数据,为薪酬决策提供依据。一些大银行除购买全行业的薪酬数据外,还会聘请薪酬调查公司,专门对银行关心的主要竞争对手的薪酬数据进行调查。

3. 便捷的人力资源管理信息系统

比较大的商业银行都建有功能强大的人力资源管理信息网络系统或电话服务中心,员工可以通过这些系统进行自助式的人力资源管理服务。在这些系统中,通常设有福利、薪酬支付、招聘、培训开发、职业道德、法律政策、人力资源新闻、人生重大事项指导等多个模块。员工可以直接在网上或通过电话进行福利选择、打印工资单、将工资转成个人储蓄、修改个人信息、查看个人整体报酬情况、了解岗位空缺信息、申请参加培训、查看员工手册及其他人力资源政策和信息、了解银行人力资源管理方面的新闻等,员工还可以在经历人生重大事件,如生育或收养孩子、离职、退休、休假及婚姻状况变化时,得到来自人力资源管理方面的帮助和服务。

二、日本金融企业人力资源管理的特点

日本式经营在 20 世纪 70—80 年代风靡全球,其原因除了日本经济在 70 年代初期的高速发展外,一个很重要的因素在于日本企业中出现了人本主义管理理念。以下将在归纳传统的日本人力资源管理模式的基础上对日本金融企业人力资源管理的特点进行分析。

(一)传统的日本人力资源管理模式

"终身雇佣"、"年功序列制"和"企业内工会",历来被当作日本式经营的三大法宝受到日本国内外研究人员的认可,但是对于其内涵学术界有着不同的理解,其中的部分提法也值得商榷。我们认为,终身雇佣、年功序列制和企业内工会反映了日本企业人力资源管理方面的一些特点。

1. 长期雇佣

首先提出"终身雇佣制"这一说法的是美国学者阿贝格伦(J. C.

Abegglen）。他在1958年对日本的一些大企业和工厂进行了实地调查后,指出日本企业在用人制度上一个突出的特点是企业与员工之间的"终身关系"（life-time commitment），这种制度看起来很不合理,但是却有效地支撑着企业的生产活动。1977年,OECD在《关于日本劳动的报告》中提出日本企业的劳资关系的特点在于终身雇佣、年功序列制以及企业内工会。此后,这一提法得到了人们的认同,成为日本式经营的代名词。

细心的读者可能会注意,这里并没有使用"终身雇佣制"这一表达方法。这是因为长期雇佣并不是一种制度,而是一种惯例。之所以被当作日本企业人力资源管理的一个重要特征引起人们的关注,是因为日本有一个惯例,即一旦进入一个企业就可以长期工作,而且不用担心被解雇。也就是说,日本企业除非发生特殊情况（如企业破产、员工触犯法律等），一般不会解雇正式员工,而且员工也愿意在同一家企业渡过自己的职业生涯。劳资双方既没有相关的合约,企业也不存在作出任何相关规定的制度。

其实,日本国内对这一提法也存在不同意见,认为这种提法并不符合实际情况,理由主要有以下几点:第一,日本企业中实行长期雇佣的仅限于部分大企业,而且主要是针对管理人员。在中小企业以及大企业中的体力劳动者,从来也没有类似长期雇佣的制度保障或惯例;第二,正式员工（即正社员）只是一种就业形态,并不具有代表性。在日本企业中还存在临时工、计时工、季节工、外派员工等多种就业形态,不能以偏概全;第三,长期雇佣并不是一种合约,也没有任何制度或法律上的保障。它的存在是以企业保持高速增长为前提的,所以这种惯例只是员工的一种幻想;第四,长期雇佣在员工技能的培养、职业生涯的设计方面具有明显的合理性,在其他国家也广为采用,并不是日本企业人力资源管理特有的现象。

所以,在人力资源管理的学习中,应该辩证地看待长期雇佣这一问题。长期雇佣具有以下几个方面的优点:首先,人力资源的稳定性强,有利于企业实施长期发展战略;其次,有利于员工技能的形成。由于员工长期在同一家企业工作,企业可以通过岗位轮换和在岗培训,培养员工掌握多种技能、适应多个岗位,成为"通才";再次,由于长期在一起工作,员工能够形成一种默契,而且有利于培养员工的归属感和集体意识;最后,对员工而言,长期雇佣有利于职业生涯设计和生计的计划。

与此同时,长期雇佣也存在以下几个方面的弊端:第一,不能根据经营战略的变化对人力资源规划进行调整;第二,虽然员工在企业中能够接受多种培训,但是这种培训是以长期雇佣为前提的,因此员工的技能没有通用性。在某种意义上阻碍了人力资源的流动;第三,长期雇佣与年功序列制一起,形成一把"双刃剑",当经济增长出现停滞时,巨大的人工成本会成为企业的负担,束缚企业的发展。

2. 年功序列制

年功序列制就是中文里的"论资排辈"的意思。"年"代表资历,有人认为指的是年龄,也有人认为指的是工龄;"功"代表"功劳"即对企业的贡献。实际上,年功序列制包括薪酬制度和晋升体系两个方面的含义。

首先,年功序列制体现在薪酬制度上。传统的日本企业的薪酬体系采用职能工资制,员工的工资通常由基本工资、各种津贴和奖金组成,另外在退休时能够得到一笔一次性的退休金。上述所有内容都与员工的工龄和岗位有关。通常,日本企业根据员工的情况设计7—13个等级,然后定期涨工资(一般为3年)。调资的幅度由经营者和工会,根据企业的经营业绩,经过协商后确定。而津贴则是以员工的生活需要为基础设计的,主要包括交通补贴、家属抚养费和住房补贴等。奖金一般以月基本工资为标准,根据技术岗位或职位的不同规定享受的标准每年分两次发放,奖金总额一般为月工资的3—6倍。而退休金的计算方法是退休时的基本工资、工作年数和退休金系数的乘积。

其次,晋升体系的论资排辈现象也非常明显。在日本的大企业中,职位通常是与技术等级挂钩的。企业在人力资源管理的设计中,一般都会有一个模型,反映年龄与职位的对应关系。如果提升年龄低于平均水平,则说明年轻的科长或部长有望成为公司的董事级管理人员;若高于平均年龄,就意味着职位上的晋升会局限在较低的管理职位。

年功序列制的优点在于:第一,与长期雇佣一起起到稳定人力资源队伍的作用。由于薪酬和晋升都受到工作年限的影响,在某种程度上能够避免因为人力资源的流动造成的损失;第二,有利于员工进行人生设计;第三,由于薪酬标准是以整个职业生涯为对象设计的,可以减少员工的不满,缩小员工之间的收入差距。同时,年功序列制也存在一些弊端,突出表现在:第一,按部就班的晋升机制抹杀了员工的进取心,造成人力资源的浪费;第二,论资排辈的制度导致人工成本的上涨和职位的不足,影响了员工的积极性;第三,年功序列制造成不同年龄阶段的员工之间的付出与回报的失衡,更具体地说年轻人的所得比付出要少,而中年之后则出现相反的情形。

3. 企业内工会

企业内工会也与长期雇佣、年功序列制有着密切的关系。由于员工的职业生涯在一家企业中度过,所以容易形成员工与企业共同构成的"命运共同体"。加上不同行业、不同规模的企业在管理体制上千差万别,很难形成类似美国的行业性工会,而多采用企业内工会的组织形式。通常,毕业生进入企业,自然地成为工会会员。而在员工成为高级管理人员之后,必须办理脱离工会的手续,因为其此时的身份已经由雇员转变为雇主。而对有必要脱离工会的管理职位,企业并没有一个明确的界定。在日本大公司中,通常是部门经理(部长)以上,而在中小企业这一标准可能是董事级管理人员。工会与企业经营管理层之间的协作性关系是企业内工会的一个重要特点。日本的工会通常在每年的春秋两次与企业就工资、福利以及工作条件等方面的问题进行交涉,一般都能友好地达成妥协。

(二) 日本金融企业人力资源管理的特点

本部分以正式员工为对象,从招聘、对员工的要求、培训、岗位轮换、绩效考评、沟通等方面考察日本金融企业人力资源管理的特点。

1. 招聘

员工的招聘除了受金融企业人力资源战略的影响外,还受到外部人力资源市场和劳动者的就业意识的影响。在日本,通常有以下几种就业形态:

(1) 正式员工即正社员,其在承担相对重要的职责的同时,享受企业的各种福利。

(2) 合同工又称契约社员,其通常以一年为单位与企业签订合同,待遇与正式员工基本相同,但是没有身份上的保证。这类员工部分由企业直接招聘,也有相当部分由人才派遣公司派遣。

(3) 临时工是指在繁忙的工作日或时间工作的员工。通常以家庭主妇或学生为主,工资通常以小时或天为单位计算,按月发放,不享受奖金及其他福利。

(4) 计时工,顾名思义就是按时间支付报酬的员工。与临时工相比,就业时间没有规律性,工作期间也相对较短。因为对象多为学生,遇到搬迁升学等问题时会辞去工作。

2. 对员工的要求

在对员工的要求方面,日本金融企业也有着鲜明的特点。主要表现在:

(1) 重视学生的毕业学校和能力。除了技术性工作之外,日本金融企业对毕业生的专业要求并不高,而且不太看重学习期间的成绩,更注意看其毕业院校、社团活动、是否参加过运动队、俱乐部等。

(2) 强调应聘者是否能与他人协调合作。"以和为贵"是日本企业文化的中心内容之一,所以金融企业在选拔员工时,会考查应聘者是否具有协调性,能否与他人合作。

(3) 重视应聘者是否诚信。日本并没有类似中国的档案制度,但是非常重视诚信。如果人力资源管理部门对简历或学历等内容产生质疑,会直接与相关企业或学校联系,对方一般也会予以合作。中途录用也是这样。日本有一句谚语,叫做"起飞的小鸟不会弄脏巢窝",即使中途离职也需要处理好工作交接,与原工作单位维持良好的人际关系。

3. 培训

日本金融企业很重视员工培训。企业内的培训具有三个方面的特点。

第一,日本金融企业注重培养通才,这与美国企业重视专业人员的培养相比迥然不同。尽管正式员工具有选择专业职务系列还是综合职务系列的权利,但管理人员通常从综合职务系列中产生。

第二,通才型的培养目标也决定了日本金融企业更多地以在岗培训为主、脱岗培训为辅的特点。日本大型企业都有各自的技能等级制度,公司(银行)定期组织符合条件的人员参加晋升考试。

第三,员工的培训强调以老带新、重视榜样的力量。负责带新员工的老员工有时是企业指定的,有时是在工作中自然形成的。但是,他们都要求老员工不论在业务上还是在人品上都要优秀,确实能够成为新员工的楷模。

4. 岗位轮换

岗位轮换是日本金融企业人力资源管理的一个重要特点,主要优点有:

(1) 能够使员工掌握多种技能,一方面能够避免因个别员工的临时缺勤影响工作,另一方面能够消除员工工作的单调感,调动员工的积极性。

(2) 能够从制度上限制一名员工在某一岗位上停留过久而形成"占山为王"的现象。

（3）能够使未来的管理者经历多个岗位，建立广泛的人际关系。同时在考核时也可以听到多方面的评价。

（4）在某种程度上能够形成合理的配置，实现人与事的匹配。

同时，岗位轮换也存在一些弊端，具体表现在：

（1）岗位的轮换造成成本上升。

（2）员工需要不断地学习新的知识，适应新的岗位，造成员工的负担。

（3）在培养通才型管理人才方面具有一定的优势，但是对专业人员的培养并不见得适合。

（4）岗位轮换规定过于死板，即使是高效组合也可能因为岗位轮换而被拆散。

5．绩效考评

绩效考评通常考虑三个方面的内容：

（1）能力考核

这里所说的能力包括显性能力和潜在能力两个方面。显性能力一般可以通过工作业绩的指标进行衡量，而潜在能力只是一种可能性。日本金融企业绩效考评的特点就是重视员工的潜在能力，这与日本企业重视长期利益的理念是一致的。

（2）业绩考核

在日本金融企业里，业绩正在成为一个越来越重要的考评指标。传统上，业绩被放在能力的次要位置，但近年来日本企业也开始重视员工的工作成果。所以，有必要动态地理解这方面的特点。

（3）态度考核

员工的工作态度也是考核的一项重要指标，即使员工的业绩并不突出，只要工作态度认真、有进取心，同样会得到肯定。相反，即使能力突出、业绩明显，但是被认为态度不好的话，同样得不到认可。因为态度考核受主观因素影响较大，所以有时也被用来当作排除异己的工具。

6．沟通

日本金融企业在人力资源管理上的另一特点是重视沟通尤其是非正式的沟通，这也体现了日本的企业文化。

"连署与协商"既是日本组织在决策程序上的一个重要特点，也是一种沟通的方式。所谓的连署在日语里叫"禀议"，指日本企业在进行决议之前，要将草案在各个相关部门之间传阅,并根据需要进行修改。这样在表决时才会"全体一致通过"。草案既可以是上级制定的,也可以是下级部门提出要求后由上级决定的。

协商在日语里的原文为"根回",就是私下做工作的意思。如果说连署是日本企业决策的一个重要特点的话,那么支撑这种决策方式的就是协商。协商与其说是一种制度,倒不如说是一种惯例。这种决策方式从表面上减少了正式决策场合的正面冲突,曾经被当作高效率的决策方式备受推崇,但它也存在容易出现暗箱操作、与会者不能畅所欲言等弊端,目前已经有部分企业开始明确表示废除协商的惯例。

三、美日人力资源管理模式比较

尽管同一国家的不同企业在人力资源管理上存在差异,但是在与其他国家相比较时却有着相同的特点。进行人力资源管理的国际比较有利于理解不同国家金融企业人力资源管理的特点,从而可以为本企业进行人力资源管理的改革提供有益的借鉴和参考。在本节,首先介绍威廉·大内(William Ouchi)的研究,然后对美国和日本的人力资源管理模式进行比较。

20世纪60年代之后,日本经济的迅速崛起引起了世人的关注。70年代起,不少美国管理学者开始关注日本企业的管理模式,试图破解日本企业成功的秘诀。威廉·大内是日裔美籍人,他在对美国和日本的24家大型企业进行了数年的分析之后,于1981年出版了他的研究成果——《Z理论》。这24家企业中,美国企业和日本企业各占12家,其共同特点是在对方国家开展业务。威廉·大内的观点是美国和日本的企业在管理模式上具有不同的特点,美国企业应该融合二者的优点。威廉·大内的观点在提出之后,立即引起了理论界和实践者的关注,被当作美日人力资源管理模式比较的经典著作。

(一)管理模式的比较尺度

威廉·大内的研究从七个方面对美国和日本的管理模式进行了比较。这七个比较尺度是:(1)雇佣制度;(2)决策机制;(3)责任制;(4)控制机制;(5)考评与晋升制度;(6)员工的职业开发;(7)对员工的关怀。

（二）美日管理模式的比较

威廉·大内根据上述七个尺度对美日两国企业管理的特点进行了分析，认为两者分属不同的模式。他将两者分别称为 A 模式(American model)和 J 模式(Japanese model)。二者的特点如下：

1. 雇佣制度方面。A 模式采用的是短期雇佣制，员工与企业之间的关系是一种交换关系。员工向企业提供他们的劳动，作为回报企业向员工支付报酬。在这种模式下，人力资源的流动性强。J 模式则采用长期雇佣的方式，员工与企业的关系是一种共同体的关系，人员的流动性相对较小。

2. 决策机制方面。A 模式实行的是个人负责制，通常采取的是由上至下的沟通方式。CEO 掌握着决策的大权，而且有效地进行权限的下放。各个部门之间职责明确，很少有越权行为。J 模式采用集体决策的方式，通常通过连署和协商的方式进行沟通，强调表决前的工作，正式表决只是走过场。

3. 责任制方面。权利与责任通常是一个对等的关系，既然决策权的归属明确，那么责任的所在也就明晰了。如果企业经营获得成功，CEO 就能够得到很高的回报；反之，如果失败，也是由个人承担责任。J 模式则采取集体决策、集体负责的原则，这种责任制形式容易导致决策失误时无法明确责任所在。

4. 控制机制方面。A 模式中，通常依靠严格系统的规章制度约束员工的行为，通过层层把关和频繁的考核来控制企业内部的绩效，考核的指标明确。J 模式的控制机制比较松散，企业负责人只是向下级传达一些有关企业宗旨、目标等的软性指标，下级可以根据这些指标自行决定和选择。

5. 考评和晋升制度方面。A 模式在考评方面的特点是考核频繁、名目繁多，考核的内容主要为工作业绩和实际工作能力，而对潜在的工作能力和工作态度很少考虑。在晋升方面，不受年限的限制，对于业绩突出的员工及时提拔。J 模式在考评方面除了考核员工的业绩之外，潜在能力与工作态度也是一个重要内容。另外，在晋升方面是一种典型的论资排辈的方式，企业通常经过长时间的考查和缓慢的晋升来选择继任者。

6. 员工的职业开发方面。A 模式通常采取专才型的培训方式，比如一位新员工可能选择的职业生涯是出纳、会计、会计主管、总会计师，最后升至财务总监或主管财务的副总经理。在员工的招聘过程中也表现出重视专才的倾向;而J模式实行通才型培训,在招聘阶段也不太注重员工的专业和专长,经过对员工的培训和岗位轮换,培养员工适应多个岗位的能力和经验。

7. 对员工的关怀方面。A模式不主张用情感来激励人、约束人。管理者与员工的关系就是一种工作关系。对于员工的实际生活方面的问题很少过问,因为他们认为那属于个人的隐私,不能将工作与生活混为一谈。J模式采用的是一种温情式的关怀,企业就像一个大家庭。管理者不仅要关心工作,还要关心员工的生活。企业注重用情感来维系与员工之间的关系。

(三) 美日管理模式差异的成因分析

除了上述七个尺度上的比较之外,威廉·大内还对美日管理模式的其他方面进行了比较,如工会、办公室的格局和特点等。他还将产生这些差异的原因归纳为三个方面:即自然原因、历史原因和社会原因。

1. 自然原因

美国幅员辽阔、资源丰富、人口密度较小,这就决定了美国适合走规模经济之路,重视物质资源的开发和利用,对人力资源的管理也比较重视单个员工的能力的开发。而日本地域狭窄、自然资源匮乏、灾害频发,这就迫使日本必须重视人这一资源,其人力资源管理也正好体现了这一特点。

2. 历史原因

美国历史较短,没有经历封建时代,所以历史包袱较轻,这一点表现在管理模式上就是员工敢于冒险,通过提高自身的能力和变换工作实现自身的价值,从而获得相应的社会地位。而日本有着两千年的历史,资本主义的建立是在明治维新之后,传统的封建式的家庭制度和封建意识对人们的影响较大,这一点表现在管理上就是严格的上下级关系、员工对上级和企业的忠诚和服从、按部就班的工作方式、追求大家庭似的和睦气氛等。

3. 文化原因

美国是一个移民国家,来自欧洲的移民好迁徙、以狩猎为生,所以美国人敢于冒险、崇尚英雄,在竞争性强、风险大的领域具有明显的优势。而日本是一个单一的农耕民族,农作物的生长受气候条件的影响较大,这就要求人们在播种和收割等农忙季节通力合作,克服来自大自然的制约。日本人受日本佛教和中国儒家思想的影响,讲究"以和为贵",主张人们平等和睦地相处。因此,日本企业在那些风险不大、要求相互协作的业务中具有优势。

威廉·大内的研究具有较强的说服力。尽管他的研究一般被认为是比较文化研究,但是从他提出的比较尺度上看,几乎都与"人"有关。所以,他的研究也被广泛地运用到美日人力资源管理模式的比较上。

第三节　跨国金融企业人力资源管理

1860年,美国的胜家(Singer)缝纫机公司开始在海外设立工厂生产,并开始在伦敦、汉堡等地设立庞大的销售机构,该公司被学术界认为是人类历史上的第一家跨国公司。然而,"跨国公司"(multinational corporation)这一术语的出现却是在时隔近百年之后的1960年。20世纪80年代之后,随着世界经济一体化的发展,越来越多的金融企业将业务拓展到国外。本节将在概述跨国公司人力资源管理的基础上,介绍德意志银行和汇丰银行的人力资源管理。

一、跨国企业人力资源管理

摩根认为,国际人力资源管理是"处在人力资源管理活动、员工类型和企业经营所在国类型这三个维度之中的互动组合"(赵曙明,2001)。人力资源管理活动是指人力资源的获取、分配和利用;员工类型分为三种,即所在国员工、母国员工和第三国员工;所在国类型分为三种,即所在国(亦称"东道国")、母国和第三国。

(一)跨国公司的人力资源来源

按照摩根(P. V. Morgan)的分类,跨国公司人力资源的类型按照员工所在国家可以分为三种,即母国员工、所在国员工和第三国员工。跨国公司开展国际业务的经验表明,其人力资源主要来源于:(1)经过本国母公司的教育和培训并取得经验的本国公民,这类员工被称为母国员工(parent-country nationals, PCNs);(2)经过所在国公司分公司培训的所在国人员,这类员工被称为所在国员工(host-country nationals, HCNs);(3)从第三国选拔的人才,这类员工被称为第三国员工(third-country nationals, TCNs)。

(二) 跨国公司的人力资源培训

跨国公司的人力资源培训按照人员的来源可以分为母国员工的培训、所在国员工的培训和第三国员工的培训。

母国员工的培训可以从多个不同的角度进行理解。例如,按照外派的时间序列可以划分为驻外预备教育、启程前教育和抵达后教育(赵曙明、马希斯、杰克逊,2003)。根据培训的内容和层次又可以分为四个层次:第一层次的培训是为了让母国员工了解母国和所在国之间的文化差异及其对经济的影响;第二层次的培训是要让母国员工了解态度的形成模式及其对行为的影响;第三层次的培训是为母国员工提供所在国的具体情况;第四层次的培训是为母国员工提供学习语言的技能和适应环境的技巧。

尽管存在许多不同的分类方法,而且跨国公司的母国员工培训有着不同的特点,但是培训内容不外乎以下方面:文化意识的培训、技术业务与管理能力的培训、驻外工作内容的培训、应对突发事件能力的培训和语言培训等。

所在国员工的培训对于跨国公司而言同样重要。加强对所在国人员的培训的意义在于:有利于提高所在国员工的技术业务能力以及管理水平,减少文化冲突,提高工作效率;有利于实现人力资源管理的本土化,从而做到逐步减少外派人员,降低人工成本;有利于对所在国员工的职业开发,降低离职率。不过,对所在国员工的培训同样也存在一定的风险,其中最主要的风险就是经过训练的员工被其他公司"挖"走,使得公司在培训上的投资和努力付之东流。

所在国员工的培训内容大致与外派人员的培训相仿,重点包括公司经营理念的培训、企业文化以及规章制度的培训以及外语培训等。而且,跨国公司还可以根据公司的实际情况,选择优秀的所在国员工和管理者到母公司接受培训,这不仅能够为母公司的工作带来活力,其对所在国员工的激励作用也不容忽视。如松下公司每年都从其在国外的子公司中挑选100名经理到位于日本的总部工作,这也被认为是最有远见的战略。

由于第三国人员所占比例较小,所以很少有相关研究。有关研究表明,跨国公司很少在员工培训上区分母国员工与第三国员工,以至于一位在美国公司的驻日子公司工作的澳大利亚籍员工抱怨道:"我们是日本的三等公民。美国人在离开美国前得到关于日本的文化培训,而我们得到的仅仅是机票"

（赵曙明、道林、韦尔奇，2001）。

（三）跨国公司的薪酬管理

跨国公司的薪酬管理既要考虑人工成本、与绩效挂钩，以及外派人员与母公司人员、子公司各类人员之间的平衡问题，又要根据所在国的经济发展和物价水平等因素进行调整，还要与汇率、税收等因素相联系。因此，跨国公司的薪酬体系比较复杂。

鉴于上述原因，跨国公司的薪酬体系的一个重要特点就是对不同类型的员工实行不同的薪酬体系。即使是奉行"同工同酬"的美国跨国公司，在跨国公司的薪酬管理上，也采用了按照外派人员、所在国员工和第三国员工分别对待的方法。

外派人员的薪酬一般包括基本工资、津贴和福利等部分。其中，基本工资是整个薪酬计划、奖金和各种津贴的基础，许多津贴都与基本工资挂钩；津贴通常包括国外服务津贴、艰苦条件津贴、安置迁移津贴、母国度假津贴等；而福利则包括安排住房、医疗保险以及子女教育等方面的内容。

国际薪酬的计算通常有两种方法，即现行费率法和资金平衡法。现行费率法又称"市场费率法"，是一种将外派人员的基本工资与所在国的工资结构挂钩的做法。跨国公司通过当地的咨询机构获取信息，然后决定参照标准。比如，一家设在中国的美国企业在决定外派人员薪酬时，就需要考虑参照标准——是中国当地的工资标准，还是美国同行在中国的工资标准，还是其他国家同行在中国的工资标准。资金平衡法亦称"累积法"，其目的在于使外派人员与母公司职位相当的人员具有平等的购买力，并且提供奖励来补偿不同派遣地之间的生活质量差别。资金平衡法是跨国公司通常采用的一种方法，通常是在原有的薪酬结构上考虑在国外生活的各种费用。部分跨国公司为了减少费用，通常会对外派人员的规格（职位）和人数进行限制。

由于跨国公司在外派人员、所在国人员的薪酬体系上采取了不同的做法，所以也带来了一些问题，其中最有代表性的问题是"同工不同酬"现象的出现。研究表明，跨国公司在华子公司中，外籍员工、中国本地员工和回国者之间的薪酬水平呈现明显的差距。

（四）跨国公司的人力资源绩效管理

与在单一国家开展业务的企业相比，跨国公司的绩效管理更复杂、更有挑战性。之所以说跨国公司的绩效管理更复杂，是因为它需要考虑更多的因素，如公司的整体经营战略、母国与所在国业绩的不可比性、国际环境的多变性、跨国业务发展的不同阶段和成熟程度、不同类型人员的不同考核指标、绩效考评者的不明确性等。与此同时，随着跨国公司在所在国业务的发展和人力资源管理的本土化趋势日益明显，绩效管理在人力资源管理中的地位和作用越来越突出，其本身也越来越富有挑战性。

跨国公司的绩效管理主要包括三个方面的内容，即工作目标与工作分析、绩效标准和绩效考评。首先，公司需要为各种类型的员工确立目标。无论是母国员工、所在国员工还是第三国员工，在海外子公司的工作目标必须明确，并且要根据工作目标进行工作分析。只有这样才能做到有的放矢。其次，需要明确绩效标准，也就是说必须注意绩效标准的具体性和可测性。最后，就是考评者的问题，也就是说由谁来考评的问题。由于跨国公司人员的复杂性，使得明确考评者显得至关重要。比如，外派人员的绩效考评不可能按照母公司的标准来进行；所在国的管理者对外派员工的考评也存在困难；对于所在国员工的绩效考评缺乏全面、合理的体系；等等。为了解决类似的问题，跨国公司通常采用多方考评、360度全方位考评等手段来对各类员工的绩效进行考评和管理。同时，跨国公司还根据业务的重要性调整海外子公司或业务部门的战略地位。比如，一些日本跨国公司为了加强在华子公司和业务部门之间的横向联系，纷纷设立控股公司或中国业务部，由母公司总部直接进行管理，其负责人的绩效考评也由母公司总部直接管理。

（五）跨国公司人力资源管理中的其他问题

除了上述方面外，跨国公司在人力资源管理中还会遇到其他一些特有的问题，包括外派失败、归国问题、税收问题、劳动关系问题以及人力资源管理的本土化等。

外派失败是指外派人员不能按计划完成工作而提前回国。外派失败的原因错综复杂，既有外派人员自身的原因，也有跨国公司制度方面的原因。包括人员选派失误、家庭的影响、缺乏有效的培训、归国安置不适当等（郭惠容、刘欣，2000）。尽管在外派人员的甄选和培训方面的努力在一定程度上减少了这种可能性，但是这个问题不可能完全杜绝。外派失败也是造成跨国公司人力资源管理成本上升的主要原因之一。

外派人员的归国问题也是跨国公司人力资源管理的一个焦点。外派人员在完成任期的工作任务之后,除了少数再次外派到第三国之外,多数会回到母公司工作。这时,工作岗位的安排、人际关系、子女的就学就业等都会成为影响外派人员生活的因素。

税收问题也是跨国公司必须考虑的一个因素。由于外派人员同时在两个以上的国家或地区获得收入,就有可能出现双重征税的问题。这不仅会给企业增加成本,而且也有可能影响外派人员的经济收入。

跨国公司在开展海外业务时还需要考虑劳动关系问题。由于各国劳资关系的历史不同、处理劳资纠纷的程序各异,跨国公司在开展国际业务时必须考虑这些问题。劳资关系对跨国公司人力资源管理的影响主要表现在:(1)对工资水平的影响。如果因为工会的压力造成工资水平上涨过快,势必对跨国公司的竞争力产生不利影响。(2)对改变雇佣水平的限制。比如,许多国家在劳动关系的相关法律中限制了企业在关闭、解雇员工等方面的权利。(3)影响跨国公司的全球一体化进程。工会的影响力推迟了跨国公司生产工作的合理化和一体化。

人力资源管理的本土化也是跨国公司面临的一个重要问题。人力资源管理的本土化包括两个方面的内容:人员的本土化和管理模式的本土化。人员的本土化是指减少外派、增加所在国人员的录用,这样可以有效地降低成本;管理模式的本土化是指跨国公司根据所在国的具体情况,因地制宜地制定相应的薪酬和绩效考评体系,从而有效地调动所在国员工的积极性。一家日本企业的驻华代表曾经谈到,该公司面临的难题之一就是缺乏能够适合中国国情的薪酬体系。

二、德意志银行的人力资源管理[①]

德意志银行成立于1870年,是德国最大的银行。在人力资源管理上,该银行强调要成为"一流人才的全球首选银行",以吸引全球最好的雇员。

德意志银行人力资源部门有三大职能:第一部分属于事务性职能,包括最基本的日常工资发放、医疗保险、养老金、档案管理、签证等事务性工作。第二部分是人事咨询功能,由人事顾问面向各业务部门的经理及员工作招

---

① 根据余天赐:《德意志银行的人力资源管理》,《城市金融报》2005年9月6日整理而成。

聘、雇用、员工发展等方面的咨询。第三部分是人事战略功能,包括建立大学招聘网络、人力资源管理工具开发,并为下属分支机构提供相应的政策指导。

为了确保人力资源管理职能的实现,德意志银行投入了大量人力。该行从事人力资源管理工作的员工有1 800多人,占其全行员工的2%,在总部有50人从事人力资源管理研究,人力资源的管理费用每年占全行营业收入的1.5%。德意志银行的人员流动性很大,每年有10%的员工离开,因此,每年录用新员工是一项必不可少的工作。银行内部有一个劳动力市场,当某个岗位缺员时,人力资源部门首先在内部网上发布招聘启事,有意者都可应试,内部招不到合适人选再向社会公开招聘。该行每年录用的新员工90%来自内部劳动力市场,10%来自社会。在银行外部通过因特网招聘员工是一种理想的方法,德意志银行社会招聘的员工60%是通过因特网。再有就是接收学校的实习生,这样做的用人成本很低,又可发现所需人才。

德意志银行每年对员工进行一次绩效考核,根据考核结果决定其薪酬和职位升迁。考核的主要方式是上级主管与员工面对面沟通谈话,并填写相关表格,主要内容有员工当年工作表现情况、工作目标实现情况、新一年工作计划和完成计划的时间表。下级对上级的评定要签字认可,如果双方意见不一致,下级有权向上级的上级申诉,由其最后裁定。

德意志银行的员工薪酬主要分为三部分:一是基本工资,一般员工的基本工资由行业工会确定,管理人员的基本工资由银行与其签订劳动合同确定;二是绩效挂钩奖金,又称绩效浮动奖金;三是股票。股票中有一类是全体都有的,只要全年业绩较好,员工都可以优惠价格购买本行股票或享受红股;另一类是认股权证,只有高层管理人员才享有。福利方面,该行给每个员工缴纳基本养老和健康保险金,同时还自行确定给员工各种补贴。员工也可自选福利,即员工对部分额度薪酬可以要现金,也可选择休假、优惠购买汽车或房产等。

在人力资源管理中,德意志银行非常注重企业文化建设,把客户第一、相互合作、目标一致、创新、业绩、相互信任作为自己的企业文化。他们认为,员工并不一定把工资的高低放在第一位,而是把自己的发展机会放在更加重要的位置上,因此,企业存在和员工工作的意义,不仅是为了赚钱,也是为了使其价值更长久,所以他们努力把每位员工放在最合适的位置上。

三、汇丰银行的人力资源管理[①]

(一) 人力资源部门的职能定位与组织架构

在过去的近二十年间,汇丰银行人力资源部门的角色定位已经从过去的行政事务部门逐步转变为业务部门的合作伙伴(business partner)。所谓合作伙伴,就是给业务部门提供咨询服务和战略协作。

汇丰亚太区人力资源部门的组织架构为:人力资源部的总经理领导一组人力资源高级经理,包括薪酬福利高级经理、培训高级经理、商业信贷人力资源高级经理、个人银行人力资源高级经理等。每个业务部门(如个人银行)的人力资源高级经理既要向人力资源部的总经理汇报,也要向该业务条线总部的总经理汇报。对于每个地区(如新加坡)的人力资源经理来说,既要向地区总裁汇报,也要向人力资源总部的总经理和各业务部门的亚太区人力资源高级经理汇报。

汇丰集团(以下简称"汇丰")2004—2008年的战略计划是"增长管理"(managing for growth)。为了实现这个增长目标,汇丰设计了八大重要战略任务。其中,人力资源管理的目标是"吸纳、培养和激励员工,奖励优秀、拒绝平庸"。他们认为,这是一项极为重要的任务,汇丰必须在提高人力资源投资方面取得显著进步,使整个集团实现"重表现"的企业价值观,这对实现长期成功至关重要。

(二) 人力资源的划分和配置

汇丰在香港的业务有2 000多个职位,其人力资源部门通过职位描述和评估将这些职位的价值进行量化,然后划分成不同的职级。一直以来,汇丰所沿用的员工职业发展建立在职级的基础上。汇丰从2005年4月1日开始实施新的职业等级制度,将原来的22个职级代以八个职级层。

每个职位必须有职位描述。职位描述主要由以下要素组成:工作目标、授权、主要职责、任职资格和资历要求等。职位评估小组由若干部门高级经理(负责人)和职位评估专家组成,由专家主持评估会议。工作小组负责对职

[①] 根据刘明娟:《吸纳培养和激励最优秀的雇员:汇丰银行的人力资源管理》,《新金融》2005年第9期相关内容整理而成。

位进行评估,决定职位价值。评估的方式采用 Hay 咨询公司的方法,评估内容包括以下三个方面:

首先是职位资历要求。根据每个职位对工作知识(包括专业技术知识、专业技能和资历、学历、工作经验,由 A 至 H 分成八级)、管理领域(对人员或部门实施管理的要求,由Ⅰ至Ⅶ分成七级)和人际关系(即有效处理客户关系、激励员工的技巧和能力,以及影响和说服员工达到工作目标的能力和技巧,由 1 至 3 分成三级)的不同要求,形成一个评分。多维度的评分体系避免了对某单一要素的不当考量,可以使各种类型的职位得到客观、公正的评价。

其次是职位对解决问题能力的要求,即对辨别问题、分析问题症结所在并解决问题,达到工作目标的能力的要求。对该能力的度量维度是二维的,即思想的自由度(职位所面对问题的规范性)和思想挑战(所面对问题的复杂性),形成一个权重值。

最后是职位的管理权限,即职位者履行职责的自由度,以及对自己的行为和后果所担负的责任。管理权限的量化分解为履行职责的自由度(即对银行管理层交付的工作任务,无须请示上级,即可自行履行职责的自由度,分为八级)、影响程度(即在职权范围内,职位者的决策对银行整体业绩的贡献度有直接或非直接的影响,分为四级)和重要性(因为职位者所处单位的规模大小不同,产生的影响度和重要性不一样,分为六级)三个衡量维度。

综合以上这三方面的评分,最终形成这个职位的评分。分数越高,职业等(层)级越高,薪酬也越高。原则上,员工可以通过两种方式获得晋升:填补更为高级的现有或新的职位空缺;在工作上明显地肩负更多的责任,而在职位再评估后自身职级提升。

(三) 薪酬制度

2005 年,汇丰的薪酬制度发生了重要变化,目的是使雇员的薪酬更贴近市场水平,以及让银行可以吸纳、培养和激励最优秀的雇员。汇丰实行了职级分层制,原来 22 个不同职级被划分成了八个职级层,每个职级层内的职位有各自的工资幅度。这样的少级宽幅薪酬体制,必须要有完善、规范的市场薪酬信息作为支撑。

在过去的工资结构的设计中,22 个不同的职级(行政管理层、员工主管层、普通员工层)对应不同的工资等级。汇丰工资结构的一个重要特点是工资政策指导线。理论上工资政策指导线是指每一工资等级中位值的连线,起薪点和顶点的系数是80%—120%的中位值。从理论上而言,一名完全胜任工作的雇员,其薪酬水平应位于工资等级的中位值。指导线的位置与市场薪酬水平相适应,其位置按公司的薪酬政策确定。工资幅度一般为每一工资等级中位值的80%—120%,其原因是允许员工薪酬在工资幅度内变动,新招募/新晋升的员工有调薪的弹性,以及参照市场不同职位的薪酬水平在工资等级幅度内有调整的弹性。

汇丰银行在调整薪酬结构时,通常会考虑到四个方面的问题:一是与公司的人力资源政策相适应;二是要达到内部公平性和外部竞争性;三是根据职级数目、工资的政策指导线和幅度来设计工资结构;四是考虑对成本和员工士气的影响等。

（四）绩效考核

对于行政级人员,汇丰在绩效考核中采用平衡记分卡。平衡记分卡提供了一种把商业战略转化为实际行动的工具,以平衡近期与远期目标、硬性与软性度量以及前瞻型和滞后型指标。

在使用平衡记分卡时,管理层需要回答以下问题:公司的愿景和战略目标是什么;战略目标的推动因素是什么;怎样度量这些因素;怎样通过组织传达这些因素;怎样将这些因素和员工的日常行动结合起来;等等。

对于普通员工和员工主管的绩效评估,汇丰采用了一个比较简化的考核机制。评估人按照一般工作表现准则和有关业务或操作上可衡量的工作表现指标(如适用)进行评估。一般工作表现准则分为工作知识、策划及组织、解决问题等从A至L的12项准则,每项准则又细分为若干项内容,评估人按1至5的评级评估员工的工作表现。员工的工作表现评估之后,还要进行整体评估并对员工事业的发展给出建议。

身处高职位(行政级别第三职级层)的高才能人员由亚太区总管理处推荐,其也将被选为汇丰集团人才库成员。所有人才库的成员,其职业发展和提升受特别监控,采用工作坊方法进行考核。评估工作坊通常由六个参与者以及三个高层评估人员组成。评估工作坊采用一种仿真式的个案,运用各种题目来模仿商业及办公室情境,以评估参与者的表现。评估工作坊本身是一个评估程序。评估要素包括:推动业务的远见和将策略转化为行动的能力;对业务发展的判断力;领导才能;客户驱动力;与内部及外界的配合;个人的推动力、投入性和自我发展能力。每一个能力因素包括2—5个评估因素(总计20个评估因素),而每一个评估等级都有定义。人力资源部门主持对每一位参与者的反馈会议。

(五) 培训与教育计划

汇丰对不同业务部门的员工都有针对性很强的培训课程。以私人金融服务为例,分成电话理财、营销、前台和客户关系四个部门,每个部门的培训课程,以及每个部门内部不同级别的员工的培训课程也都不同。但总体来说,所培训的内容包括语言、执业资格、管理技能、操作技能、产品知识、销售和服务等。这也体现了前述的人力资源部是业务部门的合作伙伴的理念。

第四节 金融企业跨文化人力资源管理

"文化"在拉丁文中的原意是耕作、培养、教育、发展和尊重,后来经过演变其内容变得十分丰富。管理学家一般认为,文化是人们的生活方式和认识世界的方式。尽管在管理学中,对组织文化的内涵并没有统一的见解,但是文化对人的行为的影响却是公认的。专门针对金融企业跨文化人力资源管理的研究资料较少,但现有跨文化管理方面的研究成果同样适用于金融企业管理。

一、跨文化管理的重要性

施恩在《组织文化与领导》一书中,将组织文化分解为表层、中间层和核心层。表层包括一些可见的事实、有形的具有象征性意义的事物,如标语口号、礼仪规范、可见的物质环境等;中间层包括组织或群体共同信奉的价值观、原则、宗旨与信念;核心层则是人们外显行为的基本假设和理念。跨文化管理的重要性主要体现在两个方面:第一,组织文化具有影响人的行为的功能;第二,能够有效地减少和解决跨国公司中的文化冲突。

(一) 组织文化对个体行为的影响

组织文化的功能体现在它能够影响组织成员的行为,其主要包括以下四个方面的功能:一是导向功能。任何一个组织的文化都代表着一种价值取向,规定了人们追求的目标和行为方向。二是协调功能。组织文化能够协调成员之间的关系和利益,减少发生冲突的可能。三是约束功能。组织文化对成员的行为具有一种非强制性的规范作用。比如,在日本企业中虽然也有带薪休假制度,但是实际利用这种制度的员工却寥寥无几。而这种放弃休假的做法已经成为一种文化,如果某一位员工不放弃任何一次休假,那么周围的人会用异样的眼光来看他。对于日本人来说,没有比被同事孤立更可怕的事情了。另外,在日本企业中加班现象普遍的原因之一就是存在一种文化——当同事还在加班时,自己很难开口提出下班回家。四是凝聚功能。组织文化就像一种黏合剂,能够将成员凝聚在一起,形成一种共同的价值观和行为规范。

（二）组织文化对冲突的影响

由于跨国公司具有跨国经营的特点,其不可避免地会遇到文化冲突。跨文化冲突体现在两个层面上:一是跨国公司与本土企业进行业务往来时发生的冲突;二是来自企业内部的不同文化背景的员工之间的冲突。

赵曙明认为跨国公司中产生文化冲突的原因主要有:种族优越感;不恰当地运用管理习惯;不同的感性认识;沟通误会;文化态度。而这种文化冲突导致的结果可能有三种:极度保守、沟通中断以及非理性反应(赵曙明,1998,第308—310页)。

二、霍夫斯泰德的五种文化模式

霍夫斯泰德(Geert Hofstede)是一位荷兰籍的跨文化研究专家。1968年,霍夫斯泰德进入 IBM 公司工作。1973年,他开始对该公司在72个国家或地区的员工进行有关企业文化方面的问卷调查。该问卷被翻译为二十多种文字,调查对象涉及11.6万名员工,问卷包括员工的基本价值观、收入、工作安全感、挑战性、自由、合作等工作特性以及管理风格等内容。他将问卷进行整理后,提出了四种文化模式,即不确定性回避、刚性与柔性、个人主义与集体主义和权力距离。但是,由于历史方面的原因和条件所限,霍夫斯泰德的研究对象并没有包括中国内地。到了20世纪80年代后期,加拿大学者邦德(M. H. Bond)与他的同事们开发出了一种中国文化调查问卷,发现了一个与霍夫斯泰德的四个维度非常相似的新维度——短期倾向与长期倾向,此后,人们把这种新维度也纳入到霍夫斯泰德的文化模式中,将霍夫斯泰德的文化模式称为五种文化模式。

霍夫斯泰德跨文化研究的五个维度和结果是：

1. 不确定性回避(uncertainty avoidance)

不确定性回避是指人们对一种模糊不清的情况和没有能力预测但将来有可能发生的事件的感受程度。霍夫斯泰德的研究指出，日本、葡萄牙以及希腊等国不确定性回避程度较强；而新加坡、瑞典和丹麦等国则较弱。

2. 刚性与柔性(masculinity-femininity)

刚性与柔性又被翻译为生活数量与生活质量。刚性表现了一个民族在自信、工作、绩效、成就、竞争、金钱、物质等方面占优势的价值观；而柔性则是在生活质量方面保持良好的人际关系、服务、施善和团结等。霍夫斯泰德的研究结果表明，日本和奥地利在生活数量维度上得分最高；而挪威、瑞典、丹麦和芬兰则在生活质量维度上得分最高。

3. 个人主义与集体主义(individualism-collectivism)

个人主义是指一种松散的社会结构，在这种结构中人们只关心自己和亲属的利益，每个人都有强烈的自我意识，唯我独尊。而集体主义是一种紧密结合的社会结构，人们的归属感强，极其相信甚至依赖组织。研究发现，发达国家如英国、美国、荷兰等个人主义比较强烈，而经济相对落后的国家如哥伦比亚、巴基斯坦等国家则集体主义较强。同时，个人主义与集体主义还与权力距离有关。

4. 权力距离(power distance)

权力距离维度所关心的是一种文化如何处理层级性权力关系尤其是权力分配的不平等问题。如果权力距离大，说明部下对上级极为尊敬，同时这类文化在与其他组织发生联系时往往强调同等级之间的沟通。这种国家的典型代表是菲律宾、委内瑞拉和印度等。而权力距离较小的国家强调减少等级差异，这类国家包括丹麦、瑞典等。

5. 短期倾向与长期倾向(long-term-short-term orientation)

这一维度表示一个民族是追求短期利益还是追求长远利益。比较有代表性的就是日本。日本企业一般强调长远利益，甚至有可能牺牲利润来赢得市场占有率。而具有短期倾向的国家则注重眼前利益，并注重对传统的尊重，注重承担社会责任，美国就是这种文化维度的代表。霍夫斯泰德的部分研究结果见表10-1。

表10-1　10个国家和地区的文化维度得分

国家（地区）	不确定性回避	刚性	个人主义	权力距离	长期倾向
美国	46（下）	62（上）	91（上）	40（下）	29（下）
德国	65（中）	66（上）	67（上）	35（下）	31（中）
日本	92（上）	95（上）	46（中）	54（中）	80（上）
法国	86（上）	43（中）	71（上）	68（上）	30（下）
荷兰	53（中）	14（下）	80（上）	38（下）	44（中）
中国香港	29（下）	57（上）	25（下）	68（上）	96（上）
印尼	48（下）	46（中）	14（下）	78（上）	25（下）
西非	54（中）	46（中）	20（下）	77（上）	16（下）

说明：括号中的上、中、下分别指位于所有被研究国家的数据中的前、中、后三分之一段内。前四个维度的研究对象为53个国家和地区，而长期倾向的研究对象为23个国家和地区。

资料来源：关培兰，《组织行为学》，中国人民大学出版社2003年版，第389页。

【本章小结】

本章首先介绍了人力资源管理国际比较的必要性和重要性。人力资源管理的国际比较包括两个方面的内容，即人力资源管理模式的国际比较和跨国公司的人力资源管理。在人力资源管理的国际比较中，需要注意两个方面的问题：一是对象的可比性，二是要贴切地理解比较结果的差异。美国企业的人力资源管理经过数十年的发展和演变，已经形成一定的特点，主要包括：人力资源的流动性；员工培训的专业性；激励方式的多样性；劳资关系的对立性。而日本企业传统的人力资源管理模式为长期雇佣、年功序列制和企业内工会，但是近年发生了很大变化，针对"长期雇佣制"这一提法，学术界尚存在争论。不过，日本企业在招聘、配置、培训、激励以及职业开发等方面表现出长期指向的特点。根据威廉·大内的研究，美国与日本企业的人力资源管理模式在七个方面表现出不同的特点。这七个方面是：雇佣制度、决策机制、责任制、控制机制、考评和晋升制度、员工的职业开发以及对员工的关怀等。这些差异来自于自然原因、历史原因和文化原因。霍夫斯泰德等提出了跨文化管理的五维度模式。

【思考练习题】

1. 金融企业人力资源管理的国际比较应该注意哪些方面的问题？
2. 美国和日本的金融企业人力资源管理各有什么特点？

3. 威廉·大内对日本和美国的管理模式进行比较时的尺度有哪些？
4. 霍夫斯泰德提出的跨文化研究的五种维度是什么？

【案例分析】

巴林银行的倒闭

1763年，弗朗西斯·巴林爵士在伦敦创建了巴林银行，它是世界上首家"商业银行"，既为客户提供资金和有关建议，自己也做买卖。由于经营灵活变通、富于创新，巴林银行很快就在国际金融领域获得了巨大的成功。其业务范围也相当广泛，无论是到刚果提炼铜矿，从澳大利亚贩运羊毛，还是开掘巴拿马运河，巴林银行都可以为之提供贷款。但巴林银行不开发普通客户存款业务，所以资金来源比较有限，只能靠自身的力量来谋求生存和发展。

20世纪初，巴林银行荣幸地获得了一个特殊客户：英国皇室。由于巴林银行的卓越贡献，巴林家族先后获得了五个世袭的爵位。这可算得上一个世界纪录，从而也奠定了巴林银行显赫地位的基础。然而，这一举世闻名的老牌银行却在1995年不得不接受破产的命运，而导致这一金融业巨人轰然倒下的罪魁祸首是该行新加坡分行期货与期权交易部门经理里森。

里森于1989年正式到巴林银行工作。之前，他是摩根·斯坦利银行清算部的一名职员。进入巴林银行后，他很快争取到了到印尼分部工作的机会。由于他富有耐心和毅力，善于逻辑推理，能很快地解决以前未能解决的许多问题，工作很有了起色。因此，他被视为期货与期权结算方面的专家，伦敦总部对里森在印尼的工作相当满意，并允诺可以在海外给他安排一个合适的职务。1992年，巴林总部决定派他到新加坡分行成立期货与期权交易部门，并出任部门经理。

无论做什么交易，错误都在所难免。但关键是看你怎样处理这些错误。在期货交易中更是如此。有人会将"买进"手势误认为"卖出"手势；有人会在错误的价位购进合同；有人可能不够谨慎；有人可能本该购买六月份期货却买进了三月份的期货……一旦失误，就会给银行造成损失，在出现这些错误之后，银行必须迅速妥善处理。如果错误无法挽回，唯一可行的办法，就是将该项错误转入"错误账户"中，然后向银行总部报告。

里森于1992年在新加坡任期货交易员时，巴林银行原本有一个"错误账户"99905,专门处理交易过程中因疏忽所造成的错误,这在金融体系运作过程中本来不足为奇。然而,这一错误账户的存在却为巴林银行埋下了祸根。

1992年夏天,伦敦总部全面负责清算工作的哥顿·鲍塞给里森打电话要求他另设一个"错误账户",记录较小的错误,并自行在新加坡处理,以免增加伦敦总部的工作。于是里森马上找来了负责办公室清算的利塞尔,向她咨询是否可以另设一个"错误账户"。很快,利塞尔就在电脑里键入了一些命令,问他需要什么账号。在中国文化里,"8"是一个非常吉利的数字,因此里森以此作为吉祥数字,由于账号必须是五位数,这样"错误账户88888"便诞生了。几周后,伦敦总部又打来电话,称总部配置了新的电脑,要求新加坡分行还是按老规矩行事,所有的错误记录仍由99905账户直接向伦敦报告。这样,88888错误账户刚刚建立就被搁置不用了,但却成为一个真正的错误账户存于电脑之中。虽然总部此时已经注意到新加坡分行出现的错误很多,但里森都巧妙地搪塞而过。88888这个被人忽略的账户,为里森提供了日后制造假账的机会。显然,如果当时总部要求里森取消这一账户,巴林银行的历史可能就会重写了。

1992年7月17日,里森手下一名加入巴林银行仅一星期的交易员金·王犯了一个错误:当客户(富士银行)要求买进20口日经指数期货合约时,被此交易员误操作为卖出20口,这个错误在当晚清算时被里森发现。按照正常程序,欲纠正此项错误,须买回40口合约,并报告伦敦总部。如果按当日收盘价计算,其损失为2万英镑。但在种种考虑下,里森决定利用错误账户88888承接40口日经指数期货空头合约,以掩盖这个失误。然而,如此一来,里森所进行的交易便成了业主交易,使巴林银行在这个账户下暴露在风险中。数天后,由于日经指数上升200点,此空头部位的损失便由2万英镑增为6万英镑了,此时里森更不敢将此失误向上呈报了。

另一个与此如出一辙的错误是里森的好友及委托执行人乔治犯的。乔治与妻子离婚了,整日沉浸在痛苦之中,并开始自暴自弃。乔治是里森最好的朋友,也是最棒的交易员之一。但很快他开始出错了。里森示意他卖出的100份九月的期货全被他买进,价值高达800万英镑,而且好几份交易的凭证根本没有填写。如果乔治的错误泄露出去,里森将不得不告别他已很如意的生活,于是里森产生了将乔治出现的几次错误记入88888错误账户的想法,这对里森来说是举手之劳。但是,至少有三个问题困扰着他:一是如何弥补这些错误;二是将错误记入88888账户后如何躲过伦敦总部月底的内部审计;三是SIMEX每天都要他们追加保证金,他们会计算出新加坡分行每天赔进多少,88888账户也可能被显示在SIMEX大屏幕上。

为了弥补手下员工的失误,里森将自己赚的佣金转入账户,但其前提当然是这些失误不能太大,所引起的损失金额也不是太大,但乔治犯下的错误确实太大了。为了赚足够的钱来补偿所有损失,里森承担的风险愈来愈大。因为当时日经指数稳定,里森从此交易中赚取期权权利金。反过来,如果日经指数变动剧烈,此交易将使巴林银行承受极大损失。里森在一段时日内做得还极顺手。到1993年7月,他已将88888账户亏损的600万英镑转为略有盈余,当时他的年薪为5万英镑,年终奖金则将近10万英镑。如果里森就此打住,巴林银行的历史也会改变。

除了为交易员遮掩错误,里森另一个严重的失误是不惜代价争取日经市场上最大的客户波尼弗伊。在1993年下半年,接连几天,每天市场价格都破纪录地飞涨1 000多点,用于清算记录的电脑屏幕故障频繁,无数笔交易的入账工作都积压起来。如果系统无法正常运转,交易记录都靠人力。等到发现各种错误时,里森在一天内的损失便高达170万美元。在无路可走的情况下,里森决定继续利用88888账号隐藏这些失误。

1994年,里森对损失的金额已经麻木了,88888账户的损失由2 000万英镑、3 000万英镑,到7月时已达5 000万英镑。事实上,里森当时所作的许多交易,是在被市场走势牵着鼻子走,并非出于他对市场的预期。他当时能想的,是哪一种方向的市场变动会使他反败为胜,能弥补88888账户中的亏损。里森被捕后在供述中称:"我为自己变成这样一个骗子感到羞愧——开始是比较小的错误,但现在已经整个包围着我,像是癌症……我的母亲绝对不是要把我培养成这个样子的。"

从制度上看,巴林银行最根本的问题在于交易与清算角色的混淆。里森在1992年去新加坡后,任职巴林新加坡期货交易部兼清算部经理。作为一名交易员,里森本应代巴林客户买卖衍生性商品,并替巴林从事套利这两种工作,基本上是没有太大的风险的。因为代客操作,风险由客户自己承担,交易员只是赚取佣金,而套利行为亦只赚取市场间的差价。一般银行都会给予其交易员持有一定额度的风险部位的许可。但为防止交易员及其所属银行暴露在过多的风险中,这种许可额度通常定得相当有限。而通过清算部门每天的结算工作,银行对其交易员和风险部位的情况也可予以有效了解并掌握。但不幸的是,里森却一人身兼交易与清算二职。

事实上,在里森抵达新加坡前的一个星期,巴林内部曾有一个内部通讯,对此问题可能引起的大灾难提出关切。但此关切却被忽略,以至于里森到职后,同时兼任交易与清算部门的工作。如果里森只负责清算部门,如同他本来被赋予的职责一样,那么他便没有必要、也没有机会为其他交易员的失误行为瞒天过海,也就不会造成最后不可收拾的局面。

在损失达到 5 000 万英镑时,巴林银行总部曾派人调查里森的账目。事实上,每天都有一张资产负债表,每天都有明显的记录,从中可以看出里森的问题。即使是月底,里森为掩盖问题所制造的假账,也极易被发现——如果巴林银行真有严格的审查制度。里森假造花旗银行有 5 000 万英镑存款,但这 5 000 万已被挪用来补偿 88888 账户中的损失了。查了一个月的账,却没有人去查花旗银行的账目,以致没有人发现花旗银行账户中并没有 5 000 万英镑的存款。

关于资产负债表,巴林银行董事长彼得·巴林在 1994 年 3 月曾有过一段评语,认为资产负债表没有什么用,因为它的组成,在短期间内就可能发生重大变化。因此,彼得·巴林说:"若以为揭露更多资产负债表的数据,就能增加对一个集团的了解,那真是幼稚无知。"对资产负债表不予重视的巴林董事长付出的代价之高,也实在没有人想象得到吧!

1995 年 1 月 11 日,新加坡期货交易所的审计与税务部发函给巴林,提出他们对维持 88888 账户所需资金问题的一些疑虑,此时里森已需每天要求伦敦汇入 1 000 多万英镑,以支付其追加保证金。事实上,从 1993—1994 年,巴林银行在 SIMEX 及日本市场投入的资金已超过 11 000 万英镑,超出了英格兰银行规定英国银行的海外总资金不应超过 25% 的限制。为此,巴林银行曾与英格兰银行进行多次会谈。在 1994 年 5 月,得到英格兰银行主管商业银行监察的高级官员的"默许",但此默许并未留下任何证明文件,因为没有请示英格兰银行有关部门的最高负责人,违反了英格兰银行的内部规定。

最令人难以置信的,便是巴林银行在 1994 年底发现资产负债表上显示 5 000 万英镑的差额后,仍然没有警惕到其内部管控的松散及疏忽。在发现问题至其后巴林倒闭的 2 个月时间里,有很多巴林的高级及资深人员曾对此问题予以关切,更有巴林总部的审计部门正式加以调查。但是这些调查都被里森极轻易地蒙骗过去。里森对这段时期的描述为:"对于没有人来制止我的这件事,我觉得不可思议。伦敦的人应该知道我的数字都是假造的,这些人都应该知道我每天向伦敦总部要求的现金是不对的,但他们仍旧支付这些钱。"

从金融伦理角度而言,如果对以上所有参与"巴林事件"的金融从业人员评分,都应给不及格的分数。尤其是巴林的许多高层管理者,完全不去深究可能的问题,而一味相信里森,并期待他为巴林套利赚钱。尤其具有讽刺意味的是,巴林破产两个月前的1994年12月,在纽约举行的一个巴林金融成果会议上,250名在世界各地的巴林银行工作者,还将里森当成巴林的英雄,对其报以长时间热烈的掌声。

1995年1月17日,日本神户发生大地震。其后数日东京日经指数大幅度下跌,里森一方面遭受更大的损失,另一方面购买更庞大数量的日经指数期货合约,希望日经指数会上涨到理想的价格范围。1月30日,里森以每天1 000万英镑的速度从伦敦获得资金,已买进了3万口日经指数期货,并卖空日本政府债券。2月10日,里森以新加坡期货交易所交易史上创纪录的数量,已握有5.5万口日经期货及2万口日本政府债券合约。交易数量愈大,损失愈大。

所有这些交易,均进入88888账户,里森以其兼任清算之职权予以隐瞒,但追加保证金所需的资金却是无法隐藏的。里森以各种借口继续转账。这种管理松散的程度,实在令人难以置信。2月中旬,巴林银行全部的股份资金只有47 000万英镑。

1995年2月23日,在巴林期货的最后一日,里森对影响市场走向的努力彻底失败。日经股价收盘降至17 885点,而里森的日经期货多头风险部位已达6万余口合约,日本政府债券在价格一路上扬之际,其空头风险部位亦已达2.6万口合约。里森为巴林所带来的损失,在巴林的高级主管仍做着分红的美梦时,终于达到了86 000万英镑的高点,造成了世界上最老牌的巴林银行终结的命运。

新加坡在1995年10月17日公布的有关巴林银行破产的报告及里森自传中的一个感慨,最能表达业界对巴林事件的遗憾。报告结论中有这样一段话:"巴林集团如果在1995年2月之前能够及时采取行动,那么他们还有可能避免崩溃。截至1995年1月底,即使已发生重大损失,这些损失毕竟也只是最终损失的1/4。如果说巴林的管理阶层直到破产之前仍然对88888账户的事一无所知,我们只能说他们一直在逃避事实。"

里森说:"有一群人本来可以揭穿并阻止我的把戏,但他们没有这么做。我不知道他们的疏忽与罪犯级的疏忽之间界限何在,也不清楚他们是否对我负有什么责任。但如果是在任何其他一家银行,我是不会有机会开始这项犯罪的。"导致巴林银行破产的原因可以从多个角度进行剖析,但该行对人事风险的忽视为其他企业敲响了警钟。之后另一家银行披露的有关里森的消息更让巴林的股东和高管们扼腕叹息。1994年,该行曾计划从巴林"挖"里森,因此委托一家从事人才咨询的猎头公司对他进行评价,然而其得到的结论是:"非常聪明却有些浮躁,缺乏内在的深度……你雇用他一年后,他也许会使你陷入一个很大的困局。"这家银行只好作罢。

案例讨论题

1. 巴林银行的人力资源管理存在哪些问题?
2. 金融企业在人力资源管理中应当如何预防人事风险?
3. 结合案例说明人力资源管理中"信赖"和"放任"的区别,谈谈你对"用人不疑,疑人不用"的理解。

参 考 文 献

Rothwell, W., & Sredl, H. (1992). *The ASTD Reference Guide to Professional Human Resource Development Roles and Competencies*. 2nd ed., Vol.1. Amherst: HRD Press, Inc.

Rothwell, W., & Sredl, H. (2000). *The ASTD Reference Guide to Workplace Learning and Performance Present and Future Roles and Competencies*, 3rd ed., Vol.1. Amherst: HRD Press, Inc.

〔美〕加里·德斯勒著:《人力资源管理》(第六版),刘昕译,中国人民大学出版社1999年版。

〔美〕劳伦斯·S.克雷曼:《人力资源管理获取竞争优势的工具》,机械工业出版社2003年版。

〔美〕雷蒙德·A.诺伊等著:《人力资源管理:赢得竞争优势》(第三版),刘昕译,中国人民大学出版社2001年版。

〔美〕罗伯特·巴沃克著:《绩效管理——如何考评员工表现》,长春出版社2001年版。

〔美〕亚瑟·W.小舍曼、乔治·W.勃兰德、斯科特·A.斯耐尔:《人力资源管理》,东北财经大学出版社2001年版。

边婷婷、陈晓丹、胡伟:《美、日人力资源管理模式之比较》,《临沂师范学院学报》2001年第3期。

丁心基、岳中刚:《知识经济时代人力资源管理模式的新趋势——美国、日本人力资源管理模式比较分析》,《北方经贸》2003年第8期。

杜胜利:《CFO管理前沿——价值管理系统框架模型》,中信出版社2003年版。

杜映梅:《绩效管理》,对外经济贸易大学出版社2003年版。

范晓屏:《国际经营与管理》,科学出版社2002年版。

方振邦:《绩效管理》,中国人民大学出版社2003年版。

付亚和:《绩效管理》,复旦大学出版社2003年版。

郭惠容、刘欣:《美国跨国公司外派人员管理及其启示》,《商业研究》2000年第11期。

胡凤安:《IBM公司独特的人力资源管理》,《中国人力资源开发》1996年第1期。
胡宏峻:《保险业的人力资源管理》,上海交通大学出版社2005年版。
姜定维等:《奔跑的蜈蚣——如何以考核促进成长》,京华出版社2003年版。
孔令锋:《发达国家人力资源管理模式的演进与借鉴》,《山西财经大学学报》2003年第4期。
刘明娟:《吸纳培养和激励最优秀的雇员:汇丰银行的人力资源管理》,《新金融》2005年第9期。
卢盛忠:《管理心理学》,浙江教育出版社1998年版。
罗明忠:《外资银行的人力资源管理及其跨国经营战略》,《河南金融管理干部学院学报》2004年第5期。
马明华:《美国人力资源管理模式及其启示》,《当代亚太》1999年第8期。
蒙秋明:《美国企业人力资源管理方式和特点分析》,《黔南民族师范学院学报》2002年第4期。
孙健、郭少泉:《商业银行人力资源》,经济管理出版社2005年版。
汤姆·科普兰等著:《价值评估》,贾辉然等译,中国大百科全书出版社1997年版。
王凤玲:《日本企业人力资源管理模式面临的挑战及其变革趋势》,《现代日本经济》2003年第3期。
王璞:《人力资源管理咨询实务》,机械工业出版社2003年版。
武欣:《绩效管理实务手册》,机械工业出版社2003年版。
于桂兰:《人力资源管理》,清华大学出版社2004年版。
于天锡:《德意志银行的人力资源管理》,《城市金融报》2005年9月6日。
郁庆明:《中外银行人力资源管理之比较分析》,《广西农村金融研究》2003年第6期。
袁庆宏:《企业人力资源管理模式比较》,《中国人力资源开发》1995年第6期。
张晓彤:《绩效管理实务》,北京大学出版社2004年版。
张岩松:《人力资源管理案例精选精析》,经济管理出版社2005年版。
赵曙明:《国际企业:人力资源管理》,南京大学出版社2003年版。
赵曙明、彼得·J.道林、丹尼斯·E.韦尔奇:《跨国公司人力资源管理》,中国人民大学出版社2001年版。
赵曙明、罗伯特·马希斯、约翰·杰克逊:《人力资源管理》,电子工业出版社2003年版。
赵曙明:《人力资源管理研究》,中国人民大学出版社2001年版。
中国赴英金融业人力资源管理培训考察团:《英国金融业人力资源管理的特色及其借鉴》,《福建金融》2005年第7期。
中国企业国际化管理课题组:《企业人力资源国际化管理案例》,中国财政经济出版社2002年版。

教师反馈及课件申请表

北京大学出版社以"教材优先、学术为本、创建一流"为目标,主要为广大高等院校师生服务。为更有针对性地为广大教师服务,提升教学质量,在您确认将本书作为指定教材后,请您填好以下表格并经系主任签字盖章后寄回,我们将免费向您提供相应教学课件。

书号/书名	
所需要的教学资料	教学课件
您的姓名	
系	
院/校	
您所讲授的课程名称	
每学期学生人数	_____ 人　　_____ 年级　　学时 _____
您目前采用的教材	作者:_____　出版社:_____ 书名:_____
您准备何时用此书授课	
您的联系地址	
邮政编码	联系电话（必填）
E-mail（必填）	
您对本书的建议:	系主任签字 盖章

我们的联系方式:

北京大学出版社经济与管理图书事业部
北京市海淀区成府路 205 号,100871
联 系 人: 石会敏
电　　话: 010-62767312 / 62752926
传　　真: 010-62556201
电子邮件:　shm@pup.pku.edu.cn　　em@pup.pku.edu.cn
网　　址:　http://www.pup.cn